Das Abwesenheitsverfahren als rechtsstaatliches Problem

Internationales und Europäisches Strafverfahrensrecht

Herausgegeben von Hans-Heiner Kühne und Robert Esser

Band 3

PETER LANG
Frankfurt am Main · Berlin · Bern · Bruxelles · New York · Oxford · Wien

Christiane Paul

Das Abwesenheitsverfahren als rechtsstaatliches Problem

Rechtsvergleichende Untersuchung deutscher, englischer, französischer, niederländischer und österreichischer Regelungen angesichts der Rechtsprechung des Europäischen Gerichtshofs für Menschenrechte

PETER LANG
Internationaler Verlag der Wissenschaften

Bibliografische Information der Deutschen Nationalbibliothek
Die Deutsche Nationalbibliothek verzeichnet diese Publikation in der Deutschen Nationalbibliografie; detaillierte bibliografische Daten sind im Internet über <http://www.d-nb.de> abrufbar.

Zugl.: Trier, Univ., Diss., 2007

D 385
ISSN 1611-275X
ISBN 978-3-631-57341-9

www.peterlang.de

Meinen Eltern

Vorwort

Die vorliegende Arbeit wurde im Sommersemester 2007 vom Fachbereich Rechtswissenschaft der Universität Trier als Dissertation angenommen.
Literatur und Rechtsprechung befinden sich auf dem Stand von September 2006.

Mein Dank gilt zunächst meinem Doktorvater, Herrn Prof. Dr. Hans-Heiner Kühne, der das Thema dieser Arbeit anregte und mich bei ihrer Fertigstellung unterstütze. Er hatte immer ein offenes Ohr für meine Anliegen. Herrn Prof. Dr. Volker Krey danke ich für die zügige Erstellung des Zweitgutachtens.

Des Weiteren bedanke ich mich bei den Mitarbeitern des Max-Planck-Instiuts für ausländisches und internationales Strafrecht in Freiburg/Breisgau sowie der University of East Anglia, Norwich (England), die mir im Rahmen meiner Recherchen freundlich Zugang zu ihren Bibliotheken gewährten.

Einen herzlichen Dank möchte ich richten an meine Eltern, die mich während meines Studiums stets unterstützt und immer an mich geglaubt haben.
Ihnen ist diese Arbeit gewidmet.

Schließlich danke ich all denjenigen, die mich bei der Fertigstellung der Arbeit begleitet haben, besonders meinem Freund Marc-Oliver, für ihre Hilfe, Geduld und liebevolle Ermunterung.

Trier, im Mai 2007 Christiane Paul

Inhaltsverzeichnis

Drittes Kapitel: Der Europäische Gerichtshof für Menschenrechte

Abkürzungsverzeichnis

a. A.	andere Ansicht
a.a.O.	am angegebenen Ort
a.F.	alte Fassung
Abs.	Absatz
Art.	Artikel
BayObLG	Bayerisches Oberstes Landesgericht
Bd.	Band
BGB	Bürgerliches Gesetzbuch
BGBl.	Bundesgesetzblatt
BGH	Bundesgerichtshof
BGHSt	Entscheidungen des Bundesgerichtshofes in Strafsachen
BGHZ	Entscheidungen des Bundesgerichtshofs in Zivilsachen
BK	Bonner Kommentar zum Grundgesetz
BRDrucks.	Bundesratsdrucksache
BTDrucks.	Bundestagsdrucksache
BVerfGE	Entscheidungen des Bundesverfassungsgerichts
CJA	Criminal Justice Act
CP	Code Pénal
CPP	Code Procédure Pénale
CCC	Constitutio Criminalis Carolina
DD	Delikt en Delinkwent (Zeitschrift)
ders.	derselbe
Diss.	Dissertation
DRiZ	Deutsche Richterzeitung
DÖV	Die öffentliche Verwaltung
EG	Europäische Gemeinschaft
EGMR	Europäischer Gerichtshof für Menschenrechte
Einl.	Einleitung
EMRK	Europäische Menschenrechtskonvention
erw.	erweiterte
EU	Europäische Union
EuGH	Europäischer Gerichtshof
EuGRZ	Europäische Grundrechtezeitschrift
EuR	Europarecht (Zeitschrift)
EuRHÜbk	Europäisches Übereinkommen über die Rechtshilfe in Strafsachen

ff.	fortfolgende
Fn.	Fußnote
FS	Festschrift
GA	Goldtammer's Archiv für Strafrecht (Zeitschrift)
GG	Grundgesetz
gg.	gegen
GVG	Gerichtsverfassungsgesetz
h.M.	herrschende Meinung
HR	Hooge Raad der Nederlande (niederländisches oberstes Gericht)
HRA	Human Rights Act
Hrsg.	Herausgeber
IPBPR	Internationaler Pakt über bürgerliche und politische Rechte der Vereinten Nationen
IRG	Gesetz über internationale Rechtshilfe in Strafsachen
iSd	im Sinne des
iVm	in Verbindung mit
JA	Juristische Arbeitsblätter
JR	Juristische Rundschau
JuS	Juristische Schulungen
JZ	Juristenzeitung
KK	Karlsruher Kommentar zur Strafprozessordnung
LG	Landgericht
m.w.N	mit weiteren Nennungen
MCA	Magistrate's Court Act
MDR	Monatsschrift für Deutsches Recht
NJ	Nederlands Jurisprudentie (Zeitschrift)
NJB	Nederlands Juristenblad (Zeitschrift)
NJW	Neue Juristische Wochenschrift
Nr.	Nummer
NStZ	Neue Zeitschrift für Strafrecht
ö.StPO	Österreichische Strafprozessordnung
OGH	österreichischer Oberster Gerichtshof
ÖJZ	Österreichische Juristenzeitung
OLG	Oberlandesgericht

RGSt	Entscheidungen des Reichsgerichts in Strafsachen
RiVASt	Richtlinien für den Verkehr mit dem Ausland in strafrechtlichen Angelegenheiten
Rn.	Randnummer
RGBl.	Reichsgesetzblatt
RGSt	Entscheidungen des Reichsgerichts in Strafsachen
RStPO	Reichsstrafprozessordnung
S.	Seite
SK	Systematischer Kommentar zur Strafprozessordnung
sog.	sogenannte
SSt	Entscheidungen des österreichischen obersten Gerichtshofes in Strafsachen
StGB	Strafgesetzbuch
StPO	Strafprozessordnung
str.	strittig
StV	Der Strafverteidiger (Zeitschrift)
Sv.	Wetboek van Strafvordering
u.a.	und andere
vgl.	vergleiche
vol.	volume
WLR	West's Law Reports
z.B.	zum Beispiel
Ziff.	Ziffer
ZaöRV	Zeitschrift für ausländisches öffentliches Recht und Völkerrecht
Ziff.	Ziffer
ZRP	Zeitschrift für Rechtspolitik
ZStW	Zeitschrift für die gesamte Strafrechtswissenschaft

Einleitung

I. Problemaufriss

Die vorliegende Arbeit untersucht die unterschiedlichen Regelungen des Strafverfahrens gegen einen abwesenden Angeklagten und den damit verbundenen rechtsstaatlichen Problemen innerhalb mehrerer europäischer Rechtsordnungen vor dem Hintergrund eines immer stärker zusammenwachsenden Europas.

Dem Titel entsprechend drängen sich drei Fragestellungen auf, denen nachzugehen sein wird:
Erstens stellt sich Frage, warum das Abwesenheitsverfahren, also die strafprozessuale Hauptverhandlung in Abwesenheit des Angeklagten, überhaupt ein rechtsstaatliches Problem darstellt.
Zweitens fragt sich, warum und inwieweit dieses eigentlich innerstaatliche Problem eine europäische Dimension haben soll, die eine rechtsvergleichende Betrachtung lohnenswert macht.
Drittens ist zu überlegen, welche Rolle der Europäische Gerichtshof für Menschenrechte in diesem Zusammenhang spielt.

1. Das Abwesenheitsverfahren als rechtsstaatliches Problem

Gerade im Verlauf des Strafverfahrens wird der Widerstreit zwischen staatlichen Interessen einerseits und den privaten Interessen des Einzelnen andererseits besonders deutlich.

Im Gegensatz zum Zivilprozess ist das Gericht im Rahmen des Strafverfahrens gehalten, seine Rechtsüberzeugung aus dem Inbegriff der mündlichen Verhandlung zu fassen, und ein Urteil unter ausschließlicher Zugrundelegung der persönlichen Schuld des Angeklagten zu fällen.
Deswegen ist es notwendig, dass der Angeklagte als „Hauptperson“ des Strafverfahrens in dieser mündlichen Verhandlung auch persönlich anwesend ist.

Dabei entspricht diese Art der Wahrheitsfindung sowohl den Interessen des einzelnen Angeklagten, der so sein grundgesetzlich verbürgtes Recht auf rechtliches Gehör gewahrt sieht, als auch den Interessen der Allgemeinheit an staatlicher Justizgewährung und Verbrechensahndung.

Anders betrachtet stellt jedoch eine Verpflichtung des Gerichts, nur in Anwesenheit des Angeklagten zu verhandeln, unter Umständen ein Hindernis für eine funktionstüchtige und effektive Rechtspflege dar. Weigert sich der Angeklagte vor Gericht zu erscheinen und kann er dazu aus rechtlichen oder tatsächlichen Gründen auch nicht gezwungen werden, kann dies den Verfahrensgang und die Geltendmachung des staatlichen Strafanspruchs erschweren oder ganz vereiteln. Im schlimmsten Fall droht die Verfolgungsverjährung.

Im Rahmen des Strafprozessrechts musste daher vom Gesetzgeber entschieden werden, inwieweit eine Strafverhandlung auch ohne persönliche Mitwirkung des Angeklagten stattfinden kann und darf, ohne das Gebot der Rechtstaatlichkeit zu verletzen.

Dabei ist zwischen dem Bestehen eines Anwesenheits*rechts* des Angeklagten und seiner *Pflicht* zur Anwesenheit zu unterscheiden:

Das Anwesenheitsrecht dient der Interessenwahrung des Angeklagten, allen voran denen auf rechtliches Gehör. Eine Verhandlung ohne ihn, könnte ihn in diesem Recht verletzen.

Die Anwesenheitspflicht hingegen dient den Interessen der Allgemeinheit an Ermittlung der materiellen Wahrheit und staatlicher Justizgewährung, kann aber zugleich eine Belastung des Angeklagten bedeuten.

Dieser Interessenkonflikt bildet den eigentlichen rechtsstaatlich problematischen Kern des Themas „Abwesenheitsverfahren".

Praktisch sind verschiedene Fallkonstellationen denkbar:

Auf der einen Seite der Angeklagte, von dem bekannt ist, wo er sich aufhält, dem eine Ladung zur Hauptverhandlung zugestellt werden konnte und der sich weigert, zum festgesetzten Termin zu erscheinen und dazu auch nicht gezwungen werden kann. Etwa weil der Staat in dem er sich aufhält, keine Rechtshilfe zur Auslieferung leistet.

Kann dann in Abwesenheit gegen ihn verhandelt werden? Und sollte dies der Fall sein, wie?

Auf der anderen Seite der Angeklagte, dessen Person zwar bekannt ist, von dem man aber unbekannt ist, wo er sich aufhält. Derjenige also, dem keine Ladung zur Hauptverhandlung zugestellt werden konnte und der somit keine gesicherte Kenntnis vom Verhandlungstermin hatte.

Soll auch gegen ihn verhandelt werden können? Kann man die notwendige persönliche Kenntnis vom Verhandlungstermin durch Surrogate ersetzen?

Derartige Probleme, vor denen die Gesetzgeber aller europäischen Rechtsordnungen gleichermaßen gestanden haben, sind durchaus unterschiedlich gelöst worden.

Inwiefern, wird im Einzelnen zu zeigen sein.

Dabei ist nicht nur interessant, wie die verschiedenen europäischen Strafverfahrensordnungen die Abwesenheit des Angeklagten positivrechtlich behandeln.

Interessant ist auch, auf welchem theoretischen Fundament, auf der Anerkennung welcher Prozessgrundsätze und auf welchem Verständnis vom Verhältnis Angeklagter – Staat die jeweiligen Vorschriften beruhen.
Gilt das Recht auf rechtliches Gehör in allen Rechtsordnungen gleichermaßen? Sind in jedem Staat die Strafgerichte verpflichtet, ihre Rechtsüberzeugung unmittelbar aus der mündlichen Hauptverhandlung zu schöpfen?
Auch dem wird nachzugehen sein.

2. Die europäische Dimension des Problems

Europa wächst nicht nur in kultureller und wirtschaftlicher Hinsicht immer stärker zusammen.
Eine gemeinsame Währung, grenzüberschreitender Handel, Arbeitnehmerfreizügigkeit und Niederlassungsfreiheit sind nur die deutlich sichtbaren Anzeichen für eine fortschreitende Europäisierung aller Lebensbereiche.
Dreizehn Jahre nach Gründung der Europäischen Union durch den Vertrag von Maastricht besteht Europa aus 25 souveränen Staaten, die sich daran gemacht haben, sich eine gemeinsame Verfassung zu geben, um so auf höchster Ebene für alle Rechtsunterworfenen gleich geltende Grundrechte und Grundfreiheiten zu schaffen.
Doch befindet sich die europäische Staatengemeinschaft damit wirklich auf dem Weg zu einer justiziellen Einheit? Wie weit geht der Gedanke von einem europäischen Rechtsraum heute schon?

Vor diesem Hintergrund des europäischen Zusammenwachsens ist besonders von Interesse, inwieweit tatsächlich Unterschiede in den einzelnen Rechtssystemen bestehen.
Das soll am Beispiel eines einzelnen strafprozessualen Problemfeldes, des Abwesenheitsverfahrens, vertieft untersucht werden.

Noch vor rund fünfunddreißig Jahren hat *Denz*[1] erhebliche Differenzen bei der Behandlung des nicht zur Verhandlung erschienenen Angeklagten in den europäischen Strafverfahrensordnungen ausmachen können.
Bestehen diese Unterschiede auch heute noch? Oder haben sich die Strafprozessrechte der einzelnen Staaten bereits ebenso aneinander angeglichen wie andere Bereiche des europäischen Lebens?
Und wenn ja, worauf wäre eine solche Angleichung zurückzuführen, was könnte ihr Grund sein?

---

[1] Denz, Renate „Zulässigkeit und Umfang des Strafverfahrens gegen Abwesende“, Freiburg 1969

Schon um diese Entwicklung nachvollziehen zu können, lohnt sich eine rechtsvergleichende Betrachtung.

Bei der Frage nach der justiziellen Einheit Europas stößt man unweigerlich auch auf den Aspekt der grenzüberschreitenden Strafverfolgung.
In Zeiten noch nie da gewesener Mobilität von Menschen, Waren und Dienstleistungen über ganz Europa, ist es erforderlich zugleich die Mobilität der Strafverfolgungsmöglichkeiten über europäische Grenzen hinweg zu verstärken.
Dazu gehört - neben oft diskutierten Problemen bei der grenzüberschreitenden polizeilichen Zusammenarbeit und der Verwertung von im Ausland gewonnenen Beweisen - auch die Auslieferung zur Vollstreckung von im Ausland ergangenen Strafurteilen.

Praktisch relevant wird eine Unterschiedlichkeit der nationalen Regelungen über die Behandlung abwesender Angeklagter deshalb im Rahmen des Auslieferungsrechts.
Fragt es sich doch, ob ein im europäischen Ausland ergangenes Abwesenheitsurteil dem entspricht, was das Bundesverfassungsgericht[2] als den „nach Art. 25 GG völkerrechtlich verbindlichen Mindeststandard" an einem Angeklagten zu gewährenden Rechten oder den „unabdingbaren verfassungsrechtlichen Grundsätzen der Bundesrepublik Deutschland" bezeichnet.
Denn daran müssen sich alle einer Auslieferung zugrunde liegenden Akte messen lassen. Fremde Rechtsakte entfalten in der Bundesrepublik nur dann Wirkung, wenn sie mit nationalem und auch internationalem Recht vereinbar sind.[3]
Nur dann muss der Auszuliefernde die Wirksamkeit ausländischer Entscheidungen anerkennen.
Anderenfalls stehen ihm eigenständige, über §§ 6 bis 9 IRG hinausgehende Auslieferungsgegenrechte zu.

Das Bundesverfassungsgericht hat in ständiger Rechtsprechung die Zulässigkeit aufgrund von Abwesenheitsverurteilungen nach Kriterien beurteilt, die ihre Grundlage im Recht des verurteilenden Staates haben.[4]
So soll es darum gehen, ob dem Verurteilten die Möglichkeit eröffnet war rechtliches Gehör zu erlangen, darum ob er von dem gegen ihn anhängigen Verfahren zuvor durch amtliche Mitteilung in Kenntnis gesetzt wurde oder darum, ob der nicht persönlich anwesende Angeklagte in seiner Verhandlung durch einen Verteidiger vertreten werden durfte.
Derartige Fragestellungen waren schon mehrfach Gegenstand höchstrichterlicher Entscheidungen.[5]

---

[2] BVerfGE 59, 280 ff.
[3] Kühne, Strafprozessrecht, Rn. 49
[4] BVerfGE 63, 332 (337) m.w.N.
[5] z. Bsp.: BGH NStZ 2002, 166f. = JZ 2002, 464 ff. m. Anmerkung *Vogel*; BVerfGE 63, 332

Um die Frage nach der Zulässigkeit der Auslieferung einer in Abwesenheit verurteilten Person angemessen zu beurteilen, ist die Kenntnis von den Grundsätzen des im Ausland durchgeführten Abwesenheitsverfahrens also notwendig.

Denn das ausländische Recht und seine Vergleichbarkeit mit deutschen und internationalen Standards werden zur Begründung einer innerstaatlichen Entscheidung herangezogen.

Sich im Vorfeld einen Überblick zu verschaffen über die verschiedenen strafprozessualen Probleme, die bei Abwesenheitsverurteilungen in anderen europäischen Ländern eine Rolle spielen, kann diese Entscheidung erheblich vereinfachen.

Der Blick über den Tellerrand nationaler Vorschriften kann den Blick schärfen für Positives, Negatives und vor allem Gleiches in den Rechtsordnungen anderer Länder.

Auch aufgrund praktischer Erwägungen lohnt sich also ein Rechtsvergleich.

3. Die Bedeutung des Europäischen Gerichtshofs für Menschenrechte

Im Zusammenhang mit den international zu wahrenden Rechten Einzelner kommen der Europäischen Konvention zum Schutz der Menschenrechte (EMRK) und der Rechtsprechung des Europäischen Gerichtshofs für Menschenrechte (EGMR) besondere Bedeutung zu.

Weist die EMRK[6] in ihrer Präambel doch ausdrücklich darauf hin, dass die Garantie der allgemein einzuhaltenden Menschenrechte ein Mittel zur Herbeiführung einer größeren Einheit unter den westeuropäischen Staaten sei.

Schon 1989 sah *Partsch*[7] in der EMRK ein „erstes Stück einer europäischen Verfassung".

Zwar entfaltet die EMRK als völkerrechtlicher Vertrag keine unmittelbaren horizontalen Wirkungen. Da sie jedoch in allen hier zu besprechenden Rechtsordnungen in nationales Recht inkorporiert wurde, bildet sie den einen menschenrechtlichen Maßstab, an dem sich die Verfahrensrechte ihrer Mitgliedstaaten messen lassen müssen.

Das gilt auch und gerade für die Rechte des strafrechtlich Angeklagten und für das Verfahren in seiner Abwesenheit.

---

(337); BVerfG NJW 1987, 830; BVerfG NJW 1991, 1411 f.
sowie ferner: OLG Düsseldorf NStZ-RR 1996, 30; OLG Hamm NStZ 1997, 194; OLG Schleswig StV 1996, 102 (103)

[6] BGBl. 1954 II, S. 14

[7] Partsch, Vor- und Nachteile einer Regionalisierung des internationalen Menschenrechtsschutzes, EuGRZ 98, 8

Speziell seit Inkrafttreten des 11. Zusatzprotokolls zur EMRK vom 11. 05. 1994 (in Kraft seit 01. 11. 1998), das auch dem Einzelnen gestattet, sich ohne Umweg über die Europäische Kommission für Menschenrechte mit einer Individualbeschwerde direkt an den EGMR zu wenden, um nationale Strafurteile an dem Maßstab der EMRK messen zu lassen, hat dieser menschenrechtliche Maßstab stärkeres Gewicht.

Gerade in Ländern, in denen keine verfassungsrechtliche Rechtsprechung mit der Möglichkeit der Überprüfung von Gerichtsurteilen anhand von Verfassungsprinzipien oder auch gar keine geschriebene Verfassung existiert, kann der EGMR durch seine Rechtsprechung diese Lücke füllen.

Welchen Einfluss die Rechtsprechung des EGMR auch auf das deutsche Strafverfahrensrecht hat, zeigt sich beispielhaft in der Neueinführung des Wiederaufnahmegrundes in § 359 Abs. I Nr. 6 StPO, der eine Wiederaufnahmen eines abgeschlossenen Verfahrens für den Fall vorsieht, dass Deutschland vom EGMR wegen eines Verstoßes gegen die EMRK in eben diesem Verfahren verurteilt wurde.

Daneben kann in dem EGMR aber auch ein echter Integrationsfaktor hin zu einem stärker zusammenwachsenden Europa gesehen werden, indem er durch seine Rechtsprechungstätigkeit zu einer Harmonisierung der – strafprozessualen – Rechtssysteme der europäischen Staaten beiträgt.

Die Rezeption der einzelfallbezogenen nur feststellenden, nicht kassatorischen Urteile des Straßburger Gerichtshofs ist in Deutschland nach wie vor ein schwieriges und hoch umstrittenes Thema.[8]

Probleme resultieren vorrangig daraus, dass der EGMR auf einer „dynamischen“ Interpretation der EMRK besteht.

Damit besteht die Gefahr, dass der Gerichtshof rechtssetzend tätig wird, also anwendbares Recht ohne Zustimmung eines demokratisch legitimierten Gesetzgebungsorgans weiter entwickelt.

Gerade bei völkerrechtlichen Verträgen wie der EMRK, denen im Hinblick auf Art. 3_ Abs. I der Wiener Konvention über das Recht der Verträge[9] kein Sinn beigelegt werden darf, der für die Vertragsparteien nach Treu und Glauben unter Berücksichtigung von Ziel und Zweck des Vertrages aus dem Wortlaut der vereinbarten Norm nicht ersichtlich ist, bedarf dies größter Vorsicht.

Darüber hinaus ist problematisch, dass Prüfungsmaßstab des EGMR zwar die EMRK ist. Prüfungsgegenstand ist im Individualbeschwerdeverfahren jedoch immer nur eine einzelne hoheitliche Maßnahme, etwa eine gerichtliche Entscheidung.

---

[8] vgl. die umfangreiche Literatur zu dieser Thematik, so z.B. *Kühne* in: Kreuzer u.a. (Hrsg.), „Der Europäische Grundrechtsschutz“, S. 55 ff.

[9] BGBl. 1987 II, S. 757

Die Konventionsverträglichkeit von gesetzlichen Vorschriften kann daher im Individualbeschwerdeverfahren nur inzidenter, abstrakt nur im Wege der Staatenbeschwerde überprüft werden. Und eine solche ist überaus selten.

Das Bundesverfassungsgericht[10] gestattet dementsprechend auch nur die Berücksichtigung der Entscheidungen des EGMR „im Rahmen methodisch vertretbarer Gesetzesauslegung".

Aber auch die allgemein anerkannte Wirkung der Straßburger Urteile gilt entsprechend der der gängigen völkerrechtlichen Praxis zunächst nur inter partes.[11] Wie kann der EGMR eine Harmonisierung der mitgliedstaatlichen Strafprozessrechte herbeiführen, wenn seine Urteile nur zwischen den Parteien und selbst dort nur mittelbar Wirkung entfalten? Vor allem, sind die einzelnen zu einem Thema ergangenen Urteile dazu überhaupt geeignet?

Dies soll am Beispiel des Abwesenheitsverfahrens gezeigt werden.
Es wird darzustellen sein, dass nicht nur eine umfangreiche Rechtsprechung des EGMR zum Thema „trial in absentia" existiert, sondern dass diese Rechtsprechungstätigkeit auch tatsächlich in den jeweiligen Staaten Wirkung gezeigt hat.
So hat die Verurteilung Frankreichs und der Niederlande durch den EGMR zu maßgeblichen Gesetzesänderungen rund um die Abwesenheitsregelungen dieser Staaten geführt.
Darüber hinaus wird zu zeigen sein, dass der EGMR in seiner über zwanzig Jahre andauernden Rechtsprechung zu den nationalstaatlichen Vorschriften quasi unbemerkt ein konventionsorientiertes und damit in ganz Europa gleiches Abwesenheitsverfahren geschaffen hat.

So könnten die vom EGMR anhand der EMRK entwickelten Grundsätze einmal als Grundlage für ein gesamteuropäisches Modell eines Abwesenheitsverfahrens dienen.

---

[10] BVerfG NJW 2004, 3407 ff.

[11] auch der EGMR selbst geht zunächst nur von einer innerparteilichen Wirkung seiner Urteile aus, vgl. EGMR, Serie A Nr. 31 (Marckx gg. Belgien); dazu auch Kieschke, Praxis des EGMR und ihre Auswirkungen auf das deutsche Strafverfahrensrecht, S. 90 ff. m.w.N.

II. Gang der Untersuchung

Der Gang der vorliegenden Untersuchung des Abwesenheitsverfahrens folgt im Wesentlichen den oben als Problemaufriss dargestellten Gedankengängen.

Zunächst soll die historische Entwicklung des Verfahrens gegen abwesende Angeklagte kurz beleuchtet werden.

Anschließend werden in einem *darstellenden Teil* die in den verschiedenen Rechtsordnungen gefundenen gesetzlichen Regelungen, ihre Voraussetzungen und Rechtsfolgen sowie deren rechtstaatliche Grundlagen aufgeführt werden. Begonnen wird mit einer systematischen Darstellung des deutschen Rechts, an die sich dann die Darstellung der englischen, französischen, niederländischen und österreichischen Regelungen anschließen wird.

Dabei werden sich die Ausführungen beschränken auf die Abwesenheit des Angeklagten in der gerichtlichen Hauptverhandlung der ersten Instanz, denn nur hier geht es in allen in Rede stehenden Rechtsordnungen um die Schaffung der für die Urteilsfindung erforderlichen Tatsachengrundlage, bei der eine mitwirkende Anwesenheit des Angeklagten von besonderer Bedeutung ist. Zudem besteht hier der Grundsatz der ständigen Anwesenheit des Angeklagten am durchgängigsten.

Die Abwesenheit des Angeklagten in der Rechtsmittelinstanz ist in allen fraglichen Rechtsordnungen grundsätzlich anders geregelt.
Daher wird sich die Darstellung auf die Frage der Anwesenheit in der Tatsacheninstanz beschränken und die Anwesenheit in der Rechtsinstanz weitgehend ausklammern.
Die Kernpunkte der Untersuchung bilden dabei Fragen nach Ladungsvoraussetzungen, Verteidigungsrechten und Urteilsanfechtungsmöglichkeiten.

Der bloßen Darstellung der Verfahrensvorschriften werden einige rechtstheoretische Betrachtungen folgen, die dazu dienen sollen, Unterschiede und Gemeinsamkeiten in den rechtstaatlichen Grundlagen der verschiedenen Staaten zu verdeutlichen.
Die europäischen Rechtssysteme im Allgemeinen und die Strafverfahrenssysteme sowie das Abwesenheitsverfahren im Besonderen beruhen zum Teil auf ganz unterschiedlichen rechts- und staatstheoretischen Wertungen.
Diese sind jedoch in eine vergleichende Betrachtung unbedingt mit einzubeziehen. Denn nur aus der rechtstheoretischen Sicht, mit Kenntnis von den hinter einzelnen Regelungen stehenden Wertentscheidungen, lässt sich das Strafprozessrecht eines fremden Staates in ausreichender Gesamtheit erfassen, um es später vergleichen zu können.

An den darstellenden Teil anschließen wird sich der *rechtsvergleichender Teil*, in dem die wesentlichen Gemeinsamkeiten und Unterschiede der deutschen, englischen, französischen, niederländischen und österreichischen Regelungen herausgearbeitet werden.
Hier wird von besonderem Interesse sein, ob und wie sich im Verlauf der letzten Jahrzehnte die Verfahrensordnungen einzelner europäischer Staaten einander angenähert und sich Voraussetzungen nivelliert haben.
Dabei wird auch zu beleuchten sein, inwiefern die verschiedenen strafprozessualen Regelungen in eben den rechtstheoretischen Grundlagen der jeweiligen Staaten verwurzelt sind. Es erfolgt also nicht nur ein Vergleich auf postiv-rechtlicher Ebene, sondern auch ein Vergleich anhand von „Rechtsfamilien", um die Verschiedenartigkeit der europäischen Rechtssysteme hinreichend zu würdigen.

Im Anschluss daran wird im dritten Hauptteil die *Rechtsprechung des EGMR* ausgewertet werden.
Beleuchtet werden in diesem Rahmen die Verfahrensgarantien des Art. 6 EMRK in der Konkretisierung, die sie durch Urteile des EGMR gefunden haben.
Dazu werden sämtliche vom EGMR gefällten Urteile zur Rechtmäßigkeit nationaler Abwesenheitsverurteilungen ausführlich untersucht.
Dabei wird ausgeführt werden, wie die mit dem Abwesenheitsverfahren verbundenen rechtstaatlichen Probleme vom EGMR unter Zugrundelegung der EMRK gelöst werden.
Zu diesem Zweck sollen die vom Gericht in den Urteilen aufgestellten Leitlinien herausgearbeitet werden.
Danach sollen diese Leitlinien einer kritischen Würdigung unterzogen werden, bei der auch die Frage eine Rolle spielt, inwieweit der EGMR durch seine Rechtsprechung nicht mehr als eine lose Wertesammlung, sondern vielleicht sogar einen konventionsorientierten Modellvorschlag für ein gesamteuropäisches Abwesenheitsverfahren unterbreitet hat.

Im vierten und letzten Teil wird schließlich untersucht werden, inwieweit sich die zu Anfang dargestellten gesetzlichen Regelungen der Nationalstaaten mit dem vom EGMR entwickelten Mindeststandard decken.
Der europäisch anzustrebende Soll-Zustand wird mit dem gegenwärtig vorgefundenen Ist-Zustand verglichen werden um etwa noch bestehende Mängel im internationalen Menschenrechtsschutz aufzuzeigen.

Als Abschluss der Arbeit werden sich an diese Ausführungen einige ausblickende Gesamtbetrachtungen anschließen.

Historische Entwicklung des Anwesenheitsgrundsatzes

Die Abwesenheit des Angeklagten und ihre Auswirkungen auf den Gang des Verfahrens insbesondere den der Hauptverhandlung, haben in der Geschichte des Strafprozesses unterschiedliche Regelungen erfahren.
Um die heutigen Vorschriften der verschiedenen Nationalstaaten ihrem Sinngehalt nach vollständig zu erfassen, soll hier zunächst in der gebotenen Kürze ein Überblick über die historische Entwicklung des Grundsatzes der Anwesenheit des Angeklagten gegeben werden.[12]

I. Der Anwesenheitsgrundsatz im römische Recht

Im römischen Recht der Kaiserzeit galt - anders als noch zur Zeit der römischen Republik - der Grundsatz, dass zumindest bei Kapitalverbrechen keine Verurteilung in Abwesenheit des Angeklagten erfolgen durfte; („*in causa capitali absens nemo damnatur*").
Der Angeklagte konnte in derartigen Fällen somit nicht wegen der Tat selbst verurteilt werden.[13]

Jedoch galt das Fernbleiben der Hauptverhandlung an sich als Strafgrund, wenn der Angeklagte sich trotz dreimaliger Aufforderung nicht der Justiz stellte.
Ein solcher Ungehorsam des Angeklagten wurde mit der Durchführung einer Vermögensbeschlagnahme geahndet, die nach Ablauf eines Jahres in dem der Angeklagte sich weiterhin nicht zur Verhandlung stellte, zur dauerhaften Vermögenseinziehung wurde.
Dabei wurde die Straftat an sich nicht näher untersucht, Strafgrund war allein der Ungehorsam des Angeklagten (lat. *contumax* = trotzig, spröde).[14]

Lediglich bei geringeren Straftaten[15] war eine Verurteilung in Abwesenheit allein aufgrund der vom Ankläger vorgelegten Beweise möglich, ohne dass zuvor der Versuch einer zwangsweisen Gestellung des Angeklagten zu erfolgen hatte.

---

[12] der folgende Kurzüberblick über die Geschichte des Abwesenheitsverfahrens stützt sich im Wesentlichen auf die ausführlichen Darstellungen in: Meyer, Hugo „das Strafverfahren gegen Abwesende. Geschichtlich dargestellt und vom Standpunkt des heutigen Rechts geprüft", Berlin 1869
[13] Meyer, Strafverfahren gegen Abwesende, S. 37
[14] Meyer, Strafverfahren gegen Abwesende, S. 44
[15] gemeint sind Straftaten die lediglich mit Geld- oder Ehrenstrafe geahndet wurden

II. Der Anwesenheitsgrundsatz im altgermanischen Recht

Die seit dem 6. Jahrhundert nach Christus aufgezeichneten germanischen Stammesrechte, die sog. *leges babaorum*, lassen nur sehr bedingt Rückschlüsse auf „germanische Rechtsverhältnisse" im allgemeinen zu.

Gerichtsverhandlungen fanden noch in altgermanisch-fränkischer Zeit zunächst zweimal jährlich auf den sog. *Thingversammlungen* statt.[16] Später wurde die Zentralgewalt an das Königsgericht abgeben, der jeweilige Landesgraf löst den „thungin" ab.
Dabei galt im altgermanischen Strafprozessrecht der Verhandlungsgrundsatz. Die Hauptverhandlung war als Parteienprozess ausgestaltet.[17]
Der Angeklagte hatte seine Unschuld zu beweisen, wobei der Schwur die Tat nicht begangen zu haben zumindest dann ausreichte, wenn es sich bei der angeklagten Person um einen Freien handelte.
Dementsprechend wurde es als Pflicht des Angeklagten angesehen, auf die Ladung des Anklägers hin vor Gericht zu erscheinen.
Erschien er trotz dreimaliger Aufforderung nicht, galt dies als Eingeständnis seiner Schuld, die Anklage war damit bewiesen.[18]
Daher wurde der nicht erschienene Angeklagte anders als im römischen Recht wegen der Tat an sich, nicht wegen seines Ungehorsams bestraft.
Jedoch wurde gegen den ausgebliebenen Angeklagten nicht die für die Tat vorgesehene Strafe verhängt, sondern er wurde in der Regel für "friedlos" oder in die "Acht" erklärt.[19]
Die Friedloserklärung war eine besonders schwere Strafe, die den ausgebliebenen Angeklagten mit der Aufgabe allen Rechts und rechtlichen Schutzes belegte. Der nicht erschienene Angeklagte wurde mit der schwersten Strafe belegt, die das germanische Recht nach der Todesstrafe kannte.
Sie war als Sanktion für die beharrliche Rechtsverweigerung gedacht.[20] In beschränktem Umfang konnte jedoch die Wiederaufhebung der Acht durch Anerbieten einer Buße erreicht werden.

[16] Rüping/Jerouschek, Grundriß der Strafrechtsgeschichte, Rn. 19
[17] Rüping/Jerouschek, Grundriß der Strafrechtsgeschichte, Rn. 21
[18] Meyer, Strafverfahren gegen Abwesende, S. 54
[19] Rüping/Jerouschek, Grundriß der Strafrechtsgeschichte, Rn. 21
[20] Meyer, Strafverfahren gegen Abwesende, S. 57; Küstermann, Hauptverhandlung gegen Flüchtige, S. 8

III. Der Anwesenheitsgrundsatz unter Geltung der Constitutio Criminalis Carolina (ab 1532)

Unter Geltung der peinlichen Halsgerichtsordnung Kaiser Karls V.[21] setzte sich - ebenso wie in ihrer Vorgängerin der Bambergenser Halsgerichtsordnung - die im kanonischen Recht begonnene Einführung des Inquisitionsprozesses auch im weltlichen Strafprozess weiter fort.[22]

Damit setzte sich im Hinblick auf die Beweiserbringung zugleich die Forderung durch, dass auch ein abwesender Angeklagter in materieller Hinsicht seiner Schuld zu überführen sei. Die Schulderklärung sollte nicht mehr nur aufgrund der Präsumption durch die Abwesenheit gefällt werden.[23]

Die reine *contumacia* des Angeklagten war also nicht mehr strafbegründend. Vorgesehen waren jedoch prozessuale Zwangsmaßnahmen wie die Vermögensbeschlagnahme, durch die eine Gestellung des Angeklagten erzwungen werden sollte.

IV. Der Anwesenheitsgrundsatz in den Strafprozessgesetzen der deutschen Partikularstaaten des 19. Jahrhunderts

Die Gesetzgebung in den deutschen Kleinstaaten des frühen 19. Jahrhunderts war stark vom französischen *code d'instruction criminelle* von 1808 geprägt. Die erste französische Strafprozessordnung, ein Produkt der Aufklärungsphilosophie und der französischen Revolution, führte die Grundsätze der Öffentlichkeit und der Mündlichkeit in den Strafprozess ein.

Im Hinblick auf den abwesenden Angeklagten ermöglichte der *code d'instruction criminelle* eine Verurteilung des Angeklagten wegen der Tat aufgrund Indizienbeweises, ermöglichte es ihm jedoch zugleich, dieses Urteil völlig hinfällig zu machen, indem er sich binnen acht Tagen der Justiz stellte. In einem solchen Fall musste erneut verhandelt werden.

Auch in den neueren Prozessordnungen der deutschen Partikularstaaten nach der Revolution 1848 fand sich erstmals die Einführung des Mündlichkeitsgrundsatzes.[24]

---

[21] abgedruckt und erläutert in *Kaufmann* (Hrsg.), Gustav Radbruch – Gesamtausgabe, Bd. 11 (Strafrechtsgeschichte) 2001, S. 260 ff.

[22] Rüping/Jerouschek, Grundriss der Strafrechtsgeschichte, Rn. 103

[23] Meyer, Strafverfahren gegen Abwesende, S. 137 ff; Compes, Entstehung und Entwicklung des geltenden Abwesenheitsverfahrens, S. 4; Küstermann, Hauptverhandlung gegen Flüchtige, S. 16

[24] Compes, Entstehung und Entwicklung des geltenden Abwesenheitsverfahrens, S. 4.

Weiterhin wurde statt der Beweiserbringung durch Folter auch der Indizienbeweis zugelassen, wodurch die Möglichkeit einer Erforschung der Wahrheit ohne Mitwirkung der Person des Angeklagten entstand.[25]
Dennoch herrschten hinsichtlich Möglichkeit und Ausgestaltung des Strafverfahrens gegen einen nicht erschienen Angeklagten große Unterschiede in den einzelnen Kleinstaaten.[26]

So ließen z.B. die Braunschweigische und Württembergische Strafprozessordnung eine Durchführung des Verfahrens in der Sache selbst nur in Fällen bloßer Übertretungen, jedoch nicht bei schwereren Vergehen zu. In schwereren Fällen war stattdessen ein Ruhen des Verfahrens vorgesehen.[27]
In den Strafprozessordnungen der meisten anderen Länder[28] wurde demgegenüber das Verfahren gegen den nicht erschienen Angeklagten genauso geführt wie gegen den Anwesenden und konnte mit einer Verurteilung wegen der Tat enden.

Voraussetzung für ein solches Vorgehen war jedoch der Ungehorsam des Angeklagten, der sich darin äußerte, dass er bewusst -also nach erfolgter öffentlicher oder persönlicher Ladung- und unentschuldigt -also ohne unüberwindlich Hinderungsgründe- nicht vor Gericht erschien. Es handelte sich hier also um ein echtes Kontumazialverfahren, in dem der Ungehorsam des Angeklagten mit einer Verkürzung seines prozessualen Hauptrechts, nämlich des Rechts auf rechtliches Gehör geahndet wurde.[29]

Das ergangene Urteil wurde zum Teil nur in der Sitzung verkündet, zum Teil erst dem gestellten Angeklagten eröffnet, zum Teil aber auch in öffentlichen Blättern veröffentlicht. Es war zumeist nur provisorischer Natur, so dass ein einfacher unbegründeter Einspruch genügte, um eine Neuverhandlung des Falles zu erreichen.[30]

Einige Staaten[31] sahen jedoch auch eine abschließende Verurteilung des Abwesenden vor. Gegen diese Urteile war zwar noch das Rechtsmittel des Einspruchs statthaft, der das Abwesenheitsurteil vorübergehend suspendierte und dem Angeklagten die Möglichkeit eröffnete, einer neuen kontradiktorischen Verhandlung beizuwohnen.

---

[25] Küstermann, Hauptverhandlung gegen Flüchtige, S. 20
[26] vgl. dazu im Einzelnen die ausführliche Darstellung bei Meyer, S. 216 ff.
[27] Compes, Entstehung und Entwicklung des geltenden Abwesenheitsverfahrens, S. 8
[28] Preußen 1867 bei Schwurgerichtsurteilen; Königreich Sachsen 1855; Hamburg 1869; Bayern 1848; Oldenburg 1857; Lübeck 1862; Württemberg 1843
[29] Dünnebier in: Heinitz-FS S. 670
[30] Compes, Entstehung und Entwicklung des geltenden Abwesenheitsverfahrens, S. 8
[31] Entwurf Hessen-Darmstadt 1860; Preußen 1867 (außer Schwurgerichtsfälle);

Dann musste der Abwesende allerdings entschuldigende Gründe für sein Nichterscheinen darlegen können.[32]

V. Der Anwesenheitsgrundsatz in der Reichsstrafprozessordnung von 1877

Die Reichstrafprozessordnung von 1877, die während des Kaiserreichs genauso wie während der Weimarer Republik zumindest im Grundsatz Gültigkeit behielt, ging von einem Anwesenheitsrecht des Angeklagten und einer korrespondierenden Anwesenheitspflicht aus (§§ 230 I, 231 S.1 StPO a.F.).
In Abwesenheit des Angeklagten durfte dass Gericht nicht verhandeln, sondern hatte vielmehr dessen Anwesenheit zu erzwingen (§§ 230 II, 231 S.2 StPO a.F.)

Im Gegensatz zu den meisten vorherigen Partikulargesetzen stellte die Strafprozessordnung des geeinten Deutschen Reiches zugleich erstmals einen einheitlichen Grundsatz auf, wann und unter welchen Voraussetzungen gegen den nicht erschienen Angeklagten dennoch verhandelt werden konnte.[33]

Nach mehreren Gesetzesänderungen wurden die Voraussetzungen endgültig in die §§ 277 - 284 StPO a.F. aufgenommen:
Danach war gegen den abwesenden Angeklagten eine Hauptverhandlung nur auf Antrag der Staatsanwaltschaft und auch nur dann zulässig, wenn die den Gegenstand der Untersuchung bildende Tat nur mit Freiheitsstrafe bis zu sechs Wochen, Geldstrafe oder Einziehung, allein oder in Verbindung miteinander, bedroht war (§ 277 StPO a.F.).

Dieses Abwesenheitsverfahren sah ebenso wie die Verfahren der früheren Partikularstaaten eine öffentliche Ladung des Angeklagten vor (§ 279 StPO a.F.). In diesen Fällen wurde der Angeklagte in seiner Abwesenheit wegen der Tat bestraft und nicht etwa wegen seines Ungehorsams. Es handelte sich mithin um ein echtes Strafverfahren, nicht um ein Kontumazialverfahren.[34] Auch der Abwesende konnte nur verurteilt werden, wenn der Richter aufgrund der Beweisaufnahme von seiner Schuld überzeugt war.[35]
Die Zustellung des Urteils erfolgte öffentlich (§ 281 StPO a. F.).
Gegen dieses Urteil war eine Wiedereinsetzung in den vorigen Stand nach Maßgabe des § 235 StPO a.F. möglich. Gesetzgeberisches Ziel war jedoch die Zurückdrängung des so lange als pragmatisch empfundenen Abwesenheitsverfahrens und die Sicherung der prozessualen Rechte des Angeklagten.

---

[32] Meyer, Strafverfahren gegen Abwesende, S. 266f.; Compes, Entstehung und Entwicklung des geltenden Abwesenheitsverfahrens, S. 9

[33] vgl. hierzu Hahn, Materialen zur RStPO, Bd. 1 S. 184ff.; v. Beling, Deutsches Reichsstrafprozessrecht, S. 373; KMR-Haizmann vor § 276, Rn. 1

[34] Dünnebier in: Heinitz-FS S. 669; v. Beling, S. 373; Bennecke, Lehrbuch des Reichsstrafprozessrechts, S. 622

[35] Bennecke, Lehrbuch des Reichsstrafprozessrechts, S. 622

Aus diesem Grund galt das oben dargestellte Verfahren nur in Ausnahmefälle als zulässig.[36]

VI. Der Anwesenheitsgrundsatz im Nationalsozialismus nach 1935

Eine Änderung dieser Absichten des Gesetzgebers brachte Art. 6 des Gesetzes zur Änderung von Vorschriften des Strafverfahrens und des Gerichtsverfassungsgesetzes[37] vom 28. Juni 1935:
Der siebente Abschnitt der Strafprozessordnung wurde dadurch unterteilt in "Hauptverhandlung gegen Flüchtige" (§§ 276 bis 282 b StPO a.F.) und "Weitere Maßnahmen gegen Flüchtige" (§§ 283 bis 295 StPO a.F.).
Die Durchführung einer Hauptverhandlung war in allen Strafsachen gegen Flüchtige zulässig, wenn "das Rechtsempfinden des Volkes" die alsbaldige Aburteilung der Tat verlangt (§ 276 I StPO a.F.).

Welchen Zweck eine Verurteilung in absentia, die dann aufgrund der Abwesenheit des Verurteilten doch nicht vollstreckt werden konnte, haben sollte, lässt sich nur aus dem gewandelten Verständnis über das Wesen des materiellen Strafrechts und Strafprozessrechts erklären:
Die Straftat wurde als Angriff gegen die Gemeinschaft als Ganzes, gegen die Volksgemeinschaft aufgefasst.[38]
Kern des Strafverfahrens war nicht länger die Durchsetzung des staatlichen Strafanspruchs, dessen Begründetheit einem Angeklagten nachzuweisen ist, sondern Kern war die Selbstreinigung des Angeklagten vom Anklagevorwurf. Das Strafverfahren wurde zum völkischen Reinigungsverfahren umgedacht.[39]
Zweck einer Strafe war dabei die Vollstreckung der Sanktion an der Ehre, durch das Urteil wurde der mit der Tat eingetretene Ehrverlust des Täters festgestellt.[40]
Die unter Geltung der RStPO von 1877 als Hinderungsgrund angesehene mangelnde Vollstreckbarkeit der Strafe (mit Ausnahme der Geldstrafe) an einem flüchtigen Verurteilten, war hier nicht mehr von Belang. Die "Vollstreckung an der Ehre" war immer möglich.
Darüber hinaus sollte das Verfahren auch nicht zuletzt im Interesse der Rechtspflege und zur Herbeiführung materieller Gerechtigkeit durchgeführt werden. Aufgrund fortschreitender technischer und forensischer Beweismöglichkeiten

---

[36] v. Beling, Deutsches Reichsstrafprozessrecht, S. 373; Bennecke, Lehrbuch des Reichsstrafprozessrechts, S. 524
[37] RGBl. 1935 I, 844 ff.
[38] Compes, Entstehung und Entwicklung des geltenden Abwesenheitsverfahrens, S. 16; Dünnebier in: Heinitz-FS S. 675
[39] Koch, Reform des Strafverfahrensrechts im Dritten Reich, S. 82
[40] Compes, Entstehung und Entwicklung des geltenden Abwesenheitsverfahrens, S. 16; Dünnebier in: Heinitz-FS S. 675

glaubte man, im Rahmen eines Indizienprozesses auf die Anwesenheit des Angeklagten verzichten zu können. Die Vernehmung des Angeklagten durch das Gericht wurde lediglich als ein Glied in einer langen Kette von Beweismöglichkeiten gesehen, auf die das Gericht nach seinem Ermessen verzichten konnte.

Ein durch die Anwesenheitsregel der alten Reichsstrafprozessordnung bezweckter Schutz des angeklagten "Verbrechers" wurde als übertriebene Bindung der Strafrechtspflege angesehen.[41]
Insgesamt verlor der Angeklagte im Strafprozess zunehmend seine Subjektstellung. Seine Rechtsposition verschlechterte sich durch Einschränkung oder Wegnahme prozessualer Rechte einerseits und Auferlegung verfahrensrechtlicher Pflichten andererseits.[42]
Schließlich hatte Hitler bereits anlässlich der Machtübernahme im Reichstag die „Elastizität der Urteilsfindung zum Zwecke der Erhaltung der Gesellschaft" gefordert.
Offizielle Leitidee des nationalsozialistischen Strafprozesses wurde damit die „Auflockerung", also die Aufgabe schützender Formen und Individualrechte zugunsten von im Sinne des Nationalsozialismus „gerechten" Ergebnissen.[43]

VII. Der Anwesenheitsgrundsatz zwischen 1945 und 1975

In der Zeit nach dem Zweiten Weltkrieg stand das ehemalige Deutsche Reich unter Verwaltung der vier Besatzungsmächte.
Die neu gegründeten Bundesländer hatten damit zu kämpfen, das Recht, das unter dem Nationalsozialismus und den Kriegsjahren in seiner Konsistenz und Einheitlichkeit stark gelitten hatte, wieder in einen brauchbaren Zustand zu bringen.
Dabei schlugen sie verschiedene Wege ein, was einer Zersplitterung des ehemals einheitlichen Rechts, insbesondere des Strafverfahrensrechts Vorschub leistete.[44]

Auch in dieser Zeit bestand weiterhin die Möglichkeit, einen Angeklagten in dessen Abwesenheit zu verurteilen. Durch das Vereinheitlichungsgesetz[45] wurde der noch zur Weimarer Zeit geltende Abschnitt über die Verhandlung gegen

[41] so Compes, Entstehung und Entwicklung des geltenden Abwesenheitsverfahrens, S. 17
[42] Koch, Reform des Strafverfahrensrechts im Dritten Reich, S. 122
[43] Rüping/Jerouschek, Grundriss der Strafrechtsgeschichte, Rn. 285
[44] dieser Zustand wird heftig kritisiert von *Niethammer* in: FS für Rosenfeld, S.119
[45] Gesetz zur Wiederherstellung der Rechtseinheit auf dem Gebiete der Gerichtsverfassung, der bürgerlichen Rechtspflege, des Strafverfahrens und des Kostenrechts vom 12. September 1950 (BGBl. 1950 I, S. 455)

Abwesende mit geringfügigen stilistischen Änderungen in das neue Recht übernommen.[46]

VIII. Der Anwesenheitsgrundsatz nach der StPO-Reform vom 01. Januar 1975

Mit Aufhebung der §§ 276 II ff. StPO a.F. durch Art. 21 Nrn. 74, 75 EGStGB[47] am 01.01.1975 wurde dann die Durchführung einer Hauptverhandlung gegen Abwesende in Deutschland bis heute abgeschafft.

Worin der Grund für diese Abkehr vom Abwesenheitsverfahren zu sehen ist, ist umstritten:

In den Motiven des Gesetzgebers wurde die Abschaffung mit der Entfernung der sog. Übertretungen aus dem Strafgesetzbuch begründet. Sie wurden in das Ordnungswidrigkeitengesetz überführt. Da ein Abwesenheitsverfahren ohnehin nur für Übertretungen zulässig war, war seine Verankerung in der Strafprozessordnung überflüssig geworden.[48]

Andere sahen den Grund darin, dass das Abwesenheitsverfahren wegen seiner seltenen Verwendung einfach obsolet geworden war.[49]

Zweck eines heutigen Verfahrens im Sinne des §§ 285 ff. StPO ist nur noch für den Fall der Gestellung des Angeklagten die Beweise zu sichern[50], nicht jedoch seine Verurteilung wegen der Tat herbeizuführen.
Wie die sich die heute geltenden Regelungen im Einzelnen darstellen, wird Gegenstand des nächsten Kapitels sein.

---

[46] Dünnebier in: FS für Heinitz, S. 676
[47] BGBl. 1975 I, S. 469
[48] BTDrucks. 7/550 Art. 19 Ziff. 70, 71; KMR-Haizmann vor § 276 Rn. 1
[49] Dünnebier in: Heinitz-FS S. 679
[50] Meyer-Goßner vor § 276 Rn. 1; Rieß JZ 1975, 266

Erstes Kapitel

Erstes Unterkapitel: Das deutsche Strafprozessrecht

A. Die Gesetzlichen Regelungen der Strafprozessordnung

I. Der Grundsatz

Es gilt im deutschen Strafprozessrecht der Grundsatz, dass eine Hauptverhandlung nur gegen einen anwesenden Angeklagten durchgeführt werden darf (§ 230 Abs. 1 StPO).

Darin kommt sowohl ein *Anwesenheitsrecht* als auch eine *Anwesenheitspflicht* des Angeklagten zum Ausdruck.[51]
Dies gilt für die erstinstanzliche Verhandlung vor dem Amts- wie vor dem Landgericht. Das deutsche Recht unterscheidet bezüglich des Anwesenheitsgrundsatzes nicht zwischen verschiedenen Arten der vom Täter verwirklichten und angeklagten Delikte, wie es verschiedene andere europäische Rechtsordnungen tun.
Auch die Anwesenheit eines für den Angeklagten erschienen Verteidigers kann die persönliche Anwesenheit des Angeklagten nicht ersetzen. Der Angeklagte wird durch einen Verteidiger nur unterstützt, nicht im Rechtssinne "vertreten", insofern entbindet die Anwesenheit eines Verteidigers den Angeklagten nicht von der Pflicht, persönlich zu erscheinen.

II. Umfang der Anwesenheitspflicht

Der Grundsatz der ununterbrochenen Anwesenheit des Angeklagten erstreckt sich auf die gesamte Hauptverhandlung, also vom Aufruf der Sache bis hin zur Urteilsverkündung und Rechtmittelbelehrung.[52] Während dieser gesamten Zeit

---

[51] h.M.: RGSt 29, 44 (48); 60, 179 (180); BGHSt 3, 187 (190); 22, 18 (20); 25, 318; 26, 84 (90); LR-Gollwitzer § 230 Rn. 1; KK-Tolksdorf § 230 Rn. 1; SK-Schlüchter § 230 Rn. 1; Roxin, Strafverfahrensrecht § 42 Rn. 39; Beulke, Strafprozessrecht, Rn. 122; Schroeder, Strafprozessrecht, Rn. 217; Bohnert NStZ 1983, 344 (345); Rieß ZStW 90 (1978), Beiheft, S. 175 (183); Röhmel JA 1976, 588
a.A.: Julius GA 1992, 295ff.; Stein ZStW 97 (1985), 303ff., die eine Anwesenheitspflicht ablehnen

[52] Meyer-Goßner § 230 Rn. 5 ff.; Ranft, Strafprozessrecht Rn. 1488

hat der Angeklagte dem Verfahren in verhandlungsfähigem Zustand beizuwohnen.
Erfasst sind davon auch Verhandlungsteile die sich außerhalb des Sitzungssaals abspielen, wie etwa Ortsbesichtigungen.[53]

Hinsichtlich der Anwesenheitspflicht ist weiter unerheblich, ob es sich bei dem fraglichen Verhandlungsabschnitt um einen "wesentlichen" oder einen "unwesentlichen" Teil der Hauptverhandlung handelt.[54]
Diese teilweise vorgenommene Unterscheidung hat nur für die Frage Bedeutung, ob es sich bei dem Anwesenheitserfordernis um eine von Amts wegen zu prüfende Verfahrensvoraussetzung[55] oder bei einem etwaigen Verstoß dagegen um einen absoluten Revisionsgrund gemäß § 338 Nr. 5 StPO[56] handelt.
Das grundsätzliche Bestehen der Anwesenheitspflicht über die gesamte Dauer der Hauptverhandlung wird dadurch jedoch nicht angezweifelt.

III. Das "Ausbleiben" des Angeklagten als Ausnahme vom Grundsatz der ständigen Anwesenheit

Von dem Grundsatz der ständigen Anwesenheitspflicht des Angeklagten während der gesamten Dauer der Hauptverhandlung gibt es einige Ausnahmen.

Das deutsche Strafprozessrecht unterscheidet anders als verschiedene ausländische Prozessordnungen strikt zwischen dem „abwesenden“ und dem „ausgebliebenen“ Angeklagten.
Der „ausgebliebene“ Angeklagte, also derjenige der sich im Bereich der deutschen Gerichtsbarkeit befindet, dessen Aufenthalt bekannt ist und den dementsprechend eine ordnungsgemäße Ladung zur Verhandlung erreicht hat[57], kann grundsätzlich durch die in § 230 Abs. 2 StPO aufgeführten Zwangsmittel (Vorführungs- und Haftbefehl) zur Teilnahme an der Hauptverhandlung gezwungen werden.

Daneben bestehen einige eng auszulegenden[58] Ausnahmen vom Grundsatz der ständigen Anwesenheit des Angeklagten.

---

[53] Meyer-Goßner § 230 Rn. 6; Schroeder, Strafprozessrecht § 26 Rn. 227
[54] Neuhaus, S. 15
[55] so z.B.: OLG Düsseldorf GA 1957, 417; OLG Hamburg NJW 1969, 762
[56] so z.B.: BGHSt 26, 84; OLG Hamm NJW 1973, 2308; LR-Gollwitzer § 230 Rn. 6; Meyer-Goßner § 230 Rn. 25; SK-Schlüchter § 230 Rn. 31; Gössel, Strafverfahrensrecht § 19 A II b 2; Krey, Strafverfahrensrecht II, Rn. 703; Roxin, Strafverfahrensrecht § 42 Rn. 40
[57] Roxin, Strafverfahrensrecht § 60 Rn. 2
[58] LG Nürnberg-Fürth, NStZ 1999, 264; Beulke, Strafprozessrecht Rn. 122

Für den „ausgebliebenen“ Angeklagten bedeutet dies:
“Ausgeblieben” ist der Angeklagte, wenn er beim Aufruf der Sache nicht im Gerichtssaal anwesend ist oder nicht alsbald eintrifft. Dem steht es gleich, wenn er sich nach Verhandlungsbeginn freiwillig entfernt oder an einem Fortsetzungstermin nicht erscheint.[59]

In derartigen Fällen gelten die §§ 231 ff. StPO:
- So kann gem. § 231 a Abs. 1 StPO bei vorsätzlich und schuldhaft herbeigeführter Verhandlungsunfähigkeit des Angeklagten die Hauptverhandlung auch in seiner Abwesenheit fortgeführt werden. Der Angeklagte hat sein Anwesenheitsrecht verwirkt.
- § 232 StPO ermöglicht es in Fällen von geringer Bedeutung dann in Abwesenheit des Angeklagten zu verhandeln, wenn er ordnungsgemäß geladen und in der Ladung darauf hingewiesen worden ist, dass in seiner Abwesenheit verhandelt werden kann. Hier liegt der Grund für die fehlende Anwesenheitspflicht des Angeklagten also in der Geringfügigkeit der Sache.
- Des weiteren kann das Gericht den Angeklagten auf seinen Antrag hin von der Pflicht zu erscheinen entbinden, wenn nur Freiheitsstrafe bis zu sechs Monaten, Geldstrafe bis zu einhundertachtzig Tagessätzen, Verwarnung mit Strafvorbehalt, Fahrverbot, Verfall, Einziehung, Vernichtung oder Unbrauchbarmachung zu erwarten sind (§ 233 StPO). Eine Befreiung von der grundsätzlichen Anwesenheitspflicht ist also auch im deutschen Recht möglich.
- Nach der Vorschrift des § 231 b StPO kann der Angeklagte auf Anordnung des Vorsitzenden wegen ordnungswidrigen Benehmens aus dem Sitzungszimmer entfernt und in seiner Abwesenheit weiter verhandelt werden kann, sofern das Gericht seine Anwesenheit nicht für unerlässlich hält. Auch hier steht das Anwesenheitsrecht also unter dem Vorbehalt der Verwirkung.
- Gleiches gilt im Rahmen des § 247 StPO aus den dort aufgeführten Gründen, wobei hier jedoch im Gegensatz zu § 231 b StPO ein förmlicher Beschluss des Gerichts erforderlich ist.

Die materiellen Gründe für diese Ausnahmen vom Anwesenheitsgebot sind leicht zu finden: freiwilliger Verzicht des Angeklagten auf sein Anwesenheitsrecht und Befreiung von seiner Anwesenheitspflicht (§§ 231 c, 233 StPO), eigenes Verschulden des Angeklagten und dadurch Verwirkung des Anwesenheitsrechts (§§ 231 Abs. 2, 231 a, 231 b, 232 StPO), Gefährdung der Wahrheitsfindung (§ 247 S.1 StPO) sowie Nachteile für das Wohl von Angeklagtem oder Zeugen (§247 S. 2, 3 StPO).[60]

[59] Meyer-Goßner, § 230 Rn. 14
[60] Schroeder, Strafprozessrecht § 26 Rn. 226

IV. Der "abwesende" Angeklagte

Intensiver beleuchtet werden soll die Situation des "abwesenden" Angeklagten im Sinne des § 276 StPO:

1. Definition des Begriffs „Abwesenheit“:

Der § 276 StPO legt seinen Anwendungsbereich durch eine Fiktion fest:
Liegen die Voraussetzungen des § 276 StPO vor, so gilt der Angeklagte selbst dann als abwesend wenn er eigentlich anwesend und lediglich z. B. unerkannt ist.[61]
Diese gesetzliche Vermutung ist unwiderleglich.[62]
Der „abwesende“ unterscheidet sich demnach dadurch von dem „ausgebliebenen“ Angeklagten, dass entweder sein Aufenthalt unbekannt ist oder dass er sich im Ausland aufhält und seine Gestellung vor das zuständige Gericht nicht ausführbar ist bzw. nicht angemessen erscheint.

a) Unbekannter Aufenthaltsort:

Der Aufenthaltsort eines Angeklagten ist unbekannt im Sinne des § 276 StPO, wenn die Strafverfolgungsbehörden und das Gericht ihn weder kennen noch mit einem der Bedeutung der Sache entsprechenden Aufwand ermitteln können und auch keine begründete Aussicht besteht, dass der Aufenthaltsort demnächst bekannt wird.[63]
Der Täter ist also für die deutsche Justiz einfach deshalb nicht erreichbar, weil nicht klar ist, wo er sich gegenwärtig aufhält.

b) Gestellungshindernder Aufenthaltsort im Ausland:

Dem unbekannten Aufenthaltsort steht der gestellungshindernde Aufenthaltsort im Ausland gleich.
Damit ist der Fall jenes Verdächtigen gemeint, von dem zwar klar ist, dass und wo er sich im Ausland aufhält, der aber nicht zum Erscheinen vor Gericht gezwungen werden kann.
Dabei ist „Ausland“ in diesem Sinne funktional zu verstehen.
Zum Ausland wird alles gerechnet, was nicht zum Hoheitsbereich der Bundesrepublik Deutschland gehört, also was nicht vom Landgebiet, Eigengewässern und dem Küstenstreifen umfasst wird.[64]

---

[61] LR-Gollwitzer § 276 Rn. 1
[62] Pfeiffer § 267 Rn. 2
[63] LR-Gollwitzer § 276 Rn. 4; Pfeiffer, § 276 Rn. 2; Meyer-Goßner § 276 Rn. 2
[64] LR-Gollwitzer § 276 Rn. 12; SK-Schlüchter § 276 Rn. 5; KK- Engelhardt § 276 Rn. 4

„Gestellung“ meint Bewirken des Erscheinens durch Ladung und etwaige daran anschließende Zwangsmittel.[65]
Diese Gestellung muss „unausführbar“ sein oder „nicht angemessen“ erscheinen.

aa) unausführbare Gestellung:

Nicht ausführbar ist die Gestellung, wenn der Beschuldigte weder freiwillig vor Gericht erscheinen wird, noch sein Erscheinen erzwungen werden kann, weil der Aufenthaltsstaat keine Rechtshilfe zur Einlieferung leistet.[66]
Bei der Frage, wann eine Gestellung unausführbar erscheint, sind also auslieferungsrechtliche Bestimmungen und das Rechtshilfeverhältnis Deutschlands zu dem jeweiligen Aufenthaltsstaat relevant.

(1) nicht erzwingbares Erscheinen:

Ob zur Feststellung des nicht erzwingbaren Erscheinens die erfolglose Durchführung eines Einlieferungsverfahrens oder zumindest ein dementsprechenden Ersuchen an den Aufenthaltsstaat des Angeklagten zu verlangen ist, wird kontrovers diskutiert:

(a) Ansicht der *herrschenden Meinung*:

Nach Ansicht der meisten Autoren und der Rechtsprechung braucht auch wenn der Aufenthaltsort des Täters im Ausland bekannt ist, nicht notwendigerweise zunächst seine Einlieferung nach Deutschland versucht oder ihr Versuch fehlgeschlagen zu sein, bevor er als „abwesend“ eingestuft werden kann.
Es genügt eine dahingehende Prognose.[67]
Argumentiert wird mit dem Wortlaut der Vorschrift: Die Gestellung muss nicht unausführbar *sein*, sondern nur so „erscheinen“.
Diese Auffassung überzeugt im Hinblick auf die Effizienz der Justiz im Zuge einer einfachen Kosten-Nutzen-Rechnung:
Die Frage der Einlieferung zur Strafverfolgung hängt von der Mitwirkung und Entscheidung der obersten Justizbehörden des jeweiligen Aufenthaltsstaates und damit letztlich von den dortigen Regierungen ab (vgl. § 74 IRG).
Diese Frage kann jedoch schon im Vorfeld eines Einlieferungsersuchens hinreichend geklärt und ihr Ergebnis dem Gericht bekannt sein.

---

[65] LR-Gollwitzer § 276 Rn. 5; SK-Schlüchter § 276 Rn. 6; KMR-Haizmann § 276 Rn. 5
[66] BGHSt 37, 145 (146); OLG Frankfurt NJW 1972, 1875; SK-Schlüchter § 276 Rn. 7
[67] SK-Schlüchter § 276 Rn. 8

Dann würde die Durchführung eines Rechtshilfeersuchens auf eine bloße Formalität hinauslaufen, die sicher ergebnislos verläuft, nichts als Kosten verursacht und den ohnehin schon überlasteten Justizapparat weiter strapaziert.
Daher ist die vorherige Durchführung eines sicher aussichtslosen Einlieferungsersuchens nicht zu fordern.

(b) Ansicht *Oppes*:

Demgegenüber verlangt *Oppe*[68] die vorherige erfolglose Durchführung eines Einlieferungsversuchs im Wege der Rechtshilfe.
Dabei wird der Wortlaut der Vorschrift "erscheinen" nicht als *den Anschein haben*, sondern als *in Erscheinung treten* interpretiert.
Er kritisiert, dass die Ansicht der herrschenden Meinung dem Ausländer mit bekannten Wohnsitz a priori eine besondere Rechtsposition zubilligen und zu seinen Gunsten der "Schutzbereich" des § 276 StPO erweitern würde.[69]
Daher fordert er zwingend die Durchführung eines erfolglosen Einlieferungsverfahrens, bevor tatsächlich von einem „nicht erzwingbaren Erscheinen" gesprochen und der Angeklagte als „abwesend" behandelt werden könne.

Zur Begründung führt er an, die Ansicht der herrschenden Meinung liefe Sinn und Zweck des § 276 StPO zuwider, indem sie den Straftäter mit bekannten Aufenthaltsort im Ausland dem tatsächlich für die deutsche Justiz wegen schlichter Unbekanntheit des Aufenthalts unerreichbaren Straftäter gleichstelle.
Dabei seien die Abwesenheitsvorschriften doch in erster Linie auf den Angeklagten zugeschnitten, der unbekannten Aufenthalts sei.
Eine Gleichstellung des Angeklagten mit bekanntem Wohnsitz wäre nur dann angemessen, wenn er tatsächlich, also durch fehlgeschlagene Gestellungsversuche, für die deutsche Rechtsprechung unerreichbar sei.
Die Unausführbarkeit der Gestellung, müsse daher in diesen Fällen durch erfolglosen Versuch erwiesen sein. Eine Prognose solle nicht ausreichen.

(c) Stellungnahme:

Diese Ansicht ist jedoch nicht mit dem Wortlaut des § 276 StPO vereinbar, der eben diese Gleichstellung zwischen Angeklagten mit „unbekanntem Aufenthalt" und Angeklagten mit „gestellungshinderndem Aufenthalt im Ausland" ausdrücklich vornimmt.
Da sich am Wortlaut dieser Vorschrift trotz der Kritik auch nach der Strafprozessreform von 1974 nichts geändert hat, ist davon auszugehen, dass diese An-

[68] Oppe NJW 1966, 2237 zur Rechtslage vor 1974 und im Anschluss an dessen Ansicht immer noch KMR-Haizmann § 276 Rn. 6
[69] Oppe NJW 1966, 2237

sicht, die eine erfolglose Einlieferung als Voraussetzung der „Abwesenheit“ sieht, nicht der Vorstellung des Gesetzgebers entspricht.
Der herrschenden Auffassung ist also der Vorzug zu geben. Wenn als gesichert angesehen werden kann, dass ein Rechtshilfeersuchen an den Aufenthaltsstaat des Angeklagten fehlschlagen wird, braucht keine Einlieferung versucht zu werden.
Der Angeklagte kann dann sofort als „abwesend“ eingestuft werden.

(2) nicht freiwilliges Erscheinen:

Weiterhin ist umstritten, ob man auch schon die Erklärung des Angeklagten, er werde nicht freiwillig vor Gericht erscheinen, als Grund für eine Unausführbarkeit der Gestellung genügen lassen kann.

(a) Ansicht der *herrschenden Meinung*:

Nach überwiegender Ansicht ist das Nichterscheinen des Angeklagten schon dann mit Sicherheit anzunehmen, wenn er ausdrücklich erklärt hat, einer Ladung endgültig nicht Folge leisten zu wollen oder diesbezügliche Fragen der Staatsanwaltschaft unbeantwortet lässt.[70] Dies soll für die Frage der Unausführbarkeit der Gestellung genügen, ein Gestellungsversuch ist in einem solchen Fall nicht mehr nötig.[71]

(b) Die Ansicht *Oppes*:

Eine andere Ansicht mit den bereits oben aufgeführten Argumenten auch zu dieser Frage vertritt Oppe [72], der die bloße Erklärung des Beschuldigten nicht genügen lässt, da sie die Rechtslage nicht zu verändern vermöge und daher unbeachtlich sei.

(c) Stellungnahme:

Ähnlich wie schon oben lässt sich jedoch entgegnen, dass nach dem ausdrücklichen Wortlaut des Gesetzes eine bloße Erklärung des Angeklagten eben doch genügt.
Ein erfolgloser Gestellungsversuch ist nicht erforderlich.

---

[70] OLG Frankfurt NJW 1972, 1875; SK-Schlüchter § 276 Rn. 8; KK-Engelhardt, § 276 Rn. 7
[71] KK-Engelhardt, § 276 Rn. 7
[72] Oppe NJW 1966, 2238

(2) nicht angemessene Gestellung:

Die Gestellung erscheint nicht angemessen, wenn der mit dem Einlieferungsverfahren verbundene Verwaltungsaufwand oder die für den Angeklagten mit der Maßnahme einhergehenden Nachteile in keinem Verhältnis zur Bedeutung der Sache und dem hiermit verbundenen Strafverfolgungsinteresse stehen.[73]
Dies ist insbesondere dann der Fall, wenn durch den Vollzug der Auslieferung erhebliche Kosten entstehen. Ferner haben die Erfolgschancen des Einlieferungsbegehrens in die Verhältnismäßigkeitserwägungen einzufließen.[74]
Es genügt wiederum eine Prognose, die die Erfolgsaussichten des Auslieferungsbegehrens bezweifeln lässt, ohne dass zuvor ein erfolgloser Versuch stattgefunden haben muss.[75]
Die Frage der Angemessenheit wird dabei im Einvernehmen mit der Staatsanwaltschaft beurteilt.[76]

2. Inhalt, Ablauf und Zweck des Abwesenheitsverfahrens:

Ist aufgrund der Tatbestandsmerkmale des § 276 StPO die Abwesenheit des Angeklagten festgestellt worden, so finden in der Folge die §§ 285 - 295 StPO Anwendung.

a) Keine Hauptverhandlung:

Der § 285 Abs. 1 S. 1 StPO stellt klar, dass gegen einen abwesenden Angeklagten keine Hauptverhandlung stattfindet. Sie ist unzulässig.
Es soll ausgeschlossen werden, dass jemand ohne die Möglichkeit sich zu verteidigen oder gar in Unkenntnis des gegen ihn anhängigen Verfahrens und somit ohne rechtliches Gehör und ohne die in seiner Anwesenheit liegende Möglichkeit der Sachaufklärung verurteilt werden kann.[77] Gehindert wird dabei jedoch nur die Durchführung einer Hauptverhandlung. Es besteht kein weitergehendes Verfahrenshindernis, das der Eröffnung des Hauptverfahrens oder jedem sonstigen Weiterbetreiben des Verfahrens entgegenstünde.[78] Insbesondere ist die Aufnahme eines Ermittlungsverfahrens bei Abwesenheit des Beschuldigten ohne weiteres zulässig.[79]

[73] SK-Schlüchter § 276 Rn. 9; KMR-Haizmann § 276 Rn. 8
[74] KK-Engelhardt § 276 Rn. 8
[75] SK-Schlüchter § 276 Rn. 9; a.A. KMR-Haizmann § 276 Rn. 8
[76] SK-Schlüchter § 276 Rn. 9; LR-Gollwitzer § 276 Rn. 11
[77] KK-Engelhardt § 285 Rn. 1; LR-Gollwitzer § 285 Rn. 1; SK-Schlüchter § 285 Rn. 1
[78] KK-Engelhardt § 285 Rn. 7; Meyer-Goßner § 285 Rn. 2; LR-Gollwitzer § 285 Rn. 3; KMR-Haizmann § 285 Rn. 2
[79] KK-Engelhardt § 285 Rn. 8; Meyer-Goßner § 285 Rn. 2; LR-Gollwitzer § 285 Rn. 7

b) Beweissicherungszweck:

Das gegen einen Abwesenden durchgeführte Verfahren hat den Zweck, für den Fall seiner zukünftigen Gestellung die Beweise zu sichern (§ 285 Abs. 1 S. 2 StPO).
Dazu trifft die Staatsanwaltschaft die erforderlichen Maßnahmen, sofern sie selbst dafür zuständig ist. Anderenfalls beantragt sie richterliche Maßnahmen oder Untersuchungshandlungen auf die dann §§ 286, 287 StPO anzuwenden sind.[80]
Wird im Anschluss an die Ermittlungen das Verfahren nicht nach §§ 153., 170 Abs. 2 StPO eingestellt, sondern erhebt die Staatsanwaltschaft öffentliche Klage und stellt sich erst danach die Abwesenheit des Angeklagten heraus, so erfolgt die vorläufige Einstellung nach Eröffnung der Hauptverhandlung gemäß § 205 S. 1 StPO durch das erkennende Gericht.[81] Das vor der Einstellung durch das Gericht vorzunehmende Verfahren hat nicht mehr nur die Beweissicherung zum Ziel, sondern auch die umfassende Aufklärung des Sachverhalts.[82]

c) Anspruch auf Verteidigung:

Für den Abwesenden kann in allen Verfahrensstadien ein Rechtsanwalt oder ein bevollmächtigter Angehöriger als Verteidiger auftreten (§ 286 Abs. 1 StPO). Bei dem insofern missverständlichen Wortlaut "Angeklagter" in § 286 Abs. 1 StPO handelt es sich nach einhelliger Meinung um ein Redaktionsversehen.[83] Zur Begründung wird angeführt, es bestehe kein sachlicher Grund das Auftreten des Verteidigers bei Abwesenheit des Beschuldigten abweichend von der allgemeinen Regelung (§ 137 StPO) auf das Hauptverfahren zu beschränken.[84]
Es liegt auch nicht automatisch ein Fall der notwendigen Verteidigung iSd § 240 StPO vor.[85] Zweck des § 286 StPO ist es, die Wahrung der Interessen des abwesenden Beschuldigten zu erleichtern.[86]

d) kein Anspruch auf Benachrichtigung über den Fortgang des Verfahrens:

Dem abwesenden Beschuldigten steht kein Anspruch auf Benachrichtigung über den Fortgang des Verfahrens zu. Eine „Benachrichtigung" ist dabei jede

[80] Meyer-Goßner § 285 Rn. 2; SK-Schlüchter § 285 Rn. 7
[81] SK-Schlüchter § 285 Rn. 7; LR-Gollwitzer § 285 Rn. 10
[82] Meyer-Goßner § 294 Rn. 1; LR-Gollwitzer § 285 Rn. 12
[83] SK-Schlüchter § 286 Rn.2; LR-Gollwitzer § 286 Rn. 6; Meyer-Goßner § 286 Rn. 1; KK-Engelhardt § 286 Rn. 1; KMR-Haizmann § 286 Rn. 1
[84] LR-Gollwitzer § 286 Rn. 2; KMR-Haizmann § 286 Rn. 2
[85] SK-Schlüchter § 286 Rn.3
[86] LR-Gollwitzer § 288 Rn. 2

Verfahrensmitteilung, die einem anwesenden Beschuldigten zugehen müsste (z.B.: §§ 168c Abs. 5, 168d Abs. 1, 224 Abs. 1, 255a Abs. 2 StPO) und auf deren Erteilung er einen Rechtsanspruch hätte.[87]
Dieser Anspruch wird für den Fall der Abwesenheit des Angeklagten außer Kraft gesetzt und seine Gewährung in das Ermessen des Gerichts gestellt. Dies gilt selbst dann, wenn der Abwesende einen Bevollmächtigten oder eine Zustelladresse im Inland benannt hat.[88] Lediglich ein bestellter Verteidiger und andere nach § 286 Abs. 1 StPO zugelassene Vertreter müssen benachrichtigt werden.[89]

e) Aufforderung zum Erscheinen:

Der Abwesende, dessen Aufenthalt unbekannt ist, kann in einem oder mehreren öffentlichen Blättern zum Erscheinen vor Gericht aufgefordert werden (§ 288 StPO). Ein solches Vorgehen ist insbesondere dann geboten, wenn der Beschuldigte noch keine Kenntnis von dem anhängigen Verfahren hat und die Annahme berechtigt erscheint, dass er sich dem Gericht stellen wird, sobald er davon Kenntnis erlangt.[90]
Zielsetzung der Vorschrift ist, zum Zwecke der Durchführung des Strafverfahrens einen Kontakt zwischen Abwesendem und Gericht herzustellen.[91]
Die Möglichkeit einer öffentlichen Aufforderung liegt im Ermessen des Gerichts und kann durch den Vorsitzenden veranlasst werden, ohne dass ein formeller Gerichtsbeschluss darüber erforderlich wäre.[92] Sie kann auch mehrfach erfolgen. Die öffentliche Aufforderung stellt weder eine Ladung noch eine öffentliche Zustellung dar, insofern sind keine rechtlichen Wirkungen daran geknüpft.[93]
Die Veröffentlichung erfolgt nicht nur in amtlichen Veröffentlichungsblättern sondern darüber hinaus in Zeitungen, die nicht nur von einem eng, z.B. beruflich begrenzten Personenkreis gelesen werden.[94] Die inhaltliche Ausgestaltung der Aufforderung bestimmt das Gericht nach freiem Ermessen.

f) die Möglichkeit der Vermögensbeschlagnahme:

Die Abwesenheit des Beschuldigten hindert die Eröffnung des Hauptverfahrens wie bereits festgestellt grundsätzlich nicht.

---

87 KMR-Haizmann, § 287 Rn. 1
88 KMR-Haizmann, § 287 Rn. 2; KK-Engelhardt, § 287 Rn 1
89 SK-Schlüchter, § 287 Rn. 2
90 KMR-Haizmann § 288 Rn. 1
91 KMR-Haizmann § 288 Rn. 1
92 KK-Engelhardt § 288 Rn. 1; SK-Schlüchter § 288 Rn. 2
93 KK-Engelhardt § 288 Rn. 1; LR-Gollwitzer § 288 Rn. 12; KMR-Haizmann § 288 Rn. 2
94 KK-Engelhardt § 288 Rn. 2

Eine Anklageschrift reicht die Staatsanwaltschaft jedoch nur dann ein, wenn die Vermögensbeschlagnahme nach § 290 StPO angeordnet werden soll.[95]

Voraussetzung einer Vermögensbeschlagnahme ist die Erhebung einer öffentlichen Klage bei Abwesenheit des Angeklagten (§ 276 StPO) sowie das Vorliegen von Verdachtsgründen, die den Erlass eines Haftbefehls rechtfertigen würden (§ 290 Abs. 1 StPO).

Ein Haftgrund im Sinne der §§ 112, 112a StPO braucht jedoch nicht vorzuliegen.[96]

Der unmittelbare Zweck der Vermögensbeschlagnahme besteht in der Gestellung des Angeklagten. Ihm sollen die finanziellen Mittel zum weiteren Fernbleiben genommen werden, damit er sich nicht länger der deutschen Gerichtsbarkeit entziehen kann.

Insofern herrscht Einigkeit.[97]

Ob § 290 StPO darüber hinaus der Verfolgung noch weiterer Ziele dienen soll, ist umstritten:

(1) einschränkende Ansicht der *herrschenden Meinung:*

Nach dieser einschränkenden Ansicht ist alleiniger Zweck des § 290 StPO die Gestellung des Abwesenden zu erzwingen um so die Durchführung einer Hauptverhandlung zu ermöglichen.[98]

Die h. M. argumentiert mit der Systematik des Gesetzes: Aus der Einordnung der Vorschrift im Achten Abschnitt des zweiten Buches folge die Beschränkung auf ein Gestellungsmittel.[99] Daher handele es sich bei der Möglichkeit der Vermögensbeschlagnahme um ein reines Zwangsmittel und nicht etwa um eine Ungehorsamsstrafe oder ein Mittel zur Sicherung von Fiskalinteressen des Staates oder privater Dritter. [100]

(2) Ansicht *Hilgers*:

Ebenso wird vertreten es sei sinnvoll, noch andere Belange in die Zweckbestimmung des § 290 StPO einzubeziehen. Nach Ansicht von *Hilger*[101] soll es wegen der schwachen Ausgestaltung des Schutzes vermögensrechtlicher Interessen geschädigter Dritter legitim sein, das Gestellungsmittel des § 290 StPO auch zur Sicherung zivilrechtlicher Ansprüche der Tatopfer oder anderer Gläu-

---

[95] Meyer-Goßner § 285 Rn. 2; SK-Schlüchter § 285 Rn. 7

[96] SK-Schlüchter § 290 Rn. 4; LR-Gollwitzer § 290 Rn. 8; KMR-Haizmann, § 290 Rn. 3 ff.

[97] BayObLG NJW 1964, 301; LR-Gollwitzer, § 290 Rn. 1; KK-Engelhardt, § 290 Rn. 1; KMR-Haizmann, § 290 Rn. 1; Roxin, Strafverfahrensrecht, § 60 Rn. 4

[98] BayObLG NJW 1964, 301; KK-Engelhardt § 290 Rn. 1; Meyer-Goßner § 290 Rn. 1; SK-Schlüchter § 290 Rn. 1; LR-Gollwitzer § 290 Rn. 1

[99] KMR-Haizmann § 290 Rn. 2

[100] KMR-Haizmann § 290 Rn. 2

[101] AK-Achenbach, § 290 Rn.1; Hilger NStZ 1982, 375

biger des Beschuldigten zu nutzen. Diese Ansicht konnte sich jedoch nicht durchsetzen.

(3) Ansicht des *OLG Düsseldorf:*

Darüber hinaus wurde vereinzelt die Vermögensbeschlagnahme auch zur Sicherung der Durchsetzung des staatlichen Strafanspruchs zugelassen.[102] Einer Anwendung des § 290 StPO auch im Vollstreckungsverfahren, also über das Erkenntnisverfahren hinaus, steht jedoch die eindeutige Systematik des Gesetzes entgegen.

Eine etwaige Erfolglosigkeit eines Auslieferungsersuchens steht der Beschlagnahme dabei nicht entgegen, wohl aber die offensichtliche Unerreichbarkeit des mit der Beschlagnahme angestrebten primären Ziels, der Gestellung des Angeklagten.[103] Beispiele hierfür sind der nicht reisefähige Abwesende oder der im Ausland gegen seinen Willen Festgehaltene. In derartigen Fällen ist die Vermögensbeschlagnahme ebenso unzulässig[104], wie bei Straftaten, die nur mit Freiheitsstrafe bis zu sechs Monaten oder mit Geldstrafe bis zu einhundertachtzig Tagessätzen bedroht sind (§ 290 Abs. 2 StPO).

Insofern bildet der Verhältnismäßigkeitsgrundsatz die Grenze einer noch zulässigen Beschlagnahme.[105]

Der Gerichtsbeschluss über die Verhängung der Vermögensbeschlagnahme ist öffentlich bekannt zu machen (§ 291 StPO). Dadurch verliert der Abwesende die Verfügungsbefugnis über das in Beschlag genommene Vermögen (§ 292 Abs. 1 StPO). Es entsteht ein absolutes Verfügungsverbot im Sinne von § 134 BGB.[106] Gegen diesen Beschluss steht dem Angeschuldigten das Rechtsmittel der einfachen Beschwerde nach § 304 StPO zu.

Die Beschlagnahme ist aufzuheben, wenn ihre Gründe weggefallen sind (§ 293 Abs. 1 StPO).

g) die Erteilung sicheren Geleits:

Des Weiteren kann das Gericht einem Abwesenden sicheres Geleit erteilen.

Das sichere Geleit nach § 295 StPO ermöglicht dem Abwesenden das gefahrlose Erscheinen im Gerichtssaal und dient damit dem Interesse des Staates an der Durchführung dieses Verfahrens.[107] Durch das sichere Geleit wird dem Angeklagten die Verschonung mit der Untersuchungshaft oder einer Haft nach § 230 Abs. 2, 236 StPO bindend zugesichert. Dabei hindert das sichere Geleit

[102] OLG Düsseldorf NStZ 1997, 103
[103] Meyer-Goßner § 290 Rn. 1; SK-Schlüchter § 290 Rn. 5
[104] Meyer-Goßner § 290 Rn. 1
[105] Meyer-Goßner § 290 Rn. 3; SK-Schlüchter § 290 Rn. 5; KMR-Haizmann, § 290 Rn. 7
[106] KK-Engelhardt § 290 Rn. 1
[107] OLG Hamburg, JR 1979, 174 m. Anmerkungen Gössel

nicht den Erlass eines Haftbefehls, sondern nur dessen Vollstreckung.[108] Dem Angeklagten wird ein Geleitbrief erteilt, der die Straftat, den Umfang des Geleits und eventuelle Bedingungen genau bezeichnet.[109] Das sichere Geleit ist unwiderruflich, sobald der Angeklagte von ihm Gebrauch gemacht hat, kann jedoch widerrufen werden, wenn er im Ausland bleibt oder der an ihn gerichteten Ladung keine Folge leistet.[110]

Der Erlass eines Beschlusses zur Erteilung sicheren Geleits steht im pflichtgemäßen Ermessen des für die Hauptverhandlung zuständigen Gerichts.[111] Die Entscheidung des Gerichts setzt eine sorgfältige Abwägung des Interesses der Verfahrensbeteiligten, insbesondere der Geleit begehrenden Partei, gegenüber den Verfolgungsinteressen des Staates in dem fraglichen Verfahren voraus.[112]

Das sichere Geleit nach § 295 StPO wird teilweise überlagert von dem freien Geleit im zwischenstaatlichen Rechtshilfeverkehr. Nach Art. 12 Abs. 2 des Europäischen Übereinkommens über die Rechtshilfe in Strafsachen vom 20. April 1959[113] darf in der Bundesrepublik Deutschland ein Beschuldigter, der vor eine deutsche Justizbehörde geladen ist um sich wegen einer ihm zur Last gelegten Handlung strafrechtlich zu verantworten, nicht wegen Handlungen oder Verurteilungen aus der Zeit vor seiner Abreise aus einem anderen Vertragsstaat verfolgt oder in Haft gehalten oder einer sonstigen Beschränkung seiner persönlichen Freiheit unterworfen werden.

Dieser Schutz endet erst, wenn die geschützte Person binnen 15 aufeinander folgenden Tagen, in denen ihre Anwesenheit nicht mehr verlangt wurde, das Hoheitsgebiet der Bundesrepublik nicht verlassen hat, obwohl sie dies hätte tun können (Art. 12 Abs. 3 EuRHÜbk).

---

[108] KK-Engelhardt, § 295 Rn. 3; KMR-Haizmann, § 295 Rn. 11; LR-Gollwitzer, § 295 Rn. 5; Roxin, Strafverfahrensrecht, § 60 Rn. 6

[109] KK-Engelhardt § 295 Rn. 8; KMR-Haizmann, § 295 Rn. 16

[110] OLG Zweibrücken NJW 1966, 1722; KK-Engelhardt, § 295 Rn. 9

[111] Meyer-Goßner § 295 Rn. 1; KK-Engelhardt § 295 Rn. 7

[112] BGH NStZ 1991, 501; KK-Engelhardt § 295 Rn. 8

[113] BGBl. 1964 II, S. 1386 ff.

B. Rechtstheoretische Grundlagen der Anwesenheitsregelung im deutschen Recht

Zu dem oben geschilderten Grundsatz der ständigen Anwesenheit des Angeklagten während der erstinstanzlichen Hauptverhandlung, seinen Ausnahmen und deren Rechtsfolgen stellt sich die Frage nach der rechtstheoretischen Begründung dieses Grundsatzes.

Nur aus der rechtstheoretischen Sicht lassen sich die Unterschiede zu fremden Rechtsordnungen erklären. Allein anhand dieser Betrachtung lässt sich auch die Bedeutung der Anwesenheit des Angeklagten für die Rechtstaatlichkeit des gesamten Verfahrens ermessen.

Die Darstellung soll hier zunächst ausführlich aus der Perspektive des deutschen Rechts für die deutschen Regelungen erfolgen und kann dann im späteren Vergleich für die fremden
Rechtsordnungen entsprechend kürzer gehalten werden.

Grundsätzlich ist zwischen dem *Recht* und der *Pflicht* des Angeklagten zu erscheinen, zu unterscheiden.

Da sich Recht und Pflicht im deutschen Recht - anders als in anderen Rechtsordnungen - jedoch decken, soll im Folgenden der Einfachheit halber nur von dem „Anwesenheitserfordernis“ gesprochen werden.

In der Regel wird das Recht des Angeklagten auf Verhandlung in seiner Anwesenheit ebenso wie seine Pflicht zum einen mit der erforderlichen Wahrung seines Rechts auf rechtliches Gehör (Art. 103 Abs. 1 GG) sowie seiner Verteidigungsrechte und zum anderen mit der prozessualen Verpflichtung des Gerichts zur Ermittlung der sachlichen Wahrheit begründet.[114]

Das Anwesenheitserfordernis als Ganzes betrachtet lässt sich also zum einen aus den Grundrechten des Angeklagten sowie seinen in weiteren Rechtsquellen garantierten Verfahrensrechten, als auch zum anderen anhand der allgemeinen geschriebenen wie ungeschriebenen Grundsätzen des deutschen Strafverfahrens herleiten.

Dass diese Begründungsansätze jedoch noch nicht erschöpfend sind, soll im Folgenden gezeigt werden.

[114] SK-Schlüchter § 230 Rn. 1; Schroeder, Strafprozessrecht § 26 Rn. 217; Riess JZ 1975, 267; Gollwitzer in: Tröndle-FS, S. 455

I. Das Recht auf rechtliches Gehör (Art. 103 Abs. 1 GG)

Vor Gericht hat jedermann das Recht auf rechtliches Gehör.
Das Recht auf Gehör findet in Art. 103 Abs. 1 GG als grundlegendes Institut des Prozessrechts[115] seinen verfassungspositiven Ausdruck.

Der althergebrachte **Grundsatz** des rechtlichen Gehörs wurzelt seinerseits zum einem in dem *Menschenwürdesatz des Art. 1 Abs. 1 GG*, den er für das gerichtliche Verfahren dahingehend konkretisiert, dass der Betroffene nicht Objekt richterlicher Entscheidung sondern Prozesssubjekt mit eigenen Rechten und Pflichten sein soll.[116] Dem Rechtsunterworfenen soll ermöglicht werden, seinen Prozess aktiv mitzugestalten.[117]
Durch Art. 103 Abs. 1 GG wird somit ein Recht auf kommunikative Beteiligung am Verfahren begründet.[118] Der Betroffene soll die Möglichkeit haben, Inhalt und Ergebnis der gegen ihn durchgeführten Untersuchung durch Mitgestaltungsbefugnisse und ein institutionalisiertes umfassendes Äußerungsrecht zu beeinflussen.

Rechtliches Gehör sichert den Verfahrensbeteiligten ein Recht auf Information, Äußerung und Berücksichtigung des Vorbringens mit der Folge, dass sie ihr Verhalten im Prozess eigenbestimmt und situationsbedingt gestalten können.[119] Dieses Leitbild entspricht dem deutschen Grundverständnis des Verhältnisses zwischen Staat und Individuum.[120] Der Bürger steht dem mit hoheitlichen Machtmitteln ausgestalteten Gemeinwesen nicht ohnmächtig gegenüber, sondern erhält durch garantierte Verfahrensrechte eine Subjektstellung, die seinen Schutz vor staatlichem Machtmissbrauch bewirken soll.

Zugleich wurzelt das Recht auf rechtliches Gehör also in den subjektiv-personalen und den objektiv-institutionellen Elementen des grundgesetzlichen *Rechtsstaatsgebots (Art. 20 Abs. 3 GG)*, das subjektiv gesicherte Verfahrenspositionen der Beteiligten und objektiv gesicherte justizielle Verfahrensstandards erfordert.[121]

---

[115] Schmidt-Aßmann in: Maunz/Dürig Art. 103 Rn. 1
[116] BVerfGE 7, 53 (57); 9, 89 (95); 46, 202 (210); 55, 1 (6); BGHZ 48, 327 (333); Degenhart in: Sachs, Art. 103 Rn. 2; Schmidt-Aßmann in: Maunz/Dürig, Art. 103 Rn. 2; Nolte in: v. Mangoldt/Klein Art. 103 Rn. 4; Brockmeyer in: Schmidt-Bleibtreu/Klein Art. 103 Rn. 2
[117] Nolte in: v. Mangoldt/Klein Art. 103 Rn. 87
[118] Kühne, Strafprozessrecht, Rn. 264
[119] Brockmeyer in: Schmidt-Bleibtreu/Klein, Art. 103 Rn. 2
[120] Gollwitzer in: Tröndle-FS, S. 455
[121] Brockmeyer in: Schmidt-Bleibtreu/Klein, Art. 103 Rn. 2

Insofern hat Art. 103 Abs. 1 GG sowohl den Charakter einer objektiven Verfahrensnorm als auch den eines subjektiven Grundrechts. Es wird von einem doppelten Geltungsgrund gesprochen.[122]

Ob diese beiden Geltungen gleichberechtigt nebeneinander stehen[123] oder ob von einem Vorrang des subjektiv-rechtlichen Geltungsgrundes[124] auszugehen ist, ist zwar umstritten.

Davon ausgehend, dass es sich bei dem Recht auf rechtliches Gehör vorrangig um ein subjektives Recht handelt, so ist darüber hinaus weiter umstritten, ob es sich dabei um ein Grundrecht oder ein grundrechtsgleiches Recht handelt.[125]

Dieser Streit hat für die hier dargestellte grundsätzliche Bedeutung des Art. 103 Abs. 1 GG im Strafverfahren jedoch keine weiteren Auswirkungen und soll deshalb nicht vertieft werden.

Umstritten und in diesem Zusammenhang ebenfalls irrelevant ist auch die Frage, ob der Angeklagte sich der Pflicht zum Erscheinen in der Hauptverhandlung auch entziehen kann, ob das Recht auf rechtliches Gehör also zur Disposition des einzelnen Berechtigten steht.[126]

Der **Inhalt** des Rechts auf rechtliches Gehör, kann in eine formelle und eine materielle Seite unterschieden werden.[127]

Formal wird rechtliches Gehör gewährt, indem dem Betroffenen die tatsächliche Möglichkeit eingeräumt wird, sich zum Verfahrensgegenstand zu äußern.

Der materielle Gehalt des Anspruchs auf Gehör, wie er von der Rechtsprechung des Bundesverfassungsgerichts näher ausgestaltet wurde, gliedert sich in drei Konkretisierungen des abstrakten Grundsatzes.[128]

Zum Ersten begründet das Recht auf Gehör Mitteilungs- und Informationspflichten des Gerichts. So hat das Gericht den Prozessbeteiligten Kenntnis zu verschaffen über alle Äußerungen der Gegenseite[129], über von Amts wegen eingeführte Tatsachen und Beweismittel[130] und über solche Rechtsauffassungen,

---

[122] Degenhart in: Sachs, Art. 103 Rn. 2; Schmidt-Aßmann in: Maunz/Dürig, Art. 103 Rn. 2; Knemeyer in: Isensee/Kirchhoff § 155 Rn. 20 ff.; Kunig in: v.Münch/Kunig Art. 103 Rn. 3; Rüping in: BK, Art. 103 Rn. 17

[123] so z.B.: BayVerfGH 26, 127 (132); 27, 109 (113)

[124] so z.B.: Nolte in: v. Mangoldt/Klein Art. 103 Rn. 5 m.w.N.; v.Münch, Staatsrecht II Rn. 629

[125] vgl. als Überblick zum Streitstand mit den verschiedenen Meinungen *BK-Rüping*, Art. 103 Rn. 17

[126] vgl. zu diesem Themenkomplex *Riess* JZ 1975, 267 sowie *Gollwitzer* in: Tröndle-FS, S. 456, jeweils m.w.N.

[127] Kühne, Strafverfahrensrecht als Kommunikationsproblem 1978, S. 88 ff.

[128] Degenhart in: Sachs, Art. 103 Rn. 9; Badura, Staatsrecht S. 671; Stein, Staatsrecht § 54 V 1; Knemeyer in: Isensee/Kirchhoff § 155 Rn. 28 ff.

[129] BVerfGE 55, 95 (99)

[130] BVerfGE 15, 214 (218)

die es selbst seiner Entscheidung zugrunde legen will und mit der die Beteiligten nicht rechnen müssen[131].

Zum Zweiten muss die Möglichkeit eingeräumt werden, sich zu dem Verfahrensstoff, also zu dem Streitfall, den entscheidungserheblichen Tatsachen, Beweisen und Beweisergebnissen und auch zu den einschlägigen Rechtsfragen hinreichend und in hinreichender Frist zu äußern.[132] Auch die Möglichkeit einer schriftlichen Äußerung genügt.

Zum Dritten ist das Gericht verpflichtet die vorgetragenen Äußerungen der Verfahrensbeteiligten zu Kenntnis zu nehmen und hinreichend zu berücksichtigen, in seine Überlegungen einzustellen und am Ende sein Urteil zu begründen, indem es auf das wesentliche Parteivorbringen eingeht.[133] Maßgebend ist hierbei der Gedanke, dass jeder Verfahrensbeteiligte Gelegenheit haben muss, durch einen sachlich fundierten Vortrag die Willensbildung des Gerichts zu beeinflussen.[134]

Teil des materiellen Gehörsanspruchs ist insbesondere, dass das Gericht immer beide Seiten des Falles hört, dass also beiden Parteien Gelegenheit gegeben wird sich zu äußern.[135] Art. 103 Abs. 1 GG dient somit zusammen mit Art. 19 Abs. 4 GG der Gewährleistung wirkungsvollen Rechtschutzes.

Die **Folge einer gerügten Verletzung** des Anspruchs auf rechtliches Gehör ist die Aufhebung der fraglichen Gerichtsentscheidung durch das Bundesverfassungsgericht im Wege der Verfassungsbeschwerde. Dies gilt jedoch nur, wenn die Entscheidung gerade auf einer Verletzung spezifischen Verfassungsrechts beruht, wenn also nicht ausgeschlossen werden kann, dass die Anhörung der Beteiligten zu einer anderen, für sie günstigeren Entscheidung geführt hätte.[136] In seltenen Fällen ist auch eine Heilung der Verletzung durch Nachholen des rechtlichen Gehörs in derselben Instanz möglich, so z.B. wenn die vorherige Anhörung im Eilverfahren suspendiert war.[137]

Diese Grundsätze gelten für den Zivilprozess genauso wie für das Strafverfahren. Im Strafverfahren hat der Anspruch auf rechtliches Gehör jedoch noch eine tiefer gehende Ausprägung erhalten.

---

[131] BVerfG DtZ 1994, 68

[132] BVerfGE 86, 133 (145); Manssen, Grundrechte, Rn. 712

[133] BVerfGE 63, 80 (85); Waldner, Der Anspruch auf rechtliches Gehör, Rn. 166

[134] Bleckmann, Grundrechte § 41 Rn. 11

[135] Badura, Staatsrecht S. 671; Benda, Verfassungsrecht Kap. 7 Rn. 59; Stein, Staatsrecht § 54 V 1; Knemeyer in: Isensee/Kirchhoff § 155 Rn. 6

[136] BVerfGE 60, 313 (318 f.); 89, 381 (392); Degenhart in: Sachs Art. 103 Rn. 43; Stein, Staatsrecht § 54 V 1; Badura, Staatsrecht S. 672; Kunig in: v.Münch/Kunig Art. 103 Rn. 3a; Brockmeyer in: Schmidt-Bleibtreu/Klein, Art. 103 Rn. 1b

[137] BVerfGE 18, 399 (404); 42, 172 (175); Schmidt-Aßmann in: Maunz/Dürig Art. 103 Rn. 149; Pieroth/Schlink, Grundrechte Rn. 1076; Kunig in: v.Münch/Kunig Art. 103 Rn. 14

Im Strafverfahren hat der strafrechtlich Angeklagte nämlich das Recht, in der Hauptverhandlung anwesend zu sein um sich persönlich zu verteidigen.[138]
Er ist also nicht wie im Zivilprozess auf die Möglichkeit der schriftlichen Stellungnahme zu verweisen. Hier spielt auch der die strafprozessuale Hauptverhandlung beherrschende *Unmittelbarkeitsgrundsatz* eine Rolle.

Die insofern besondere Stellung des strafrechtlich Angeklagten gegenüber der Partei des Zivilprozesses ergibt sich aus der Überlegung, dass gerichtliche Entscheidungen im Strafprozess viel stärker und tiefgehender in die Rechtsstellung des Einzelnen eingreifen, als das im Zivilprozess der Fall ist.
Es liegt auf der Hand, dass der Angeklagte, der sich gegenüber der mit allen staatlichen Machtmitteln ausgestatteten Anklagebehörde in der schwächeren Position befindet, in besonderem Maße der Sicherung seines Anspruchs auf Gehör bedarf.[139] Gerade der Angeklagte im Strafprozess hat größtes Interesse daran, auf den Gang des Verfahrens Einfluss zu nehmen und eine ihm günstige Entscheidung zu erreichen. Eben diese Möglichkeit soll ihm durch den Grundsatz der persönlichen Anwesenheit in der Hauptverhandlung, dem Kernstück des Strafprozesses, eröffnet werden.

Nur was in der Hauptverhandlung gesagt und bewiesen wurde, darf in die Urteilsfindung mit einfließen (*Unmittelbarkeitsprinzip*).
Das Gericht schöpft seine Überzeugung aus dem "Inbegriff der Verhandlung", aus der unmittelbaren sinnlichen Wahrnehmung des Beweismaterials, an deren Ende als Ziel die Entscheidung über die Schuld- und Straffrage steht. Hier entscheidet sich das Schicksal des Angeklagten.[140]

Dabei ergeht diese Entscheidung aufgrund von Eindrücken auch von der Persönlichkeit des Angeklagten, die sprachlich nur begrenzt mitteilbar sind. Dem unmittelbaren Miterleben der Verhandlung kommt auch für den Angeklagten gesteigerte Bedeutung zu. Es kann durch bloße Mitteilung über den Verhandlungsablauf nicht ersetzt werden.[141]
Aus diesem Grund ist dem Angeklagten das Recht einzuräumen, an der gesamten Hauptverhandlung persönlich teilzunehmen. Eine Verhandlung in Abwesenheit würde den Angeklagten in seinem wichtigsten Prozessgrundrecht verletzen.

Auch wenn sich daher das Recht des Angeklagten auf Anwesenheit nicht unmittelbar aus dem Wortlaut der §§ 230 Abs. 1, 285 Abs. 1 StPO ergibt, so sind diese Vorschriften doch im Lichte des Art. 103 Abs. 1 GG dementsprechend auszulegen. [42]

---

138 Kunig in: v.Münch/Kunig Art. 103 Rn. 15
139 Dahs, Rechtliches Gehör im Strafprozess, München 1965, S. 51
140 Dahs, Rechtliches Gehör im Strafprozess, S. 84
141 Riess JZ 1975, 267
142 Neuhaus, S. 39

Im Ergebnis begründet sich das Recht des Angeklagten auf ständigen Anwesenheit während der Hauptverhandlung also in seiner grundsätzlichen Wirkungsweise aus Art. 103 Abs. 1 GG, während die nähere Ausgestaltung durch einfachgesetzliches Prozessrecht (§§ 33 Abs. 3, 136 Abs. 2, 163 a, 201, 240, 243 Abs. 4 S. 1, 257, 258, 265 StPO) erfolgen musste.[143]
Eine Strafverhandlung in Abwesenheit des Angeklagten würde eine Verletzung des Rechts auf Gehör bedeuten.

II. Die Rechte des Angeklagten aus Art. 6 EMRK

Das Recht des strafrechtlich Angeklagten auf Verhandlung in seiner Anwesenheit ergibt sich auch aus der Europäischen Konvention zum Schutze der Menschenrechte und Grundfreiheiten (EMRK).

Bei der EMRK handelt es sich um einen dem Völkerrecht unterliegenden internationalen und multilateralen Vertrag[144], weshalb die in der Konvention sowie die in ihren Zusatzprotokollen enthaltenen Gewährleistungen unmittelbar durch das Völkerrecht begründete Rechte darstellen.
Primär schafft die EMRK als völkerrechtlicher Vertrag zwar nur Verpflichtungen unter den Mitgliedstaaten[145], begründet darüber hinaus aber entsprechend ihrer auf Individualschutz ausgerichteten Zielsetzung unmittelbar Rechte für die im Hoheitsbereich der Mitgliedstaaten lebenden Personen.[146]

Zielsetzung der EMRK ist dabei nicht einen etwaig schon vorhandenen weitergehenden Grundrechtsschutz der Mitgliedstaaten zu schmälern oder aufzuheben (Günstigkeitsprinzip, vgl. Art. 60 EMRK). Vielmehr soll die Konvention an ein gemeinsames Erbe der europäischen Völker anknüpfen und einen europäischen "ordre public" zum Ausdruck bringen.[147]
Dabei ist es den Mitgliedstaaten überlassen, in welcher Weise sie ihrer Pflicht zur Beachtung der Vertragsvorschriften im Einzelnen genügen.

Die EMRK ist durch Gesetz vom 07. August 1952[148] in Verbindung mit der Bekanntmachung vom 15. Dezember 1953 über das In-Kraft-Treten[149] von der

[143] Nolte in: v. Mangoldt/Klein Art. 103 Rn. 10; Manssen, Grundrechte, Rn. 714
[144] zur Entstehungsgeschichte vgl. Stern, Staatsrecht III/1, S. 273 ff.
[145] Frowein in: Frowein/Peukert, Einf. Rn. 4; Stern, Staatsrecht III/1, S. 277
[146] Frowein in: Frowein/Peukert, Einf. Rn. 5
[147] Jaeckel, Schutzpflichten im dt. und europ. Recht, S. 106; Staebe, EMRK und ihre Bedeutung für die Rechtsordnung der BRD, JA 1996, 75 ff.
[148] BGBl 1952 II, S. 685, 953
[149] BGBl 1954 II, S. 14

Bundesrepublik Deutschland ratifiziert worden und gilt seit dem 03. September 1953 als einfaches Bundesrecht.[150] Der Bundesgesetzgeber hat somit die EMRK in das deutsche Recht transformiert und einen entsprechenden Rechtsanwendungsbefehl erteilt.

Damit kommt ihr nach dem Grundgesetz (Art. 59 Abs. 2 GG) derselbe Rang zu wie jedem anderen völkerrechtlichen Vertrag. Deutsche Gerichte sind verpflichtet, die EMRK im Rahmen methodisch vertretbarer Auslegung zu beachten und anzuwenden.[151]

Ob der Rang eines einfachen Bundesgesetzes innerhalb des deutschen Normgefüges der Bedeutung der EMRK insbesondere vor dem Hintergrund der *lex posterior Regel* gerecht wird, war Gegenstand vielfältiger Diskussionen und ist nach wie vor umstritten.[152]

Vorgeschlagen wurden über die Einräumung unmittelbaren[153] oder zumindest mittelbaren Verfassungsrangs[154] bis hin zum Zugeständnis von Anwendungsvorang vor dem deutschen Recht[155] die unterschiedlichsten Lösungsansätze.

Die Rechtsprechung hingegen hat kaum Versuche unternommen, den der EMRK nach dem Grundgesetz zukommenden Rang als Ganzes zu verändern, um sie so gegenüber späteren gesetzlichen Regeln sicher zu machen.[156]

Das Bundesverfassungsgericht hat festgestellt, dass die EMRK gerade keinen Verfassungsrang besitzt.[157] Sie ist kein unmittelbarer verfassungsrechtlicher Prüfungsmaßstab und kann daher auch nicht von einem Beschwerdeführer vor dem Bundesverfassungsgericht im Wege der Verfassungsbeschwerde als verletzt gerügt werden.

---

[150] h.M., vgl. *Kühne*, Strafverfahrensrecht, Rn. 29

[151] BVerfG NJW 2004, 3407 (3408)

[152] vgl. überblicksartig zu den vertretenen Auffassungen *Kühl,* Einfluss der EMRK auf die Bundesrepublik, ZStW 100 (1988), 145 m.w.N. sowie *Staebe*, EMRK und ihre Bedeutung für die Rechtsordnung der BRD, JA 1996, 79 ff.

[153] so wohl erstmals *Echterhölzer,* JZ 1955, 689 ff. Auch *Hofmeister* spricht sich für eine direkte Anwendung der EMRK über Art. 1 Abs. II und III GG aus, in: Völkerrechtlicher Vertrag oder europäische Grundrechtsverfassung – die EMRK im Wandel – HFR 1999, Beitrag 5. Verfügbar über http://www.humboldt-forum-recht.de

[154] *Frowein* hat dafür plädiert, den von der EMRK umfassten Grundrechtstandard zum Wesensgehalt der Grundrechtsgarantie in Art. 2 Abs. I GG zu zählen, und auf diesem Wege mittelbar verfassungsbeschwerdefähig zu machen. in: FS für Zeidler 1987, Bd. 2, S. 1764 (1770). *ders.* In: FS 50 Jahre Bundesverfassungsgericht, Bd. 1 S. 209 (218); jetzt wohl auch *Limbach,* EuGRZ 2000, 417 (418)

[155] *Ress*, Verfassungsrechtliche Auswirkungen der Fortentwicklung völkerrechtlicher Verträge, in: FS für Zeidler 1987, Bd. 2, S. 350 (353) und im Anschluss daran *Langenfeld*, Stellung der EMRK im Verfassungsrecht der Bundesrepublik Deutschland, in: Bröhmer (Hrsg.), Grundrechtsschutz in Europa, S. 95 ff.

[156] Kühl, ZStW 100 (1988), 408

[157] st. Rspr., z.B. BVerfGE 10, 271 (274); 64, 135 (157); 74, 102 (128)

Einigkeit in Literatur und Rechtsprechung herrscht lediglich insoweit, als dass die EMRK ist bei der Interpretation von unbestimmten Rechtsbegriffen des nationalen Rechts, auch der Grundrechte und rechtsstaatlichen Garantien, zu berücksichtigen sein soll.[158]
Während die Möglichkeit zur Berufung auf Konventionsbestimmungen vor nationalen Gerichten also wesentlich von der mitgliedstaatlich durchaus unterschiedlichen Einordnung in das innerstaatliche Recht abhängt[159], können die Gewährleistungen der EMRK unabhängig von einer Transformation in nationales Recht unmittelbar vor den durch die Konvention geschaffenen Organen (insb. dem Europäischen Gerichtshof für Menschenrechte) geltend gemacht werden.

Seit Inkrafttreten des 11. Zusatzprotokolls[160] zur EMRK am 01. November 1998 ist es auch dem Einzelnen gestattet, sich nach Erschöpfung des innerstaatlichen Rechtswegs ohne Umweg über die Europäische Kommission für Menschenrechte mit einer Individualbeschwerde direkt an den nunmehr ständigen Europäischen Gerichthof für Menschenrechte zu wenden, um nationales hoheitliches Handeln am Maßstab der EMRK messen zu lassen (Art. 25 EMRK).[161]
Dabei entscheidet der Europäische Gerichtshof für Menschenrechte (EGMR) im Rahmen einer Individualbeschwerde nur über die Rüge betreffend ein ganz konkretes staatliches Handeln.
Die abstrakte Kontrolle von innerstaatlich geltendem Recht ist hingegen nur im Rahmen einer Staatenbeschwerde nach Art. 33 EMRK möglich.[162]
Die Urteile des EGMR im Rahmen einer Individualbeschwerde haben, anders als Urteile des BVerfG, keine kassatorische sondern nur feststellende Wirkung.[163] Die Beseitigung der Beschwer ist den einzelnen Mitgliedstaaten im Rahmen ihrer Staatenverantwortung übertragen. Der EGMR kann dem durch den Konventionsverstoß Beschwerten lediglich eine gerechte Entschädigung zubilligen (Art. 50 EMRK).

Des Weiteren kann die die EMRK konkretisierende Rechtsprechung des EGMR aber als Auslegungshilfe für die Bestimmung von Inhalt und Reichweite von

[158] BVerfGE 74, 358 (370); BVerfG NJW 2004, 3407 (3408); BVerwGE 6, 271 f; BGHSt 8, 59 (64); Kühne, Strafprozessrecht Rn. 29; Schweitzer, Staatsrecht III, Rn. 710; Streinz, Europarecht, Rn. 57f; Ress, Wirkung der Straßburger Urteile, EuGRZ 1996, 353

[159] so hat die ERMK in Österreich Verfassungsrang, während ihr in den Niederlanden und Frankreich ein übergesetzlicher Rang eingeräumt wird und sie in England lediglich den Rang einfachen innerstaatlichen Rechts hat; vgl. unten

[160] Wortlaut abgedruckt in EuGRZ 1994, 323 ff.

[161] zu der damit bezweckten Stärkung des Menschenrechtsschutzes vgl. *Hobe*, Stärkung des Menschenrechtsschutzes in Europa, JA 1998, 909 ff.

[162] Schweitzer, Staatsrecht III, Rn. 716

[163] Eisele, Internationale Bezüge des Strafrechte, JA 2000, 428

Grundrechten und rechtstaatlichen Grundsätzen des Grundgesetzes herangezogen werden.[164]
Die EMRK bietet damit entsprechend ihrer Zielsetzung eine zusätzliche Gewährleistung für Menschenrechte und Grundfreiheiten, die den nationalen Grundrechtsschutz ergänzt.[165]
Dies gilt besonders für den in der EMRK wesentlich stärker als im Grundgesetz ausgearbeiteten Bereich der strafprozessualen Verfahrengarantien. Hier hat das Bundesverfassungsgericht die in Art. 6, 7 EMRK garantierten Rechte und ihre Auslegung, die sie durch die Rechtsprechung des EGMR erfahren haben, herangezogen, um einzelne aus dem deutschen Rechtsstaatsprinzip (Art. 20 Abs. 3 GG) folgende Verfahrensgrundrechte weiter zu entwickeln.[166]

Im Folgenden sollen die einzelnen für das Anwesenheitsrecht relevanten Bestimmungen der EMRK zunächst nur kurz dargestellt werden, ohne sie an dieser Stelle schon zu vertiefen:

Art. 6 Abs. 1 EMRK enthält eine allgemeine Garantie eines fairen Verfahrens ("fair hearing"), die in Art. 6 Abs. 3 EMRK ihre spezielleren Ausprägungen erhält.

Art. 6 Abs. 3 EMRK stellt dabei keine abschließende Aufzählung der Rechte des Beschuldigten dar, sondern nennt nur die zur Sicherstellung eines fairen Verfahrens essentiellen Mindestrechte ("minimum rights"), die in jedem Strafverfahren gelten.[167]

Darüber hinaus hat der Europäische Gerichtshof für Menschenrechte aus dem allgemeinen Prinzip eines fairen Verfahrens weitere eigenständige Beschuldigtenrechte entwickelt. Als Beispiele sind zu nennen das Recht des Beschuldigten auf Information über die Gründe der Verurteilung, das Recht über angemessene Zeit und Mittel für die Vorbereitung eines Rechtsmittels zu verfügen sowie das Recht, die Ausführungen der Gegenseite mitgeteilt zu bekommen. Zu den wichtigsten diesbezüglichen Leitsätzen des Gerichtshofs zählt das allgemeine Prinzip der Waffengleichheit ("principle of equality of arms"), das die Herstellung eines fairen Gleichgewichts zwischen den an einem Strafverfahren beteiligten Personen verlangt.[168] Der Grundsatz der Waffengleichheit ist somit ein Teilaspekt des

---

164 Grabenwarter, Europ. Menschenrechtskonvention, § 3 Rn. 6
165 Jaeckel, Schutzpflichten im dt. und europ. Recht, S. 106
166 Beulke, Strafprozessrecht, § 2 Rn. 28; Grabenwarter, Europ. Menschenrechtskonvention, § 3 Rn. 6
167 Vogler in: IntKomm zur EMRK Art. 6 Rn. 467; Peters, Einführung in die EMRK, § 19 I; Esser, S. 400
168 EGMR Feldbrugge gg. Niederlande, Serie A Nr. 99 § 44; Monnell u. Morris gg. Vereinigtes Königreich, Serie A Nr. 115 § 62; Brandstetter .gg. Österreich, Serie A Nr. 211 § 66; Bulut gg. Österreich, Reports 1996-II § 47; Belziuk gg. Polen, Reports 1998-II § 37; Esser, S. 401 m.w.N.

Art. 6 Abs. 1 EMRK, der das Machtverhältnis zwischen Anklagebehörde und dem Beschuldigten zum Gegenstand hat.[169] Er verlangt an sich schon die gleichzeitige Anwesenheit aller Verfahrensbeteiligten während der Hauptverhandlung[170], und dazu gehört insbesondere auch der Angeklagte.

Für die Frage nach der Begründung des Anwesenheitsgebots sind weiterhin insbesondere Art. 6 Abs. 3 c, d EMRK von Interesse.

Art. 6 Abs. 3 c EMRK enthält das Recht des Angeklagten auf eine effektive Verteidigung. Dazu gehört sein Recht, sich selbst zu verteidigen, wenn er keinen Verteidiger gewählt hat und auch im Interesse der Rechtspflege keinen benötigt.[171]

Elementare Voraussetzung dieser Selbstverteidigung, die in der mündlichen Hauptverhandlung eine unmittelbare mündliche Reaktion auf das Vorbringen von Anklagebehörde und Belastungszeugen erfordert, ist jedoch die physische Anwesenheit des Angeklagten während der Verhandlung. Insofern ist das Anwesenheitsrecht implizit in Art. 6 Abs. 3 c EMRK enthalten.[172]

Für **Art. 6 Abs. 3 d EMRK** gilt im Wesentlichen Gleiches. Auch für das Recht des Angeklagten, Fragen an Belastungszeugen zu stellen ist die Anwesenheit des Angeklagten im Gerichtssaal während der Aussage der fraglichen Zeugen Grundvoraussetzung.[173]

Dennoch beinhaltet die EMRK keine absolute Garantie des Anwesenheitsrechts.[174] Wenn der Angeklagte nicht auffindbar ist, muss mit dem öffentlichen Interesse an der Strafverfolgung abgewogen werden, ob die Durchführung einer Hauptverhandlung trotz Abwesenheit notwendig ist, so z.B. um den Verlust von Beweismitteln zu verhindern. Wie diese Abwägung im Einzelnen zu erfolgen hat, welche Nachforschungs- und Fürsorgepflichten dabei das Gericht treffen und ob und unter welchen Voraussetzungen ein wirksamer Verzicht des Angeklagten auf sein Anwesenheitsrecht anzunehmen ist, wird Gegenstand im Rahmen der Untersuchung der Urteile des EGMR sein. Dort sollen dann die einzelnen Garantien des Art. 6 EMRK und ihre genaueren Ausgestaltungen näher beleuchtet werden.

Festzuhalten bleibt an dieser Stelle, dass auch aus der EMRK ein grundsätzliches Recht des Angeklagten auf Anwesenheit während der erstinstanzlichen Hauptverhandlung abgeleitet werden kann. Wird also ohne den Angeklagten

---

[169] Kühne, Strafprozessrechte, Rn. 286
[170] Schilling, Int. Menschenrechtsschutz, Rn. 370
[171] Frowein/Peukert Art. 6 Rn. 188
[172] Peters, Einführung in die EMRK, § 19 II
[173] Vogler in: IntKomm zur EMRK Art. 6 Rn. 551; Peters, Einführung in die EMRK, § 19 II
[174] Miehsler/Vogler in: IntKomm zur EMRK Art. 6 Rn. 362

verhandelt, besteht zumindest dem Grunde nach die Gefahr einer Verletzung von Konventionsrechten.

III. Die Rechte des Angeklagten aus Art. 14 IPBPR

Der am 19. Dezember 1966 von der UNO-Generalversammlung verabschiedete und am 23. März 1976 in der Bundesrepublik Deutschland in Kraft getretene Pakt über bürgerliche und politische Rechte (IPBPR)[175] ist zusammen mit dem Parallelpakt über wirtschaftliche, soziale und kulturelle Rechte[176] die erste weltweite Kodifizierung der Menschenrechte.
Er dient dem Menschenrechtsschutz und hat daher ebenfalls strafprozessuale Bedeutung.
Dabei hat der IPBPR innerhalb des Normgefüges des deutschen Rechts den Rang des ihn inkorporierenden Gesetzes, mithin also den Rang eines einfachen Bundesgesetzes.[177]

Der IPBPR dient in seiner gegenwärtigen Gestaltung der Erfüllung des in der UN-Charta formulierten Auftrags, "die Achtung vor den Menschenrechten und Grundfreiheiten für alle ohne Unterschied der Rasse, des Geschlechts, der Sprache oder der Religion zu fördern und zu festigen" (Art. 1 Nr. 3 UN-Charta).

Seine völkerrechtsgeschichtliche Entstehung vollzog sich in drei Schritten:

Zuerst wurden die universell anerkannten Menschenrechte in einer unverbindlichen Deklaration theoretisch definiert ("Universal Declaration of Human Rights", 1948).

In einem zweiten Schritt wurden die Staaten in einer Konvention völkerrechtlich daran gebunden (Inkrafttreten des IPBPR nach Ratifikation durch 35 Mitgliedstaaten),

während anschließend in einem dritten Schritt die effektive Achtung dieser Rechte durch die Staaten in einem international durchsetzbaren Verfahren sichergestellt werden sollte (Einführung der Individualbeschwerde in einem fakultativen Zusatzprotokoll zum IPBPR[178]).

Der IPBPR enthält in seinem grundrechtsartigen Teil III neben den klassischen politischen und staatsbürgerlichen Freiheits- bzw. Abwehrrechten (Leben, per-

[175] BGBl 1973 II, S. 1533
[176] BGBl 1973 II, S. 1569
[177] Krey JA 1983, 642
[178] abgedruckt in: Tomuschat, Menschenrechte S. 73

sönliche Freiheit und Sicherheit, Familiengründung) auch Regelungen über die Durchführung von Gerichtsverfahren, über Strafvollstreckung und Strafvollzug. Besonders wichtig ist in diesem Zusammenhang der umfangreiche Art. 14, in dem der Grundsatz des "fair trial" präzisiert wird.[179]

Während Art. 14 Abs. 1 IPBPR ganz allgemein ein Recht auf eine *gerechte Verhandlung* durch ein Tribunal garantiert, enthält Art. 14 Abs. 3 IPBPR näher ausgestaltete, konkrete Rechte. Dabei steht das Recht auf ein faires Verfahren im Zentrum und geht noch über die in Art. 14 Abs. 3 IPBPR aufgezählten Mindestrechte hinaus.[180]

Im Gegensatz zur EMRK ist im IPBPR die Garantie eines Angeklagten auf Anwesenheit in seiner Strafverhandlung expressis verbis niedergelegt (Art. 14 Abs. 3 d IPBPR). Der Prozess gegen ihn hat in seiner Gegenwart stattzufinden. Jeder Angeklagte hat somit ein primäres und uneingeschränktes Recht, bei seiner Verhandlung anwesend zu sein und sich selbst zu verteidigen.[181]

Dadurch werden Regelungen wie §§ 231 Abs. 2, 232 StPO nicht ausgeschlossen, denn sie beeinträchtigen nicht das *Recht* des Angeklagten auf Anwesenheit. Hinsichtlich des § 350 Abs. 2 StPO jedoch, der einem nicht auf freiem Fuß befindlichen Angeklagten den Anspruch auf Anwesenheit in der Revisionshauptverhandlung abspricht, hat die Bundesrepublik Deutschland bei der Ratifikation einen Vorbehalt gemacht.[182]

Für die hier in Rede stehende gerichtliche Hauptverhandlung in erster Instanz aber gilt Art. 14 Abs. 3 d IPBPR vorbehaltlos und garantiert dem Angeklagten ein Recht auf persönliche Anwesenheit.

Ebenfalls nicht durch diese Garantie berührt wird die Möglichkeit eines Verzichts auf das Anwesenheitsrecht, soweit nach der jeweiligen nationalen Rechtsordnung ein solcher in Frage kommt.

Da dieser allgemeine abstrakte Grundsatz - wie noch präziser darzustellen sein wird[183]- vom EGMR auch in den Art. 6 EMRK hineingelesen wird, hat der IPBPR also im Hinblick auf das Anwesenheitsgebot denselben Regelungsgehalt wie die EMRK und im Übrigen auch keinen weitergehenden Regelungsgehalt als die Verfassungen der meisten westeuropäischen Industriestaaten.[184]

---

[179] Ermacora, Menschenrechte S. 29; Herdegen, Völkerrecht § 48 Rn. 3; Goose, NJW 1974, 1308; Pappa, S. 202

[180] Nowak, CCPR Commentary, Art. 14 Rn. 19

[181] Nowak, CCPR Commentary, Art. 14 Rn. 62

[182] vgl. Art. 1 Nr. 2 des Vertragsgesetzes, BGBl. 1973 II, S. 1533

[183] vgl. unten im dritten Kapitel

[184] Kimminich/Hobe, Völkerrecht Kap 12.1.5

Fraglich bleibt das Verhältnis der verschiedenen Konventionen zueinander:
Da die EMRK wesentlich älter ist, sind ihre inhaltlichen Regelungen schon bei den Vorarbeiten zum IPBPR berücksichtigt worden.
So besteht speziell in Bezug auf den Kreis der geschützten Rechte weitgehend Übereinstimmung, teilweise entsprechen sich die Formulierungen sogar wörtlich: es garantieren sowohl Art. 3 EMRK wie Art. 7 S.1 IPBPR, dass "niemand der Folter oder unmenschlicher oder erniedrigender Strafe oder Behandlung unterworfen werden" darf. Dasselbe gilt für Art. 4 EMRK, der seine wörtliche Entsprechung in Art. 8 IPBPR findet.
Dies gilt vom Prinzip her auch für die "Justizgrundrechte" Art. 5 - 7 EMRK, die sich teils wortgleich in Art. 9-16 IPBPR wiederholen.

Der wesentliche Unterschied zwischen dem Pakt und der EMRK besteht jedoch in der Durchsetzbarkeit ihrer Bestimmungen.
Der IPBPR ist zwar ähnlich wie die EMRK mit verschiedenen Kontrollmechanismen zur Beachtung der Paktverpflichtungen ausgestattet:
Gemäß Art. 40 IPBPR sind die Vertragsparteien verpflichtet, über die Maßnahmen zur Einhaltung und Durchsetzung der vertraglich verbürgten Menschenrechte Bericht zu erstatten (sog. Staatenberichte). Neben diesem Berichtssystem besteht für die Staaten untereinander die Möglichkeit der Rüge einer Menschenrechtsverletzung im Wege der sog. Staatenbeschwerde (Art. 41 IPBPR).
Fraglich bleibt jedoch speziell im Zusammenhang mit dem Abwesenheitsverfahren, wie sich eine Verletzung der Garantien des Art. 14 Abs. 3 d IPBPR durch ein Gericht für den Angeklagten persönlich auswirkt, mithin ob der IPBPR ebenso wie die EMRK auch unmittelbar individualrechtsschützend wirkt und wenn ja, in welchem Umfang und wie durchsetzbar.

Grundsätzlich schafft der Pakt als völkerrechtlicher Vertrag Verpflichtungen nur zwischen den Vertragsstaaten. Gemäß Art. 2 IPBPR verpflichten sich die die Vertragsstaaten jedoch, die im Pakt anerkannten Menschenrechte zu achten und allen in ihrem Gebiet befindlichen Rechtsunterworfenen zu gewährleisten.
Die Vertragsstaaten müssen alle legislativen und sonstigen erforderlichen Maßnahmen treffen, um den Rechten des Pakts innerstaatliche Wirksamkeit zu verleihen und den Opfern von Verletzungen dieser Rechte wirksamen Rechtsschutz vor innerstaatlichen Gerichten oder sonstigen Organen zu gewähren.
Daraus folgt, dass der Pakt als völkerrechtlicher Vertrag Menschenrechte schafft, die von ihren Trägern im Wege des gegebenen innerstaatlichen Rechtschutzes vor innerstaatlichen Organen selbst durchgesetzt werden können.[185]

[185] Nowak, CCPR Commentary, Introduction Rn. 14

Daneben besteht die in einem getrennten "Fakultativprotokoll" zum IPBPR[186] festgelegte Möglichkeit des Einzelnen, sich mit einer Individualbeschwerde an den aus 18 Mitgliedern bestehenden Ausschuss für Menschenrechte (Art. 28 IPBPR) zu wenden.
Die Individualbeschwerde gem. Art. 2 des Fakultativprotokolls zum IPBPR ist zulässig mit der Behauptung, Opfer einer Verletzung eines im IPBPR enthaltenen Rechts zu sein, wobei gegebenenfalls verfügbare innerstaatliche Rechtsbehelfe ausgeschöpft sein müssen.[187]
Der Menschenrechtsausschuss entscheidet dabei nicht als "Vierte Instanz" über Sachverhaltsfragen oder Fragen der Anwendung des innerstaatlichen Rechts, sondern beschränkt seine Prüfung auf die Frage, ob der belastete Staat seine Paktverpflichtungen eingehalten hat oder nicht.[188] Dabei entscheidet er zuerst über die Zulässigkeit der Individualbeschwerde und teilt dann nach Anhörung des belasteten Staates seine Auffassung ("final views", Art. 5 Abs. 4 des Fakultativprotokolls) zum Sachverhalt sowohl dem Staat als auch dem betroffenen Individuum mit.[189]
Der Spruch des Ausschusses hat also vornehmlich feststellenden Charakter. Es handelt sich nicht um eine verbindliche Entscheidung in einer Streitfrage, sondern vielmehr um eine Anregung zu einer gütlichen Beilegung der Sache "auf der Grundlage der Achtung der in diesem Pakt anerkannten Menschenrechte und Grundfreiheiten" (Art. 41 Abs. 1 Ziff. e IPBPR).
Dabei hält der Ausschuss in seinem Entscheidungsspruch fest, dass der betroffenen Staat verpflichtet sei, der Menschenrechtsverletzung abzuhelfen und gibt zugleich auch Anregungen über das "Wie" einer Abhilfemaßnahme (z.B. die Entlassung eines Beschwerdeführers aus der Haft wegen einer Verletzung von Art. 14 IPBPR im verurteilenden Prozess[190] oder Ermöglichung eines neuen Verfahren unter Einhaltung der Verfahrensgarantien des Art. 14 IPBPR[191]).
Eine weitergehende Kompetenz zur Durchsetzung dieser Anregungen besitzt der Menschenrechtsausschuss nicht, seine Entscheidungen sind zwar völkerrechtlich verbindlich, aber nicht mit Zwangsmitteln durchsetzbar, haben also keine unmittelbar gestaltende Wirkung.[192]
Somit hat die internationale Kontrolle lediglich überwachende Funktion.

---

[186] First Optional Protocol to the International Covenant on Civil and Political Rights vom 19. 12. 1966, völkerrechtlich in Kraft getreten am 23. 03. 1976; abgedruckt in *Nowak*, CCPR Commentary, S. 819 ff.
[187] Ipsen, Völkerrecht § 48 Rn. 51; Riedel, Universeller Menschenrechtsschutz S. 35
[188] Pappa, S. 96
[189] Verdoss/Simma, Univ. Völkerrecht §1240
[190] B 282/1988, § 12/HCR 1993 einsehbar unter www.ohchr.org/english
[191] B 73/1980, § 10/HCR 1982 einsehbar unter www.ohchr.org/english
[192] Kimminich/Hobe, „Völkerrecht" Kap. 12.1.5; Pappa, S. 311; Riedel, Universeller Menschrechtsschutz S. 36

In der Bundesrepublik Deutschland ist es dem Einzelnen jedoch mangels Unterzeichnung des Fakultativprotokolls[193] durch die BRD schon formell gar nicht möglich ist, sich mit einer Beschwerde direkt an den Menschenrechtsausschuss zu wenden und sich so auf eine Verletzung seiner im IPBPR verbürgten Rechte zu berufen.
Daher kann für Deutschland erst recht keine unmittelbar individualschützende Wirkung des IPBPR im Hinblick auf eine mögliche Verletzung des Anwesenheitsgrundsatzes angenommen werden.
Für deutsche Staatsangehörige bildet der UN-Menschenrechtsausschuss also keine dem EMGR vergleichbare übernationale Kontrollinstanz zur Durchsetzung der Menschenrechte.[194]
Insgesamt ergibt ein Vergleich beider Verträge, dass der Schutz der materiellen Rechte im IPBPR in verschiedenen Punkten zwar formal weiter geht als derjenige der EMRK, dass aber das Rechtschutzsystem der Vereinten Nationen zumindest in Deutschland weitaus weniger effektiv ist.[195]

Im Ergebnis festzuhalten bleibt dennoch, dass sich zumindest formal auch in den "Justizgrundrechten"[196] des IPBPR die Idee eines grundsätzlichen Rechts des Angeklagten auf Anwesenheit während seiner Hauptverhandlung findet.

---

[193] Damit überhaupt eine Beurteilung der Sache durch den UN-Menschenrechtsausschuss herbeigeführt werden kann ist zunächst die Unterzeichnung des Fakultativprotokolls durch den einzelnen Staat erforderlich, der damit die formelle Zuständigkeit des Menschenrechtsausschusses auch für die Entgegennahme und Prüfung von Mitteilungen von natürlichen Personen innerhalb seiner staatlichen Hoheitsgewalt anerkennt. Zu den Staaten, die das Protokoll unterzeichnet haben, gehören neben Ländern wie Barbados und Costa Rica auch die Niederlande. Die Unterzeichung erfolgt allerdings auf freiwilliger Basis, weshalb bis heute noch verschiedene Staaten das 1. Zusatzprotokoll zum IPBPR nicht ratifiziert haben. *(vgl. Herdegen, Völkerrecht, § 48 Rn. 4)*
Auch Deutschland hat das Fakultativprotokoll nicht unterzeichnet. Begründet wird dies damit, dass das Rechtsschutzsystem der EMRK nicht leer laufen soll. Gemäß Art. 27 I b EMRK kann der EGMR die Annahme einer Individualklage nämlich verweigern, wenn sie schon einer anderen Kontrollinstanz (z.B. dem Menschenrechtsausschuss) unterbreitet worden ist. Dem betroffenen Bürger wäre also bei Beschwerde zum UN-Menschenrechtsausschuss der Weg zum EGMR versperrt, und dies soll verhindert werden.*(Goose, NJW 1974, 1310; Martin ZStW 91 (1971), 376; Lauff, NJW 1981, 2613)*
[194] Martin, ZStW 91 (1979), 378
[195] vgl. Nr. 3 des Berichts des Sachverständigenausschusses für Menschenrechte an das Ministerkomitee des Europarates über Probleme, die sich aus der Koexistenz des VN-Paktes über Menschenrechte und der Europäischen Menschenrechtskonvention ergeben; Anl. I zur Denkschrift zum IPBPR, BR-Drucks. 304/73
[196] Goose, NJW 1974, 1306

Das oben Gesagte gilt inhaltsgleich auch für die übrigen noch zu besprechenden europäischen Rechtsordnungen[197], weshalb es mit den hier getroffenen Feststellungen zum IPBPR sein Bewenden haben soll.
Auch für die übrigen Staaten gilt eine grundsätzliche, wenngleich nicht unmittelbar durchsetzbare Herleitung des Anwesenheitsrechts aus Art. 14 Abs. 3 IPBPR, ohne dass dies an entsprechender Stelle noch einmal ausgeführt werden müsste.

IV. Strafprozessuale Grundsätze

Auch aus den geschriebenen wie ungeschriebenen deutschen strafprozessualen Grundsätzen lassen sich Anwesenheitsrecht und Anwesenheitspflicht des Angeklagten herleiten.

1. Instruktionsprinzip=Untersuchungsgrundsatz=Prinzip der materiellen Wahrheit:

Der Grundsatz der Ermittlung der materiellen Wahrheit wird häufig zur Begründung des Anwesenheitsgebots genannt.[198]
Die Verpflichtung des Gerichts zur Ermittlung der Wahrheit folgt aus der geschichtlichen Grundlegung des deutschen Strafprozesses als einer Mischform aus reinem Anklageverfahren und Inquisitionsprozess (sog. reformierter Strafprozess).[199] Sie konkretisiert das Rechtsstaatsprinzip[200]

Der Untersuchungsgrundsatz gilt nach herrschender und zutreffender Meinung sowohl für die sachverhaltserforschende als auch für die entscheidende Tätigkeit im Strafverfahren.[201] Danach haben die Strafverfolgungsorgane im Hinblick auf das Prozessziel eines auf Wahrheit beruhenden und gerechten Urteils die tatsächlichen Ursachen und Abläufe der Tat sowie die Grundlagen der Persönlichkeit des Angeklagten von Amts wegen zu ermitteln. Damit wird zugleich die Verpflichtung des Staates aus dem Offizialprinzip weitergeführt.[202]

---

[197] vgl. zum aktuellen Ratifikationsstand *Nowak*, CCPR Commentary, Appendix D Table 1 (S. 1171)
[198] SK-Schlüchter § 230 Rn. 1
[199] Roxin, Strafverfahrensrecht § 17 Rn. 5
[200] BVerfGE 29, 183 (194); 33, 367 (383); 34, 238 (248 f.); 36, 174 (186); 44, 353 (374); 47, 239 (248); LR-Rieß Einl. G Rn. 42
[201] Krey, Strafverfahrensrecht I, Rn. 35; LR-Rieß Einl. G Rn. 42
[202] Kühne, Strafprozessrecht, Rn. 299

Zwar fragt sich im Hinblick auf den Inhalt des Wahrheitsbegriffs, ob es einem Gericht überhaupt möglich ist, die "materielle Wahrheit" - im Sinne einer Erkenntnis der Wirklichkeit- zu erforschen. Vielmehr muss wohl davon ausgegangen werden, dass es sich bei dem was menschliche Gerichte zu erforschen in der Lage sind, eher um eine „mindere Form" der Wahrheit, nämlich die justizförmig feststellbare Wahrheit[203] handelt. Auf diese erkenntnistheoretische Frage soll hier jedoch nicht weiter eingegangen werden, da sie für die Bedeutung der Anwesenheit des Angeklagten keine Relevanz hat.
Jedenfalls ist das Gericht zu umfangreichen Ermittlungen und Beweiserhebungen verpflichtet (vgl. § 244 Abs. 2 StPO).

Im Rahmen dieser Ermittlungen ist der Angeklagte neben seiner Stellung als Prozesssubjekt zugleich auch Beweismittel und zwar in doppelter Hinsicht[204]:

- Zum einen ist er als Auskunftsperson persönliches Beweismittel. Dies ist der Fall bei seiner Aussage im Rahmen der §§ 243, 136 StPO. Derartige Einlassungen des Angeklagten bilden einen wichtigen Teil der Tatsachenfindung.
Darüber hinaus kann auch der Angeklagte selbst durch eigene Fragen an Zeugen oder Sachverständige aktiv zur Erforschung der Wahrheit beitragen. Es besteht für den Angeklagten in diesem Zusammenhang zwar keine Pflicht sich zum Tatvorwurf zu äußern und sein Schweigerecht wird auch durch umfangreiche Belehrungserfordernisse (§ 136 Abs. 1 S. 2, 243 Abs. 4 S. 1 StPO) gesichert. Um auch einen mittelbaren Aussagedruck zu vermeiden, ist es dem Gericht verboten, aus dem bloßen Schweigen eines Angeklagten Rückschlüsse auf seine Schuld oder Unschuld zu ziehen.[205]
Insofern erscheint fraglich, inwieweit ein zwar anwesender aber schweigender Angeklagter das Gericht zu einer besseren Wahrheitsfindung befähigen soll.[206] Darauf soll es jedoch gar nicht ausschließlich ankommen.

- Zum zweiten kann nämlich auch das rein optisch wahrnehmbare Verhalten des Angeklagten als Beweismittel während des Verfahrens Bedeutung gewinnen.
Er selbst kann Gegenstand eines Sachverständigenbeweises über seine Zurechnungsfähigkeit oder sein Körper Gegenstand eines Augenscheinbeweises sein.[207] Es kann auch eine Gegenüberstellung mit Zeugen notwendig sein.[208] Darüber hinaus kann auch schon der Eindruck den das Gericht durch die bloße Anwesenheit des Angeklagten von Tathergang und Täterpersönlichkeit gewinnt, für seine Überzeugungsbildung maßgeblich sein.

---

203 v. Winterfeld NJW 1961, 850
204 Dahs, Rechtliches Gehör im Strafprozess, S. 52
205 Kühne, Strafverfahrensrecht, Rn. 104; Rüping, ZStW 1979, 352
206 Riess JZ 1975, 267
207 Dahs, Rechtliches Gehör im Strafprozess, S. 52
208 Riess JZ 1975, 267

All diese über die anderen Beweismittel hinausgehenden Möglichkeiten der Wahrheitsermittlung hätte das erkennende Gericht nicht, wenn der Angeklagte zum Verhandlungstermin nicht anwesend wäre.
Dass die Anwesenheit des Angeklagten mithin der Wahrheitserforschung dient, die schließlich sowohl im Interesse des Angeklagten selbst als auch im Interesse der Rechtspflege ist, wird allgemein anerkannt.

Zuletzt folgt aus dem Prinzip der materiellen Wahrheitsfindung in prozesstechnischer Hinsicht noch, dass die Ermittlung des Sachverhalts unabhängig von den Erklärungen und Anträgen der Prozessbeteiligten durchzuführen ist. Soweit daher der Untersuchungsgrundsatz gilt, kann es im Strafprozess kein Versäumnisverfahren in der Form geben, dass bei Nichterscheinen des Angeklagten das Vorbringen der Anklagebehörde als wahr unterstellt wird.[209]

Insgesamt begründen sich sowohl das Anwesenheitsrecht als auch die Anwesenheitspflicht des Angeklagten aus der Verpflichtung des Gerichts zur Wahrheitsermittlung.

2. Das Verteidigungsrecht des Angeklagten:

Eine wesentliche, dem Angeklagten im Prozess eingeräumte und für seine Stellung als Verfahrenssubjekt konstitutive Befugnis ist das Recht, sich gegen den Anklagevorwurf zur Wehr zu setzen, sich zu verteidigen.

Im 1. Buch, 11. Abschnitt der StPO (§§ 137 ff.) wird "Verteidigung" dabei als Beistand eines Verteidigers angesehen. Daneben sprechen aber die §§ 258 Abs.3 und 265 Abs. 1 StPO von der "Verteidigung" durch den Angeklagten selbst. Der Begriff der "Verteidigung" hat also eine doppelte Bedeutung.
Die Verteidigung eines Angeklagten durch andere Personen wird in der Regel als formelle Verteidigung bezeichnet.[210]
Daneben existiert noch die Bezeichnung der materiellen Verteidigung[211] womit die Verteidigung gegen die Strafverfolgung schlechthin, sei es durch den Angeklagten persönlich, sei es durch eine andere von ihm beauftragte Person, gemeint ist. Sie umfasst dabei das gesamte verfassungsrechtlich gewährleistete Recht auf Verteidigung.[212]

---

[209] Denz, Zulässigkeit und Umfang des Strafverfahrens gegen Abwesende, S. 214
[210] Schroeder, Strafprozessrecht Rn. 146
[211] Schroeder, Strafprozessrecht Rn. 146
[212] BVerfGE 26, 66 (71); BGHSt 38, 372, (374);LR-Rieß, Einl. I Rn. 101; Schroeder, Strafprozessrecht Rn. 146

Das Recht auf materielle wie formelle Verteidigung ist auch in Art. 6 Abs. 3 c EMRK und in Art. 14 Abs. 3 d IPBPR anerkannt.

Für die Frage nach der Begründung des Anwesenheitserfordernisses des Angeklagten während der Hauptverhandlung ist jedoch maßgeblich auf sein Recht zur persönlichen Verteidigung, also sein Recht auf persönliche rechtliche Gegenwehr gegen den Anklagevorwurf abzustellen.
Auch hier ist nämlich die physische Anwesenheit des Angeklagten Grundvoraussetzung um überhaupt die Möglichkeit zu haben, sich persönlich gegen den Anklagevorwurf zu wehren.
Der Angeklagte, der zum Verhandlungszeitpunkt nicht im Gerichtssaal anwesend ist, kann auch keine Gegenrede erheben. Es fehlt ihm schon an der abstrakten Möglichkeit dazu, unabhängig davon, ob er von ihr Gebrauch machen will und unabhängig davon, ob er unter Umständen schon eine andere Person mit seiner Verteidigung beauftragt hat. Dem Angeklagten zu jedem Zeitpunkt des Verhandlungsgeschehens die Gelegenheit zu eröffnen, auch situationsbedingt in das Verfahrens persönlich eingreifen und sich selbst verteidigen zu können, ist ein weiteres Ziel des Anwesenheitsgrundsatzes.

Aus diesen Gründen erklären sich der Grundsatz der ständigen Anwesenheit des Angeklagten und sein subjektives Recht hierauf auch aus dem Recht des Angeklagten auf materielle Verteidigung.

3. Das Recht auf ein faires Verfahren:

Weiterhin existiert auch im deutschen Strafprozess der Grundsatz der Verfahrensfairness. Dieser wird aus der allgemeinen Freiheitsgarantie der Art. 1 Abs. 1, 2 Abs. 1 GG iVm dem Rechtsstaatsprinzip (Art. 20 Abs. 3 GG) hergeleitet[213] und findet seine internationale Parallele -wie bereits dargestellt- in Art. 6 Abs. 1 - 3 EMRK sowie in Art. 14 Abs. 1 - 3 IPBPR.

Bei dem Recht auf ein faires Verfahren handelt es sich um einen auf der Ebene des Verfassungsrechts angesiedelten allgemeinen Grundsatz des Verfahrensrechts [214]
Zumindest soweit herrscht in der Literatur Einigkeit. Höchst umstritten ist jedoch die genaue Herkunft und rechtliche Grundlage dieses allgemeinen Grundsatzes nach dem ein Gerichtsverfahren *fair* zu sein hat.[215]

---

[213] BVerfGE 26, 66 (71); 38, 105 (111); 57, 250 (274); 63, 380 (390); 66, 313 (318); Meyer-Goßner, Einl Rn. 19; KK-Pfeiffer, Einl. Rn. 28; Kirchhoff, EuGRZ 1994, 38
[214] so ohne weitere Problematisierung Meyer-Goßner, Einl. Rn. 19

Problematisch ist dabei bereits der Wortlaut:
Der aus dem englischen stammende Begriff der "fairness" hat keine wörtliche deutsche Entsprechung und ist selbst im englischen Sprachgebrauch weit gefasst und daher inhaltlich zunächst unpräzise.
Ihm können je nach Situation oder auch Verfahrensstadium durchaus unterschiedliche Bedeutungen wie etwa "anständig" oder "gerecht" bzw. "billig", aber genauso "edel" oder "ritterlich" zukommen.[216] Zwar wurde der Begriff "fair" zunehmend als Anglizismus mit seinen verschiedenen Bedeutungen in die deutsche Sprache übernommen, dennoch bleiben gewisse Nuancen dem deutschen Sprachgebrauch fremd.
Deshalb hat der BGH auch davor gewarnt, durch allzu ausufernde Anwendung des Prinzips der Verfahrensfairness eine Loslösung vom positiven Recht herbeizuführen und damit einer Rechtsunsicherheit Vorschub zu leisten.[217] Eine Verletzung des Fairnessprinzips führt aus diesem Grund auch nicht zu einem Prozesshindernis.[218]

Lässt man etwaige linguistische Differenzen außer Acht, so handelt es sich bei "Verfahrensfairness" um einen Sammelbegriff, der sich aus Einzelelementen zusammensetzt, die zumeist in einzelnen den Angeklagten schützenden Vorschriften der StPO ihren Niederschlag finden und dort Wirkung entfalten.

Inhaltlich beinhaltet das Fairnessprinzip ganz allgemein die Verpflichtung des Staates, seinen Strafanspruch durch ein justizförmiges Strafverfahren durchzusetzen.[219]
Aus diesem wiederum zu allgemeinen Prinzip sind verschiedene Einzelrechte des Angeklagten abgeleitet worden:
Unter anderem das Recht auf einen Mindestbestand an aktiven verfahrensrechtlichen Befugnissen, wie z.B. die bereits oben dargestellten Rechte sich persönlich zu den Anklagevorwürfen zu äußern, nicht zum Objekt des Strafverfahrens gemacht zu werden, auf den Gang des Verfahrens Einfluss nehmen zu können, einen Verteidiger der eigenen Wahl benennen zu können und gegebenenfalls dessen Kosten ersetzt zu bekommen.
Dazu gehört weiter auch das Recht des Angeklagten, an einem gegen ihn gerichteten Prozess grundsätzlich, sofern eine Abwägung mit anderen Rechtsgütern

---

215 vgl. dazu vertiefend die ausführliche Bearbeitung der Problematik in Steiner, Dirk „Das Fairnessprinzip im Strafprozeß", Diss. München 1995
216 Langenscheidts Taschenwörterbuch Englisch, 8. Auflage 1994, S. 225
217 BGHSt 40, 211 (217 f.); Beulke, Strafprozessrecht Rn. 28
218 BGHSt 42, 191 (193)
219 Auf den Streit um die präzise inhaltlich Reichweite und Ausgestaltung des Fairnessprinzips soll hier nicht weiter eingegangen werden.. Insoweit sei erneut auf Steiner, S. 41 ff. verwiesen.

und übergeordneten Interessen nichts anderes ergibt, persönlich teilnehmen zu können.

Im Umkehrschluss ergibt sich, dass im Hinblick auf die erforderliche Verfahrensfairness grundsätzlich kein Prozess gegen einen abwesenden Angeklagten geführt werden kann.
Gleiches ergibt sich noch aus weiteren Spezifikationen des allgemeinen Fairnessgedankens:

a) das Prinzip der Waffengleichheit:

Das Prinzip der Waffengleichheit ("principle of equality of arms") als Unterfall des allgemeinen Rechts auf ein faires Verfahren ist eigentlich auf den als Parteiprozess ausgestalteten anglo-amerikanischen Strafprozess zugeschnitten.
Dort müssen Ankläger und Angeklagter gleichgestellt werden, damit sie durch gleiche Möglichkeiten des Vorbringens von be- und entlastendem Prozessstoff die gleichen Chancen haben, meinungsbildend auf das Gericht (oder die Jury) einzuwirken. Gleichwohl ist Waffengleichheit auch für den Strafprozess kontinental-europäischer Prägung ein angemessenes Verfahrensprinzip.

Im Schrifttum werden die Reichweite, der Nutzen und der Bedeutungsgehalt des Begriffs unterschiedlich beurteilt.[220]
Zu unterscheiden ist dabei zwischen dem hoch umstrittenen[221] Thema der Waffengleichheit während des Ermittlungsverfahrens zum einen und der hier relevanten Frage der Waffengleichheit während des Hauptverfahrens zum anderen.
Die noch im Ermittlungsverfahren vorhandenen starken Befugnisse und der grundsätzliche Informationsvorsprung der Staatsanwaltschaft gegenüber der Verteidigung sind im Hinblick auf die Erfordernisse einer wirksamen und funktionstüchtigen Strafrechtspflege hinzunehmen.[222]
In der Hauptverhandlung gehört es jedoch zu einem fairen Verfahren, dass die verfahrensrechtliche Gleichheit zwischen Angeklagtem und Anklagevertretung gewahrt wird. Darüber herrscht Einigkeit, auch wenn der Begriff der "Waffengleichheit" als solcher zum Teil abgelehnt wird.[223]

Gemeint ist damit die gleiche Gewichtung von Anklagevertretung und Angeklagtem/Verteidigung und zwar nicht in mathematisch-logischer Hinsicht sondern im Hinblick auf die sachlogische Struktur des Prozesses.[224]

---

220 vgl. Nachweise bei LR-Rieß, Einl H Rn. 115
221 vgl. dazu Kühne, Strafprozessrecht, Rn. 174 ff. m.w.N.
222 Meyer-Goßner, Einl. Rn. 88; LR-Rieß, Einl. H Rn. 116
223 so z.B. Schroeder, Strafprozessrecht Rn. 54;
224 Kühne, Strafprozessrecht Rn. 174

Waffengleichheit bedeutet also das Verbot einer durch die unterschiedlichen Verfahrensrollen nicht gedeckten Differenzierung.[225] Es geht dabei nicht um Gleichheit der Rechte, sondern um deren Ausbalancierung unter Berücksichtigung der Verschiedenartigkeit der Prozessrollen.

Dies verlangt jedoch zuvorderst, dass sowohl Anklagevertreter als auch Angeklagter zum Zeitpunkt der mündlichen Verhandlung zugleich vor dem Gericht anwesend sein müssen.[226] Nur so können sie in gleicher Weise die ihnen in ihrer Rolle jeweils zustehenden Rechte und Möglichkeiten, wie Bezugnahme auf eingebrachte Schriftstücke oder Darstellungen der Gegenseite, wie Kenntnisnahme von eingebrachten Beweismitteln, wie gleiche Befragungsmöglichkeiten von Zeugen und Sachverständigen, wahrnehmen.

Aus dem Prinzip der Waffengleichheit und den daraus resultierenden Einzelrechten folgt mithin ein grundsätzliches Recht des Angeklagten auf persönliche Teilnahme an seiner Verhandlung, denn ohne dieses könnte er die übrigen Einzelrechte gar nicht ausüben.

b) die Prozessuale Fürsorgepflicht des Gerichts:

Die prozessuale Fürsorgepflicht wird häufig als ein in allen Verfahrensstadien geltender allgemeiner Grundsatz bezeichnet.[227]
Ihre Existenz ist von der Rechtsprechung anerkannt.[228]
Verfassungsrechtlich wird die Fürsorgepflicht überwiegend als ein Unterfall bzw. eine Konkretisierung des Fairnessprinzips betrachtet.[229]
Angesichts ihrer positivrechtlichen Verankerung (Bsp.: Wiederholungspflicht für Amtshandlungen abgelehnter Richter, § 29 Abs. 2 S. 2 StPO) und der Möglichkeit, ihren Gegenstand und Inhalt durch Fallgruppen zu beschreiben, erscheint es trotz der Formstrenge der Strafprozessordnung sachgerecht, die Fürsorgepflicht als eine eigene Prozessmaxime zu verstehen.[230]

---

[225] Schroeder, Strafprozessrecht Rn. 54
[226] so ausdrücklich Esser, S. 407
[227] BGHSt 22, 118 (122); 36, 210 (216); OLG Köln StV 1990, 257; OLG Zweibrücken, StV 1988, 425; LR-Rieß, Einl H Rn. 120; Kühne, Strafverfahrensrecht, Rn. 286
[228] BVerfGE 9, 36 (38) (zur Bestellung eines Pflichtverteidigers als Ausdruck prozessualer Fürsorge); 57, 250 (280); OLG Köln NJW 1970, 720; BGHSt 18, 257 (260); 22, 118 (122); 24, 15 (25); 25, 325 (330); 26, 1 (4) in denen jeweils ausdrücklich von der den Strafgerichten obliegenden Fürsorgepflicht für den Angeklagten die Rede ist; Meyer-Goßner, Einl Rn. 156; LR- Rieß, Einl H Rn. 120; Maiwald in: FS für Lange, S. 745 ff.
[229] SK-Rogall, vor § 133 Rn. 110, 113; Roxin, Strafverfahrensrecht, § 42 Rn. 23; Steiner, S. 204
[230] so die h.M., vgl. LR-Rieß, Einl H Rn. 120; a.A. Maiwald in: FS für Lange, S. 763; Kühne, Strafprozessrecht Rn. 286 f. sieht in der gerichtlichen Fürsorgepflicht keinen Verfahrensgrundsatz, sondern einen „Auslegungstopos“, der eine hinreichende Beachtung der Beschul-

Aus welcher dogmatischen Grundlage sie konkret herzuleiten ist und wie der der StPO fremde Begriff der "Fürsorge" generell auszulegen ist, ob es sich dabei um eine echte Rechtspflicht oder lediglich um ein nobile officium handelt, ist umstritten.[231] Dabei handelt es sich jedoch um eine ausschließlich revisionsrechtlich relevante Frage, daher soll diese Problematik vorliegend dahinstehen bleiben.

Was den Inhalt einer das Gericht treffenden Fürsorgepflicht betrifft, herrscht indes weitgehende Einigkeit.[232]
So soll die prozessuale Fürsorgepflicht eine normergänzende und zu Gunsten des Beschuldigten eintretende Wirkung entfalten. Sie soll die Position des Beschuldigten als ein mit eigenen Rechten versehenes Prozesssubjekt garantieren und stärken. Das Gericht soll verpflichtet sein, dem Angeklagten im Prozess zu Hilfe zu kommen, damit dieser nicht im Verfahren von dem übermächtigen staatlichen Justizapparat "überrollt" werde.[233]
Ihre Grenze findet die Fürsorgepflicht in den autonomen Befugnissen der Prozessbeteiligten, insbesondere in den eigenverantwortlich wahrzunehmenden Verteidigungsbefugnissen des Angeklagten.[234]

Insofern könnte anzunehmen sein, dass es sich bei der Entscheidung des Angeklagten zu seinem Prozess zu erscheinen oder nicht, um eine eigenverantwortliche und zu respektierende Aufgabe von Rechten handelt.
Dennoch gehört es zur gerichtlichen Fürsorgepflicht den Angeklagten vor den Folgen eigener Unvernunft und übereilter Entscheidungen zu schützen. Um ihn vor der Gefahr einer fahrlässigen Nichtgeltendmachung seiner Verteidigungs-, Frage- und Antragsrechte zu bewahren, herrscht während der strafprozessualen Hauptverhandlung Anwesenheitspflicht des Angeklagten.
Darin wird eine "nach heutigem Verfassungsverständnis fürsorgerische und damit im Kern sozialstaatliche Maßnahme"[235] gesehen. Ob es sich dabei um eine aufgedrängte und für den Angeklagten unerwünschte Fürsorge handelt[236], die ihn mehr belastet als ihm zu nützen, kann dahingestellt bleiben.

---

digtenposition gegenüber dem strukturellen Übergewicht der staatlichen Macht im Strafprozess gewährleistet.

[231] vgl. zum Meinungsstand v. Löbbecke, GA 1973, 200ff; Meyer-Goßner, Einl Rn. 162

[232] v. Löbbecke, GA 1973, 200; Kühne, Strafprozessrecht, Rn.286; Maiwald in: FS für Lange, S. 754

[233] Kielwein, S. 5

[234] LR-Rieß, Einl. H Rn. 125

[235] Rieß, ZStW-Beiheft 1978, 184

[236] vgl. Hess, Christian „Die Zulässigkeit aufgedrängter Fürsorge gegenüber dem Beschuldigten im Strafprozess", 1989

In jedem Fall ist es Teil der Fürsorgepflicht des Gerichts für eine Anwesenheit des Angeklagten während der Hauptverhandlung zu sorgen.

4. Die Grundsätze der Unmittelbarkeit und der Mündlichkeit:

Teilweise wird das Erfordernis der ständigen Anwesenheit des Angeklagten während der erstinstanzlichen Hauptverhandlung auch auf die Grundsätze der Unmittelbarkeit (§ 250 StPO) und der Mündlichkeit (§§ 250, 261, 264 StPO) gestützt.[237]

Das deutsche Strafprozessrecht bestimmt, dass Grundlage der Überzeugungsbildung des Richters und damit der Urteilsfindung nur sein darf, was innerhalb der Hauptverhandlung, d.h. vom Aufruf der Sache bis zum letzten Wort der Angeklagten, vor dem erkennenden Gericht mündlich und unter Benutzung der vorliegenden Beweismittel so erörtert worden ist, dass alle Beteiligten Gelegenheit zur Stellungnahme hatten.[238]

Der Grundsatz der Mündlichkeit ist im Gesetz nicht unmittelbar positivrechtlich niedergelegt; er findet seinen Ausdruck in den §§ 250, 261, 264 StPO.
Er besagt für sich allein genommen, dass nur der mündlich vorgetragene und erörterte Prozessstoff dem Urteil zugrunde gelegt werden darf.[239] Zwar kann auch eine Hauptverhandlung in Abwesenheit des Angeklagten mündlich geführt werden.
Erforderlich ist jedoch nicht nur, dass die Verhandlung überhaupt mündlich abgehalten wird. Der Mündlichkeitsgrundsatz verlangt darüber hinaus die Möglichkeit aller Beteiligten, miteinander in persönlich-verbalen Kontakt treten zu können. Insofern lebt gerade der Strafprozess anders als der Zivilprozess von der mündlichen Kommunikation der Verfahrensbeteiligten. Und für diese Art von Prozessgestaltung ist wiederum Grundbedingung die physische Anwesenheit der maßgeblich Beteiligten, insbesondere des Angeklagten. Mit einem abwesenden Angeklagten kann nicht verbal kommuniziert werden. Auch wenn ein Angeklagter sich entscheidet zu den Anklagevorwürfen zu schweigen, soll ihm die grundsätzliche Möglichkeit des kommunikativen Eingreifens in das Verhandlungsgeschehen erhalten werden.
Insofern kann zur Begründung des Anwesenheitsgrundsatzes auch auf das Mündlichkeitsprinzip zurückgegriffen werden.

---

[237] Roxin, Strafverfahrensrecht, § 60 Rn. 1
[238] KK-Engelhardt, § 261 Rn. 6
[239] BGH NStZ 1990, 229

In diese Richtung zielt auch der Grundsatz der Unmittelbarkeit:
das Gericht ist gehalten, seine Überzeugung unmittelbar aus dem Inbegriff der mündlichen Verhandlung zu gewinnen. Das bedeutet, dass das Gericht, welches ein Urteil fällt, die erforderlichen Beweise selbst wahrnehmen muss.
Es muss die Tatsachen aus der Quelle selbst schöpfen, darf grundsätzlich keine Beweissurrogate benutzen.
Insofern gilt der *Vorrang des Personalbeweises vor dem Urkundenbeweis.*[240]
Davon gibt es im Rahmen des § 251 zwar Ausnahmen für Fälle, in denen der Personenbeweis unmöglich oder unverhältnismäßig erschwert ist. Diese gelten jedoch ausdrücklich nur für Zeugen, Sachverständige und Mitbeschuldigte und nicht für den abwesenden Angeklagten selbst.

Daher muss das erkennende Gericht in der Hauptverhandlung den Angeklagten grundsätzlich selbst vernehmen [241], und darf nicht etwa ein zuvor angefertigtes Vernehmungsprotokoll verlesen lassen. Dazu ist jedoch zwingend erforderlich, dass der Angeklagte überhaupt während der Hauptverhandlung anwesend ist.

Davon unabhängig zu betrachten ist wiederum die Frage, inwieweit ein Angeklagter, der von vorneherein angekündigt hat von seinem Schweigerecht Gebrauch zu machen, der Wahrheitsermittlung des Gerichts weiterhilft.
Doch auch in einem solchen Fall ist der Angeklagte als unmittelbares Beweismittel wenigstens ordnungsgemäß in die Hauptverhandlung eingeführt und das Gericht erhält zumindest die abstrakte Möglichkeit der unmittelbaren Überzeugungsbildung.

Weiterhin verbietet der Grundsatz der Unmittelbarkeit die Verwertung eines Prozessstoffes, der gar nicht Gegenstand der Hauptverhandlung war.[242]
Wenn jedoch keine mündliche Verhandlung, oder jedenfalls keine mit zumindest physischer Beteiligung des Angeklagten stattgefunden hat, ist diese Überzeugungsbildung des Gerichts nicht im Sinne des Gesetzes zu erreichen. Der Angeklagte ist in einem solchen Fall nicht Teil der Hauptverhandlung gewesen und kann daher auch nicht verurteilt werden.

Im Ergebnis verhindern also auch die Grundsätze der Unmittelbarkeit und der Mündlichkeit, dass ein Angeklagter in seiner Abwesenheit verurteilt wird.

---

[240] BGHSt 15, 253 (254); KK-Diemer, § 250 Rn. 1; LR-Gollwitzer, § 250 Rn.1; Wömpner NStZ 1983, 293 (294)
[241] KK-Pfeiffer, Einl. Rn. 9; LR-Gollwitzer, § 250 Rn.1
[242] KK-Pfeiffer, Einl. Rn. 9

5. Sinn und Zweck eines Strafverfahrens:

Letztlich kann zur Begründung des Anwesenheitsgrundsatzes auch auf Sinn und Zweck der Durchführung eines Strafverfahrens rekurriert werden.

Die auf einen Rechtsbruch folgende Sanktionierung des Täters soll sowohl spezial-wie general-präventive Wirkung entfalten.

Um im Hinblick auf den Angeklagten die erstrebte Spezialprävention zu erreichen, ist nicht nur die verhängte Strafe relevant, sondern schon das Verfahren an sich kann abschreckende und punitive Auswirkung haben.
Das Gericht wirkt also schon durch das Strafverfahren an sich und den mündlichen Strafausspruch spezial-präventiv auf den Delinquenten ein. Dazu ist jedoch erforderlich, dass er die Verhandlung gegen ihn auch persönlich miterlebt.
Zum einen macht die mündliche Urteilsverkündung und anschließende Begründung durch den vorsitzenden Richter selbst psychologisch einen viel tieferen Eindruck als es die schriftliche Urteilsabfassung könnte.
Zum anderen erklärt das Gericht die Art der verhängte Sanktion und das Strafmaß in der mündlichen Urteilsbegründung und diese Kommunikation ist ebenfalls wichtig für die spezial-präventive Wirkung der Verurteilung auf den Täter.

Im Hinblick auf die Allgemeinheit stärkt die ordnungsgemäße Durchführung eines Strafverfahrens das Vertrauen in die Funktionsfähigkeit des Rechtsstaates und der Rechtspflege und wirkt insofern general-präventiv.
In diesem Zusammenhang ist die Anwesenheit des Angeklagten deshalb von Bedeutung, weil bei einem Abwesenheitsverfahren der Eindruck entsteht kann, ein Bürger habe vor Gericht seine faire Chance nicht erhalten, das Urteil wäre willkürlich.
Ein für die Allgemeinheit unverständliches oder in seinem Zustandekommen fragwürdiges Urteil kann jedoch nicht die angestrebte general-präventive Wirkung entfalten.

Somit resultieren der Anwesenheitsgrundsatz und das Recht des Angeklagten auf Anwesenheit auch aus der Zweckbindung des deutschen Strafverfahrens.

V. Fazit:

Anhand der oben dargestellten rechtstheoretischen Erklärungen und Herleitungen des Anwesenheitsgrundsatzes lässt sich die Bedeutung des Anwesenheitsrechtes des Angeklagten für den deutschen Strafprozess erkennen. Es erklärt,

warum in Deutschland sowohl ein Anwesenheitsrecht als auch eine Anwesenheitspflicht des Angeklagten bestehen.
Strafprozessuale Abwesenheitsverurteilungen in Form eines Kontumazialurteils im klassischen Sinne, wie es z.B. der französische Strafprozess kennt, oder eines zivilprozessualen Versäumnisurteils, sind in Deutschland nicht denkbar.

Zweites Unterkapitel: Das englische Strafprozessrecht

Im Folgenden soll eine Darstellung der Regelungen des Anwesenheitsrechts des Angeklagten im englischen Strafverfahrensrecht erfolgen.
Daran anschließend soll eine Erklärung der gefundenen Vorschriften anhand der rechtstheoretischen Grundsätze des englischen Strafprozesses vorgenommen werden.
Dabei wird sich die Bearbeitung beschränken auf die Regelungen desjenigen Rechts, welches in England und Wales selbst Anwendung findet. Die prozessualen Verschiedenheiten der übrigen Staaten des Vereinigten Königreichs (Schottland und Nordirland) sollen außer Betracht bleiben.[243]

A. Die Regelungen im Einzelnen

Das englische Strafprozessrecht ist für den aus der deutschen Rechtstradition Stammenden weniger leicht zugänglich.
Schwierigkeiten resultieren vornehmlich daraus, dass das englische Recht, insbesondere das englische Strafverfahrensrecht kaum kodifiziert ist, sondern sich aus verschiedenen, historisch gewachsenen ungeschriebenen Rechtsquellen zusammensetzt.
Neben dem *common law*, dem englischen Gewohnheitsrecht, das unter Geltung der *doctrine of precedent* Regelungen aus bereits entschiedenen Präzendenzfällen entlehnt und sich mit ihnen zugleich immer weiter fortentwickelt, existieren nur einige wenige kodifizierte Vorschriften die das Strafprozessrecht betreffen.

Da England nicht über eine geschriebene Verfassung verfügt, können aus ihr auch keine für den Strafprozess bedeutsamen Individualrechte entnommen werden, die die Ausübung der Strafgewalt des Staates beschränken, wie es im deutschen Recht der Fall ist.
Dennoch formulieren auch die *Magna Charta Libertatis* von 1215, die *Petition of Rights* von 1627, der *Habeas Corpus* von 1679 und die *Bill of Rights* von 1689 noch heute gültige individualschützende Prinzipien des Strafverfahrens.

Daneben gibt es auch Gesetze jüngeren Datums, in denen Teile des geltenden Strafprozessrechts niedergelegt sind.

---

[243] Die Eigenständigkeit der Justiz ist in Schottland durch den Act of Union 1707 begründet und durch den Scotland Act 1998, der Schottland nach Jahrhunderten legislativer Abhängigkeit von London die Errichtung eines eigenen Parlaments mit Sitz in Edinburgh gestattete, fortgesetzt. Nordirland wurde nach Entstehung der Republik Irland 1949 eine beschränkte selbständige Gesetzgebungskompetenz für den Bereich Justiz zugestanden. vgl. *Kühne*, Strafprozessrecht, § 71

Insbesondere zu nennen sind der *Police and Criminal Evidence Act (PACE)* von 1984, der sich mit der Beweisaufnahme im polizeilichen Verfahren beschäftig, der *Criminal Justice and Public Order Act (CPOA)* von 1994 und der *Criminal Procedure and Investigation Act (CPIA)* von 1996, die strafprozessuale Aspekte der Beweisproduktion erfassen.
Auch existieren noch gültige Teile des *Criminal Justice Act* von 1925 in der jüngsten Version von 2003 sowie der *Magistrate's Court Act (MCA)* von 1980, die sich mit Frage der Gerichtsverfassung und Gerichtsorganisation beschäftigen.

In der jüngsten Zeit hat das englische Strafverfahrensrecht Änderungen durch den *Access to Justice Act 1999* und den *Courts Act 2003* erfahren.
Beide Gesetze ergingen auf der Grundlage eines Weißbuchs der Regierung unter dem Titel „Modernising Justice" vom 02. Dezember 1998 und hatten im Wesentlichen die Straffung des Justizapparates zum Ziel.
Die Reformen, die der *Courts Act 2003* für das Verhältnis zwischen dem Crown Court und der strafrechtlichen Abteilung des Court of Appeal enthält, werden jedoch erst seit 2005 und auch nur schrittweise umgesetzt.[244]

Aus einer Zusammenschau dieser Vorschriften soll der Gang des Verfahrens bei Abwesenheit des Angeklagten dargestellt werden.

I. Die Einteilung von Straftaten nach Gerichten

Charakteristisch für den englischen Strafprozess ist neben dem Fehlen einer einheitlichen geschriebenen Strafprozessordnung wie sie die meisten anderen Staaten kennen, zugleich die Klassifizierung von Straftaten nach dem Gericht vor dem sie angeklagt werden können. Insofern stehen materielles Strafrecht und Strafverfahrensrecht in einem engen Zusammenhang.

So gibt es zum einen *offences triable only on indictment*, womit Straftaten gemeint sind, die allein vor einem Jury-Gericht verfolgt werden können und zum anderen *offences triable only summarily*, also Straftaten, die nur vor einem mit Laienrichtern besetzten Magistrate's Court angeklagt werden können.
Dabei handelt es sich bei den *offences triable only on indictment* um schwerere Taten wie Mord, Totschlag, Raub und Vergewaltigung, bei *offences triable only summarily* um Kleinkriminalität wie unbefugter Gebrauch eines Kfz und sog. "drink-driving" Vergehen.

---

[244] Graf von Bernstorff, Einführung in das englische Recht, S. 270

Daneben existieren noch *offences triable either way*, mithin Straftaten, die nach Entscheidung des zuvor anzurufenden Magistrate's Court entweder von diesem oder vom Crown Court abgeurteilt werden.
Dabei obliegt es zunächst dem Magistrate's Court zu entscheiden, ob ein derartiger Fall vor dem Crown Court angeklagt werden muss oder nicht. Neben der Schwere der Tat und etwaigen Vorstrafen des Angeklagten wird dabei insbesondere die Höhe der zu erwartenden Strafe erwogen.
Sind die Laienrichter der Auffassung, dass der Fall durchaus von ihnen abgeurteilt werden kann, so hat dann in einem zweiten Schritt der Angeklagte die letztendlich ausschlaggebende Wahl, ob er vor einer Jury (dann wird die Sache an den Crown Court abgegeben und wird im trial on indictment verhandelt) gehört werden will oder nicht (dann bleibt der Fall beim Magistrate's Court).[245]
Zu den *offences triable either way* gehören Delikte mittlerer Schwere wie Diebstahl, Hehlerei und Körperverletzung.[246]

An dieser Einteilung von Straftaten nach Deliktsschwere und zuständigem Gericht orientieren sich auch die Anwesenheitspflicht und das Anwesenheitsrecht des Angeklagten.
Das Verfahren vor den Magistrate's Court ist grundsätzlich anders ausgestaltet als das vor den Jury-Gerichten, genauer vor den in erster Instanz zuständigen *criminial division* des örtlichen Crown Courts.
Daher muss im Folgenden zwischen diesen beiden Verfahrensarten unterschieden werden.

II. Verfahren vor den Magistrate's Courts

In den Magistrate's Courts wird die überwältigende Mehrheit der jährlich anfallenden Straftaten abgeurteilt, der prozentuale Anteil dürfte zwischen 90 und 95 Prozent liegen.[247]

Der Magistrate's Court urteilt in Spruchkörpern, die entweder mit drei ehrenamtlichen Laienrichtern (sog. *lay magistrates* oder *Justices of the Peace*) sowie einem ausgebildeten Juristen (dem sog. *clerk*) in beratender Funktion oder mit

---

245 Hampton, criminal procedure, S. 334; Carr, criminal procedure in Magistrate's Courts, S. 80

246 zur Einteilung der Delikte *Sprack*, a practical approach to criminal procedural, Rn. 1.07; eine nähere Erläuterung und Definition der Begriffe „indictable offence" und „summary offence" findet sich in Schedule 1 zum Magistrate's Court Act 1980

247 White in: Mc Conville/Wilson (Hrsg.), The handbook of criminal justice, S. 11

nur einem Berufsrichter (sog. *stipendiary magistrates* oder heute *District Judges*) und einem *clerk* besetzt sind.[248]
Im letzteren Fall erfüllt der *clerk* neben dem Berufsrichter die Funktion eines Justizsekretärs.

Die vor den Magistrate's Courts stattfindende Verfahrensart wird als *summary trial* bezeichnet, was nicht mit einem deutschen summarischen Verfahren, wie etwa dem Strafbefehlsverfahren, verwechselt werden darf. Es findet keine Prüfung des Falles nach Aktenlage, sondern eine mündliche Verhandlung mit Beweisaufnahme und abschließender Urteilsverkündung statt.
Der Unterschied zu einer Verhandlung vor dem Crown Court liegt darin, dass die Verhandlung vor einem Gremium von Richtern ohne eine Jury stattfindet.

Wie bereits dargestellt können vor dem Magistrate's Court zwei verschiedene Arten von Delikten zur Verhandlung kommen:
Zum ersten Delikte, die ihrer Natur nach nur im *summary trial* abgeurteilt werden können,
zum zweiten Delikte, die sowohl als auch abgeurteilt werden könnten jedoch aufgrund der Entscheidung des Angeklagten beim Magistrate's Court verblieben sind.

1. offences triable only summarily:

Im Gegensatz zum Verfahren *on indictment*, also dem Verfahren vor einer Jury, gilt der Grundsatz der ständigen Anwesenheit nicht im *summary trial.*

Verfahren vor den Magistrate's Courts dürfen in Abwesenheit des Angeklagten geführt werden und werden es in vielen Fällen auch.[249]
Die Wahl dazu liegt bei dem Angeklagten selbst. Er hat die Möglichkeit zwischen seiner An- und Abwesenheit im Gerichtssaal zu wählen, sofern das Gericht sein persönliches Erscheinen nicht anordnet oder er nur auf Kaution aus der Untersuchungshaft entlassen wurde.

a) Voraussetzung: ordnungsgemäße Ladung:

Voraussetzung einer jeden Verhandlung ohne den Angeklagten, sei es bei einem Vorgehen nach Sektion 11 wie nach Sektion 12 MCA 1980[250] ist jedoch, dass

---

[248] White in: Mc Conville/Wilson (Hrsg.), The handbook of criminal justice, S. 12; Redmond, General Principles of English Law, § 3 Rn. 25; Sims, English Law and Terminology, S. 42
[249] Seabrooke/Sprack, Criminal Evidence and Procedure, S. 257
[250] zu der Unterscheidung sogleich

der Angeklagte ordnungsgemäß geladen wurde und damit Kenntnis von Ort und Zeit der Hauptverhandlung hatte.
Das Gericht muss vollständig davon überzeugt sein, dass der Angeklagte die Ladung tatsächlich erhalten und mithin ausreichend Zeit und Gelegenheit hatte, sich auf die Verhandlung vorzubereiten.[251] Neben den wesentlichen inhaltlichen Anforderungen (Angabe der zur Last gelegten Tat, Bezeichnung des Verhandlungstermins und des zuständigen Gerichts) einer wirksamen gerichtlichen Vorladung kommt es also maßgeblich auf den Beweis ihrer tatsächlichen Zustellung an. Nur an eine bewiesen ordnungsgemäß zugestellte Ladung knüpfen sich rechtliche Wirkungen.
Wird eine Verhandlung in Abwesenheit geführt, obwohl die Vorschriften über die Ladungszustellung nicht beachtet wurden, ist die durchgeführte Anhörung im Ganzen nichtig.[252]

Die Voraussetzungen der ordnungsgemäßen Zustellung einer gerichtlichen Ladung finden sich im Magistrate's Court Act 1980 (MCA 1980), s. 11 (1) und (2) sowie in den *magistrate's court rules 1981, s. 99*:
Grundsätzlich sind die persönliche Zustellung der amtlichen Mitteilung an die angeklagte Person (Alt. 1) sowie eine Ersatzzustellung an eine volljährige Person aus dem Haushalt des Angeklagten (Alt. 2) oder aber die postalische Zustellung an die letzte bekannte Adresse des Angeklagten (Alt. 3) möglich.

Sollte der Angeklagte zum festgesetzten Termin nicht zur mündlichen Verhandlung erscheinen, gilt nur eine Zustellung nach Alt. 1 als beweiskräftig für den Erhalt der Ladung.
Im Falle einer Zustellung nach den Alt. 2 und 3 sind weitere Beweise erforderlich.
In diesen Fällen ist das Gericht gehalten, weitere Beweise für die Zustellung der Ladung zu erheben. Ein Beispiel ist die sog. *„recorded delivery"*, also der Beweis der Zustellung an eine taugliche Ersatzperson durch Aussage des mit der Zustellung beauftragten *clerk*, oder die Vorlage einer Zustellungsurkunde der Post.
Dies gilt nur dann nicht, wenn das Verfahren mit einer vorläufigen Festnahme des späteren Angeklagten begann, da hier davon auszugehen ist, dass er sich der Tatsache eines gegen ihn geführten Verfahrens bewusst sein wird.[253]

---

[251] Sprack, A practical approach to criminal procedure, Rn. 9.34
[252] vgl. die Entscheidung im Fall *R v Seisdon Justice, ex parte Dougan* [1983] 1 All ER 6; [1982] 1 WLR 1476
[253] Sprack, A practical approach to criminal procedure, Rn. 9.35

Damit stellt sich jedoch folgendes Problem:
Nach diesen Beweisregeln kann ein Verfahren gegen den abwesenden Angeklagten auch dann begonnen werden, wenn ihm die Ladung nicht persönlich zugestellt wurde. Es genügt die bewiesene Zustellung an eine Person aus dem Haushalt des Angeklagten oder gar an seinen letzten bekannten Wohnort.
Bei der Annahme, dass die Ladung den Angeklagten bei derartiger Zustellung auch wirklich erreicht haben muss, handelt es sich jedoch um eine Fiktion.
Es ist nicht automatisch davon auszugehen, dass eine Ersatzperson das Schriftstück auch weitergeleitet hat, bzw. dass ein Brief an eine Adresse an dem der Angeklagte nicht mehr wohnt, ihn auch irgendwie erreicht.

Die Lösung dieses Problems bietet MCA 1980, s. 14:
Gegen den Beschluss des Gerichts, in welchem festgestellt wird, dass der Angeklagte die Ladung erhielt und dass deswegen ein Verfahren in seiner Abwesenheit stattfinden kann, steht dem Betroffenen das Rechtmittel des Widerspruchs zu.
Er hat die Möglichkeit, während oder nach der Verhandlung in seiner Abwesenheit eine sog. "*statutory declaration*", also eine Erklärung nach Sektion 14 (1) MCA 1980 abzugeben mit der Behauptung, dass ihm die Ladung zu seiner Verhandlung eben nicht zugestellt sei und er keine Kenntnis vom Verhandlungstermin gehabt habe.
Diese Erklärung muss dem *clerk* des zuständigen Gerichts binnen 14 Tagen nach Verurteilung des Angeklagten in seiner Abwesenheit zugestellt sein.
In einem solchen Fall wird eine neuerliche Verhandlung, diesmal in Anwesenheit des Angeklagten, durchgeführt.

Sofern das Gericht nach alledem dennoch nicht zu der Auffassung gelangt, dass von gesicherter Kenntnis des Angeklagten von Zeit und Ort der gegen ihn geführten Verhandlung auszugehen ist, muss die Verhandlung vertagt werden.[254]
Gleichzeitig kann das zuständige Gericht auch dann eine Neuverhandlung des Falles wegen Unsicherheiten über die Ladungszustellung anordnen, sofern dies im Interesse der Rechtspflege geboten erscheint.[255]

b) Verfahrensablauf bei Verhandlung in Abwesenheit:

Für den Ablauf eines Verfahrens ohne den Angeklagten enthält der Magistrate's Court Act 1980 in seinen Kapiteln 11-13 differenzierte Regelungen:

---

254 Walker/Ward, English legal system, S. 531
255 Hampton, criminal procedure, S. 338

aa) Vorgehen nach Sektion 11 des Magistrate's Court Act 1980:

Die Eröffnung des englischen Hauptverfahrens bildet nach Verlesung der Anklageschrift durch einen Vertreter der Strafverfolgungsbehörde immer die Erklärung des Angeklagten, ob er sich des ihm zur Last gelegten Vergehens schuldig oder nicht schuldig bekennt.[256]
Zu dieser Stellungnahme vor dem zusammengetretenen Gericht ist die persönliche Anwesenheit des Angeklagten notwendig.
Ist der Angeklagte jedoch zum Zeitpunkt der Verhandlung gegen ihn nicht vor dem Magistrate's Court erschienen, so wird zu seinen Gunsten ein "nicht schuldig" Bekenntnis angenommen und zu den Akten gegeben.[257]

Im weiteren Verfahrenslauf wird verhandelt, als wäre der Angeklagte persönlich anwesend, was bedeutet, dass die Anklagevertretung Zeugen und Beweise zu Gehör des Gerichts bringt. Wenn diese Beweise das Gericht von der Schuld des Angeklagten überzeugen, so wird es ihn in seiner Abwesenheit verurteilen als wäre er anwesend.
In der Regel wird in dem als Parteienprozess ausgestalteten englischen Strafverfahren die Anklagebehörde kaum Schwierigkeiten haben, die Schuld des Angeklagten zu beweisen, gibt es doch mangels anderer anwesender Partei kein Gegenvorbringen.
Sollte das Gericht dennoch die Beweiserbringung durch die Anklagevertretung für unzureichend befinden, etwa weil ein Zeuge nicht die Aussage macht, die von ihm erwartet wurde, so sind die Magistraten verpflichtet, den Angeklagten freizusprechen. Es gibt also keine Präsumption von Schuld allein aufgrund der Abwesenheit des Angeklagten.

Sollten die Magistraten der Meinung sein, dass der Angeklagte seiner Verhandlung unentschuldigt fernblieb und dass seine Anwesenheit dennoch von Interesse sei, dann kann ein Haftbefehl (*warrant of arrest*) gegen ihn erlassen werden, sofern feststeht, dass ihm eine Ladung zuging.[258]
Besteht hingegen Grund zu der Vermutung, dass der Angeklagte entschuldigt, also aus Gründen die außerhalb seines Einflussbereichs liegen, etwa wegen Krankheit, verhindert ist, so wird das Gericht die Verhandlung vertagen.

bb) "Plea of guilty by Post":

Eine Alternative zu dem Vorgehen nach Sektion 11 des MCA 1980, bietet das vereinfachte Verfahren nach Sektion 12 des MCA 1980.

---

[256] Sprack, A practical approach to criminal procedure, Appendix 6
[257] Sprack, A practical approach to criminal procedure, Rn. 9.33
[258] Seabrooke/Sprack, Criminal Evidence and Procedure, S. 258

Sektion 12 des MCA 1980 erlaubt es dem Angeklagten, der nicht persönlich vor Gericht erscheinen will, sich auf postalischem Weg für schuldig zu erklären. Dies bedeutet, dass seine Anwesenheit für die Eröffnungseinlassung nicht mehr notwendig ist.

Insofern stellt der MCA von 1980 eine Weiterentwicklung zu dem von 1952 dar.

Bis 1980 konnte sich nämlich nur der tatsächlich vor Gericht Erschienene für „schuldig" bekennen.[259]

Für denjenigen, der nicht vor dem erkennenden Gericht erschienen war, galt die zwingende Vermutung eines Bekenntnisses als "nicht schuldig".

Das Verfahren nach einer "nicht schuldig"-Erklärung gestaltet sich jedoch aufwendiger als das, in dem der Angeklagte sich direkt als „schuldig" bekennt.

Insofern stellt die Aufhebung des Grundsatzes, nach dem der nicht anwesende Angeklagte stets als "nicht schuldig" zu behandeln ist, eine Verfahrensvereinfachung dar.

Dies ist insbesondere in den häufigen Fällen von geringfügigen Verkehrsvergehen von Interesse, in denen der Angeklagte beispielsweise nicht bereit ist, für eine im Raum stehende Strafe von vielleicht 20 britischen Pfund eine Reise von Birmingham nach London zur seiner Gerichtserhandlung anzutreten, eine echte Verfahrenserleichterung.

(1) Voraussetzungen:

Eine Schuldigerklärung per Post kann nur derjenige Angeklagte abgeben, der nicht vorläufig inhaftiert ist.

Die ursprünglich vorgenommene Beschränkung dieses vereinfachten Weges der Urteilsfindung auf Straftaten, die im Höchstmaß mit drei Monaten Freiheitsstrafe bedroht waren, ist durch Inkrafttreten des Criminal Justice Act 2003, s. 308 entfallen.

(2) Antrag des Angeklagten:

Zusammen mit der Ladung und der Anklageschrift erhält der Angeklagte den Hinweis, dass er beantragen kann, sich per Post schuldig zu bekennen zu dürfen um nicht vor Gericht erscheinen zu müssen.

Wenn er dies beabsichtigt, so muss der Angeklagte zunächst den *clerk* des zuständigen Gerichts davon schriftlich in Kenntnis setzen.

Zusammen mit der Mitteilung über seine Entscheidung, sich per Post schuldig zu bekennen, kann der Angeklagte zugleich auch seine Sicht des Falles und et-

---

[259] Carr, criminal procedure in Magistrate's Courts, S. 277

waige entschuldigende Umstände schriftlich niederlegen und an den *clerk* senden.

Die Entscheidung des Angeklagten für das sog. "*MCA procedure*" ist bis zum Beginn der mündlichen Verhandlung widerruflich.[260]

Entscheidet sich der Angeklagte, doch an seiner Verhandlung teilnehmen zu wollen, so muss er den *clerk* lediglich erneut und ebenfalls schriftlich von seinem Sinneswandel in Kenntnis setzen.

Dann erfolgt ein Verfahren nach Sektion 11 des MCA 1980.

(3) Akzeptanz durch das Gericht:

Ob eine Schuldigerklärung per Post anzuerkennen ist oder nicht, liegt im Ermessen der Magistraten des zuständigen Gerichts.

Sie haben immer die Möglichkeit, eine *plead guilty by post* nicht zu akzeptieren und stattdessen die Anhörung zu vertagen, um eine Anwesenheit des Angeklagten zu sichern.

Dies wird in der Regel dann praktiziert, wenn entlastende Umstände und Besonderheiten des Falles darauf hinweisen, dass der Angeklagte eigentlich freizusprechen wäre, ein Schuldigbekenntnis also eindeutig falsch wäre.

Von einer derartigen Entscheidung des Gerichts ist der Angeklagte zu informieren, im Anschluss wird verfahren, als habe er sich noch gar nicht zum Anklagevorwurf geäußert.

(4) Verfahrensablauf:

Widerruft der Angeklagte sein Bekenntnis nicht, folgt die mündliche Verhandlung in seiner Abwesenheit eigenen Regeln.

In einem Fall in dem er sich per Post schuldig bekennt, wird der Angeklagte wegen des ihm zur Last gelegten Vergehens verurteilt, als hätte er sich als Anwesender während des Verfahrens schuldig bekannt.

Dies bedeutet, dass die *magistrates* ihn verurteilen können, ohne weitere Beweise hören zu müssen.[261]

Am Tag der angesetzten Anhörung gibt der *clerk* zu Protokoll, dass der Angeklagte sich per Post schuldig bekannt hat und daher nicht anwesend sein wird.

Desgleichen sind weder Zeugen für die Verteidigung noch für die Anklage im Gerichtssaal anwesend. Es wird lediglich die Anklageschrift verlesen und der Vertreter der Anklagebehörde gibt den Magistraten einen kurzen Überblick über die Fakten und Beweise des Falles, bevor diese abschließend ein Urteil fällen.[262]

---

[260] Blackstone's Criminal Practice 2006, D 19.13 (S. 1648)

[261] Carr, criminal procedure in Magistrate's Courts, S. 89 ff.

[262] Blackstone's Criminal Practice, D 19.13 (S. 1647)

Dabei gilt als strenge Regel, dass nur Vorwürfe, Fakten und Beweise zu Gehör des Gerichts gebracht werden dürfen, die dem Angeklagten zuvor in der Anklageschrift mitgeteilt worden sind.
Neue oder weitergehende Beweise dürfen hingegen nicht eingebracht werden. Ziel ist, dass der Angeklagte, der sich per Post schuldig bekennt, sicher wissen kann, was im Gerichtsaal besprochen werden und zur Urteilsfindung dienen wird.[263]
Hier ist also eine Art Vertrauensschutz des Angeklagten intendiert.[264]

(5) Urteil:

Das im Verfahren nach MCA 1980, s. 12 ergangene Urteil wird den Angeklagten entsprechend seinem Bekenntnis wegen der ihm zur Last gelegten Tat für schuldig befinden und eine Strafe festsetzen.

Gegen das Urteil sind die herkömmlichen Rechtsmittel zulässig, deren Einlegungsfristen mit Zustellung einer Urteilsabschrift an den Angeklagten zu laufen beginnen.

c) Rechtliche Vertretung des abwesenden Angeklagten:

Ist der Angeklagte selbst zwar zum Verhandlungszeitpunkt nicht im Gerichtssaal anwesend, ein mit der Wahrnehmung seiner Interessen beauftragter Vertreter (im Magistrate's Court ist eine Vertretung sowohl durch eine *barrister* als auch durch einen *solicitor* möglich[265]) jedoch schon, so wird verhandelt als wäre der Angeklagte selbst anwesend (MCA 1980, s. 122 (2)).
Insofern kommen die oben dargestellten Verfahrensarten in einem derartigen Fall gar nicht zum Tragen.
Sobald ein Verteidiger anwesend ist, wird ganz herkömmlich kontradiktorisch verhandelt.

In dieser Regel spiegelt sich die Besonderheit des englischen Parteienprozesses: Sobald ein Vertreter der Partei anwesend ist, ist davon auszugehen, dass dieser auch in der Lage ist, die Interessen seiner Partei hinreichend zu wahren. Die Anwesenheit des Anwalts ersetzt die Anwesenheit des Angeklagten.

---

[263] Walker/Ward, English Legal System, S. 533
[264] in diesem Sinne die Ausführungen von *Lord Parker CJ* in *R v Oldham Justices, ex part Morrissey* [1958] 3 All ER 559n; [1959] 1 WLR 58
[265] Sprack, A practical approach to criminal procedural, Rn. 9.45

d) Möglichkeit einer Vertagung:

Sollte das Gericht von sich aus der Meinung sein, der Angeklagte habe einen triftigen Grund für seine Abwesenheit, so hat es die Möglichkeit, die Verhandlung zu vertagen.

Dies kann beispielsweise der Fall sein, wenn im Rahmen der polizeilichen Ermittlungen festgestellt wurde, dass sich der Angeklagte zum Verhandlungszeitpunkt im Krankenhaus befindet oder aus sonstigen Gründen nicht verhandlungsfähig ist.

Daneben hat auch der Angeklagte die Möglichkeit eine Vertagung seiner Verhandlung zu erreichen, um nicht in Abwesenheit verurteilt zu werden.
So darf der Magistrate's Court gegen einen Angeklagten, der um eine Vertagung wegen Krankheit bittet und dies mittels Vorlage eines ärztlichen Attests beweist, nicht in Abwesenheit verhandeln.[266]

e) Strafmassbegrenzung bei Abwesenheitsverurteilung:

Gelangt eine Verhandlung - gleich ob nach Sektion 11 oder nach Sektion 12 des MCA 1980 - in Abwesenheit des Angeklagten bis zur Verurteilung, so sind die Magistraten in der Höhe der zu verhängenden Strafe eingeschränkt.[267]

Sie dürfen einen Angeklagten in dessen Abwesenheit nicht zu einer Haftstrafe verurteilen (MCA 1980, s. 11 (3)). Sobald im Verlauf der Verhandlung deutlich wird, dass die Verurteilung eine Haftstrafe zum Gegenstand haben könnte, muss das Gericht die Fortführung der Verhandlung vertagen und den Angeklagten erneut vorladen.
Erscheint der Angeklagte dann nicht, ist ein Haftbefehl gegen ihn zu erlassen.

Genauso dürfen die Laienrichter einem Abwesenden nicht den Führerschein entziehen, zumindest sofern der Fall nicht zuvor mindestens einmal vertagt wurde, um dem Angeklagten Gelegenheit zur Anwesenheit zu geben (MCA 1980, s. 11 (4))

2. offences triable either way:

Der wesentliche Unterschied zwischen Verfahren vor den Magistrate's Courts über Delikte, die nur im *summary trial* abgeurteilt werden können und solchen, die *triable either way* sind, besteht darin, dass letzteren ein sog. *mode of trial procedure* vorgeschaltet ist, indem die Zuweisung an ein Gericht erfolgt (vgl. oben).

---

266 Fall *R. v Bolton Justices, ex parte Merna* (1991) 155 JP 612 = 2 WLR 239
267 Seabrooke/Sprack, Criminal Evidence and Procedure, S. 259

In Verfahren vor den Magistrate's Courts über die Straftaten die ihrer Natur nach auch vor dem Crown Court hätten stattfinden können, gilt die oben dargestellte grundsätzliche Regel, wonach es dem Angeklagten freisteht, an seinem Prozess teilzunehmen, nur eingeschränkt.
Zumindest bei der Entscheidung über den Gang des Verfahrens (summary trial oder trial on indictment) muss er persönlich anwesend sein. Er persönlich muss nämlich eine Entscheidung darüber treffen, ob er vor einer Jury gehört werden will oder nicht.

Eine Ausnahme wegen wichtiger Gründe ist hier nur zu machen, sofern der Angeklagte rechtlich durch einen Anwalt vertreten ist und einer Entscheidung in seiner Abwesenheit zugestimmt hat.[268]
Im Anschluss an dieses vorgeschaltete *mode of trial procedure* verläuft das Verfahren dann wie oben geschildert, wenn der Angeklagte nicht weiter an seiner Verhandlung teilnehmen will.

III. Verfahren vor dem Crown Court

Vor dem Crown Court werden wie bereits erwähnt diejenigen Straftaten abgeurteilt, die eine Behandlung durch eine Jury erfordern.
Hier wird die Anwesenheit des Angeklagten wesentlich strikter gehandhabt als in Verfahren vor den Magistrate's Courts.

1. Anwesenheit bei Verfahrenseröffnung:

Grundsätzlich muss der Angeklagte im *trial on indictment* zumindest zu Beginn der Verhandlung zwingend persönlich anwesend sein, um sich "schuldig" oder "nicht schuldig" zu bekennen. Ist er nicht anwesend, wird der Richter die Verhandlung vertagen und bei Fehlen eines berechtigenden Grundes für die Abwesenheit des Angeklagten einen Haftbefehl gegen ihn erlassen (Bail Act 1976, s. 7).

Auch die Anwesenheit eines Verteidigers kann in diesem Verfahrensstadium nicht über die Abwesenheit des Angeklagten hinweghelfen. Bei der Einlassung „schuldig" oder „nicht schuldig" handelt es sich um eine höchstpersönliche Erklärung des Angeklagten, bei der keine Vertretung zulässig ist.[269]

---

[268] Hampton, criminal procedure, S. 339; Walker/Ward, English Legal System, S. 451
[269] Hampton, criminal procedure, S. 178; Seabrooke/Sprack, Criminal Evidence and Procedure, S. 339; Blackstone's Criminal Practice, D 13.23 (S. 1502)

Ein „Abwesenheitsverfahren“ kann vor den Schwurgerichten also nur in der Form einer in Abwesenheit des Angeklagten fortgesetzten Verhandlung in Betracht kommen.
Die Eröffnung einer Hauptverhandlung in Abwesenheit des Angeklagten ist ausgeschlossen.

2. Der Grundsatz: ständige Anwesenheit:

Die Regel ist, dass der Angeklagte auch nach dem Beginn und im weiteren Verlauf der mündlichen Verhandlung im Gerichtssaal anwesend bleibt.[270]

Sollte er dazu in einem Teil der Verhandlung nicht in der Lage sein, wird der vorsitzende Richter die Verhandlung aussetzen und einen neuen Termin anberaumen.
Sollte sich die Abwesenheit des Angeklagten verlängern, z.B. aufgrund eines längeren Krankenhausaufenthaltes, wird der Richter die Jury entlassen und die Verhandlung für die Dauer der Krankheit des Angeklagten einstellen.
Die Verhandlung muss dann später mit einer neuen Jury erneut begonnen werden.[271]

Das Grundprinzip ist mithin, dass der Angeklagte während seiner Verhandlung ununterbrochen anwesend sein soll, um sicherzustellen, dass er in der Lage ist, alle gegen ihn geäußerten Vorwürfe zu hören und gegebenenfalls dazu Stellung zu nehmen.
Der Angeklagte ist sowohl berechtigt als auch verpflichtet, an seiner Verhandlung teilzunehmen.[272]

3. Die Ausnahmen:

Von diesem Grundsatz gibt es jedoch einige Ausnahmen.
Der vorsitzende Richter kann in zwei Situationen die Fortführung der Verhandlung in Abwesenheit des Angeklagten anordnen:

a) Ausschluss wegen ungebührlichen Betragens:

Zum einen kann der Richter den Angeklagten wegen ungebührlichen Betragens wie lautem Rufen oder sonstigem Fehlverhalten aus dem Gerichtssaal ausschließen und die Verhandlung fortsetzen.[273]

---

[270] Sprack, A practical approach to criminal procedure, Rn. 18.77; Blackstone's Criminal Practice, D 13.26 (S. 1505)
[271] Sprack, A practical approach to criminal procedure, Rn. 18.77
[272] Sprack, A practical approach to criminal procedure, Rn. 18.78

Die Fälle sind insoweit vergleichbar den deutschen §§ 231 ff. StPO.

b) Fortsetzung der Verhandlung bei Flucht des Angeklagten:

Daneben besteht jedoch auch die Möglichkeit die Verhandlung ohne einen geflüchteten Angeklagten fortzusetzen (nicht zu beginnen!)
Denkbare Konstellationen sind, dass der Angeklagte sich aus dem Gerichtssaal entfernte oder zu einem neuen Verhandlungstag nicht mehr erschien, um sich der Justiz zu entziehen.

Grundsätzlich kann der Angeklagte auf alle seine prozessualen Rechte verzichten. Dies gilt auch für das Anwesenheitsrecht.[274]
Sofern dahingehende Anhaltspunkte bestehen, ist es eine zulässige Erwägung, dass der Angeklagte aus freien Stücken auf seine Möglichkeit an der Verhandlung (weiter) teilzunehmen verzichten wollte.
Eine Fortsetzung der Verhandlung ist also nicht per se ausgeschlossen.

Ob der Prozess zu vertagen ist, oder ob ohne den Angeklagten weiter verhandelt werden kann, steht dabei im pflichtgemäßen Ermessen des vorsitzenden Richters.
Diese Entscheidung soll mit großer Vorsicht getroffen werden und nur in seltenen Ausnahmefällen ist auf eine Verhandlung in Abwesenheit des Angeklagten zu erkennen, insbesondere dann, wenn er nicht anwaltlich vertreten ist.[275]

Das Prinzip der Verfahrensfairness, gerade auch im Hinblick auf die Waffengleichheit zwischen Anklage und Verteidigung ist oberstes Gebot bei der Entscheidung für oder wider ein Abwesenheitsverfahren.

Der Court of Appeal[276] hat Kriterien entwickelt, an denen ein Richter sein Ermessen orientieren soll, wenn der Angeklagte sich absentierte:

(a) Maßgeblich sollen die näheren Umstände und die Motivation der Abwesenheit des Angeklagten sein.
Entscheidungsrelevant ist mithin, ob Anhaltspunkte dafür bestehen, dass er sich mutwillig der Justiz entziehen wollte oder ob er möglicherweise aus anderen Gründen der Verhandlung fernblieb.

---

[273] Blackstone's Criminal Practice, D 13.24 (S. 1503) vgl. den Fall *Lee Kun* [1916] 1 KB 337

[274] Blackstone's Criminal Practice, D 13.25 (S. 1503)

[275] Archbold, Criminal Pleading, Evidence and Practice, § 3-197; vlg. den Fall *R v Jones (Anthony)* [2003] 1 AC 1, HL

[276] im Fall *R. v Hayward and others* [2001] 3 WLR 125; Archbold, Criminal Pleading, Evidence and Practice, § 3-198

(b) Zum zweiten muss der Richter berücksichtigen, ob eine Vertagung nicht dazu führen könnte, dass der flüchtige Angeklagte gestellt oder sonst dazu gebracht werden kann, der Verhandlung freiwillig beizuwohnen.
Dann wäre die Verhandlung nicht fortzuführen sondern zu vertagen.

(c) Drittens muss im Falle einer geplanten Vertagung berücksichtigt werden, wie lange diese im Hinblick auf den zu befürchtenden Verlust von Beweismitteln und verlässlichen Zeugenaussagen dauern würde.
Wenn nicht absehbar ist, ob wichtige Beweismittel auch nach einer Vertagung noch in gleicher Qualität zur Verfügung stehen, streitet dies eher für die Fortführung der Verhandlung.

(d) Auch die Verteidigung des Angeklagten spielt eine wesentliche Rolle bei der Frage, ob ohne ihn verhandelt werden soll oder nicht.
Grundsätzlich besteht auch bei Verfahren vor dem Crown Court kein Anwaltszwang, dennoch suchen die meisten Angeklagten den rechtlichen Beistand eines Verteidigers.[277]
Als Faustformel gilt, dass die Fortführung der Verhandlung in Abwesenheit des vertretenen Angeklagten wahrscheinlicher ist, als im Fall des nicht vertretenen Angeklagten.
Dabei soll zugleich zu berücksichtigen sein, welche Möglichkeit der Verteidiger eines Angeklagten in der Vergangenheit hatte oder weiterhin hat, von letzterem persönlich Informationen zum Fall und zu entlastenden Umständen zu erhalten.
Im Hinblick auf die zu fordernde Effektivität der Verteidigung ist der persönliche Kontakt zwischen Angeklagtem und seinem Anwalt sicher nicht *ein* sondern *das* maßgeblichste Kriterium.
Nur Informationen aus erster Hand vom Angeklagten selbst, befähigen den Verteidiger, tatsächlich vor Gericht die Sichtweise seines Mandanten darzulegen und ihn angemessen zu vertreten.
Eine Verteidigung nach Aktenlage kann eine Einlassung des Angeklagten dem Anwalt gegenüber nicht ersetzen und wird immer hinter der Verteidigung aufgrund des durch persönlichen Kontakt gewonnenen Eindrucks zurückstehen
Daher sollte sich die Frage nach Aussetzung oder Fortführung der Verhandlung an diesen Überlegungen entscheiden.
Zugleich wird berücksichtigt, ob und in welchem Umfang es überhaupt möglich ist, die Verteidigung in Abwesenheit des Angeklagten zu führen.
Flüchtet ein anwaltlich vertretener Angeklagter während einer schon begonnenen Verhandlung, kann der Richter dem Vertreter der Verteidigung nicht vorschreiben, ob dieser den Fall vertagen oder weiter verhandeln soll.

277 Hampton, criminal procedure, S. 181

Die Frage, ob eine Verteidigung in absentia durchführbar ist oder nicht, ist dem einzelnen Anwalt zur Entscheidung im Lichte einer ordnungsgemäßen Amtsführung überlassen.[278]
Sollte er entscheiden, dass ohne die Anwesenheit des Angeklagten dessen Unschuld den Geschworenen gegenüber nicht zu belegen ist, dann wird die Verhandlung vertagt werden müssen.

(e) Weiterhin ist das Ausmaß der Benachteiligung des Angeklagten durch eine etwaige Verhandlung ohne ihn relevant.
Dabei sind die Menge und die Art der gegen ihn vorgebrachten Beweise in Relation zu dem Erfordernis eines persönlichen Reagierens darauf zu setzen.
Ist es also notwendig, dass der Angeklagte persönlich von etwaigen tatsächlichen Begebenheiten erzählt oder genügt die Darstellung durch einen Vertreter? Sind Fragen der Persönlichkeit des Angeklagten maßgeblich, so dass es notwendig ist, dass die Jury sich ein Bild von ihm machen kann?
Hier ist zu berücksichtigen, ob die Jury - bestehend aus juristischen Laien - nicht schon aufgrund der Abwesenheit des Angeklagten zu einem unsachgemäßen Urteil kommen könnte.

(f) Zuletzt sind noch die Schwere der angeklagten Straftat und das dadurch bedingte Interesse von Öffentlichkeit und Opfern an einer zügigen Verbrechensahndung in die Erwägung mit ein zu stellen.

Gelangt der vorsitzende Richter nach pflichtgemäßer Ausübung seines Ermessens unter Berücksichtigung dieser Kriterien zu dem Ergebnis, dass eine Fortführung der Verhandlung in Abwesenheit des Angeklagten möglich und geboten erscheint, so hat er doch darauf hinzuwirken, dass das Verfahren so fair verläuft, wie es den Umständen nach möglich ist.
Dazu gehört insbesondere, dass er im Fall des nicht anwaltlich vertretenen Angeklagten bei der Beweisdarlegung durch die Anklagebehörde wenn nötig Partei für die Verteidigung ergreift und die Jurymitglieder auf etwaige Schwäche in der Beweislage hinweist.
Hier ist der Richter, der ansonsten eine rein moderierende Funktion ausübt, gezwungen seine Unparteilichkeit in gewissem Maße aufzugeben.

---

[278] im Fall *R. v Jones* (No. 2) [1972] 1 WLR 887

4. Sicherung der Anwesenheit des Angeklagten:

Es bestehen auch im britischen Strafprozessrecht Zwangsmittel, die eine ununterbrochene Anwesenheit des Angeklagten sicherstellen sollen.[279]
Das primäre Gestellungsmittel des britischen Strafprozesses ist die Festnahme aufgrund vorläufigen Haftbefehls, der eine zwangsweise Vorführung vor das zuständige Gericht bewirken soll.
Dieses Mittel greift jedoch naturgemäß nur, wenn der gegenwärtige Aufenthaltsort des Angeklagten dem Gericht bekannt ist.

a) in Untersuchungshaft befindlicher Angeklagter:

Befindet sich der Angeklagten vor seiner Hauptverhandlung bereits in Untersuchungshaft, so wird seine Anwesenheit während der Verhandlung dadurch gesichert, dass nicht nur er selbst sondern auch der Leiter der Strafanstalt vom Verhandlungstermin in Kenntnis gesetzt wird. Diesem obliegt es dann, den Angeklagten zum festgesetzten Termin zum Gerichtsgebäude verbringen zu lassen. Dort wird er in den Hafträumen des Gerichts festgehalten, bis seine Verhandlung beginnt.
Befindet der Angeklagte sich in einer Haftanstalt, die nicht zum Gerichtsbezirk des jeweiligen Crown Court gehört, so kann der zur Entscheidung berufene Crown Court auch außerhalb seines eigentlichen Zuständigkeitsbereichs die Anlieferung des Angeklagten von dem Leiter der Vollzugsanstalt verlangen, in der der Angeklagte gegenwärtig einsitzt.

b) auf freiem Fuß befindlicher Angeklagter:

Befindet sich der Angeklagte hingegen auf freiem Fuß, sei es weil gar keine Untersuchungshaft angeordnet wurde oder in dem häufigeren Fall, weil er auf Kaution aus der Haft entlassen wurde, und erscheint er nicht zum festgesetzten Termin vor dem Crown Court, so wird das Gericht einen Haftbefehl erlassen oder einen bereits bestehenden Haftbefehl wieder in Vollzug setzen. (Bail Act 1976, s. 7 (1)).

c) im Ausland befindlicher Angeklagter:

Befindet sich der Angeklagte zum Zeitpunkt des Verhandlungsbeginns offensichtlich im Ausland, so muss um seine Auslieferung ersucht werden.
Gegenüber diesen rigiden Vorschriften für den abwesenden Angeklagten bekannten Aufenthalts kann der Angeklagte, dessen Aufenthaltsort dem Gericht

---

[279] Hampton, criminal procedure, S. 179 f.

unbekannt ist, faktisch gar nicht zum Erscheinen vor Gericht gezwungen werden.
Gestellungsmittel, die eine Vollstreckung an der Person des Angeklagten erfordern, scheiden naturgemäß aus.
Ein Gestellungsmittel, dass an den materiellen Gütern des Angeklagten vollstreckt werden könnte (wie die deutsche Vermögensbeschlagnahme), kennt das britische Recht nicht.
Im Falle des zwar geladenen aber nicht erschienen Angeklagten, kann also vor einem Schwurgericht solange nicht verhandelt werden, solange eine Festnahme zur Vorführung aufgrund unbekannten Aufenthaltsorts nicht möglich ist.

IV. Rechtsmittel gegen Abwesenheitsurteile

Das englische Rechtsmittelsystem ist ebenso zweigeteilt wie das Verfahren in erster Instanz.

Gegen eine Verurteilung durch ein Jury-Gericht war bis 1907 sogar gar kein Rechtsmittel gegeben. Darin kommt zwar ein tief verwurzelter Respekt vor der Rechtsfindung durch zwölf unvoreingenommene Geschworene zum Ausdruck, diese Lösung erwies sich jedoch im Interesse der Rechtssicherheit und dem Schutz vor Fehlurteilen als nicht haltbar.
Dennoch dauerte es bis 1966 bis Berufungen gegen *trial by Jury*-Urteile ein regulärer Teil des englischen Rechtsmittelsystems wurden.[280]

Mit Ausnahme der Berufung vom Magistrate's Court zum Crown Court gegen die Verurteilung an sich, gibt es im englischen Rechtmittelrecht niemals eine völlige Neuverhandlung in tatsächlicher und rechtlicher Hinsicht. Das jeweils eingelegte Rechtsmittel ist genau zu spezifizieren und die Rechtsmittelentscheidung soll lediglich drei Faktoren sicherstellen:

Zum einen, dass das Verfahren gegen den Angeklagten insgesamt fair war, insbesondere dass keine unzulässigen Beweise in den Prozess eingebracht wurden.

Zum zweiten soll das Berufungsverfahren gewährleisten, dass die Entscheidung zur Weiterentwicklung des Straf- bzw. Strafprozessrechts dient im Sinne der *doctrine of precedent*.

Zum dritten soll sichergestellt sein, dass durch die Entscheidung eine gewisse Beständigkeit und Vorhersagbarkeit in der Rechtsprechungspraxis eingehalten wird.[281]

---

[280] White in: Mc Conville/Wilson, the handbook of criminal justice, S. 14
[281] White in: Mc Conville/Wilson, the handbook of criminal justice, S. 14

Alle diese allgemeinen Grundsätze gelten auch für ein Rechtsmittel gegen Abwesenheitsverurteilungen.
Dem in absentia verurteilten Angeklagten stehen dieselben Rechtsmittel unter denselben Voraussetzungen zu wie jedem anderen Verurteilten.[282]
Ein spezielles nur auf das Abwesenheitsverfahren zugeschnittenes Rechtsmittel existiert nicht.

[282] Für einen differenzierteren Überblick über das englische Rechtsmittelsystem besteht vorliegend kein Anlass. Vgl. dazu die ausführliche Darstellung von Rechtsmittelvoraussetzungen und Instanzenzug aufgeschlüsselt nach den verschiedenen Rechtsmittelgerichten bei *Hampton*, criminal procedure, Chap. 14 (S. 381 ff.) sowie den schematischen Kurzüberblick bei *Uglow*, Criminal Justice, S. 220

B. Rechtstheoretische Grundlage der Anwesenheitsregelung im englischen Recht

Nachdem die gegenwärtig aktuellen Regelungen betreffend die Anwesenheit des Angeklagten während seiner Verhandlung dargestellt wurden, fragt sich nun, auf welchem rechtstheoretischen "Fundament" sie basieren.

Dies ist insbesondere deshalb relevant, weil ein seriöser Vergleich von den in unterschiedlichen Rechtsordnungen vorhandenen Regelungen eines speziellen Problems allein auf Grundlage des Verständnisses der Besonderheiten der jeweiligen nationalen Rechtsordnung vorgenommen werden kann.

Insofern ist die Kenntnis der theoretischen Grundlagen des angelsächsischen Rechtssystems von großer Bedeutung.

Auf welchen Grundgedanken, welchem Grundverständnis von Staat und Individuum basieren also die dargestellten Regelungen des Anwesenheitsrechts?

I. Das adversatorische Rechtssystem

Das Strafprozessrecht in der englischen Rechtstradition ist - anders als das inquisitorische System der deutschen Strafprozessordnung - adversatorisch ausgestaltet.[283]

Dies bedeutet jedoch nicht, dass der englische Strafprozess gleichzusetzen ist mit einem klassischen reinen Parteiverfahren.

Zwar stehen sich die beteiligten Parteien, Anklage und Verteidigung, im Prozess antagonisch gegenüber[284], dennoch haben im Laufe der historischen Entwicklung auch Einzelelemente des inquisitorischen Verfahrens Eingang in den englischen Strafprozess gefunden. Somit handelt es sich bei dem englischen Strafverfahren nicht um ein reines adversatorisches System, sondern eher um eine Mischform.

Hinter der Entscheidung für das (gemildert) adversatorische System steht unter anderem die Idee, wonach die Wahrheit am ehesten herauszufinden sei, indem zwei voneinander unabhängige Parteien die Anhaltspunkte für die jeweilige Sicht des Falles zusammentragen und vorbringen, auf dass diese anschließend durch einen unvoreingenommenen Dritten bewertet werden.

Auf diese Art sollen Probleme einseitiger Beweiserbringung oder Vernachlässigung relevanter Fakten durch nur eine mit den Ermittlungen von beschuldigenden wie auch entlastenden Tatsachen betraute Seite umgangen werden.[285] Ob

---

[283] Spencer in: Delmas-Marty, European Criminal Procedures, S. 164
[284] Graf von Bernstorff, Einführung in das englische Recht, S. 271
[285] Sanders/Young, Criminal Justice, S. 14

diese Theorie sich in der Praxis tatsächlich halten lässt, kann vorliegend dahinstehen.
Aus der grundsätzlichen Entscheidung für das adversatorische System ergeben sich einige dem englischen Strafprozess immanente Besonderheiten:

1. Die Rolle des Gerichts:

Dem Gericht und dem Richter kommt im englischen Strafprozess eine ganz andere Rolle zu, als dies im deutschen Strafverfahren der Fall ist.[286]

Während der Richter oder das zusammengetretene Gericht im inquisitorischen Verfahren die Prozessleitung inne hat und selbst Untersuchungen zur Wahrheitsfindung vornehmen soll, hat es im adversatorischen Verfahren vielmehr die Rolle eines neutralen Beobachters.
Der Richter bleibt auch während der Hauptverhandlung eher Schiedsrichter denn Repräsentant der Staatsgewalt mit Verfahrensherrschaft. Er hört sich die von Anklage und Verteidigung vorgetragenen Beweise an, stellt sicher, dass die prozessualen Regeln eingehalten werden und verliest am Ende der Verhandlung das von der Jury bzw. den Laienrichtern gefundene Ergebnis zur Schuld oder Unschuld des Angeklagten.[287]
Ihm obliegt darüber hinaus die Festsetzung einer angemessenen Strafe.
Insofern ist die Hauptverhandlung eher wie eine Debatte oder ein mündlicher Wettstreit der beiden Streitparteien ausgestaltet.
Unnötige Interventionen des Richters während der Verhandlung können gar zu einer Verwerfung des Urteils führen.[288]

Diese Beschränkungen der richterlichen Tätigkeit beziehen sich allerdings nur auf die Tatsachenebene. Über Rechtsfragen wie die Zulassung von Beweismitteln oder die Zulässigkeit von Fragen an Zeugen darf und muss der Richter entscheiden und diesbezüglich auch aktiv werden.[289]

Da der Richter im englischen Strafprozess diese neutrale, nicht inquisitorische Rolle einnimmt, obliegt es den Parteien, ihre Sicht von Ursachen und Tatverlauf zu schildern.
Dazu ist die persönliche Anwesenheit des Angeklagten Voraussetzung.

---

[286] vgl. dazu die rechtsvergleichende Untersuchung von *Schulte-Nover*, Strafrichter in Deutschland und England, 2003

[287] Uglow, Criminal Justice, S. 213; Janicki, Beweisverwertungsverbote im deutschen und englischen Strafprozess, S. 44

[288] so geschehen im Fall *R. v Hulusi and Purvis* 58 Criminal Appeal Reports 378; vgl. dazu auch den Fall *R. v Frixou* (1998) Criminal Law Review, S. 352 sowie den Fall *R. v Roncoli* (1998) Criminal Law Review, S. 584

[289] Janicki, Beweisverwertungsverbote im deutschen und englischen Strafprozess, S. 45

Wirklich wirksam zu Gehör des Gerichts gebracht wird eine spezielle Ansicht, Tatbeschreibung, Rechtfertigung nur, wenn sie sozusagen aus erster Hand erfolgen kann.
Insofern muss es das Recht und im Hinblick auf die Wahrheitsermittlung auch die Pflicht des Angeklagten sein, persönlich an seiner Verhandlung teilzunehmen.

2. Die Prozessvorbereitung:

Ein weiteres Wesenselement des englischen adversatorischen Systems ist, dass es allein der Strafverfolgungsbehörde obliegt, eine Straftat vor Gericht zu bringen und die Schuld des Angeklagten zu beweisen.
Dazu gehört auch, dass die Hauptverhandlung von allen vorhergehenden Ermittlungen getrennt zu sehen ist. Das Gericht, also der Richter genauso wie die Jury, hört in der Hauptverhandlung zum ersten Mal von den Fakten und Beweisen des zu entscheidenden Falles.
Damit soll die Unabhängigkeit und Unvoreingenommenheit des Gerichts sichergestellt werden.[290]

Auch insofern ist der englische Strafprozess also als Parteienprozess ausgestaltet.
Es ist Sache sowohl der Vertretung der Anklage als auch der Verteidigung, den Fall aus ihrer Sicht zu Gehör des Gerichts zu bringen und alle aus ihrer Sicht relevanten Fakten, Umstände und Besonderheiten des Falles zusammenzutragen.
Es gibt keine vorher angelegte Prozessakte und keine vorher eingereichten Anklage- und Verteidigungsschriften.
Zwar existieren im Rahmen der Verhandlungsvorbereitung die Rechtsinstitute der *primary disclosure*, in der die Anklagebehörde ihre Beweise schriftlich offen legt und dem Gericht und der Verteidigung zugänglich macht, als auch die *defense disclosure*, in der die Verteidigung ihr wesentliches Vorbringen darlegt.
Die *disclosure* ist jedoch nur im Verfahren vor den *crown courts* obligatorisch, vor den *magistrate's courts* ist sie weder vorgeschrieben noch üblich. Zudem ist sie eher unpräzise und hat wenig Aussagekraft über den Inhalt der vorzutragenden Beweise.

Eben weil die zur Entscheidung berufenen Instanzen also in der Hautverhandlung erstmalig in vollem Umfang über die dem Angeklagten zur Last gelegte Tat, den Schuldvorwurf und die dazu vorgetragenen Beweise informiert werden, ist dem Angeklagten das Recht auf Teilnahem an seiner Verhandlung einzuräumen.

---

[290] Uglow, Criminal Justice, S. 211

3. Das Recht Zeugen zu laden und zu befragen oder sonstige Beweise zu erheben:

Entsprechend der neutralen Rolle, die der englische Strafrichter während der gesamten Hautverhandlung einzunehmen hat, steht allein den Prozessparteien das Recht zu, Beweise in den Prozess einzuführen oder Zeugen zu laden.
Wenn die Verteidigung sich beispielsweise entschließt, einen bestimmten Entlastungszeugen nicht zu laden oder nicht zu befragen, gibt es nichts, was der englische Strafrichter dagegen tun könnte.[291]
Sollte sich herausstellen, dass die Beweise unzureichend ermittelt sind oder der Sachverhalt möglicherweise noch weiter aufgeklärt werden könnte, so liegt es nicht in der Macht des Richters, daran etwas zu ändern.
Der in Deutschland geltende richterliche Untersuchungsgrundsatz existiert in England nicht.[292]
Der englische Strafrichter hat dementsprechend auch kein Fragerecht an Zeugen.
Diese werden allein von der Partei, die sie geladen hat und dann gegebenenfalls noch im Kreuzverhör von der Gegenseite befragt.

Um diese Parteienrechte aktiv und situationsbezogen im Prozess ausüben zu können, ist jedoch die Anwesenheit beider Parteien – auch die des Angeklagten – zwingend nötig.
Nur wenn auch der Angeklagte anwesend ist, kann er gegebenenfalls selbst oder durch seinen Verteidiger, die „wesentlichen“ Fragen stellen und auf die relevanten Besonderheiten der Tat eingehen.

II. Strafprozessuale Verfahrensprinzipien im Besonderen

Neben der ganz grundsätzlichen Entscheidung für das adversatorische System beinhaltet das englische Strafverfahrensrecht noch einige konkretere Grundprinzipien, wovon im Folgenden die für die Regelung der Anwesenheit des Angeklagten relevanten kurz dargelegt werden sollen.

1. Die Unschuldsvermutung:

Auch im englischen Recht gilt die Unschuldsvermutung, der Angeklagte ist solange unschuldig bis seine Schuld bewiesen wurde.[293]

---

[291] Sanders/Young, Criminal Justice, S. 14
[292] Schulte-Nover, Strafrichter in Deutschland und England, S. 193
[293] White in: Mc Conville/Wilson, the handbook of criminal justice, S. 5

Diese *presumption of innocence* stellt auch im englischen Strafverfahren einen Grundpfeiler dar. Der Schuldbeweis obliegt dabei der Strafverfolgungsbehörde, dem *Crown Prosecution Service.*

Die Unschuldsvermutung ist insbesondere im Hinblick auf den nicht zur Verhandlung erschienen Angeklagten von Interesse, besagt sie doch, dass aus dem reinen Nichterscheinen noch keine Rückschlüsse auf die Schuld eines Angeklagten gezogen werden dürfen.

2. Beweiserbringung jenseits begründeten Zweifels:

Der Beweis der Schuld des Angeklagten muss jenseits begründeten Zweifels (*beyond reasonable doubt*) erbracht werden.

Verbleiben dem Gericht bzw. der zur Entscheidung berufenen Jury Zweifel an der Schuld des Angeklagten, so ist dieser freizusprechen.

Dies gilt unabhängig davon, ob er bei der Verhandlung anwesend war oder nicht, mit Ausnahme natürlich einer Schuldigerklärung per Post nach den oben beschriebenen Regeln (MCA 1980, s. 12)

3. Beteiligung von Laienrichtern:

Die Beteiligung von Laienrichtern in der Justiz ist als Wesenselement des englischen Strafverfahrens viel stärker ausgeprägt dies in den kontinentaleuropäischen Verfahrensordnungen der Fall ist.[294]

Es ein Recht eines Angeklagten, dass sein Fall vor einer Jury aus zwölf juristischen Laien gehört wird, sofern sein Vergehen nicht zu geringfügig ist (*offence triable only summarily*). Die Anzahl der Mitglieder einer Jury kann sich dabei auf bis zu neun Personen durch Krankheit oder Tod reduzieren, solange der vorsitzende Richter es für zweckmäßig erachtet, die Jury in der bisherigen Zusammensetzung weiter arbeiten zu lassen.

Zum Dienst in einer Jury können dabei alle auf einer Wahlliste für den jeweiligen Gerichtsbezirk vertretenen Personen berufen werden. Die endgültige Zusammensetzung der Jury ergibt ein Auswahlverfahren.[295]

Gerade im Hinblick auf die Beteiligung von juristischen Laien ist es jedoch von besonderer Bedeutung, dass dem Angeklagten das Recht eingeräumt wird, an seiner Verhandlung teilzunehmen. Seine Abwesenheit kann den Eindruck eines „Schuldeingeständnis" erwecken und stark präjudizielle Wirkung entfalten.

[294] Teilweise wird die Beteiligung von Laienrichtern in Form einer entscheidungsfindenden Jury sogar als ein „Juwel" des englischen Strafprozesses beschrieben, so *Lyall*, introduction to British Law, S. 160

[295] vgl. vertiefend zu Bildung und Arbeitsweise einer Jury *Lyall*, introduction to British Law, S. 160

4. Der Unmittelbarkeisgrundsatz:

Auch im englischen Strafverfahrensrecht gilt der Grundsatz der Unmittelbarkeit der Beweiserbringung. Er hat zwar keine direkte normative Grundlage, findet jedoch über die Ablehnung des Beweises vom Hörensagen Eingang in das Verfahren.[296]

Der Beweis vom Hörensagen wird in England grundsätzlich abgelehnt (*rule against hearsay evidence*). Von dieser unter dem common law entwickelten Doktrin existieren noch immer nur einige wenige eng zu begrenzende Ausnahmen.[297]

Eine Angabe oder Aussage als Beweis einer Tatsache ist generell unzulässig, wenn sie nicht von einem Zeugen während der mündlichen Vernehmung gemacht wird (Criminal Justice Act 2003, s. 114 (1)).

Nur was vor Gericht während der Hauptverhandlung als Beweis dargelegt wurde, kann in das Urteil mit einfließen. Das englische Beweisrecht fordert den direkten mündlichen Beweis der Personen, die die Tatsache über die Beweis geführt wird, selbst gesehen oder gehört haben.

In der Regel geschieht dies durch die mündlichen Aussagen von Zeugen und Sachverständigen als die vorherrschenden Beweismittel.[298]

Die Unmittelbarkeit der Beweiserbringung fordert also den direkten und unmittelbaren Beweis durch Personen, welche die zu beweisenden Tatsachen selbst sinnlich wahrgenommen haben. Damit sind nicht nur Zeugen einer Straftat, sondern auch der Angeklagte selbst erfasst.

Aus diesem Grund ist auch in England, wie dies schon für den deutschen Strafprozess ausgeführt wurde, die Anwesenheit des Angeklagten als Beweismittel in seiner Verhandlung von großer Relevanz.

Der Prozess soll nicht ohne ihn geführt werden, sofern sich die Parteien nicht darüber *einig* sind, dass es hinreichend andere Möglichkeiten der Beweiserbringung gibt.

---

[296] die Reichweite und Ausnahmen der *rule against hearsay evidence* und ihre Bedeutung für die strafverfahrensrechtliche Beweisgewinnung werden ausführlich dargestellt von *Kühne*, Strafprozessrecht, Rn. 1182 ff.

[297] wenngleich diese generelle Ablehnung in der strafprozessualen Reformdiskussion mehr und mehr in Frage gestellt wird, vlg. bereits die Ausführungen der
Royal Commission on Criminal Justice 1993, Chapter 12, Recommendation 189: *„Hersay evidence should be admitted to a greater extent..."*

[298] Blackstone's Guide to Criminal Procedure Rules 2005, 12.01 (S. 125); Uglow, Criminal Justice, S. 211; Huber in: Perron (Hrsg.), Beweisaufnahme im Strafverfahrensrecht des Auslands, S. 43

5. Das Fairnessprinzip:

Mehr noch als der deutsche Strafprozess ist der britische vom Prinzip des *fair trial* geprägt. Die Verfahrensfairness ist oberstes Gebot für das Gericht.[299] Seit jeher haben die Gerichte dem Bürger das fundamentale Recht auf einen fairen Prozess zugestanden und es als ihre Aufgabe angesehen, diesen zu jeder Zeit zu gewährleisten.

Wie bereits oben zum deutschen Recht ausgeführt ist ein Teil des Fairnessgebots im Strafprozess, dem Angeklagten die Anwesenheit bei seiner Verhandlung zu gestatten.
Dies soll dazu dienen, ihm die bestmögliche Verteidigung zu sichern. Auch soll die Waffengleichheit zwischen Anklagebehörde und Angeklagtem gewahrt bleiben. Nur wenn der Angeklagte im Prozess persönlich anwesend sein kann, kann er sich auch effektiv gegen die gegen ihn erhobenen Vorwürfe zur Wehr setzen. So ergibt sich auch aus dem Fairnessprinzip ein Anwesenheitsrecht des Angeklagten.

III. Internationale Vorschriften: Art. 6 EMRK (der Sonderweg Englands)

Die nationalen Regelungen des englischen Strafprozesses werden durch verschiedene internationale Übereinkommen ergänzt. Näher ausgeführt sei hier nur der für das Anwesenheitsrecht des Angeklagten relevante Art. 6 EMRK.

Die EMRK gilt auch in England. Soviel kann unstreitig festgestellt werden. Allerdings ist dies erst seit kurzem der Fall und der Weg dorthin war erheblich umständlicher als in den anderen Mitgliedstaaten.

1. Inkorporierung der EMRK in das englische Recht, der Human Rights Act 1998:

Bekanntermaßen fehlt es in Großbritannien an einer einheitlichen Verfassungsurkunde, in der das Grundverhältnis zwischen Bürger und Staat, ein geschriebener Grundrechtskatalog oder die Staatsorganisation zusammengefasst sind.
Daher ist die Idee eines abstrakt formulierten Katalogs grundlegender Rechte des einzelnen gegenüber der staatlichen Gewalt, wie sie historisch der französischen Menschrechtserklärung 1789 oder der amerikanischen Bill of Rights 1791 zurunde liegen, dem britischen Rechtsgedanken lange fremd geblieben.
Insbesondere unter dem Einfluss des großen viktorianischen

[299] Janicki, Beweisverwertungsverbote im deutschen und englischen Strafprozess, S. 45

Verfassungsjuristen *Albert Venn Dicey (1835 - 1922)* herrschte in Großbritannien lange die Auffassung vor, dass der Schutz der Grundrechte in einem System, welches die Bewahrung individueller Rechte den Gerichten und dem demokratisch legitimierten Gesetzgeber anvertraut, mindestens ebenso wirksam gewährleistet ist wie in einem System, in dem sich dieser Schutz auf eine allgemeine aber unter Umständen folgenlose Prinzipienerklärung stützt.[300]

Diese Grundverständnis änderte sich erst, als Großbritannien nach dem zweiten Weltkrieg einer Reihe von internationalen Menschenrechtskonventionen beitrat, zu denen auch die Europäische Menschenrechtskonvention gehört, die Großbritannien sogar als erster Mitgliedsstaat des Europarates ratifizierte.[301]

Im Unterschied zu fast allen nachfolgenden Vertragsstaaten hat Großbritannien jedoch lange von einer Inkorporierung der EMRK in das innerstaatliche Recht abgesehen. Dazu wäre die Verabschiedung eines entsprechenden Parlamentsgesetzes nötig gewesen, damit die EMRK als völkerrechtlicher Vertrag unmittelbar Rechte und Pflichten für den einzelnen Bürger begründen kann (dualistische Auffassung des Verhältnisses der britischen zur Völkerrechtsordnung).[302]
Dies ist erst durch Erlass des *Human Rights Act 1998 (HRA)*[303] geschehen. Er wurde nach königlicher Zustimmung zu dem durch beide Häuser des Parlaments beschlossenen Entwurf am 09. November 1998 in das Gesetzbuch aufgenommen.

Der Human Rights Act 1998 macht die EMRK zu in Großbritannien anwendbaren Völkerrecht, was bedeutet, dass das Gesetz die Konvention inkorporiert, sie jedoch nicht zu nationalem Recht transformiert.[304]

2. die Umsetzung der in der Konvention gewährleisteten Rechte:

Vor dem Hintergrund dieser verfassungsrechtlich etwas umständlichen Eingliederung der EMRK ist verständlich, warum die Rechte der Konvention auch nur in relativer Form Geltung erlangen.

---

[300] Lyall, introduction to british law, S. 63
[301] das Vereinigte Königreich hinterlegte die Ratifikationsurkunde bereits am 08. März 1951
[302] vgl. zum englischen Grundrechtsverständnis vor Inkorporierung der EMRK in das Recht Großbritanniens *Grote,* die Inkorporierung der Europäischen Menschenrechtskonvention in das britische Recht durch den Human Rights Act 1998, *ZaöRV 1998, 309 ff.* sowie *Baum, EuGRZ 2000, 286ff.*
[303] vollständig abgedruckt in: *Starmer/Strange/Whitaker,* Blackstone's Human Rights Series: Criminal Justice, Police Powers and Human Rights, Appendix 1, S. 267 ff.
[304] Baum, EuGRZ 2000, 295

Ziel der Inkorporierung der EMRK durch den HRA 1998 anstelle einer einfachen Umsetzung in nationales Recht war es, das bestehende Verfassungssystem mit seiner Verankerung im *common law* uneingeschränkt bestehen zu lassen.
Die Souveränität des Parlaments und sein alleiniges Gesetzgebungsrecht sollten unangetastet bleiben. Zugleich sollten dem einzelnen Bürger aber die in der Konvention garantierten Rechte zugänglich gemacht werden, so dass es dem Bürger ermöglicht werde, seine Menschenrechte auch vor englischen Gerichten durchzusetzen *(„rights brought home“[305])*.

Dieses Problem löst der HRA 1998, der einen souveränen Akt des englischen Gesetzgebers darstellt.
Der HRA 1998 hat für das englische Strafprozessrecht verschiedene Auswirkungen:

a) Er übernimmt die in Art. 2 bis Art. 12 und Art. 14 EMRK garantierten Rechte wortgleich als sog. „*convention rights*“ in Sektion 1, Abs.1 a) - c) HRA 1998.
So schreibt der HRA vor, dass alles bestehende nationale Recht, auch das Strafprozessrecht, im Einklang mit diesen „*convention rights*“ auszulegen sei (s. 3(1), (2) HRA 1998).

Lässt eine gesetzliche Bestimmung mehrer Auslegungen zu, so ist der konventionskonformen Auslegung der Vorzug zu geben.[306]
In Fällen von völliger Unvereinbarkeit der Konventionsrechte mit den nationalen Vorschriften haben die englischen Gerichte zwar nicht die Befugnis das nationale Recht zu verwerfen, aber sie können eine Unvereinbarkeitserklärung *(declaration of incompatability)* abgeben.
Wenn ein Gericht sich also außerstande sieht, nationales Recht im Lichte EGMR auszulegen, so muss es das nationale Recht trotzdem anwenden (*primacy of the statute*), aber zugleich erklären, dass dieses Verhalten einen Verstoß gegen die EMRK bedeutet.

Dieser scheinbare Widerspruch soll verhindern, dass englische Richter im Wege der Rechtsfortbildung den englischen Gesetzen Bedeutungen beimessen, die so vom englischen Gesetzgeber nicht intendiert waren.[307]
Im Idealfall soll eine Unvereinbarkeitserklärung den Gesetzgeber zu promptem Handeln veranlassen.

b) Alle öffentliche Gewalt, auch die Strafjustiz, muss konventionsgerecht handeln (s. 6 (1) HRA 1998), wird also an eine höhere, nichtenglische Konvention gebunden.

---

[305] mit diesem Slogan bzgl. der von ihr angestrebten Verfassungsreform war die Labour Party zu den Unterhauswahlen am 01. Mai 1997 angetreten
[306] Grote, ZaöRV 1998, 340
[307] Blackstone's Guide to the HRA 1998, S. 102

Bei Verstößen der öffentlichen Gewalt gegen die EMRK, kann sich der Einzelne auf diese Rechte stützen, sei es als Verteidigung in einem Strafverfahren, sei es als Berufungsgrund oder im Rahmen einer zivilrechtlichen Schadensersatzklage (ss. 7, 8 HRA 1998).

Dies bedeutet, dass der einzelne Bürger zum einen ein neues auf den HRA 1998 gestütztes Rügeverfahren in Gang setzen kann, wenn er durch ein Gerichtsverfahren in seinen Konventionsrechten verletzt wird.
Es bedeutet aber auch, dass sich der Einzelne in einem noch laufenden strafrechtlichen Verfahren auf seine in der EMRK garantierten Rechte berufen kann, um einer Verletzung überhaupt vorzubeugen.[308]
Die Konventionsrechte als eigens eingeführte „englische“ Verfahrensrechte stehen dem englischen Bürger in jedem Gerichtsverfahren zur Seite. Sie bilden dabei eigene strafrechtliche Verteidigungsrechte.
Der HRA 1998 weist damit zugleich den Gerichten die Aufgabe zu, die Rechte des Bürgers umfassend vor einem Missbrauch exekutivischer Macht zu schützen.[309]

c) Fraglich ist, ob ähnlich wie in anderen europäischen Ländern auch in England eine Möglichkeit der Wiederaufnahme des Verfahrens nach Verurteilung durch den EGMR bestehen soll.
Bisher war dies im englischen Recht so nicht vorgesehen.
Eine gesetzliche Regelung dazu fehlt bis heute.
Vorgeschlagen wurde jedoch, die Neuverhandlung eines vom EGMR als konventionswidrig gerügten Verfahrens mit einem Umweg über die *Criminal Cases Review Commission* zu erreichen.[310]
Diese Kommission kann einen durch den EGMR entschiedenen Fall an den *Court of Appeal* zurückverweisen und diesen so zu einer erneuten Verhandlung zwingen.
Damit fehlt zwar die obligatorische Funktion eines gesetzlichen Wiederaufnahmegrundes.
Es sollte nach Ansicht vieler Autoren jedoch eine Möglichkeit sein, einen in Straßburg festgestellten Konventionsverstoß rückwirkend zu beseitigen.

Der Vorteil dieser Inkorporierung der EMRK über den Umweg des HRA 1998 besteht aus Sicht des englischen Gesetzgebers vornehmlich darin, dass eine systemimmanente Lösung gefunden wurde. Der Einzelne kann sich auf ein originär englisches Gesetz (den HRA) stützen kann, anstatt sich auf eine völkerrechtliche Rechtsgrundlage (die EMRK) berufen zu müssen.

---

308 Cheney/Dickson/Skilbeck/Uglow/Fitzpatrick/, Criminal Justice and the Human Rights Act 1998, S. 18 und 23
309 Grote, ZaöRV 1998, 347
310 Emmerson/Ashworth, Human Rights and Criminal Justice, Rn. 17 - 36

Die Souveränität des Parlaments bleibt gewahrt, die Garantien der EMRK werden dem einzelnen Bürger dennoch unmittelbar zugänglich gemacht.
Insofern hat sich an der *Dicey'schen* Auffassung, nach der die Garantie individueller Freiheit letzten Endes alleine in der Verantwortung der Gesellschaft ruht, wenig geändert.

3. Folgen im Hinblick auf das in Art. 6 EMRK garantierte Anwesenheitsrecht:

Im Hinblick auf das Recht des strafrechtlich Angeklagten auf Verhandlung in seiner Anwesenheit ergibt sich damit Folgendes:

Der HRA 1998 garantiert dem Angeklagten dieselben Rechte, die ihm auch unter unmittelbarer Geltung der EMRK zustehen würden.[311] Im Falle einer Verletzung dieser Rechte kann er sich jedoch nicht unmittelbar auf die EMRK als Verteidigung berufen, sondern muss sich auf den HRA 1998 stützen.

Das Anwesenheitsrecht in der Ausgestaltung des Art. 6 EMRK existiert also auch in England, ergibt sich unmittelbar jedoch aus dem HRA 1998 als Rechtsgrundlage.

[311] Zum Inhalt des Art. 6 EMRK und dem aus den Einzelgarantien abgeleiteten Anwesenheitsrecht vgl. die bereits zum deutschen Recht getroffenen Feststellungen.

Drittes Unterkapitel: Das französische Strafprozessrecht

A. Die Regelungen im Einzelnen

Das französische Strafverfahrensrecht ist im *Code Procédure Pénale (CPP)* in der Fassung von 1957[312] geregelt, der seine jüngsten Änderungen durch das Gesetz vom 15. Juni 2000, in Kraft seit 01. Januar 2001[313] die Unschuldsvermutung und den Schutz von Opferrechten betreffend erfuhr.
Darüber hinaus hat die Rechsprechung des EGMR[314] zu einer Veränderung (Gesetz vom 09. März 2004[315]) des Art. 410 CPP betreffend die Vertretung des nicht erschienenen Angeklagten sowie zur Abschaffung des Kontumazialverfahrens in seiner bisherigen Form geführt.[316]

Ähnlich wie das englische Strafverfahrensrecht unterscheidet auch der französische Strafprozess die Folgen der Abwesenheit des Angeklagten je nachdem, vor welchem Gericht in erster Instanz verhandelt wird.[317]

Dabei richtet sich die Zuständigkeit der Gerichte nach der materiellrechtlichen Einteilung der Delikte in Übertretungen (*contraventions*), Vergehen (*délits*) und Verbrechen (*crimes*) im *Code Pénal.*

Unter Verbrechen werden Straftaten verstanden, die in jedem Fall mit einem Freiheitsentzug geahndet werden (Art. 131-1 Code Pénal).

Vergehen sind solche, die mit einer Haftstrafe oder einer Geldstrafe über 3750 Euro bedroht sind (Art. 381 Code Pénal),

während unter Übertretungen solche Gesetzesbrüche verstanden werden, die im Höchstmaß mit einer Geldstrafe bis zu 3 000 Euro bedroht sind.

Die jeweils zuständigen Gerichte sind für Übertretungen der *juge de police* beim *tribunal de police* als Einzelrichter und für Vergehen das *tribunal correctionel* besetzt mit drei Berufsrichtern.
Für die Aburteilung von Verbrechen ist der *cour d'assises* zuständig.

[312] Loi n° 57-1426
[313] Loi n° 2000-516
[314] als Auswirkungen der Verurteilungen Frankreichs im Fall *Krombach gg. Frankreich (EGMR, Reports 2001-II)*, dazu ausführlich später.
[315] Loi n° 2004-204, Art. 156 III du Journal Officiel du 10 mars 2004
[316] der aktuelle Stand des CPP findet sich auch unter http://www.legifrance.gov.fr
[317] vgl. zum Abwesenheitsverfahren nach älterem französischem Recht auch *Denz*, Zulässigkeit und Umfang des Strafverfahrens gegen Abwesende, S. 43 ff.

Er verhandelt jedoch nur alle drei Monate und ist mit drei Berufsrichtern sowie neun Geschworenen besetzt.[318]

Je nachdem vor welchem dieser Gerichte gegen einen Angeklagten verhandelt wird, unterscheidet sich das Ausmaß seiner Anwesenheitspflicht und die Möglichkeit in seiner Abwesenheit zu verhandeln.

I. Verfahren vor dem *tribunal correctionel* und dem *juge de police*

1. Der Grundsatz:

Auch im französischen Strafprozess gilt der Grundsatz der ständigen Anwesenheit des Angeklagten.

Dies wird als eine aus dem Prinzip des kontradiktorischen Verfahrens abgeleitete Notwendigkeit zur verbesserten Wahrung von Verteidigungsrechten anerkannt.[319]

Dem Angeklagten wird ein *Anwesenheitsrecht* unproblematisch zugebilligt.

Ausnahmen ergeben sich lediglich aufgrund Verwirkung des Anwesenheitsrecht, so bei Störung des ordnungsgemäßen Ablaufs der Verhandlung durch ungebührliches Verhalten des Angeklagten (Art. 404, 405 CPP).

In derartigen Fällen wird der Angeklagten zwangsweise aus dem Gerichtssaal entfernt und an der weiteren Teilnahme an der Verhandlung gehindert.

Ebenso verliert der Angeklagte sein Anwesenheitsrecht, wenn er zwar bei Verhandlungseröffnung anwesend war, sich dann jedoch freiwillig aus dem Gerichtssaal entfernt und der weiteren Debatte nicht folgt oder auch nur während der Urteilsverkündung abwesend ist.

In einem derartigen Fall wird weiter kontradiktorisch gegen ihn verhandelt als wäre er anwesend (Art. 413 CPP).

Des Weiteren geht der französische Strafprozess auch von einer *Anwesenheitspflicht* des Angeklagten aus.

Die Dauer der Anwesenheitspflicht erstreckt sich dabei auf die gesamte Hauptverhandlung von ihrem Beginn bis hin zur Urteilsverkündung.

Wenn sich der Angeklagte zum Prozessbeginn bereits in Haft befindet, ergeben sich bei der Durchsetzung dieser Pflicht naturgemäß keine Probleme.

Der Angeklagte wird zum Verhandlungszeitpunkt aus der Haftanstalt überstellt und seine Anwesenheit so sichergestellt.

---

[318] einen präziseren Überblick über den französischen Instanzenzug bietet *Kühne*, Strafprozessrecht, Rn. 1206 ff.

[319] Garré/Ginestat, Droit Pénal et Procédure Pénale, Rn. 561

Problematisch ist der Fall, in dem sich der Angeklagte auf freiem Fuß befindet. Grundsätzlich stehen dem Gericht im französischen Strafprozess keine zwangsweise durchsetzbaren Gestellungsmittel zu.
Hält das Gericht seine Anwesenheit für unbedingt erforderlich oder ist sie von der Gegenseite wegen eines anschließenden zivilrechtlichen Schadensersatzverfahrens gefordert, so muss das Gericht die Anhörung auf einen späteren Termin vertagen.
Eine ordnungsgemäße Ladung vorausgesetzt, kann das Gericht den Angeklagten nur bei drohender Haftstrafe über zwei Jahren wegen Nichterscheinens zwangsweise vorführen oder in Untersuchungshaft nehmen lassen, wenn es dies für geboten hält (Art. 410-1 CPP).

Die Anwesenheitspflicht unterliegt jedoch zwei maßgeblichen Ausnahmen:

Eine Ausnahme wird für Übertretungen gemacht, die lediglich mit einem Bußgeld bedroht sind. Bei Aburteilung derartiger Straftaten kann der Angeklagte *auf seinen Wunsch hin* der Verhandlung fernbleiben und sich lediglich durch einen bevollmächtigten Anwalt vertreten lassen (Art. 544 CPP).

Des Weiteren kann der Angeklagten auch dann, wenn es sich nicht bloß um eine Übertretung handelt, selbst darum ersuchen, zu seiner Verhandlung nicht erscheinen zu müssen (Art. 411 CPP). Voraussetzung ist, dass es sich um ein Vergehen handelt, dass im Höchstmaß mit einer Geld- oder Freiheitsstrafe unter zwei Jahren bedroht ist.
Richtet der Angeklagte ein entsprechendes Gesuch an den vorsitzenden Richter, so *entscheidet das Gericht* über die Notwendigkeit des persönlichen Erscheinens.[320]
Lediglich in den Fällen des Art. 414 CPP muss das Gericht einem Antrag des Angeklagten auf Befreiung von seiner Anwesenheitspflicht stattgeben.
Wenn es dem Antrag des Angeklagten stattgibt, wird normal kontradiktorisch gegen ihn verhandelt, wobei sein Anwalt zur Verteidigung zuzulassen ist.

Das persönliche Erscheinen des Angeklagten bleibt somit doch immer dann erforderlich, wenn der obere Strafrahmen des zur Verhandlung anstehenden Delikts zwei Jahre Haft übersteigt.

2. Auswirkungen der Abwesenheit des Angeklagten:

Das Nichterscheinen des Angeklagten hindert das Gericht nicht an der Durchführung des Verfahrens.
Von der Feststellung der Anwesenheit oder entschuldigten Abwesenheit zu Beginn der Hauptverhandlung hängt lediglich ab, ob der Prozess im "normalen"

[320] Debove/Falletti, „Précis de droit pénal et de procédure pénale“, S. 436

kontradiktorischen Modus verläuft, oder ob die Durchführung eines “Défaut”-Verfahrens notwendig ist.

a) das Abwesenheitsurteil (*jugement par défaut*):

Ein “Défaut”-Verfahren kann nur bei Vorliegen bestimmter Voraussetzungen durchgeführt werden.

aa) Voraussetzungen eines *jugement par défaut:*

(1) tatsächliche Abwesenheit bei Verhandlungsbeginn:
Der Angeklagte muss zu Verhandlungsbeginn abwesend sein. Damit ist faktische Abwesenheit zum Zeitpunkt der Eröffnung der Hauptverhandlung, also bei Aufruf der Sache, gemeint.

(2) Unmöglichkeit einer ordnungsgemäßen Ladung:
Ein “Défaut”-Verfahren kommt darüber hinaus nur dann in Betracht, wenn dem Angeklagten keine Ladung zur Verhandlung zugestellt werden konnte (Art. 412 CPP).

Dies kann aus verschiedenen Gründen der Fall sein.
Ob die persönliche Ladung fehlschlägt, etwa weil der Angeklagte nicht angetroffen wird, oder die postalische Zustellung der Ladung unmöglich ist, etwa weil der Angeklagte unter der angegebenen Adresse nicht (mehr) wohnt, ist dabei unerheblich.
Maßgeblich ist lediglich, dass nicht von gesicherter Kenntnis des Angeklagten von Zeit und Ort der gegen ihn geführten Verhandlung ausgegangen werden kann.[321]
Insbesondere genügt die öffentliche Ladung iSd Art. 558 Abs. 2, 559 CPP nicht, um von einer derart sicheren Kenntnis auszugehen.
Dasselbe gilt für den Fall der Flucht (tatsächlich oder begründet vermutet) des Angeklagten.

bb) Verhandlungsablauf:

Der Ablauf der Hauptverhandlung im “Défaut”-Verfahren unterscheidet sich nicht von einem normalen Verfahren in Gegenwart des Angeklagten. Das Gericht hat auch in dessen Abwesenheit die Stichhaltigkeit der Anklage zu prüfen indem es eine Beweisaufnahme durchführt, Zeugen vernimmt und sonstige Beweise erhebt. Allein eine Ausdehnung der Anklage, des Verhandlungsgegens-

[321] Garré/Ginestat, droit pénal, procédure pénale, Rn. 562

tandes auf weitere Straftaten ist in Abwesenheit des Angeklagten nicht zulässig.[322]

cc) Wesen und Wirkung eines *jugement par défaut:*

Das *jugement par défaut* bedarf - anders als ein gewöhnliches Strafurteil - der Zustellung an den Angeklagten selbst.
Erforderlich ist dabei die Zustellung des gesamten Urteils, nicht lediglich eines Auszugs oder des Tenors.[323]
Dabei ist von dieser Zustellung maßgeblich abhängig, welche Wirkung das *jugement par défaut* entfaltet:

(1) Das noch nicht zugestellte Urteil stellt noch gar kein echtes Urteil, sondern eine bloße Verfolgungs- und Untersuchungshandlung dar. Der Prozess wird dadurch nicht beendet und das Urteil kann auch nicht in Rechtskraft (*autoritée de chose jugée*) erwachsen.
Es ist vor Zustellung an den Angeklagten, also bevor der Angeklagte gesicherte Kenntnis von seiner Verurteilung erlangen konnte, nicht vollstreckbar.
Das nicht zugestellte Urteil unterbricht lediglich die Verfolgungsverjährung, die mit dem Erlass des Urteils von neuem zu laufen beginnt.
Auf diese Art wird verhindert, dass ein Vergehen, dessen Täter für die Justiz nicht unmittelbar erreichbar ist, wegen Zeitablaufs nicht mehr verfolgt werden kann.

(2) Das dem Angeklagten zugestellte Urteil hingegen hat die Wirkung eines normalen Strafurteils.
So beginnen mit der Zustellung des *jugement par défaut* die Rechtsmittelfristen zu laufen, nach deren Ablauf das Urteil vollstreckt werden kann.

b) die „quasikontradiktorische“ Verhandlung mit fingierter Anwesenheit des Angeklagten:

Liegen die Voraussetzungen für ein “Défaut”-Verfahren nicht vor und fehlt der Angeklagte dennoch bei Verhandlungseröffnung, so kommt die Durchführung eines normalen kontradiktorischen Verfahrens in Betracht.

Ein kontradiktorisches Verfahren setzt jedoch per definitionem die Anwesenheit zweier Parteien vor Gericht voraus. Wenn der Angeklagte als eine dieser Partei-

---

[322] Denz, Zulässigkeit um Umfang des Strafverfahrens gegen Abwesende, S. 58
[323] Denz, Zulässigkeit und Umfang des Strafverfahrens gegen Abwesende, S. 60

en nicht erscheint, so ist es notwendig, seine Anwesenheit zu fingieren. Es wird mithin verhandelt, als wäre der nicht anwesende Angeklagte doch anwesend. Das Verfahren wird in einem solchen Fall als kontradiktorisch betrachtet, obwohl es das eigentlich nicht ist. Man könnte es als „quasi-kontradiktorisch" bezeichnen.[324]

Für ein derartiges Verfahren kommen unterschiedliche Fallgestaltungen in Betracht:

(1) Bei Vorliegen einer ordnungsgemäßen Ladung. Wenn als gesichert (durch Zeugen belegte persönliche Ladung oder durch Vorliegen eines quittierten Rückscheins bei postalischer Ladung bewiesen) angesehen werden kann, dass der Angeklagten von Zeit und Ort der Hauptverhandlung Kenntnis hatte, wird ungeachtet seiner Abwesenheit kontradiktorisch gegen ihn verhandelt.[325] Dabei wird seine Anwesenheit fingiert.

Eine Ausnahmen wird nur zuerkannt, wenn der Angeklagte vor Verhandlungsbeginn eine hinreichende Entschuldigung für sein Nichterscheinen vorgebracht hatte (Art. 410 CPP).[326]

(2) Darüber hinaus wird auch kontradiktorisch gegen einen Angeklagten verhandelt, der einen Dispens erhalten hat, dem es auf seinen Antrag also gestattet wurde, der Verhandlung fernzubleiben.[327] Voraussetzung eines Dispenses ist jedoch, dass lediglich eine Geldstrafe oder eine Haftstrafe unter zwei Jahren im Raum steht (vgl. dazu bereits oben).

(3) Auch der Fall der einmal in Anwesenheit des Angeklagten begonnen Verhandlung gehört hierher. Ist das Verfahren einmal kontradiktorisch begonnen worden, so bleibt es kontradiktorisch, selbst wenn der Angeklagte sich nach Verfahrenseröffnung dauerhaft entfernt (vlg. auch dazu bereits oben).

Das nach kontradiktorischer Verhandlung gefällte Urteil ist dem abwesenden Verurteilten nur dann zuzustellen, wenn weder er noch sein Verteidiger der Urteilsverkündung beigewohnt haben.
Ansonsten unterscheiden sie sich nicht von gewöhnlichen in Anwesenheit aller Beteiligten gefällten Strafurteilen.

---

[324] so die Bezeichnung bei *Denz*, Zulässigkeit und Umfang des Strafverfahrens gegen Abwesende, S. 67 ff.

[325] Debove/Falletti, Précis de droit pénal et de procédure pénale, S. 436

[326] Zweck dieser Fiktion soll sein, dem Angeklagten in Fällen unentschuldigten Fernbleibens das gegen das *jugement par défaut* zulässige Rechtsmittel der *opposition* zu nehmen. Der ungehorsame Angeklagte verliert hier also eine Instanz.

[327] Debove/Falletti, Précis de droit pénal et de procédure pénale, S. 436

Dies ist insbesondere mit Blick auf den Lauf der Rechtsmittelfristen von Interesse.

c) der Unterschied zwischen nach kontradiktorischer Verhandlung ergangenem und "Défaut"-Urteil:

Der wesentliche Unterschied zwischen einer kontradiktorischen Verhandlung in Abwesenheit des Angeklagten und einem "Défaut"-Verfahren vor dem *tribunal correctionel* bzw. dem *juge de police* liegt in der Wirkung des auf sie ergehenden Urteils.

Wie bereits oben dargelegt, hat das noch nicht zugestellte *jugement par défaut* noch keine Urteilswirkung. Es unterbricht lediglich die Verfolgungsverjährung. Erst wenn sich der Angeklagte der Justiz stellt oder aus sonstigen Gründen (bspw. Inhaftierung) eine amtliche Zustellung wieder möglich ist, beginnen die Rechtsmittelfristen.
Dem Verurteilten stehen dann sämtliche ordentlichen und insbesondere auch außerordentlichen Rechtsmittel[328] zur Verfügung.

Das nach normalem quasi-kontradiktorischem Verfahrensgang in Abwesenheit des Angeklagten erlassene Urteil hingegen, stellt ein echtes instanzbeendendes Urteil dar, gegen das nur noch die ordentlichen Rechtsmittel möglich sind.
In diesem Fall hat der Verurteilte also eine Instanz weniger zur Verfügung.

II. Das Verfahren vor dem *cour d'assises*

Wie bereits dargelegt werden vor dem Schwurgericht (*cour d'assises*) diejenigen Fälle abgeurteilt, die Verbrechen im Sinne des *code pénal* sind.
Das gesamte Verfahren vor dem Geschworenengericht ist formeller ausgestaltet. Dies zeigt sich nicht zuletzt an den wesentlich präziseren gesetzlichen Vorschriften über Vorbereitung, Durchführung und Rechtsfolgen einer Verhandlung vor dem *cour d'assises*.[329]

1. Der Grundsatz

Grundsätzlich gilt wegen der besonderen Bedeutung der vor dem *cour d'assises* abgeurteilten Delikte eine strikte Pflicht des Angeklagten zur Anwesenheit.

[328] zu den außerordentlichen Rechtsmitteln gegen Abwesenheitsurteile sogleich
[329] die Art. 231 bis Art. 380-15 CPP beschäftigen sich ausschließlich mit dem Verfahren vor dem *cour d'assises*, zum Vergleich: mit der Aburteilung von Übertretungen und Vergehen und dem Verfahren vor dem *tribunal correctionel* beschäftigen sich nur die Art. 381 bis Art. 495-6 CPP, also erheblich weniger, obwohl diese geringfügigen Delikte eine wesentlich größere Zahl der insgesamt vorkommenden Delinquenz ausmachen.

Sie kann durch das Gericht im Geschworenengerichtsverfahren auch zwangsweise durchgesetzt werden.

Der vor den *cour d'assises* geladene Angeklagte erhält zusammen mit der Ladung, in der die ihm zur Last gelegten Taten genau bezeichnet werden, zugleich den gegen ihn ausgestellten Haftbefehl, den sog. *ordonnance de prise de corps* (Art. 215 Abs. 2 CPP).
Dieser ist notwendiger Bestandteil der Ladung bzw. des Verweisungsbeschlusses vor den *cour d'assises*.
Auf diese Art soll seine Anwesenheit zumindest bei Eröffnung der Hauptverhandlung sichergestellt werden. Allerdings wird der Haftbefehl, die Anordnung der vorläufigen Haft (*détention provisoire*) erst dann in Vollzug gesetzt, wenn deutlich wird, dass der Angeklagte sich der Justiz entziehen will (analog Art. 141-2 CPP).

Alternativ kann das Gericht einen Angeklagten, der sich weigert, sich zu seiner Verhandlung einzufinden, zwangsweise vorführen lassen (Art. 319, 320 CPP).
Die Entscheidung zwischen Vorführungs- und Haftbefehl ist dabei abhängig von der Höhe der zu erwartenden Strafe.[330]

2. Auswirkungen der Abwesenheit des Angeklagten:

Ist der Angeklagte trotz allem zu Beginn der Verhandlung nicht im Gerichtssaal anwesend, sei es weil ihm die Ladung nicht zugestellt werden konnte, sei es weil er sich seiner Verhandlung durch Flucht entzogen hat oder sonst keine ausreichende Entschuldigung für sein Fehlen erbracht hat, kann ohne ihn verhandelt werden.

Im Hinblick auf die Ausgestaltung und den Ablauf einer solchen Abwesenheitsverhandlung hat der französische Strafprozess jedoch in jüngster Zeit einige wesentliche Änderungen erfahren.

a) das frühere *jugement de contumace:*

Bis zum 09. März 2004 wurde gegen den nicht anwesenden Angeklagten vor der *cour d'assises* das sog. *jugement par contumace* erlassen. Dieses unterschied sich maßgeblich von dem Abwesenheitsurteil wegen Übertretungen oder Vergehen.

Voraussetzung eines solchen Urteils war neben der tatsächlichen und unentschuldigten Abwesenheit des Angeklagten zum Verhandlungszeitpunkt, dass

[330] Gaston/Levasseur/Bouloc, Procédure Pénale, Rn. 813

eine Aufforderung des Gerichts an den Angeklagten, sich binnen zehn Tagen der Justiz zu stellen, fehlgeschlagen war.[331]
Diese Aufforderung wurde in einer lokalen öffentlichen Zeitung am Wohnort des Angeklagten inseriert, an seiner Wohnungstür sowie in den öffentlich zugänglichen Räumen des Bürgermeisteramtes angeschlagen und am zuständigen *cour d'assises* ausgehängt.
Stellte der Angeklagte sich daraufhin nicht, wurde er zum *"rébelle à la loi"* erklärt.

Diese Erklärung zog gravierende Folgen nach sich. Der Angeklagte musste den Verlust seiner Bürgerrechte und die Beschlagnahme seines Vermögens hinnehmen.

Zugleich war mit der Erklärung *„rébelle à la loi"* der Verlust des Rechts auf professionelle Verteidigung in der gegen ihn geführten Verhandlung verbunden.[332] Der Angeklagte konnte sich in der anschließend gegen ihn in seiner Abwesenheit geführten Hauptverhandlung also nicht durch einen bevollmächtigten Strafverteidiger vertreten lassen. Seine Einlassungen, so welche vorlagen, blieben vom Gericht völlig unberücksichtigt.

Die Kontumazialverhandlung selbst wurde ohne Jury und ohne Beweisaufnahme allein nach Aktenlage durchgeführt und endete mit einem Kontumazialurteil, gegen das weiterführende Rechtsmittel unzulässig waren.
Erst wenn der Verurteilte sich freiwillig der Staatsgewalt stellte oder gefasst wurde, bevor die Vollstreckung der Strafe verjährte, wurde das gesamte Verfahren für nichtig erklärt, dass Urteil war hinfällig (sog. *purge de la contumace*).[333]
Nur die einmal vorgenommene Ladung und ein etwa ergangener Haftbefehl blieben in Kraft.
Im Anschluss an die Löschung des bis dahin durchgeführten Verfahrens wurde ein komplett neues, kontradiktorisches Verfahren gestartet.[334]
Insofern stellte das Kontumazialurteil ein eher deklaratorisches, letztlich aber nicht vollstreckbares Urteil dar.

b) die Rechtslage nach dem Reformgesetz vom 09. März 2004:

Mit Änderung des CPP durch die Novelle vom 09. März 2004[335] wurde dieses *jugement par contumace* in seiner bisherigen Form abgeschafft und durch das heutige sog. *défaut criminel* ersetzt.

---

[331] Debove/Falletti, précis de droit pénal et de procédure pénale, S. 434; Gaston/Levasseur/Bouloc, procédure pénale, Rn. 865
[332] Debove/Falletti, précis de droit pénal et de procédure pénale, S. 434; Gaston/Levasseur/Bouloc, procédure pénale, Rn. 865
[333] van de Wyngaert (Hrsg.), Criminal procedure systems in the European Community, S. 133
[334] Gaston/Levasseur/Bouloc, procédure pénale, Rn. 866

Damit zog der französische Gesetzgeber die Konsequenz aus der Verurteilung Frankreichs durch den EGMR im Fall *Krombach*[336].
Der EGMR hatte dort das bisherige Verfahren und vor allem die fehlenden Verteidigungsmöglichkeiten des abwesenden Angeklagten gerügt. Er erklärte den völligen Verlust des Rechts auf Verteidigung bei Vorliegen der *contumace* für nicht mit dem fair trial-Prinzip der Art. 6 Abs. 1, 3 EMRK vereinbar. Dem Angeklagten müsse auch bei einem Verfahren in seiner Abwesenheit gestattet sein, sich durch einen Verteidiger seiner Wahl vertreten zu lassen. Das Recht auf Verteidigung, sei es in eigener Person, sei es durch einen Anwalt, als wesentlicher Bestandteil eines rechtsstaatlichen Strafverfahrens, dürfe nicht zur Bestrafung unentschuldigter Abwesenheit eines Angeklagten instrumentalisiert werden.
Insofern wurde das bisher geltende französische Strafverfahrensrecht in diesem Punkt als nicht mit der EMRK vereinbar beurteilt.

Als Konsequenz dieser Verurteilung wurde das Verfahren *défaut criminel* geschaffen, dessen wesentlicher Unterschied zum bisherigen Kontumazialverfahren in der stärkeren Berücksichtigung der Verteidigungsrechte des Abwesenden liegt.[337]
Darüber hinaus bedeutet die Schaffung des *défaut criminel* zumindest formell zugleich eine Angleichung der Behandlung von Übertretungen, Vergehen und Verbrechen bei Abwesenheit des Angeklagten.

aa) Voraussetzungen des *défaut criminel:*

Der Angeklagte muss bei Verfahrenseröffnung unentschuldigt im Gerichtssaal fehlen (Art 379-2 CPP).
Dem gleichgestellt ist die Feststellung des Fehlens des Angeklagten zu einem beliebigen Zeitpunkt der Verhandlung, verbunden mit der offensichtlichen Unmöglichkeit, die Verhandlung bis zu seiner Rückkehr auszusetzen.

Als Gründe für ein Fehlen kommen die Unmöglichkeit der Ladungszustellung, die Flucht oder das einfach unentschuldigte Fernbleiben des Angeklagten in Betracht.
Zwischen den verschiedenen Möglichkeiten wird im Verfahren vor dem *cour d'assises* kein Unterschied gemacht.

---

335 Loi n° 2004-204 du 9 mars 2004, Art. 156 III du Journal Officiel du 10 mars 2004

336 EGMR, Reports 2001-II, eine ausführliche Besprechung des Urteils erfolgt im Dritten Kapitel

337 Garré/Ginestat, droit pénal, procédure pénale, Rn. 560

bb) Verhandlungsablauf:

Der Gang der Verhandlung in Abwesenheit des Angeklagten unterscheidet sich beim *défaut criminel* nicht wesentlich von dem des früheren Kontumazialverfahrens.[338]
Das Gericht muss nicht verhandeln. Es hat auch die Möglichkeit, die gesamte Verhandlung auf eine späteren Zeitpunkt zu vertagen, wenn es die Anwesenheit des Angeklagten für unabdingbar zur Sachverhaltsaufklärung hält.
Anderenfalls wird ohne Jury, ohne Beweiserhebung nach Aktenlage über den Fall entschieden.[339]
Im Ergebnis ist der Angeklagte entweder zu verurteilen oder freizusprechen, wobei die Urteilsfindung des Gerichts völlig unabhängig ist von der Feststellung der Abwesenheit. Sie unterliegt allein den allgemeinen Regeln über die Beweiswürdigung.[340]

cc) Wesen und Wirkung des Urteils:

Die Wirkungen eines im Verfahren nach dem *défaut criminel* ergangenen Urteils entsprechen ebenfalls denen eines früheren *jugement par contumace.*[341]

Im Falle einer Verurteilung ist dem Angeklagten das Rechtsmittel der Berufung (*l' appel*) verwehrt (Art. 379-5 CPP). Es wird mit Ausspruch rechtskräftig.

Allein der Fall, in dem der Angeklagte sich aus eigenem Antrieb der Justiz stellt oder durch die Polizeibehörden gefasst wird, führt zur Vernichtung des Urteils (Art. 379-4 CPP).
Insofern ist auch das Abwesenheitsurteil unter neuem Namen nur eine vorläufige Erledigung der Sache, das Urteil steht unter der auflösenden Bedingung der Ergreifung des in Abwesenheit Verurteilten. Allerdings wird auch durch diese Verurteilung mit vorläufigem Charakter die Vollstreckungsverjährung in Gang gesetzt.

Dies bedeutet letztlich ebenso wie für das frühere Kontumazialurteil, dass ein derartiges Urteil an der Person des Abwesenden tatsächlich nie vollstreckt werden wird. Entweder die Verfolgungsbehörden werden des Verurteilten habhaft bevor die Vollstreckung verjährt ist, dann ist das ergangene Urteil nichtig und es wird neu verhandelt.

---

[338] Jedenfalls dann nicht, wenn der abwesende Angeklagte nicht rechtliche repräsentiert ist. Zu den Unterschieden im Verfahrensablauf, die sich durch die Anwesenheit eines Verteidigers ergeben, sogleich.

[339] Garré/Ginestat, droit pénal, procédure pénale, Rn. 560

[340] Denz, Zulässigkeit und Umfang des Strafverfahrens gegen Abwesende, S. 80

[341] wiederum jedenfalls dann, wenn der Angeklagte im Prozess nicht anwaltlich vertreten wird, ist hingegen für ihn ein Verteidiger erschienen, hat das daraufhin ergangene Urteil andere Wirkungen. Dazu jedoch sogleich.

Oder sie werden seiner vor Ablauf der Vollstreckungsverjährung nicht habhaft und dann scheitert die Vollstreckung ebenfalls aufgrund Verjährung.
Nicht rückwirkend beseitigt wird allerdings eine auch in Abwesenheit des Verurteilten mögliche Vollstreckung von Geldstrafen und Kostenauferlegungen in das beschlagnahmte Vermögen.

III. Verteidigung des abwesenden Angeklagten

Die Regelungen betreffend die Verteidigung eines abwesenden Angeklagten haben durch das Reformgesetz vom 09. März 2004[342] ein ganz neues Gepräge erhalten.
Auch hier muss bei der Darstellung zwischen den Verfahren vor dem *tribunal correctionel* (bzw. dem *juge de police*) und den Verfahren vor dem *cour d'assises* unterschieden werden.

1. Verfahren vor dem *cour d'assises:*

Im Verfahren vor dem *cour d'assises* herrscht Anwaltszwang (Art. 317 CPP).
Dabei steht es dem Angeklagten frei, entweder einen Verteidiger zu benennen oder sich vom Gericht einen Verteidiger zuweisen zu lassen (Art. 274 CPP).

Gleiches gilt auch und insbesondere im Falle der Abwesenheit des Angeklagten.
Wenn für den abwesenden Angeklagten ein Verteidiger zum Termin erscheint, so ist dieser nicht nur unbedingt vom Gericht zu hören, sondern das Verfahren findet dann auch nach den allgemeinen Regeln für ein "normales" kontradiktorisches Verfahren statt (Art. 379-3 Abs. 2 CPP).
Dies war bisher in Verfahren vor dem Schwurgericht gerade nicht möglich.
Die Anwesenheit eines Anwalts hat also Auswirkungen auf die Art des Verfahrens.
Es findet keine Prüfung des Falles nach Aktenlage ohne die Anwesenheit der Geschworenen, sondern ein ganz herkömmliches mündliches Verfahren mit Beweisaufnahme statt.

Der Anwalt hat dabei dafür Sorge zu tragen, dass die Verteidigungsinteressen des Angeklagten gewahrt werden.
Er tritt an die Stelle des Angeklagten und handelt für ihn und in seinem Namen.[343]

---

[342] Loi n° 2004-204
[343] Garré/Ginestat, droit pénal, procédure pénale, Rn. 560

Das Verfahren gegen einen abwesenden Angeklagten, der durch einen Verteidiger vertreten wird, endet nicht mit einem Abwesenheits- sondern mit einem normalen Strafurteil.
Dieses wird dementsprechend auch nicht mit Ergreifung des Angeklagten hinfällig.
Dem Verurteilten stehen allein die herkömmlichen Rechtsmittel zur Verfügung, deren Fristen mit Bekanntgabe des Urteils beginnen.

Dies ist - wie bereits erwähnt - neu eingeführt durch das Gesetz vom 09. März 2004[344].
Nach der früheren Rechtslage war es dem Angeklagten verwehrt, sich in seiner Abwesenheit durch einen Anwalt vertreten zu lassen. Im *„contumace"*-Verfahren wurde der Angeklagte mit dem Verlust sämtlicher Verteidigungsrechte belegt.
Allein den Angehörigen des Angeklagten war gestattet, eine Entschuldigung für sein Nichterscheinen zu präsentieren, um so eine Vertagung zu erreichen.[345]
Diese Regelungen sind jedoch zu Recht vom EGMR als konventionswidrig eingestuft worden und durch den französischen Gesetzgeber hin zu ihrer jetzt geltenden Form verändert worden.

2. Verfahren vor dem *tribunal correctionel* bzw. dem *juge de police:*

Zwar herrscht für Verfahren vor diesen Gerichten kein Anwaltszwang, es steht dem Angeklagten jedoch frei sich auf seinen Wunsch hin von einem Verteidiger vertreten zu lassen.[346]
Bei der Aburteilung von Übertretungen und Vergehen ist der Anwalt des abwesenden Angeklagten zuzulassen und anzuhören (Art. 410 Abs. 4 CPP).
Er handelt dann für seinen Mandanten und in dessen Namen.
Vor den *tribunal correctionel/juge de police* hat die Anwesenheit eines Anwalts insofern Auswirkung auf die Art des Verfahrens, dass bei Anwesenheit des Verteidigers in „quasi-kontradiktorischem" Verfahrensgang geurteilt wird.

Auch diese neu eingeführte Regelung der generellen Gestattung anwaltlicher Vertretung geht - wie bereits erwähnt - auf die Umsetzung des Urteils *Krombach* des EGMR[347] zurück.

---

[344] Loi n° 2004-204
[345] Debove/Falletti, précis de droit pénal et de procédure pénale, S. 435
[346] Debove/Falletti, précis de droit pénal et de procédure pénale, S. 437; Gaston/Levasseur/Bouloc, procédure pénale, Rn. 846; Dervieux in: Delmas-Marty, European Criminal Procedures, S. 228
[347] EGMR, Reports 2001-II

Die neuen Regelungen entwickeln hier jedoch keine so weitreichenden Folgen wie in Schwurgerichtsverfahren.
Vor den *tribunal correctionel/juge de police* war es schon immer möglich, auch ohne den Angeklagten nach normalem Verfahrensgang zu urteilen.
Die durch die Einführung der anwaltlichen Vertretung aufgetretenen Neuerungen sind daher weniger gravierend.

IV. Rechtsmittel gegen Abwesenheitsurteile

Die dem in Abwesenheit Verurteilten zur Verfügung stehenden Rechtsmittel stellen sich je nach verurteilendem Gericht sehr unterschiedlich dar:

1. Rechtsmittel gegen das *jugement par défaut:*

Das *jugement par défaut* durch ein *tribunal correctionel* oder einen *juge de police* kann wie ein normales Urteil von allen Verfahrensbeteiligten, insbesondere auch von dem Verurteilten oder dessen Verteidiger, wie ein ganz normales Strafurteil mit den ordentlichen Rechtsmitteln angefochten werden.
In Betracht kommen insofern die Möglichkeit der Berufung (*l'appel*, Art. 496 ff. CPP), der Kassationsbeschwerde (*le pourvoi en cassation*, Art. 567 ff. CPP) sowie die Wiederaufnahme des Verfahrens (*le pourvoi en révision*, Art. 622 ff. CPP).

Darüber hinaus steht dem in Abwesenheit Verurteilten jedoch auch noch das besondere Rechtsmittel der *opposition* (Art. 489 ff. CPP) zu:

a) Rechtsnatur der *opposition:*

Auf der einen Seite handelt es sich bei der *opposition* um ein ordentliches Rechtsmittel, ihre Einlegung steht im Belieben des Angeklagten. Auf der anderen Seite ist sie ein Mittel zur Wiedereinsetzung in den vorigen Stand (*"voie de rétraction"*), denn sie dient dazu das in Abwesenheit gefällte Urteil zu beseitigen und eine Neubeurteilung durch dasselbe Gericht herbeizuführen.[348]
Ihren Grund findet die *opposition* in dem Versuch, die Verteidigungsrechte des Angeklagten, die in der Abwesenheitsverhandlung naturgemäß gemindert waren, nachträglich zu wahren.

---

[348] Gaston/Levasseur/Bouloc, procédure pénale, Rn. 912

b) Voraussetzungen der *opposition:*

Um seine rechtsmissbräuchliche Verwendung zu verhindern unterliegt das Rechtsmittel der *opposition* verschiedenen Voraussetzungen.

aa) Vorliegen eines rügefähigen Urteils:

Zunächst muss ein Einspruch gegen das angegriffene Urteil überhaupt zulässig sein, das Urteil muss mit der *opposition* überhaupt angreifbar sein.

Das bedeutet dass es sich um ein *jugement par défaut* eines *tribunal correctionel* oder eines *tribunal de police* handeln muss. Nur gegen solche ist die *opposition* zulässig.[349]

Nicht zulässig ist die *opposition* hingegen gegen Urteile des *cour d'assises*[350] und ebenso wenig gegen Urteile, die zwar in Abwesenheit des Angeklagten jedoch aufgrund normaler kontradiktorischer Verhandlung ergangen sind.
Urteile, die nach „quasi-kontradiktorischer" Verhandlung ergangen sind, stellen gewöhnliche, mit Rechtskraft vollstreckungsfähige Urteile dar, gegen die nur die gewöhnlichen Rechtsmittel statthaft sind.
Das angegriffene Urteil muss also im „Defaut"Verfahren ergangen sein.
Nur „echte" Abwesenheitsurteile sind mithin überhaupt mit der *opposition* angreifbar.

Darüber hinaus muss der Einspruchsführer auch eine Beschwer geltend machen können. Die *opposition* ist daher nicht zulässig gegen freisprechende Urteile.

bb) Vorliegen eines besonderen Interesses:

Weiterhin muss der Einspruchsführer geltend machen können, ein besonderes Interesse an der Vernichtung seines Urteils zu haben.
Dabei basiert die Begründetheit der *opposition* auf der Hypothese, dass der Angeklagte seiner Verhandlung ohne eigenes Verschulden fernblieb.[351] Es ist an dem Rechtsmittelberechtigten dies geltend machen und beweisen zu können.

Für unverschuldetes Fernbleiben von der Verhandlung kommen mehrere Fallgestaltungen in Betracht.

(a) Entweder der Angeklagte erschien nicht zur Verhandlung obwohl er ordnungsgemäß postalisch, nicht jedoch persönlich geladen wurde, so dass nicht

---

[349] Garré/Ginestat, droit pénal, procédure pénale, Rn. 573; Gaston/Levasseur/Bouloc, procédure pénale, Rn. 913; Soyer, droit pénal et procédure pénale, Rn. 886

[350] Soyer, droit pénal et procédure pénale, Rn. 886

[351] Soyer, droit pénal et procédure pénale, Rn. 886; Garré/Ginestat, droit pénal, procédure pénale, Rn. 573

zweifelsfrei von seiner Kenntnis von Ort und Zeit der Hauptverhandlung ausgegangen werden kann.

(b) Oder der Angeklagte erschien nicht zu Verhandlung, obwohl er durch persönliche Ladung sichere Kenntnis vom Termin der Hauptverhandlung hatte, weil er durch gewichtige Gründe daran gehindert wurde. Dann ist entscheidend, ob er nachträglich eine hinreichende Entschuldigung für sein Fehlen präsentieren kann.

Lediglich in diesen beiden Fällen ist ein Einspruch gegen das ergangene Urteil begründet.

cc) Form und Frist:

Die Einlegung der *opposition* kann willkürlich erfolgen und ist an keine besondere Form gebunden. Sie bedarf keiner Begründung.[352]

Sie muss lediglich schriftlich zur Kenntnis der Strafverfolgungsbehörde gebracht werden, die daraufhin das Verfahren in Gang setzt und die Begründetheit der *opposition* nachprüft.

Die Ausübung der *opposition* ist jedoch fristgebunden. Dabei ist zwischen einer normalen und einer besonderen Einspruchsfrist zu unterscheiden:

(a) Die normale Einspruchsfrist beträgt zehn Tage ab dem Zeitpunkt, zu dem dem Verurteilten das Urteil persönlich oder in einer vergleichbaren Form zugestellt werden konnte (Art. 491 CPP).

Dies jedenfalls dann, wenn der Verurteilte seine Wohnsitz in der Republik Frankreich hat. Hat der Verurteilte seinen Wohnsitz außerhalb Frankreichs beträgt die normale Einspruchsfrist einen Monat.[353]

(b) Eine besondere Einspruchsfrist gilt für Fälle in denen das Urteil dem Angeklagten nicht persönlich oder in vergleichbarer Form oder überhaupt zugestellt werden konnte, so dass er von seiner Verurteilung gar keine Kenntnis hatte.

In einem derartigen Fall beginnt die Einspruchsfrist erst mit dem Termin der tatsächlichen Zustellung (Art. 492 CPP).

(c) Gelingt die Zustellung gar nicht, bleibt der Einspruch bis zum Ablauf der Verjährungsfrist zulässig.[354]

---

[352] Garré/Ginestat, droit pénal, procédure pénale, Rn. 574; Gaston/Levasseur/Bouloc, procédure pénale, Rn. 915

[353] Garré/Ginestat, droit pénal, procédure pénale, Rn. 574; Gaston/Levasseur/Bouloc, procédure pénale, Rn. 916

[354] Garré/Ginestat, droit pénal, procédure pénale, Rn. 574; Gaston/Levasseur/Bouloc, procédure pénale, Rn. 916

Die Unterscheidung zwischen normaler und besondere Rechtsmittelfrist beruht auf der Erwägung, dass erst ab der Zustellung des Abwesenheitsurteils davon ausgegangen werden kann, dass der Angeklagten gesichert Kenntnis von seiner Verurteilung und seiner Rechtsmittelberechtigung hat.
Erst wenn nach oder trotz dieser Kenntnis vom Angeklagten kein Rechtsmittel eingelegt wird, besteht eine ausreichende Grundlage für eine Vollstreckung. Alles andere würde dem Verurteilten ungerechtfertigter Weise den Rechtsweg abschneiden.[355]

c) Auswirkungen der *opposition:*

Die Einlegung eines Einspruchs zieht mehrere Rechtsfolgen nach sich:

(1) Während des Einspruchs, also bevor das zuständige Gericht neu über den Sachverhalt entschieden hat, bleibt das vorhergehende Urteil zwar bestehen, ist jedoch nicht vollstreckbar. Die *opposition* hat Suspensiveffekt.[356] Das Urteil kann nicht mehr vollstreckt werden.
Eine Ausnahme bildet jedoch ein zugleich mit dem Abwesenheitsurteil erlassener Haftbefehl (“*mandat d'arrèt*”). Dieser bleibt auch nach Einlegung eines Einspruchs in Kraft (Art. 489 CPP).

(2) Des weiteren hat die *opposition* auch einen urteilsvernichtenden Effekt. Der statthafte und fristgerecht eingelegte Einspruch vernichtet das vorhergehende Abwesenheitsurteil, als ob es nie erlassen worden wäre.
Das Gericht ist gezwungen erneut und unvoreingenommen über den Fall zu verhandeln.[357]
Sobald das zuständige Gericht also eine erneute Verhandlung in der Sache beginnt, erlischt das ursprüngliche Abwesenheitsurteil, ohne dass es einer besonderen Urteilsaufhebung durch das Gericht bedarf.

d) Anwesenheit des Einspruchsführers:

Die oben dargestellte Vernichtung des ursprünglichen Urteils erfolgt jedoch nur dann, wenn der Angeklagten zu seiner erneuten Verhandlung auch persönlich erscheint.
Die Auswirkungen der *opposition* hängen mithin maßgeblich vom Erscheinen des Angeklagten ab:

(1) Erscheint der Angeklagte zum festgesetzten Verhandlungstermin, so wird kontradiktorisch neu gegen ihn verhandelt.

---

[355] Denz, Zulässigkeit und Umfang des Strafverfahrens gegen Abwesende, S. 63

[356] Garré/Ginestat, droit pénal, procédure pénale, Rn. 575; Soyer, droit pénal et procédure pénale, Rn. 888; Gaston/Levasseur/Bouloc, procédure pénale, Rn. 917

[357] Soyer, droit pénal et procédure pénale, Rn. 888; Garré/Ginestat, droit pénal, procédure pénale, Rn. 575

Das erste Urteil ist hinfällig, es ergeht ein völlig neues Urteil. Dabei ist das Gericht frei in seiner Beweiswürdigung. Es kann eine völlig neue Beurteilung des Sachverhalts vornehmen, wobei der Urteilsspruch auch zum Nachteil des Angeklagten abgewandelt werden kann. Eine reformatio in peius ist grundsätzlich zulässig und durchaus möglich.

(2) Erscheint der Angeklagte hingegen trotz Ladung[358] unentschuldigt nicht zum festgesetzten Termin, so verwirft das Gericht den Einspruch durch Urteil mit der Folge, dass das alte *jugement par défaut* wieder auflebt (Art. 494 Abs. 1 CPP).

Eine neue Entscheidung in der Sache selbst oder eine Abänderung des Urteils ist hingegen nicht möglich.

Dieses neue Urteil (sog. *itératif défaut*) ist seinerseits, obwohl faktisch in Abwesenheit des Angeklagten ergangen, nicht mehr mit der *opposition* angreifbar (*"opposition sur opposition ne vaut"*). Es unterliegt lediglich den allgemeinen Rechtsmitteln.[359]

Zu der obligatorischen Verwerfung des Einspruchs existiert jedoch eine Ausnahme. Das Gericht hat in Fällen in denen der Angeklagte im ersten Abwesenheitsurteil zu einer Haftstrafe ohne Bewährung verurteilt wurde die Möglichkeit, die Einspruchsverhandlung zu vertagen um dem Einspruchsführer so Gelegenheit zu geben, seine Verteidigung dem Gericht zu präsentieren. (Art. 494 Abs. 2 CPP).

2. Rechtsmittel gegen Urteile des *cour d'assises:*

Bei Urteilen des Geschworenengerichts unterscheidet sich die Rechtsmittelberechtigung des in Abwesenheit Verurteilten danach, ob er im Prozess durch einen Verteidiger vertreten war, oder nicht.

a) gegen Urteile, die in Abwesenheit des Angeklagten *und* seines Verteidigers ergingen:

Wie bereits erwähnt ist die *opposition* nicht zulässig gegen Abwesenheitsurteile des Geschworenengerichts, die nach einem „echten" Abwesenheitsverfahren ergangen sind, also in einem Verfahren, an dem weder der Angeklagte selbst, noch ein Verteidiger beteiligt waren.

---

[358] Für die Zustellung der Ladung ist die im Oppositionsgesuch angegebene Anschrift maßgebend. Der Gerichtsvollzieher braucht keine weiteren Nachforschungen nach dem Aufenthaltsort des zu Ladenden anzustellen. Vielmehr obliegt es dem Einspruchsführer eine etwaigen Wohnortswechsel den zuständigen Stellen anzuzeigen.

[359] Soyer, droit pénal et procédure pénale, Rn. 888; Garré/Ginestat, droit pénal, procédure pénale, Rn. 575; Gaston/Levasseur/Bouloc, procédure pénale, Rn. 919

Den anderen Verfahrensbeteiligten (Staatsanwaltschaft und Verletztem) stehen gegen ein solches Abwesenheitsurteil sämtliche ordentlichen Rechtsmittel zu, dem abwesenden Angeklagten hingegen sind auch sie entzogen (Art. 397-5 CPP).

Allerdings bedarf es auch gar keines Rechtsmittels gegen „echte" Abwesenheitsurteile des Geschworenengerichts:
Das Urteil verliert mit freiwilliger Stellung oder unfreiwilliger Festnahme des Verurteilten ohnehin seine Wirksamkeit und es muss erneut gegen ihn verhandelt werden.[360]
Es besteht also nicht die Gefahr, dass ein Urteil vollstreckt wird, welches unter Verletzung der Verfahrensrechte des Angeklagten zustande kam.
Daher benötigt der in Abwesenheit Verurteilte auch kein Rechtsmittel, durch das seine Verteidigungsrechte gewahrt werden könnte.
Der automatische, keine Anfechtung erfordernde Wegfall des Urteils bei Ergreifung oder Stellen des Verurteilten erscheint insbesondere im öffentlichen Interesse geboten. Er soll daher nicht im Belieben des jeweiligen Verurteilten stehen.[361]

Zwar wurde auch die damals noch sog. *purge de la contumace* im Fall *Krombach* vom EGMR als nicht ausreichendes Rechtsmittel gegen die Abwesenheitsverurteilung gerügt[362], jedoch hat der französische Gesetzgeber hier keine Änderung vorgenommen.

b) gegen in Abwesenheit des Angeklagten, aber in Anwesenheit eines Verteidigers ergangene Urteile:

Eine andere Situation ergibt sich, wenn der Angeklagte in seiner Abwesenheit rechtlich vertreten wurde.
Dann ergeht gerade kein „echtes" Abwesenheitsurteil in dem oben beschriebenen Sinne, sondern ein gewöhnliches ab Verstreichen der Rechtsmittelfristen vollstreckbares Strafurteil.
Gegen dieses sind zwar nicht die *opposition*, aber alle übrigen ordentlichen Rechtsmittel zulässig.
Dabei beginnen die Fristen für die Rechtsmittel mit Bekanntgabe des Urteils an den Verteidiger.

3. Wiederaufnahme des Verfahrens nach Verurteilung durch den EGMR:

Zuletzt räumt auch das französische Strafverfahrensrecht so wie die meisten Rechtsordnungen auch, dem Angeklagten noch den Wiederaufnahmegrund der

[360] vgl. dazu bereits ausführlich oben (sog. *purge de la contumace*)
[361] Denz, Zulässigkeit und Umfang des Strafverfahrens gegen Abwesende, S. 78
[362] EGMR, Reports 2001-II (Krombach gg. Frankreich), Ziff. 100

Verurteilung Frankreichs durch den EGMR wegen Verletzung einer Verfahrensgarantie der EMRK oder ihrer Zusatzprotokolle (Art. 626-1 ff. CPP) ein.

Bei dieser Möglichkeit der Neubegutachtung des Falles handelt es sich um einen außerordentlichen Rechtsbehelf, der durch Gesetz vom 15. Juni 2000[363] neu eingeführt wurde. Damit sollte den bloß feststellenden, nicht rechtsgestaltenden Urteilen des EGMR stärkere Geltung verschafft werden.[364]

Das Rechtsmittel ist allein zulässig gegen letztinstanzliche Entscheidungen französischer Strafgerichte (Art. 626-1 Abs. 1 CPP) und kann insbesondere von dem Verurteilten des vom EGMR gerügten Verfahrens eingelegt werden (Art. 626-2 CPP).

Zuständig für die Entscheidung über eine Wiederaufnahme des Verfahrens ist eine Kommission bestehend aus sieben Mitgliedern des *cour de cassation,* des obersten französischen Rechtsmittelgerichts (Art. 626-3 Abs. 1 CPP). Diese Kommission kann binnen eines Jahres nach Veröffentlichung des Urteils des EGMR angerufen werden (Art. 626-3 Abs. 2 CPP). Ihre Entscheidung ist endgültig und nicht anfechtbar (Art. 626-3 Abs. 3 CPP).

Rechtsfolge einer Anerkennung des Wiederaufnahmegrundes durch die Kommission ist die erneute Verhandlung des Sachverhalts vor dem Gericht, aus dessen Instanz die Verletzung der EMRK herrührte (Art. 626-4 CPP).

Dies ist insbesondere für denjenigen Angeklagten interessant, dessen erstinstanzliche Verurteilung in Abwesenheit erfolgte und dessen Einspruch verworfen wurde (vlg. oben). Er hat nach Erschöpfung des innerstaatlichen Rechtsweges die Möglichkeit sich mit einer Klage an den Straßburger Gerichtshof zu wenden (Art. 34 EMRK).

Wenn daraufhin eine Verurteilung Frankreichs erfolgt, kann der durch die Konventionsverletzung Beschwerte eine erneute Nachprüfung seines Falles erzwingen. Selbst wenn dies ein aufwendiges, langwieriges und kostenintensives Verfahren bedeutet, besteht doch die Möglichkeit einer erneuten Sachprüfung, so dass ein Abwesenheitsurteil aus der Welt geschafft werden kann.

---

363 Loi n° 2000-516 du 15 juin 2000 art. 89 Journal Officiel du 16 juin 2000

364 Gaston/Levasseur/Bouloc, procédure pénale, Rn. 969-1

B. Rechtstheoretische Grundlage der Anwesenheitsregelung

Im Folgenden soll auch für das französische Strafverfahrensrecht dargestellt werden, woraus sich die oben dargestellten Regelungen der Anwesenheit oder Möglichkeit ohne den Angeklagten zu verhandeln rechtstheoretisch ergeben. Dazu wird auf die für die Anwesenheitsregelungen maßgeblichen Grundprinzipien des französischen Strafprozessrechts einzugehen sein.

I. Das Verfassungsprinzip der *"Sûreté"*

Zunächst sind die aus der französischen Verfassung von 1958[365] resultierenden Grundrechte und Grundfreiheiten zu nennen.

Dazu gehört allen voran die sog. *sûreté*, die als *"liberté individuelle"* aus Art. 66 der Konstitution hergeleitet wird.
Zwar bezieht sich Art. 66 seinem eindeutigen Wortlaut nach in erster Linie auf den Schutz vor willkürlicher Festnahme[366] und damit auf die persönliche Freiheit im engeren Sinne.
Daneben umfasst *„sûreté"* jedoch - weitergehend als der Begriff des "habeas corpus" - zugleich das Rückwirkungsverbot und das Legalitätsprinzip sowie die Unschuldsvermutung, also die Sicherstellung eines gerechten Strafrechtssystems im weiteren Sinne.
Ihre wesentliche Rolle soll darin bestehen, die Sicherheit des Individuums vor der Staatsmacht (*"sécurité juridique de l'individu face au pouvoir"*)[367] zu garantieren. Damit komme ihr gegenüber allen anderen Grundrechten eine Vorrangstellung zu, da sie deren Ausübung erst ermögliche.[368]

Im Hinblick auf spezielle Grundprinzipien des französischen Strafverfahrensrechts resultieren aus der *sûreté* insbesondere die Rechte des Angeklagten, also das Recht auf Verteidigung, das Recht auf eine akkusatorische kontradiktorische Verhandlung und vor allem auch das Recht auf Gehör.[369]
Und dieses mit Verfassungsrang ausgestattet Recht auf Gehör ist in Bezug auf die Anwesenheit des Angeklagten während seiner Strafverhandlung von besonderer Bedeutung. Denn nur durch die persönliche Anwesenheit des Angeklagten ist sein Recht auf Gehör wirklich vollständig gewährleistet. Ob die Vertretung

---

[365] La Constitution du 04. octobre 1958, zu finden unter http://www.legifrance.gov.fr
[366] vgl. Abs. 1: *„nul peu être arbitrarement détenu"*
[367] Rivero, Libertés publiques, S. 21
[368] Itin, Grundrechte in Frankreich, S. 50
[369] Robert, Libertés publiques, S. 232

durch einen bevollmächtigten Verteidiger einen adäquaten Ersatz für die persönliche Anwesenheit darstellen kann, sei an dieser Stelle dahingestellt.

Festzuhalten bleibt jedenfalls, dass in der *sûreté* eine der wesentlichen Grundlagen des Anwesenheitsrechts des Angeklagten im französischen Strafprozess zu sehen ist.

II. Das Prinzip der kontradiktorischen Strafverhandlung (*le contradictoire*)

Das französische Strafverfahren ist kontradiktorisch ausgestaltet.
Dies bedeutet, dass der vorsitzende Richter zwar die Verhandlungsleitung inne hat (Art. 30, 401, 512, 535 CPP) und den Parteien jeweils gestattet, ihre Sicht des Sachverhalts vorzutragen. Dabei stehen den Parteien jeweils die gleichen Rechte und Pflichten im Hinblick auf Aussagen und Befragungen zu.

Es bedeutet jedoch zugleich, dass überhaupt zwei Parteien vor Gericht anwesend sein müssen. Nur so können sie auch die ihnen eingeräumten Rechte ausüben.
Die Anwesenheit der widerstreitenden Parteien ist mithin Grundvoraussetzung, um ein Verfahren als kontradiktorisch bezeichnen zu können.[370]
Insofern ergibt sich das Anwesenheitsrecht des Angeklagten unproblematisch schon aus dem kontradiktorischen Charakter des französischen Strafverfahrens.

Daneben werden auch der Grundsatz der Unmittelbarkeit der Beweisgewinnung, das Prinzip des mündlichen Verfahrens und die Sicherung des rechtlichen Gehörs aus dem Prinzip des kontradiktorischen Strafverfahrens abgeleitet.
Obwohl gerade das Unmittelbarkeitsprinzip als solches im französischen Strafprozessrecht keine Erwähnung findet, wird gleichwohl davon ausgegangen, dass jeweils der unmittelbarste Beweis zu verwenden ist.[371]
Zumindest im Bereich der Schwurgerichtsbarkeit können aus dem streng durchgeführten Mündlichkeitsgrundsatz Aspekte materieller Unmittelbarkeit entnommen werden.[372]

III. Das Prinzip der mündlichen Strafverhandlung (*l'oralité des débats*)

Auch im französischen Strafprozess ergeht ein Urteil nur nach vorhergehender mündlicher Hauptverhandlung. Dies gilt sowohl für Verhandlungen vor dem

---

370 Garré/Ginestat, droit pénal, procédure pénale, Rn. 553; Debove/Falletti, précis de droit pénal et de procédure pénale, S. 425; Gaston/Levasseur/Bouloc, procédure pénale, Rn. 846
371 Kühne, Strafprozessrecht, Rn. 1233
372 Barth in: Perron (Hrsg.), Beweisaufnahme im Strafverfahrensrecht des Auslands, S. 112

juge de police oder dem *tribunal correctionel* als auch für Verhandlungen vor dem *cour d'assises*, wenn auch nicht in gleichem Maße.[373]

Sinn und Zweck der Mündlichkeit der Hauptverhandlung ist, eine größtmögliche Effizienz bei der Diskussion der dem Gericht vorgetragenen Fakten des Falles zu sichern.[374] Dabei sind alle Verfahrensbeteiligten gehalten, ihre Ausführungen am Tag der Verhandlung dem Gericht mündlich vorzutragen und sich anschließend den Fragen des vorsitzenden Richters zu stellen. Und zwar auch dann, wenn von Zeugen oder Sachverständigen zuvor bereits eine Aussage zu Protokoll der Polizei oder Staatsanwaltschaft gemacht wurde. Derartige schriftliche Aussagen können ergänzend herangezogen werden, dürfen die mündliche Aussage jedoch nicht ersetzen.[375]

Im Prinzip der französischen *l'oralité* verbinden sich somit ähnlich wie bereits im Prinzip des *contradictoire* die deutschen Prinzipien der Mündlichkeit und der Unmittelbarkeit.

Im Hinblick auf die Anwesenheit des Angeklagten hat diese Regel Auswirkungen auf das Anwesenheitsrecht wie auf die Anwesenheitspflicht. Weil der Richter des französischen Strafprozesses gehalten ist, sich bei seinem Urteil nicht allein auf die Aktenlage zu stützen, muss es ihm möglich sein, den Angeklagten zur Anwesenheit zu zwingen um so einen unmittelbaren persönlichen Eindruck von seiner Persönlichkeit zu erhalten. Daher ist die Anwesenheit bei der Verhandlung eine Pflicht des Angeklagten.

Dass sie zugleich ein Recht des Angeklagten ist ergibt sich daraus, dass die mündlich unmittelbar in der Verhandlung vorgetragenen Darstellungen die Grundlage einer Verurteilung oder eines Freispruchs bilden. Um daran unmittelbar teilhaben zu können und diese gegebenenfalls beeinflussen zu können, muss auch ein Anwesenheitsrecht des Angeklagten anerkannt werden.

Auf diese Art ergeben sich sowohl Anwesenheitsrecht also auch Anwesenheitspflicht des Angeklagten aus dem Prinzip der *oralité des débats*.

IV. Der Untersuchungsgrundsatz

Ziel der Hauptverhandlung ist das – für die gerichtliche Voruntersuchung in art. 81 CPP zum Ausdruck gebrachte – *principe de la vérité matérielle*.[376]

---

[373] so kennt auch das französische Strafprozessrecht ein Strafbefehlsverfahren ohne mündliche Verhandlung zur Aburteilung von Übertretungen (Art. 524 ff. CPP)

[374] Garré/Ginestat, droit pénal, procédure pénale, Rn. 551

[375] Garré/Ginestat, droit pénal, procédure pénale, Rn. 551; Debove/Falletti, précis de droit pénal et de procédure pénale, S. 424; Gaston/Levasseur/Bouloc, procédure pénale, Rn. 844

[376] Barth in: Perron (Hrsg.), Beweisaufnahme im Strafverfahrensrecht des Auslands, S. 109

Danach ist der Strafrichter gehalten, von sich aus die Wahrheit möglichst wirklichkeitsgetreu zu erforschen.

Als primäres Mittel einer solchen materiellen Wahrheitsforschung sind natürlich der Angeklagte, die Inaugenscheinnahme seiner Person und etwaige von ihm getätigte Aussagen zu sehen.

Insofern ergeben sich Recht und Pflicht des Angeklagten seiner Verhandlung beizuwohnen auch aus dem Untersuchungsgrundsatz.

V. Die Rechte des Angeklagten aus Art. 6 EMRK

Die EMRK gilt in Frankreich seit ihrer Ratifikation am 03. Mai 1974 im Übergesetzesrang (Art. 55 der Verfassung). Die EMRK geht einfachen französischen Gesetzen mithin vor.[377]

Sie hat jedoch keinen Verfassungsrang, es wird ihr lediglich ein Zwischenrang zwischen Verfassung und einfachen Gesetzen zugebilligt. Dies wurde vom *conseil d'etat* am 30. Oktober 1998 in der Entscheidung *Sarran* so festgestellt.[378]

Im Hinblick auf das aus Art. 6 EMRK resultierende Recht des strafrechtlich Angeklagten auf Verhandlung in seiner Anwesenheit gilt inhaltlich das oben bereits Gesagte[379]:

Die speziellen Rechte aus Art. 6 Abs. 3 c und d EMRK sind in Abwesenheit des Angeklagten nicht zu verwirklichen, dem Angeklagten ist also grundsätzlich zuzugestehen, bei seiner Verhandlung anwesend zu sein.

Der in seiner Abwesenheit Verurteilte kann sich prozessual auch vor französischen Gerichten auf eine Verletzung seiner garantierten Verfahrensrechte berufen. Die französischen Gerichte haben die Garantien der EMRK in ihre Entscheidungen miteinzustellen.

Insgesamt bleibt festzustellen, dass das aus Art. 6 EMRK herzuleitende Anwesenheitsrecht auch im französischen Strafprozess Geltung entfaltet, insofern ergeben sich hier keine Besonderheiten.

---

[377] Chryssogonos, Zur Inkorporierung der Europäischen Menschenrechtskonvention, EuR 36 (2001), 56

[378] Journal du Droit International 126 (1999), 745 ff.

[379] vgl. die Ausführungen zu Art. 6 EMRK im deutschen Recht

Viertes Unterkapitel: Das niederländische Strafprozessrecht

A. Die Regelungen im Einzelnen

Das niederländische Strafverfahrensrecht ist im *Wetboek van Strafvordering* in der Fassung vom 15. Januar 1921, in Kraft seit 30. Juni 1925 kodifiziert.[380]

Daneben existieren noch weitere für das Strafverfahrens maßgebliche Rechtsquellen, wie das niederländische Grundgesetz (*de Grondwet*) oder das Strafgesetzbuch (*Wetboek van Strafrecht*), in denen sich prozessuale Garantien, Vorschriften über Verfolgungsvoraussetzungen und Zuweisungsregeln an die Gerichte befinden.
Im Strafgesetzbuch ist auch die Einteilung der Delikte in Verbrechen (*misdrijven*) einerseits und Übertretungen (*overtredingen*) andererseits geregelt. Inhaltlich entsprechen die *misdriven* dabei den deutschen Verbrechen und Vergehen, während *overtredingen* eher den Ordnungswidrigkeiten vergleichbar sind, obwohl sie anders als diese Straftaten darstellen.

Ein wesentliches Merkmal des niederländischen Strafprozesses ist, dass es dem Angeklagten grundsätzlich freisteht, ob er zu seiner Verhandlung erscheinen will oder nicht. Es besteht zwar ein *Anwesenheitsrecht* jedoch keine *Anwesenheitspflicht*, jedenfalls nicht, solange das persönliche Erscheinen des Angeklagten nicht vom zuständigen Gericht angeordnet wurde.[381]
Die niederländische Strafprozessordnung kennt keine dem § 230 I StPO vergleichbare Vorschrift.
Dies gilt auch unabhängig davon, vor welchem Gericht in erster Instanz verhandelt wird, also unabhängig von der zu untersuchenden Straftat und unabhängig von dem im Raum stehenden Strafmass.

Die Bestimmungen über die Wirkungen der Abwesenheit des Angeklagten während der Hauptverhandlung erster Instanz finden sich in den Art. 278 ff. Wetboek van Strafvordering (im Folgenden: Sv).
Der niederländische Gesetzgeber hat hier Regelungen geschaffen, nach denen der Angeklagte in seiner Abwesenheit verurteilt werden kann. Diese sog. "*verstekbehandeling*" stellt das prozessuale Gegenstück zum normalen kontradiktorischen Verfahren dar und ist von bestimmten, noch näher darzustellenden Voraussetzungen abhängig.

---

[380] Staatsblad van het Koninkrijk der Nederlanden 1925, S. 343; in der aktuellen Fassung auch zu finden unter http://www.wetten.overheid.nl
[381] Corstens, Nederlands strafprocesrecht, S. 543; van de Reydt in: Perron, Beweisaufnahme im Strafverfahrensrecht des Auslands, S. 311

I. Erscheinen des Angeklagten zur Eröffnung der Hauptverhandlung maßgeblich

Maßgeblich für die Frage, ob normal kontradiktorisch („*op tegenspraak*") oder in Abwesenheit verhandelt wird, ist ob der Angeklagte nach Aufruf der Sache im Gerichtssaal persönlich anwesend ist oder nicht.

Ist der Angeklagte zum Zeitpunkt des erstmaligen Aufrufs der Sache im Gerichtssaal anwesend, so stehen ihm und gegebenenfalls seinem Verteidiger alle normalen Prozessrechte zu. Ein einmal kontradiktorisch begonnenes Verfahren bleibt auch kontradiktorisch bis zu seinem Ende, unabhängig davon, ob der Angeklagte sich entschließt an bestimmten Verhandlungsteilen nicht teilzunehmen oder nach dem Eröffnungstag gar nicht mehr zu erscheinen.[382]
Der Verteidiger kann weiterhin die Verteidigung führen und im Übrigen wird das Gericht verhandeln als sei der Angeklagte schweigend anwesend.

Ist der Angeklagte hingegen zum Zeitpunkt des erstmaligen Aufrufs der Sache nicht im Saal anwesend, hat das Gericht zwei Möglichkeiten:
Es kann, sofern die persönliche Anwesenheit des Angeklagten für notwendig erachtet wird, sein Erscheinen anordnen, einen diesbezüglichen Vorführungsbefehl erteilen und bis zu einem neuen Termin die Verhandlung vertagen (art. 278 Abs. 2 Sv).
Die andere Möglichkeit besteht darin *"verstek te verlenen"*, sinngemäß am besten übersetzt mit "Abwesenheit zu gestatten", also die Verhandlung in Abwesenheit des Angeklagten fortzusetzen.

II. Voraussetzung: ordnungsgemäße Zustellung der Ladung (art. 278 Abs. 1 Sv.)

Voraussetzung für eine *verstekbehandeling* ist jedoch, dass der Angeklagte entsprechend den niederländischen Vorschriften ordnungsgemäß zur Verhandlung geladen wurde.

Ordnungsgemäße Ladung („*dagvaarding*") bedeutet dabei, dass dem Angeklagten inhaltlich präzise die ihm zur Last gelegten Taten sowie die ihm im nachfolgenden Verfahren zustehenden Rechte aufgezeigt werden. Insbesondere müssen in ihr Angaben zu Ort und Termin der angesetzten Verhandlung sowie zum zuständigen Gericht (Einzelrichter am Amtsgericht oder Kammer am Landgericht) enthalten sein.

[382] Corstens, Nederlands strafprocesrecht, S. 542

Die Ladung muss in der geltenden Rechtsprache, also in Niederländisch abgefasst[383] sein und dem Angeklagten zugestellt werden.
Die Zustellung erfolgt dabei in der Regel postalisch, per Brief an die Adresse des zu Ladenden (art. 586, 587 Abs. 1 Sv.).
Nur in Ausnahmefällen erfolgt die Zustellung durch einen Gerichtsvollzieher oder eine sonst amtlich beauftragte Person (art. 587 Abs. 2 Sv.)
Die Entgegennahme der Ladung durch eine im Haushalt oder Familienverband lebende Person genügt zur ordnungsgemäßen Zustellung (art. 588 Abs. 1 b Sv.), die Entgegennahme der Ladung durch eine schriftlich bevollmächtigte Person gilt als persönliche Zustellung (art. 588 Abs. 2 Sv.).
Wird auch nach wiederholten Zustellungsversuchen überhaupt niemand an der Ladungsadresse angetroffen oder existiert die Adresse nicht, die angegebene Person ist verzogen oder ihre gegenwärtige Adresse ist unbekannt, dann wird die Ladung zunächst an die Staatsanwaltschaft zurückgeschickt. Diese sendet sie dann an die Geschäftsstelle des zuständigen Gerichts, von wo aus ein erneuter Ladungsversuch unternommen wird, sobald sich neue Hinweise auf den Aufenthalt der zu ladenden Person ergeben (art. 588 Abs. 4-6 Sv.).

Das Vorliegen und die Zustellung einer solch ordnungsgemäßen Ladung sind vom Gericht von Amts wegen zu prüfen, bevor eine Entscheidung über Verhandlung in Abwesenheit oder Vertagung ergehen kann.
Steht nicht fest, dass dem Angeklagten die Ladung vorschriftsmäßig zugestellt wurde, dass er sie sicher erhalten hat, ist das Gericht gezwungen, die Ladung für nichtig zu erklären und die Sitzung zu schließen (art. 278 Abs. 1 Sv).
Die Staatsanwaltschaft muss in einem derartigen Fall die erneute Ladung des Angeklagten bewirken. Es wird ein neuer Verhandlungstermin angesetzt.
Sieht das Gericht eine ordnungsgemäße Zustellung der Ladung an den Angeklagten hingegen als gesichert an, so kann es nach seinem Ermessen für oder gegen eine Abwesenheitsverhandlung entscheiden.
Dabei soll die Verhandlung ohne den Angeklagten jedoch idealerweise die Ausnahme darstellen.
So soll der Abwesende nur dann, wenn eine Strafverfolgung anderenfalls völlig vereitelt würde (etwa durch Verfolungsverjährung), in Abwesenheit verurteilt werden.[384]
Unerheblich ist hingegen, ob der Angeklagte eine Verteidigungsschrift eingereicht hat oder unentschuldigt abwesend ist.[385]

---

[383] Corstens, Nederlands strafprocesrecht, S. 524
[384] Scholten, Strafprozessordnung der Niederlande, S. 23; Corstens, nederlands strafprocesrecht, S. 543
[385] HR (strafkamer) 20. Dezember 1977, NJ 1978, 226 und HR (strafkamer) 10. Oktober 1989, NJ 1990, 293

Es gibt danach letztlich nur eine Fallkonstellation, in der ein Gericht in Abwesenheit des Angeklagten nach der ***verstekprocedure*** vorgehen kann:
Wenn weder der Angeklagte noch sein Verteidiger bei Aufruf der Sache im Gerichtssaal anwesend sind (vgl. I.), das Gericht überzeugt ist, dass dem Angeklagten eine Ladung ordnungsgemäß zugestellt wurde (vgl. II.) und das Gericht eine Verhandlung in Abwesenheit für nötig und möglich erachtet.

III. Gesuch des Angeklagten um Vertagung (art. 278 Abs. 3 Sv.)

Daneben steht es dem Angeklagten zu, um eine Vertagung der Verhandlung zu ersuchen, wenn er geltend macht, seine Verteidigung persönlich führen zu wollen. Dazu muss er glaubhaft machen, aus berechtigtem Grund nicht zum Verhandlungstermin erscheinen zu können. Dies muss er dem Gericht bereits vor Beginn des ersten Sitzungstages mitgeteilt haben.
Über dieses Ersuchen entscheidet das erkennende Gericht per Beschluss. Wenn es das Ersuchen des Angeklagten ablehnt, muss es nach der ***verstekprocedure*** vorgehen und ein entsprechendes Abwesenheitsurteil fällen.
Eine häufige Alternative zu diesem Alles-oder-Nichts ist die hilfsweise beantragte Verteidigung durch einen Anwalt. Der Angeklagte schlägt in seinem Ersuchen hilfsweise vor, die Verhandlung zwar am angesetzten Termin zu führen, sich dann jedoch eben nicht persönlich zu verteidigen, sondern durch einen bevollmächtigten Anwalt vertreten zu lassen. In einem derartigen Fall würde unter Beteiligung des Anwalts normal kontradiktorisch verhandelt. Wenn das Gericht also schon den Antrag auf Terminverlegung ablehnt, dann muss es zumindest dem Hilfsantrag stattgeben.[386]

IV. Verteidigung des abwesenden Angeklagten (art. 279 Sv.)

Ist für den nicht anwesenden Angeklagten ein Verteidiger zur Verhandlung erschienen, so kann das Gericht diesen zulassen (art. 279 Abs. 1 Sv.).
In einem solchen Fall wird auch keine Abwesenheit gewährt, sondern der Prozess wird kontradiktorisch geführt als wäre der Angeklagte persönlich anwesend (art. 279 Abs. 2 Sv.).
Voraussetzung ist jedoch, dass der Verteidiger ausdrücklich zur Vertretung seines Mandanten in der Sitzung bevollmächtigt ist und dies zum Verhandlungszeitpunkt auch nachweisen kann.[387]

---

[386] Wöretshofer in: Cleiren/Nijboer, Art. 278 Sv. Rn. 5
[387] Wöretshofer in: Cleiren/Nijboer, art. 279 Sv. Rn. 3

Der heutige Text des Gesetztes, der eine Verteidigung des abwesenden Angeklagten unabhängig von der Schwere der Tat zulässt, ist erst seit 01. Februar 1998 in Kraft.[388]
Entfallen ist damit zugleich die bis dahin bestehende Möglichkeit der *vertegenwoordiging*, womit eine Form prozessualer Vertretung gemeint war, die stark an die Rolle des Angeklagten selbst angenähert war.[389]
Wenn jetzt von Verteidigung des Angeklagten die Rede ist, ist immer die formelle Verteidigung durch einen bestellten professionellen Strafverteidiger (sog. *verdediging*) gemeint.

Die Regelung des art. 279 Sv. ist also noch relativ neu.
Zuvor existierte die Möglichkeit der rechtlichen Vertretung eines abwesenden Angeklagten nur bei weniger gewichtigen Straftaten.
Bei schwereren Taten bestanden bis zum 01. Februar 1998 hingegen nur die Alternativen, die Verhandlung zu vertagen oder nach der *verstekprocedure* vorzugehen, nicht aber in Abwesenheit des Angeklagten mit seinem Verteidiger kontradiktorisch Recht zu sprechen.[390]

Problematisch war dies, wenn der Angeklagte zwar teilnehmen wollte, aber aus persönlichen Gründen zum angesetzten Termin nicht erscheinen konnte, andere als die Belange des Angeklagten eine Vertagung jedoch verhinderten.
Dann musste der Angeklagte nicht nur hinnehmen, dass in seiner Abwesenheit verhandelt wurde, er hätte eigentlich noch nicht einmal einen Verteidiger schicken können.
Diese Problematik hatte bereits vor dem 01. Februar 1998 der Hohe Rat *(hooge raad der nederlande* als oberster Gerichtshof)gesehen und eine Ausnahmeregelung entwickelt, wonach es dem Angeklagten auch bei schwereren Taten möglich sein sollte, sich in seiner Abwesenheitsverhandlung anwaltlich vertreten zu lassen.
Wenn der Angeklagten geltend machen konnte, dass er eigentlich persönlich an seiner Verhandlung habe teilnehmen wollen, daran jedoch aus „zwingenden

---

388 sog. *wet Herziening onderzoek ter terechtzitting* (Gesetz betreffend die Regelungen über die Hauptverhandlung erster Instanz) vom 15. Januar 1998

389 Die Möglichkeit der *vertegenwoordging* bestand bei Verfahren wegen Übertretungen vor den *arrondissementrechtbanken* (Amtsgerichten), wenn keine Gefängnisstrafe im Raum stand. Die prozessuale Stellung des Anwalts war dabei nicht die eines Verteidigers (*raadsman*), im herkömmlichen Sinne. Im Falle einer *vertegenwoordiging* konnte das Gericht auch den Anwalt zur Sache aussagen lassen und seine Aussagen bei der Entscheidung als Beweis verwerten.

390 Wöretshofer in: Cleiren/Nijboer, art. 279 Sv. Rn. 1

Gründen" (*klemmende redenen*) gehindert sei, konnte er erreichen, dass ein Anwalt zu seiner Verteidigung zugelassen wurde.[391]
Dann wurde im gewöhnlichen kontradiktorischen Verfahren geurteilt.
Diese Regelung ist vom EGMR[392] jedoch als nicht mit Art. 6 EMRK vereinbar beurteilt und in der Folge geändert worden.

Dabei verfolgte der Gesetzgeber zwei Ziele:
Zum einen sollten die Verteidigungsrechte des Angeklagten bei Verhandlung in seiner Abwesenheit gestärkt werden.
Zum anderen sollte zugleich die Zahl „schwebender" Abwesenheitsurteile, also die Zahl von Urteilen deren Rechtskraft noch von der Inkenntnissetzung des Angeklagten abhing, reduziert werden.[393]

Dementsprechend ist nach neuerer Rechtslage ein für einen abwesenden Angeklagten erschienener Verteidiger in jedem Fall zuzulassen, wenn er dem Gericht ankündigt, die Verteidigung seines Mandanten führen zu wollen. Großer Wert wird dabei auf die tatsächliche Bevollmächtigung des Anwalts gelegt.
Dann wird in Abwesenheit des Angeklagten jedoch in Anwesenheit seines Verteidigers verhandelt, als wäre auch der Angeklagte anwesend.
Das nachfolgende Verfahren ist also keine *verstekprocedure* im eigentlichen Sinne mehr, sondern ein gewöhnliches kontradiktorisches Verfahren.
Mit insbesondere der Folge, dass unmittelbar mit Urteilsverkündung die Rechtsmittelfristen beginnen.

Natürlich erscheint es vordergründig begrüßenswert, dass nunmehr ein für den Angeklagten erschienener Verteidiger unbedingt zuzulassen und anzuhören ist.
Die neuere Regelung bietet jedoch nicht nur Vorteile für den Angeklagten.
Für den abwesenden Angeklagten hatte die ursprüngliche Fassung des Gesetzes, die bei schweren Taten einen Ausschluss kontradiktorischer Verhandlung gegen den Angeklagten vorsah den Vorteil, dass ihm gegen ein ergangenes Urteil in jedem Fall das Rechtsmittel des *verzet* (dazu sogleich) offen stand.
Gegen ein nach kontradiktorischer Verhandlung ergangenes Urteil sind nur die allgemeinen Rechtsmittel zulässig. Der abwesende verteidigte Angeklagte erfährt also eine Verkürzung seines Rechtswegs gegenüber dem abwesenden, nicht verteidigten Angeklagten.

---

[391] der Hohe Rat hat hier eine sehr enge Dogmatik entwickelt, was als „zwingender Grund" in diesem Zusammenhang anzuerkennen sei, vgl. HR (strafkamer) 26. Feb. 1980, NJB 1980, 246; dazu auch *de Hullu/Plaisier, DD 26 (1998), 614 ff.*
[392] gemeint ist die Verurteilung des Königreichs der Niederlande im Fall *Lala* (EGMR, Serie A Nr. 297-B), ausführlich besprochen von *Wöretshofer* in: Hendriks/Klifman/Mols/de Roos/Wöretshofer, hoofdstukken strafprocesrecht, S. 299 ff.
[393] Wöretshofer, verdediging bij afwezige verdachte, DD 28 (1998), 1036

Im Falle eines nach kontradiktorischer Verhandlung ergangenen Urteils beginnen aber auch die Fristen für diese Rechtsmittel unmittelbar mit der Urteilsverkündung und sind im Vergleich zu denen eines Abwesenheitsurteils kürzer.
Auch im Hinblick auf die Überlegungsfristen zur Einlegung von Rechtsmitteln erfährt der abwesende, verteidigte Angeklagte also einen Nachteil.

Ob der Verlust von Privilegien, die einem abwesenden unverteidigten Angeklagten zustehen, durch die Anwesenheit eines zuvor instruierten Anwalts in jedem Fall wett gemacht wird, bleibt fraglich und ist in der niederländischen Rechtsliteratur durchaus kontrovers diskutiert worden.[394]

V. Nachträgliches Erscheinen des Angeklagten:

Hat das Gericht wegen Abwesenheit des Angeklagten bei Aufruf der Sache entschieden, nach der *verstekprocedure* vorzugehen und erscheint der Angeklagte dennoch noch vor Urteilsverkündung zur Verhandlung, dann muss die Abwesenheit als „verfallen" erklärt werden (art. 280 Abs. 2 Sv.).
In einem solchen Fall muss die gesamte Verhandlung von vorne begonnen werden, sofern das Gericht nicht einzelne Ergebnisse der bisher geführten Verhandlung für weiter gültig erklärt (art. 280 Abs. 3 Sv.).

Nach dem oben Gesagten sind verschiedenen Konstellationen denkbar:
- Entweder der Angeklagte selbst erscheint aus unterschiedlichen Gründen (erfolgreiche Vorführung, Sinneswandel, etc) doch noch zur Verhandlung. Dann muss das Gericht die bis dahin geführte Abwesenheitsverhandlung stoppen und entweder völlig neu oder zumindest ab diesem Zeitpunkt normal kontradiktorisch verhandeln.
- Oder aber nicht der Angeklagte, sondern sein bis dahin ebenfalls abwesender Verteidiger erscheint doch noch zur Verhandlung. Auch in diesem Fall hat das Gericht eine neue kontradiktorische Verhandlung aufzunehmen.

VI. Wesen und Wirkung eines Abwesenheitsurteils

Das niederländische Abwesenheitsurteil stellt ein ganz normales Strafurteil dar. Nach Ablauf der Rechtsmittelfristen steht auch einer Vollstreckung aus einem solchen Urteil nichts mehr im Wege.

---

[394] vgl. zum Diskussionsstand *Plaisier*, het verstek in strafzaken, (Diss.) Deventer 1999, S. 200 ff.; *Wöretshofer*, raadsman en afwezige verdachte in *Hendriks/Klifman/Mols/de Roos/Wöretshofer*, hoofdstukken strafprocesrecht, S. 299 ff. sowie *Corstens*, strafprozessrecht, S. 531 m.w.N.

Maßgeblich für den Beginn der Rechtsmittelfristen ist jedoch der Zeitpunkt, an dem von gesicherter Kenntnis des Verurteilten vom Urteilsinhalt ausgegangen werden kann.
Erst wenn dem abwesenden Angeklagten das Urteil in Abschrift zugestellt ist, beginnen die Rechtsmittelfristen.[395]
Bis zu diesem Zeitpunkt, ist das Abwesenheitsurteil mithin nur eine schwebende Entscheidung in der Sache.

VII. Rechtsmittel gegen Abwesenheitsurteile

Gegen ein Urteil in Abwesenheit (sog. *verstek-vonnis*) stehen dem Verurteilten das Rechtsmittel des *verzet* sowie die Berufung (sog. *hoger beroep*) offen.[396]

1. Rechtsmittel des *Verzet* (art. 399 ff. Sv.):

Das Rechtmittel des *verzet* ist sinngemäß ein Einspruch.
Es ist nur für den Fall zugelassen, in dem gegen einen Angeklagten ein Abwesenheitsurteil ergangen ist. Insofern handelt es sich bei dem *verzet* nicht um ein ordentliches Rechtsmittel, sondern um einen speziell auf das Abwesenheitsverfahren zugeschnittener Rechtsbehelf.

a) Subsidiarität:

Der *verzet* ist gegenüber der Berufung subsidiär, wenn also eine "normale" Berufung gegen das Abwesenheitsurteil zulässig ist, dann ist der Einspruch ausgeschlossen (art. 399 Abs. 3 Sv.).
Damit dem in Abwesenheit Verurteilten nicht eine Tatsacheninstanz mehr zusteht, als dem in Anwesenheit Verurteilten, ist der Einspruch auch nur zulässig gegen in erster Instanz ergangene Abwesenheitsurteile, nicht jedoch gegen Abwesenheitsurteile höherer Instanzen.[397]
Insgesamt ist damit die Bedeutung des Einspruchs relativ gering. Er ist allein möglich gegen erstinstanzliche Urteile die unterhalb der Berufungsgrenze liegen.[398]
In der niederländischen Rechtsliteratur wird darüber hinaus kontrovers über eine Ausweitung des Rechtsmittels auf Urteile anderer Instanzen diskutiert.[399] Bisher

---

[395] Wöretshofer, verdediging bij afwezige verdachte, DD 28 (1998), 1036; s. auch art. 408 Sv.
[396] vlg. den Überblick über das niederländische Gerichtssystem und den Instanzenzug bei *Hulsman*, the dutch criminal system in: *Fokkema/Chorus/Hondius/Lisser (Hrsg.)* Introduction to Dutch Law for foreign lawyers, S. 303 ff.
[397] Corstens, nederlands strafprocesrecht, S. 720
[398] die Berufungsgrenze lässt sich für die meisten Delikte aus art. 404 Sv. ableiten.

haben diese Kontroversen jedoch noch nicht zu einer tatsächlichen Ausbreitung des Einspruchs auch auf das Berufungsverfahren geführt.

b) Sinn und Zweck:

Der *verzet* steht nur dem Angeklagten und nicht etwa auch der Strafverfolgungsbehörde zu. Ihm soll die Gelegenheit gegeben werden, seinen Fall erneut durch den Richter der Tatsacheninstanz beurteilen zu lassen.
Insofern soll der Einspruch die Lücke füllen, die sich auftut, wenn ein Abwesenheitsurteil ergangen ist, gegen das wegen des geringen Strafmasses keine Berufung zulässig ist. Ansonsten stünde dem in Abwesenheit Verurteilten nämlich gar kein Rechtsmittel gegen sein Urteil zu.
Durch die bereits relativ niedrigen Berufungsgrenzen ist der Einspruch jedoch zu einer Randerscheinung des niederländischen Prozessrechts geworden.[400]

c) Einlegungsfrist:

Die Einlegungsfristen für den *verzet* sind an die Fristen für eine Berufung angeglichen.
Die allgemeine Regel lautet dabei, dass das Rechtsmittel binnen vierzehn Tagen nach Urteilsverkündung eingelegt sein muss (art. 399 Sv.).

Zwei Fälle müssen dabei jedoch unterschieden und unterschiedlich behandelt werden:

Zum ersten der Fall des Verurteilten, der gesicherte Kenntnis von Termin und Inhalt der Urteilsverkündung hat und dem es daher unproblematisch möglich ist, die Rechtsmittelfrist einzuhalten.

Zum zweiten der Fall des Verurteilten, bei dem nicht davon ausgegangen werden kann, dass er tatsächlich weiß, wann und wie er verurteilt wurde. Was also muss in seinem Fall geschehen?

Eine Antwort darauf liefert art. 399 Abs. 2 Sv.:
Darin wird klargestellt, dass im Fall desjenigen Verurteilten, bei dem nicht aufgrund der in art. 399 Abs. 1 Sv. genannten Umstände von einer gesicherten Kenntnis ausgegangen werden kann, die Rechtsmittelfrist erst ab dem Zeitpunkt zu laufen beginnt, ab dem der Urteilsinhalt ihm bekannt sein *müsste*.

Dieses Bekanntseinmüssen wird in den art. 399 Abs. 1 a – b Sv. näher umschrieben.

---

[399] vgl. Plaisier, het verstek in strafzaken, S. 246 ff. m.w.N.

[400] Zugleich hat die Einführung der administrativen Aburteilung von leichteren Verkehrsvergehen, die häufig in Abwesenheit des Betroffenen abgeurteilt wurden seit dem 01. September 2001 zu einer weiteren Verdrängung des *verzet* geführt.

Maßgeblich soll sein, ob davon auszugehen ist, dass dem Angeklagten der Termin des Sitzungstages bekannt war.
Davon kann entweder auszugehen sein, weil der Angeklagte persönlich geladen wurde, weil er tatsächlich zum Termin erschienen ist, oder aber weil aufgrund sonstiger Umstände von seiner Kenntnis ausgegangen werden kann.
Zu diesen sonstigen Umständen, die eine Kenntnis vom Verhandlungstermin - und damit im Regelfall auch vom Urteilstermin - begründen, gehört die Entsendung eines Verteidigers.
Wenn der Angeklagte einen Anwalt mit seiner Verteidigung beauftragen und zur Verhandlung schicken konnte, soll sicher davon auszugehen sein, dass er wusste wann diese Verhandlung stattfinden wird.

Erschwerend kommt im Fall des verteidigten Angeklagten hinzu, dass davon ausgegangen wird, er habe jederzeit die Möglichkeit, sich über seinen Anwalt nach dem Fortgang und dem Ergebnis des Verfahrens zu erkundigen.
Für ihn gilt also die Vermutung des art. 399 Abs. 1 Sv. und damit nur eine 14-tägige Einspruchsfrist.

d) Begründung:

Der *verzet* ist zu begründen.

e) *verzetprocedure:*

Das Verfahren nach Einlegung eines Einspruchs ist relativ simpel.
Die Anklage wird komplett neu vor demselben Gericht der ersten Tatsacheninstanz verhandelt (art. 400 Abs. 3 Sv.). Die Verhandlung findet statt, als habe es nie ein Abwesenheitsurteil gegeben.
Dabei muss es sich nicht zwingend, kann es sich jedoch um denselben Spruchkörper handeln. Um die Unparteilichkeit des Gerichts sicherzustellen, wird meist jedoch auf einen Wechsel des Spruchkörpers geachtet.[401]

Der Verhandlungstermin wird in der Regel in Absprache mit dem Verurteilten festgelegt. Erscheint der Angeklagte auch zu diesem Termin nicht, wird der Einspruch abgewiesen und das Abwesenheitsurteil wieder in Kraft gesetzt (art. 402 Sv.).

f) Ergebnis des Einspruchs:

Am Ende der erneuten Tatsachenverhandlung steht entweder die Verwerfung - ganz oder teilweise- des Abwesenheitsurteils oder seine inhaltliche Bestätigung.

---

[401] Corstens, Nederlands strafprocesrecht, S. 722

Das Gericht, welches über den Einspruch zu befinden hat, ist völlig frei in seiner Rechtsfindung. Es wird ein komplett neues Urteil gefällt, das zugleich das zuvor ergangene Abwesenheitsurteil aus der Welt schafft.

2. Das Rechtsmittel der Berufung (*hoger beroep*):

Daneben gibt es für Abwesenheitsurteile genauso wie für alle anderen erstinstanzlichen Urteile die Möglichkeit, eine Berufung zur nächsthöheren Instanz einzulegen.
Für dieses Rechtsmittel gibt es im Hinblick auf die Einlegung nach einer Abwesenheitsverurteilung keine Besonderheiten.
Mit Einlegung einer zulässigen Berufung wird das gesamt Urteil in Frage gestellt (art. 407 Sv.) und die Sache in tatsächlicher wie rechtlicher Hinsicht neu entschieden.

3. Wiederaufnahme des Verfahrens nach Verurteilung der Niederlande durch den EGMR:

Zuletzt existiert auch in den Niederlande die Möglichkeit, eine Wiederaufnahme und Neubeurteilung eines strafrechtlichen Verfahrens mit der Begründung zu verlangen, dass gerade dieses Verfahren vom EGMR als konventionswidrig gerügt wurde (art. 457 Abs. 1 Ziff. 3 Sv.).

B. Rechtstheoretische Grundlagen der Anwesenheitsregelung im niederländischen Recht

Es fragt sich wiederum, auf welchem rechtstheoretischen Fundament die oben beschriebenen Regelungen fußen.

Das Bestehen eines *Anwesenheitsrechts* lässt sich im niederländischen Rechte ähnlich wie in den meisten anderen Rechtssystemen unproblematisch der niederländischen Verfassung (Recht auf Zugang zu dem gesetzlichem Richter, Art. 17 Grondwet[402]), sowie den einfachrechtlichen Prozessgrundsätzen (Grundsatz der internen Prozessöffentlichkeit[403]; Prinzip der materiellen Wahrheitserforschung) entnehmen.

Daneben gelten auch in den Niederlanden Art. 6 EMRK und die dazu bereits oben mehrfach getroffenen Feststellungen zum daraus resultierenden Anwesenheitsrecht.
Die Niederlande haben die EMRK am 04. November 1950 unterzeichnet und zeitgleich ratifiziert. Dabei haben völkerrechtliche Verträge wie die EMRK in den Niederlanden unmittelbar geltende Wirkung und vor allem Übergesetzesrang (Art. 93, 94 Grondwet).
Die EMRK geht den niederländischen Rechtsquellen somit vor.[404]
Jeder Angeklagte kann sich daher auch vor niederländischen Gerichten auf eine Verletzung seiner in der EMRK garantierten Rechte berufen.[405] Nur wenn das nationale Recht einen weitergehenden Rechtsschutz gewährt als es die EMRK tut, ist von einem Vorrang des niederländischen Rechts auszugehen.
Aufgrund dieser Einordnung der EMRK in das nationale Recht sind also auch Art. 6 EMRK und das aus ihm resultierende Anwesenheitsrecht unmittelbarer Bestandteil des niederländischen Strafprozessrechts.

Der wesentliche Unterschied zwischen der niederländischen und den meisten übrigen europäischen Strafprozessordnungen besteht jedoch wie dargestellt gerade darin, dass es keine *Anwesenheitspflicht* des Angeklagten gibt.
Zur Begründung werden in der niederländischen Rechtsliteratur verschiedene Argumente genannt.

---

[402] de Meij, Inleiding tot het staatsrecht, S. 227
[403] Corstens, Nederlands strafprocesrecht, S. 540
[404] Corstens, Nederlands strafprocesrecht, S. 31
[405] Hendriks/Klifman/Mols/de Roos/ Wöretshofer, hoofdstukken strafprocesrecht, S. 74

I. Die Stellung des Angeklagten als Prozesspartei

Ein Argument für die fehlende Verpflichtung des Angeklagten zur Anwesenheit ist seine Stellung als Prozesspartei. Er ist daher, ebenso wie in den meisten anderen Verfahrensordnungen auch, nicht gezwungen an seiner Überführung teilzunehmen.

Die niederländische Strafprozessordnung ist jedoch die Einzige, die daraus zugleich den Schluss zieht, dass der Angeklagte dann auch gar nicht erst, nicht einmal schweigend, im Gerichtssaal anwesend sein muss.

Seine Verteidigungsrechte können durch einen von ihm bestellten Vertreter gewahrt werden, aber er selber hat als "Prozesspartei" -nicht etwa "Prozesssubjekt"- grundsätzlich die Wahl ob und wie er auf das Verfahren Einfluss nehmen möchte.

Entscheidet der Angeklagte sich, nicht zu erscheinen, so ist das als sein freier Wille von der Rechtsordnung hinzunehmen, und zwar nicht nur im Zivil- sondern auch im hoheitlich dominierten Strafprozess.

Dem Angeklagten wird also auch im Strafverfahren eine gewisse Autonomie, die sog. „Prozessfreiheit" zugebilligt.[406]

Als Teil dieser Prozessfreiheit kann durchaus ein Recht auf Abwesenheit, d.h. auf eine Hauptverhandlung ohne den Angeklagten angesehen werden.

Insofern kommt hier zugleich ein völlig anderes, wesentlich liberaleres Verständnis vom Verhältnis Staat und Bürger zum Ausdruck.

II. Fehlender Unmittelbarkeitsgedanke

Der für den deutschen Strafprozess so maßgebliche Unmittelbarkeitsgedanke existiert im niederländischen Strafverfahrensrecht in dieser Ausprägung nicht.[407]

Der Schwerpunkt des niederländischen Strafverfahrens liegt auf dem vorgerichtlichen und gerichtlichen Ermittlungsverfahren.

Das gerichtliche Hauptverfahren und insbesondere die mündliche Hauptverhandlung sind eher Bestätigung der vorgehenden Untersuchungen, als dass dort neue Beweise erhoben würden.

So werden beispielsweise nur noch selten Zeugen persönlich vernommen.[408]

Das Gericht stützt seine Beweisaufnahme weitgehend auf die in den Akten enthaltenen schriftlichen – richterlichen und polizeilichen – Vernehmungsprotokol-

---

[406] Plaisier, het verstek in strafzaken, S. 361

[407] Garé, het onmiddeljkheidsbeginsel in het Nederlandse strafproces, Arnhem 1994; van de Reyt in: Perron, die Beweisaufnahme im Strafverfahrensrecht des Auslands, S. 299

[408] spätesten mit der Anerkennung des *testimonium ad auditu,* des Beweises vom Hörensagen, durch den Hooge Raad im Jahre 1926 war der bis dahin streng verstandene Unmittelbarkeitsgrundsatz durchbrochen. Vgl. HR (strafkamer) 20.12.1926, NJ 1927, 85

le, ohne in der laufenden Verhandlung noch neue Beweise zu erheben oder alte zu wiederholen.
Aus diesem Grund ist eine persönliche Anwesenheit des Angeklagten zur Urteilsfindung hier auch eher entbehrlich als in Rechtsordnungen, in denen nur die von den Verfahrensbeteiligten im Rahmen der Hauptverhandlung getätigte Aussagen gerichtlich verwertet werden dürfen.

III. Der Schutz des Angeklagten

Daneben wird auch argumentiert, der Angeklagte sei schutzbedürftig im Hinblick auf die stigmatisierende Wirkung eines Strafverfahrens.
Es sollen ihm die Momente der Gegenüberstellung mit Opfern und Zeugen der Tat, die eine wesentlich stärker pönalisierende Wirkung haben können als die Auferlegung der Strafe an sich, erspart bleiben.

Ob man dem aus deutscher Sicht, wo die Durchführung des Prozesses schon einen Teil der Bestrafung an sich darstellt, zustimmen kann, ist fraglich. Es zeigt sich jedoch auch hier, dass in den Niederlanden eine andere Auffassung vorherrscht.
Die Überlegung, dass ein potentieller Straftäter nicht nur schutzbedürftig in Bezug auf Sicherung seiner prozessualen Stellung, sondern auch in Bezug auf die Wirkung eines Verfahrens sein könnte, ist eher fremd. Schließlich geht es dabei ja nicht nur um Schutzbedürftigkeit, sondern auch um Schutzwürdigkeit.

IV. "Niederländischer Pragmatismus"

Ein weiteres Argument, welches sich auch in Lehrbüchern[409] für die fehlende Verpflichtung des Angeklagten zur Anwesenheit findet, könnte salopp mit "niederländischem Pragmatismus" umschrieben werden.
Schließlich genießen die Niederländer den Ruf, ein Volk pragmatischer Kaufleute zu sein.[410]
Auch wenn dieses Bild natürlich wesentlich differenzierter zu sehen ist, prägt es doch das Selbstverständnis auch der Niederländer selbst und verbindet sich mit gewissen Erwartungen an das niederländische Recht.
Man erwartet - trotz aller auch in den Niederlanden ausgeprägter Dogmatik - ein eher nüchternes und an praktischen Bedürfnissen orientiertes Rechtsdenken.

---

[409] Mincke, Einführung in das niederländische Recht, Rn. 35 ff.; Corstens, Nederlands strafprocesrecht, S. 545
[410] so etwas spitz *Mincke*, Einführung in das niederländische Recht, Rn. 35

Was das allgemeine Verhältnis von Staat und Individuum angeht, so wird im niederländischen Sprachgebrauch denn auch von *„rechtshandhaving“* gesprochen.
Dies bedeutet mehr als die reine deutsche Übersetzung „Rechtshandhabung“ und ist sinngemäß eher als „Bewahrung“ oder „Aufrechterhaltung“ des Rechts zu verstehen.
Dabei geht es nicht nur um Durchsetzung des Rechts, sondern auch um einen etwaigen Verzicht auf Vollstreckung als ein Mittel zur Wiederherstellung des Rechtsfriedens.[411]

Im Hinblick auf die Frage nach Behandlung des abwesenden Angeklagten im Strafprozess wird denn auch argumentiert, bisher habe es noch keine allzu großen Probleme mit der Urteilsfindung ohne den Angeklagten gegeben. Die relativ geringe Zahl von Einsprüchen beweise, dass die Justiz auch durchaus ohne den Angeklagten in der Lage sei, angemessene Urteile zu fällen. Die Erfahrung lehre also, dass das geltende System funktioniert.[412]

Daneben wird ebenso pragmatisch auch gerne argumentiert, es wäre sinnlos eine Anwesenheitspflicht des Angeklagten in die Strafverfahrensordnung aufzunehmen, wenn dies zur Folge habe, dass dann ohne ihn gar nicht mehr verhandelt werden könne.
Im Interesse der Rechtspflege sei es von Zeit zu Zeit wünschenswert, ohne einen im Gerichtssaal anwesenden Angeklagten eine Straftat abzuurteilen.
Sei es um Zeugen und Opfer der Tat zu schützen, sei es um der Verjährung zuvorzukommen. Und daher wäre die Aufnahme einer unbedingten Verpflichtung zur Verhandlung in Anwesenheit zu praxisfremd und unsinnig.
Hieran wird deutlich, welch großen Wert auch die niederländische Rechtswissenschaft und nicht allein die niederländische Politik auf eine funktionierende Rechtspflege legt.

---

[411] als Beispiel für dieses Rechtsdenken seien die im materiellen Strafrecht geltenden Prinzipien des *„beleid“* und *„gedogen“* genannt, für die es keine direkte deutsche Übersetzung gibt. Darunter ist eine Art „behördliches Wegsehen“ bei Delinquenz zu verstehen, wenn dies im Interesse der Rechtspflege geboten erscheint (vgl. dazu vertiefend: *Corstens,* strafprocesrecht, S. 213 - 225.)

[412] nichts desto Trotz findet eine rege Diskussion der Entwicklung strafprozessualer Standards gerade auch im Hinblick auf die Urteile des EGMR statt (vgl. nur die engagierte Besprechung des gegen Italien gerichteten Urteils *Colozza* des EGMR durch *Rüter* in: Delikt en Delinkwent, 16 (1986), S. 107 ff.)

V. Kritik in der niederländischen Rechtsliteratur

Trotz dieser liberalen und pragmatischen Begründungsansätze gibt es in der niederländischen Rechtsliteratur durchaus auch kritische Stimmen zur Frage der *verstekbehandeling* des abwesenden Angeklagten.

Es wird bemängelt, dass die Abwesenheit des Angeklagten das "Herz" aus dem Strafprozess nehmen würde.[413]
Der Prozess würde zu einer reinen Formalität schrumpfen, allein bestehend aus einem Monolog des Vertreters der Anklage gefolgt durch einen Monolog des vorsitzenden Richters und endend in einem Abwesenheitsurteil, dass in aller Regel noch nicht einmal Bestandskraft erlangen würde, in Fällen in denen der Angeklagte im deutschrechtlichen Sinne "abwesend" ist, noch nicht einmal durchsetzbar sei.

Derartige Kritik hat jedoch bisher nichts an der geltenden Rechtslage geändert.

[413] so Th. van Veen, Delikt en Delinkwent 15 (1985), S. 1 ff.

Fünftes Unterkapitel: Das österreichische Strafprozessrecht

A. Die Regelungen im Einzelnen

Das österreichische Strafprozessrecht ist in der österreichischen Strafprozessordnung
(*ö. StPO*) von 1975[414] geregelt.
Eine Strafprozessrechtsnovelle brachte im Jahre 2004 Änderungen der Strafprozessordnung, diese betrafen jedoch ausschließlich das gerichtliche Vorverfahren und bezogen sich nicht auf das hier zur Diskussion stehende Anwesenheitsgebot in der Hauptverhandlung erster Instanz.[415]
Daneben haben auch noch weitere Vorschriften wie die österreichische Verfassung (*Bundesverfassungsgesetz*[416]), und das österreichische Strafgesetzbuch (*ö. StGB*) strafprozessuale Bedeutung.

Das österreichische Strafverfahrensrecht erkennt das Recht des Angeklagten auf Verhandlung in seiner Anwesenheit als eines der unbestrittenen und zugleich bedeutendsten Verfahrensechte an. Es wird als Kernstück eines fairen Verfahrens und wesentliches Element der Position gesehen, die ein moderner Strafprozess dem Angeklagten als Prozesssubjekt garantiert.[417]

Mit dem *Anwesenheitsrecht* korrespondiert im österreichischen ähnlich wie im deutschen Recht eine *Anwesenheitspflicht* des Angeklagten.
So hat der Angeklagte während der gerichtlichen Hauptverhandlung und auch bei der Urteilsverkündung anwesend zu sein. Sein Nichterscheinen macht die Durchführung der Hauptverhandlung und den Erlass eines Urteils zwar nicht schlechthin unzulässig, bindet sie aber an strenge Voraussetzungen.

I. Definition des Begriffs "Abwesenheit"

Abwesenheit des Angeklagten liegt im Sinne der ö.StPO dann vor, wenn der Angeklagte zwischen Aufruf der Sache (im bezirksgerichtlichen Verfahren: Vortrag der Anklage) und Schluss der Verhandlung nicht persönlich anwesend war.
Auch wenn der Angeklagte zunächst erschienen ist, sich aber vor Schluss der Verhandlung wieder entfernt hat, wird ein Abwesenheitsurteil erlassen. Entfernt

[414] in der Originalfassung: ö. BGBl. 1975/631, in der aktuellen Fassung: ö.BGBl I 130/2001 auch zu finden unter http://www.jusline.at
[415] vgl. zu den Neuerungen durch das Strafprozessreformgesetz eingehend *Bertel/Venier*, „Einführung in die neue StPO", Wien 2005
[416] in der jüngsten Fassung: ö.BGBl. 1990/44
[417] so Schwaighofer in: FS für Wilfried Platzgummer, S. 265

er sich hingegen erst nach Schluss der Verhandlung aber vor Urteilsverkündung, so ist nicht von einem Abwesenheitsurteil zu sprechen. An diesen Einordnungen ändert auch eine etwaige Vertretung durch einen Verteidiger oder "Machthaber" nichts.[418]

Insofern unterscheidet sich der österreichische Begriff des "abwesenden" Angeklagten deutlich von dem deutschen. Insbesondere hat er nichts mit einer etwa vorliegenden Unerreichbarkeit des Angeklagten für die Justiz zu tun, obwohl an diese Umstände auch im österreichischen Recht angeknüpft wird.[419]
Grundsätzlich ist die physische Nichtanwesenheit des Angeklagten zum Verhandlungszeitpunkt ausschlaggebend.

Dabei ist ein Abwesenheitsurteil jedoch keine Sanktion für dieses Nichterscheinen, sondern ein Urteil in der Sache an sich und muss wie jedes andere Strafurteil der Sach- und Rechtslage entsprechen.[420]
Der Unterschied zwischen einem Abwesenheitsurteil und einem „normalen" Strafurteil besteht lediglich darin, dass der Angeklagte sich durch sein Nichterscheinen des Rechts auf Anwesenheit und auf Ausübung seiner Parteirechte während der Hauptverhandlung begibt.
Ein Abwesenheitsurteil beruht insoweit auf der Vermutung, dass der Angeklagte bewusst und gewollt dem richterlichen Befehl zu erscheinen nicht Folge geleistet hat, und auf sein Anwesenheitsrecht verzichten will.[421]

II. Das Verfahren gegen Unbekannte und Flüchtige

Ist der Angeklagte hingegen im deutsch-rechtlichen Sinne "abwesend", also sein Aufenthaltsort unbekannt oder befindet er sich auf der Flucht, so ist er mit allen zur Verfügung stehenden Mitteln ausfindig zu machen (§§ 413, 414 ö.StPO).
Dazu sind die behördlichen Mittel der Hausdurchsuchung, der Ausschreibung eines Steckbriefs oder die gerichtliche Nacheile angezeigt. Bei Vorliegen der Voraussetzungen der Fernmeldeüberwachung (§ 149a ff. ö.StPO) kann auch diese eingesetzt werden, um den Aufenthaltsort des mutmaßlichen Täters zu eruieren.

---

[418] Fabrizy, § 427 Rn. 1a
[419] vgl. dazu unten
[420] Fabrizy, § 427 Rn. 1
[421] Von einem Verzicht kann natürlich nur dann ausgegangen werden, wenn feststeht, dass den Angeklagten eine Ladung mit Angabe von Ort und Zeit der Hauptverhandlung erreicht hat und er somit überhaupt Kenntnis von dem geführten Verfahren hatte. Daher ist die ordnungsgemäße Zustellung der Ladung Voraussetzung eines Abwesenheitsurteils, vgl. dazu unten

Ist der Täter überhaupt nicht bekannt oder ist er zwar bekannt, kann aber nicht vor Gericht gestellt werden, so haben alle Erhebungen im Zusammenhang mit der Tat gemäß § 412 ö.StPO durchgeführt zu werden.
Ergeben sich keine Anhaltspunkte für weitere Nachforschungen, so ist das Verfahren abzubrechen. Es ruht, bis der Täter ausfindig gemacht worden ist.
Dabei bleibt der Fall jedoch gerichtsanhängig und kann jederzeit formlos wieder aufgenommen werden. Der Strafanspruch bleibt dabei anders als bei einer endgültigen Verfahrenseinstellung aufrecht und die Verjährung der Tat ist gehemmt (§ 58 Abs. 3 ö.StGB).

III. Anspruch des Angeklagten auf Verlegung der Verhandlung

Wenn der Angeklagte nachweist, dass er wegen Erkrankung oder einer anderen unabwendbaren Verhinderung nicht in der Lage sein wird, an der anberaumten Hauptverhandlung teilzunehmen, so hat nach § 266 ö.StPO der Vorsitzende zu entscheiden, ob die Hauptverhandlung auf einen anderen Termin verlegt wird.
Liegt tatsächlich nachweislich ein wichtiger Grund für die drohende Abwesenheit des Angeklagten vor, so *muss* die Hauptverhandlung auf einen anderen Termin verlegt werden.

Entsprechend dem Stellenwert der Anwesenheit des Angeklagten handelt es sich hierbei nicht um eine Ermessens- sondern um eine gebundene Entscheidung des Gerichts. Daran ändert auch das etwaige Vorliegen der Gründe für eine Abwesenheitsverurteilung nach § 427 bzw. § 459 ö.StPO nichts.[422]

IV. Die Voraussetzungen eines Abwesenheitsurteils

Die Voraussetzungen für eine Abwesenheitsverurteilung differieren, je nachdem vor welchem Gericht die erstinstanzliche Verhandlung stattfindet.

1. Verfahren vor dem Gerichtshof erster Instanz:

Gerichtshöfe erster Instanz (*Landesgerichte*) sind als Tatsachengerichte zuständig für Verbrechen und Vergehen, die weder vom Bezirksgericht noch vom Geschworenengericht verhandelt werden (§ 10 Abs. 1 ö.StPO). Der Spruchkörper besteht aus einem Einzelrichter oder aus einem Schöffengericht mit zwei Berufs- und zwei Laienrichtern, je nach Bedeutung der Sache.

---

[422] Schwaighofer in: FS für Wilfried Platzgummer, S. 268

Gerichtshöfe als *Geschworenengerichte* sind zuständig für Staatsschutzdelikte und solche Taten, deren Strafrahmen zwischen fünf und zehn Jahren liegen. In derartigen Fällen ist das Gericht besetzt mit drei Berufsrichtern und acht Geschworenen. Die Geschworenen entscheiden dabei nur über die Schuld des Angeklagten.
Die Möglichkeit in einem Gerichtshofverfahren in Abwesenheit des Angeklagten zu verhandeln ergibt sich aus § 427 ö.StPO[423]:

a) Voraussetzungen eines Abwesenheitsurteils:

In § 427 Abs. 1 ö.StPO werden präzise Voraussetzungen für eine Verurteilung in Abwesenheit aufgestellt.

aa) allgemeine Voraussetzung ordnungsgemäße Ladung:

Die erste und allgemeine Voraussetzung eines Abwesenheitsverfahrens ist die ordnungsgemäße Zustellung der gerichtlichen Ladung an den Angeklagten.
Auf die Art und Weise der Zustellung finden die Normen des Zustellgesetzes[424] Anwendung.

Der Angeklagte ist nur dann ordnungsgemäß geladen, wenn ihm persönlich eine schriftliche Ladung unter Bezeichnung der ihm zur Last gelegten Tat mit Angabe von Zeit und Ort der anberaumten Hauptverhandlung ausgehändigt wurde (§§ 79, 80 ö.StPO).
Eine Hinterlegung der Ladung reicht im Regelfall nicht aus, sie muss zu Händen des Angeklagten erfolgen.[425]

Ob Zustellungsmängel wegen des Erfordernisses der persönlichen Ladung "bei sonstiger Nichtigkeit" des Urteils (§ 427 Abs. 1 ö.StPO) vom Angeklagten mit der Nichtigkeitsbeschwerde oder aber mit einem Einspruch zu rügen sind, ist ungeklärt.[426]
In der österreichischen Rechtsprechung wird jedoch in aller Regel zumindest bei Zustellungsmängeln im Vorfeld eines Gerichtshofverfahrens ein Nichtigkeitsgrund nach § 281 Abs. 1 ö.StPO angenommen.[427]

---

[423] Die §§ 421 - 426 betreffend das Ungehorsamsverfahren gegen Abwesende und Flüchtige wurden durch das Strafprozessänderungsgesetz 1993 (ö.BGBl. 1993, S. 526) ersatzlos aufgehoben.
[424] In der aktuelle geltenden Fassung: ö.BGBl. 200/1982 zuletzt novelliert ö.BGBl. 137/2001
[425] Fabrizy, § 427 Rn. 5; Bertel/Venier, Grundriss des österreichischen Strafprozessrechts, Rn. 740; Seiler, Strafprozessrecht, Rn. 840
[426] vgl. die Nachweise bei Fabrizy, § 427 Rn. 10
[427] SSt 46/33(Entscheidungen des österreichischen obersten Gerichtshofes in Strafsachen und Disziplinarangelegenheiten, veröffentlicht von seinen Mitgliedern unter Mitwirkung der Generalprokuratur; zitiert: Bandzahl/Nummer)

bb) weitere spezielle Voraussetzungen nach § 427 ö.StPO:

Neben dem Erfordernis einer ordnungsgemäß zugestellten Ladung enthält § 427 ö.StPO noch weitere Voraussetzungen für das Abwesenheitsverfahren vor einem Gerichtshof:

(1) Bei der abzuurteilenden Tat muss es sich sowohl nach dem Strafantrag als auch nach der Auffassung des Gerichts um ein *Vergehen* iSd § 17 Abs. 2 ö.StGB handeln, mithin um eine Tat, die mit einer Höchststrafe von drei Jahren Haft bedroht ist.

(2) Der Angeklagte muss im Vorfeld der Hauptverhandlung bereits *von einem Richter vernommen* worden sein, und zwar zu allen Tatsachen und Beweismitteln, die für die in Rede stehende Tat maßgeblich sind. In Betracht kommt eine richterliche Vernehmung während den Vorerhebungen, in der Voruntersuchung, im Zwischenverfahren oder in einer vertagten Hauptverhandlung.[428]
Es genügt auch die Vernehmung durch ein ausländisches Gericht, dessen Ergebnis dann verwendet werden kann.[429]
Als vernommen gilt auch derjenige Beschuldigte, der seine Aussage verweigert hat.[430]

(3) Es darf sich während der Verhandlung *keine Erweiterung des Sachverhalts* ergeben. Eine Ausdehnung der Anklage im Abwesenheitsverfahren macht die Vertagung und neuerliche Ladung des Angeklagten notwendig. Dies gilt für neu hinzutretende Fakten ebenso wie für neu zu diskutierende Qualifikationen der Tat.[431]

(4) Trotz Abwesenheit des Angeklagten muss eine beruhigende *Aufklärung des Sachverhalts möglich* gewesen sein. Die Entscheidung, ob der Sachverhalt auch ohne Mitwirkung des Angeklagten hinreichend aufzuklären ist und auf dieser Grundlage eine Urteilsfindung möglich erscheint, liegt im Ermessen des erkennenden Gerichts.[432]

---

428 Bertel/Venier, Grundriss des österreichischen Strafprozessrechts, Rn. 739
429 Fabrizy, § 427 Rn. 4
430 Seiler, Strafprozessrecht, Rn. 840
431 Fabrizy, § 427 Rn. 7 und 11; Seiler, Strafprozessrecht, Rn. 839; Wessely, Strafprozessrecht, S. 79
432 Fabrizy, § 427 Rn. 6

b) Ermessensentscheidung des Gerichts:

Ob bei Vorliegen der Voraussetzungen des § 427 ö.StPO ein Abwesenheitsurteil gefällt wird oder nicht, liegt im Ermessen des Gerichts.

Wenn der Richter auf das persönliche Erscheinen des Angeklagten Wert legt, kann er die Verhandlung wegen Abwesenheit des Angeklagten vertagen und einen Vorführungsbefehl erlassen. Dazu muss der Richter die Gegenwart des Angeklagten als für die Sachverhaltsaufklärung unbedingt notwendig erachten.[433]

Fehlt hingegen eine der oben genannten Voraussetzungen, ist das Urteil selbst dann nichtig (§§ 281 Abs. 1 Nr. 3 iVm 427 ö.StPO), wenn die Parteien der Fällung eines Abwesenheitsurteils im Vorfeld der Verhandlung zugestimmt hatten.

c) Zustellung und Wirkung des Urteils:

Ein Abwesenheitsurteil ist dem Angeklagten immer persönlich und zu eigenen Händen zuzustellen, selbst wenn er im Prozess durch einen Anwalt vertreten wurde.[434] Zugleich ist eine erschöpfende Rechtmittelbelehrung zu erteilen.
Damit soll die Kenntnis des Angeklagten von der Verurteilung sichergestellt werden.
Relevant ist die persönliche Urteilszustellung gerade unter dem Gesichtspunkt der Rechtsmittelberechtigung.
Für sämtliche gegen das Abwesenheitsurteil zulässigen Rechtsmittel beginnt die Einlegungsfrist erst ab dem Zeitpunkt der persönlichen Zustellung. Der Wortlaut des § 427 ö.StPO, der für einen Einspruch eine Frist von 14 Tagen *ab Zustellung* des Urteils vorschreibt, ist insofern eindeutig.
Im Übrigen stellt das Abwesenheitsurteil ein endgültiges und ab Rechtskraft vollstreckungsfähiges Urteil in der Sache dar.

2. Verfahren vor dem Bezirksgericht:

In Verfahren vor dem Bezirksgericht wird über Vergehen entschieden, die mit Geldstrafe oder mit Freiheitsstrafe bis zu einem Jahr geahndet werden (§ 9 Abs. 1 ö.StPO). Das Verfahren führen bei den Bezirksgerichten Einzelrichter (§ 9 Abs. 2 ö.StPO).

Auch im bezirksgerichtlichen Verfahren kann ohne den Angeklagten verhandelt werden. Die Voraussetzungen richten sich dabei nach § 459 ö.StPO:

---

[433] Seiler, Strafprozessrecht, Rn. 843
[434] Seiler, Strafprozessrecht, Rn. 840

a) Voraussetzungen eines Abwesenheitsurteils:

Der Grundsatz, dass eine Hauptverhandlung nur in Anwesenheit des Angeklagten geführt werden soll, ist im bezirksgerichtlichen Verfahren weniger streng als im Gerichtshofverfahren.
Hier darf generell auch in Abwesenheit des Angeklagten verhandelt und geurteilt werden.
Daher sind die für eine Abwesenheitsverurteilung aufgestellten Voraussetzungen im bezirksgerichtlichen Verfahren auch weniger streng:

aa) allgemeine Voraussetzung ordnungsgemäße Ladung:

Auch für das Abwesenheitsverfahren vor dem Bezirksgericht ist zwingende Voraussetzung die ordnungsgemäße Zustellung der gerichtlichen Ladung (§ 459 S.1 ö.StPO).
Die Anforderungen an die Ladung entsprechen denen für das Gerichtshofverfahren.
Des Weiteren muss die bezirksgerichtliche Ladung den ausdrücklichen Hinweis darauf enthalten, dass ggf. ohne den Angeklagten verhandelt werden kann.
Die ordnungsgemäße Zustellung der Ladung hat das Gericht vor Beginn der Hauptverhandlung nachzuprüfen. Fehlt es daran, darf selbst dann nicht gegen den Angeklagten verhandelt werden, wenn zu seiner Verteidigung ein Anwalt erschienen ist.
Im Gegensatz zum Gerichtshofverfahren ist bei nicht gehöriger Ladung das Urteil jedoch nicht zwingend nichtig. § 459 ö.StPO unterscheidet sich im Wortlaut insofern von § 427 ö.StPO, der die "sonstige Nichtigkeit" ausdrücklich vorschreibt.

bb) weitere spezielle Voraussetzungen des § 459 ö.StPO:

Auch die speziellen Anforderungen des § 459 ö.StPO sind weniger eng gefasst als die des § 427 ö.StPO, insbesondere in Bezug auf die vorherige Vernehmung des Angeklagten.

(1) Der Richter muss die *Vernehmung des Beschuldigten* zur Klärung des Sachverhalts *nicht für nötig erachten.*
Auch hier zeigt sich ein Unterschied zur Formulierung "beruhigende Aufklärung des Sachverhalts" in § 427 ö.StPO.
In allen anderen Fällen kann auch der Bezirksrichter den Angeklagten zum persönlichen Erscheinen auffordern oder nötigenfalls zur Verhandlung vorführen lassen (§ 459 S. 1 ö.StPO).

(2) Darüber hinaus kann die Hauptverhandlung in Abwesenheit des Beschuldigten auch dann begonnen oder fortgesetzt werden, wenn er bisher noch nicht gerichtlich vernommen wurde. Erforderlich ist lediglich, dass der Angeklagten bereits einmal von der Polizei oder der Gendarmerie zu den schulderheblichen Tatsachen oder Beweismitteln gehört wurde.[435]
Einer vorhergegangenen richterlichen Vernehmung bedarf es anders als im Gerichtshofverfahren somit nicht.

(3) Die Verhandlung muss sich jedoch auch im Verfahren vor dem Bezirksgericht auf die dem Angeklagten schon in der Ladung zur Last gelegten Taten beschränken.
Es darf also *keine Erweiterung des Tat- oder Schuldvorwurfs* in der Hauptverhandlung stattfinden.[436]
Über eine erweiterte Anklage kann nur nach Vertagung und neuer Ladung in Anwesenheit des Angeklagten verhandelt werden.

b) Ermessensentscheidung des Gerichts:

Ebenso wie im Gerichtshofverfahren handelt es sich bei der Entscheidung für oder gegen eine Abwesenheitsverurteilung um eine Ermessensentscheidung des Bezirksrichters. Ihm obliegt die Entscheidung darüber, ob er die persönliche Gegenwart des Angeklagten für notwendig erachtet oder nicht.

c) Zustellung und Wirkung des Urteils:

Auch im bezirksgerichtlichen Verfahren ist dem Angeklagten das Urteil samt Rechtsmittelbelehrung in amtlicher Abschrift zuzustellen (§ 459 S. 3 ö.StPO).
Erst von dieser Zustellung an beginnen die Rechtsmittelfristen zu laufen.[437]
Sobald das Abwesenheitsurteil Rechtskraft erlangt, stellt es eine vollstreckungsfähige Rechtsgrundlage dar, es hat also keinen vorläufigen, sondern endgültigen Charakter.

V. Rechtsmittel gegen Abwesenheitsurteile

Für die Anfechtbarkeit eines Urteils kommt es nach der ö.StPO maßgeblich darauf an, von welchem Gericht und Spruchkörper es erlassen wurde:
Urteile eines Schöffen- oder Geschworenengerichts können mit der Nichtigkeitsbeschwerde und der Berufung (§§ 280, 344 ö.StPO),

[435] Bertel/Venier, Grundriss des Strafprozessrechts, Rn. 761
[436] Fabrizy, § 459 Rn. 1
[437] Fabrizy, § 459 Rn. 4

Urteile eines Einzelrichters oder eines Bezirksgerichts nur mit der Berufung (§§ 463, 489 ö.StPO), als sog. "volle" Berufung, angefochten werden.
Die Entscheidung des Rechtsmittelgerichts selber ist dabei unanfechtbar, das österreichische Strafverfahren kennt nur zwei Instanzen.[438]

Neben diesen ordentlichen Rechtsmitteln (Berufung und Nichtigkeitsbeschwerde) steht dem in Abwesenheit Verurteilten außerdem der außerordentliche Rechtsbehelf des Einspruchs (§ 478 ö.StPO) zu.
Diese drei Rechtsmittel sollen im Folgenden auf ihre Voraussetzungen und Rechtsfolgen bei Verurteilung *in absentia* hin kurz untersucht werden.

1. Die Berufung:

Die sog. "volle" Berufung (§ 464 ö.StPO), also eine Berufung die nicht auf die Geltendmachung von Rechtsanwendungsfehlern beschränkt ist, sondern eine echte zweite Tatsachenuntersuchung bewirkt[439], kann aus verschiedenen Gründen ergriffen werden:
wegen vorliegender Nichtigkeitsgründe des gesamten Urteils (sog. Nichtigkeitsberufung), wegen des Ausspruchs über die Schuld des Angeklagten (sog. Schuldberufung), wegen des Ausspruchs über die Strafe (sog. Strafberufung) oder auch wegen des Ausspruchs über die privatrechtlichen Ansprüche einer der Parteien.
Die gegen schöffen- und geschworenengerichtliche Urteile zulässige "einfache" Berufung dient demgegenüber nur der Überprüfung des Strafausspruchs.

Jede Berufung hat aufschiebende Wirkung.

Für die Berufung gegen ein in erster Instanz durchgeführtes Abwesenheitsverfahren - gleich welchen Gerichts - kommen alle oben aufgezählten Berufungsgründe in Betracht.
Da das Abwesenheitsurteil erster Instanz kein vorläufiges sondern ein Endurteil darstellt, können von dem Berufungsführer auch sämtliche Fehler des Gerichts gerügt werden.
Dabei kommt die Behauptung entschuldigter Abwesenheit ebenso im Betracht, wie die Rüge eines überhöhten Strafmasses.
Auch eine Nichtigkeitsberufung kann bei Nichtvorliegen der formellen Voraussetzungen einer Abwesenheitsverhandlung eingelegt werden.

Berufungsberechtigt sind neben dem Angeklagten selbst auch dessen Ehegatte und seine Verwandten in auf- und absteigender Linie (§ 465 ö.StPO).

Grundsätzlich ist die Berufung binnen drei Tagen nach Urteilszustellung beim Rechtsmittelgericht einzulegen.

---

[438] Bertel/Venier, Grundriss des Strafprozessrechts, Rn. 683
[439] Fabrizy, § 463 Rn. 2

Im Falle einer Abwesenheitsverurteilung gelten jedoch die längeren 14-tägige Fristen der §§ 427 Abs. 3 bzw. 478 Abs. 2 ö.StPO. Die Berufungsfrist ist für das Abwesenheitsverfahren der Einspruchsfrist angeglichen.
Maßgeblich für den Beginn der Frist ist der Zeitpunkt der Urteilszustellung an den Verurteilten selbst, nicht hingegen der Zeitpunkt der Zustellung an seinen Verteidiger oder sonstige bevollmächtigte Personen.
Solange der Verurteilte selbst keine nachweisbare Kenntnis von seiner Verurteilung hat, sollen ihm sämtliche Rechtsmittel gegen das Urteil erhalten bleiben. Alles andere würde eine unzulässige Verkürzung des Rechtswegs zulasten des in absentia Verurteilten bedeuten.

Das Ergebnis der Berufung ist entweder die Aufhebung des Abwesenheitsurteils und die Zurückverweisung der Sache an das Gericht erster Instanz (kassatorische Entscheidung), oder die Aufhebung des Abwesenheitsurteils und Neuentscheidung durch das Berufungsgericht (reformatorisch).

2. Die Nichtigkeitsbeschwerde:

Mit der Nichtigkeitsbeschwerde können die Parteien eines Strafprozesses Gründe geltend machen, deren Vorliegen zur Nichtigkeit des Urteils führen würde. Während mit der Berufung ein Urteil in tatsächlicher und rechtlicher Hinsicht bekämpft werden kann, darf mit der Nichtigkeitsbeschwerde nur die Gesetzmäßigkeit des Verfahrens und des Urteils angefochten werden.[440]

Das für die Entscheidung über die Nichtigkeitsbeschwerde zuständige Rechtsmittelgericht ist also keine zweite Tatsacheninstanz, es hat vielmehr von den Tatsachen auszugehen, die durch das Erstgericht festgestellt worden sind.

Die Fehler, die zur Nichtigkeit eines Urteils führen können sind in §§ 281, 281 a ö.StPO abschließend aufgezählt.
Die Nichtigkeitsbeschwerde ermöglicht also keine allgemeine Rechtsrüge, sondern kann nur auf die ausdrücklich genannten Nichtigkeitsgründe gestützt werden.

Im Hinblick auf das Abwesenheitsverfahren kommt allein der Nichtigkeitsgrund des § 281 Abs. 1 Nr. 3 iVm § 427 ö.StPO in Betracht. Denn bei Fehlen der formellen Voraussetzung eines Abwesenheitsurteils ist dieses ausdrücklich mit Nichtigkeit bedroht (sog. prozessuale Nichtigkeit).
Einschränkende Voraussetzung ist gemäß § 281 Abs. 3 ö.StPO jedoch, dass die gerügte Formverletzung einen für den Angeklagten tatsächlich nachteilige Einfluss auf die Entscheidung des Ausgangsgerichts gehabt hat (relativer Nichtigkeitsgrund).
Der geltend gemachte Nichtigkeitsgrund ist in der Begründung der Nichtigkeitsbeschwerde genau zu bezeichnen. Das Rechtsmittelgericht beschränkt seine Prü-

[440] Fabrizy, § 281 Rn. 1

fung auf die vorgetragenen Gründe, es ist nicht zu Suche nach nicht vorgetragenen aber dennoch vorliegenden Nichtigkeitsgründen angehalten.[441]
Legitimiert zur Einlegung einer Nichtigkeitsbeschwerde zugunsten des Verurteilten sind neben ihm selbst zugleich sein Ehegatte, seine Verwandten in auf- und absteigender Linie und auch der Staatsanwalt (§ 282 Abs. 1 ö.StPO).

Im Fall einer Abwesenheitsverurteilung gilt auch für die Nichtigkeitsbeschwerde die verlängerte 14-tägige Einlegungsfrist des § 427 Abs. 3 ö.StPO.
Auch die Nichtigkeitsbeschwerde ist zumindest von der Einlegungsfrist her dem Einspruch angeglichen.
Beginn der Beschwerdefrist ist der Zeitpunkt der Zustellung des Abwesenheitsurteils an den Angeklagten persönlich.

Hält der zuständige oberste Gerichtshof die Nichtigkeitsbeschwerde für unbegründet, so wird er sie verwerfen.
Hält er sie hingegen für begründet, so wird er bei prozessualen Nichtigkeitsgründen (und nur solche kommen im Falle einer Abwesenheitsverurteilung in Frage) eine kassatorische Entscheidung treffen und die Sache an das Ausgangsgericht zurückverweisen.
Das Ausgangsgericht wird dann eine neuerliche Hauptverhandlung unter Zugrundelegung der ursprünglichen Anklage durchführen. Dabei sind die Richter der früheren Hauptverhandlung jedoch von der erneut durchzuführenden ausgeschlossen (§ 68 Abs. 2 ö.StPO).
Im Hinblick auf die Gewährleistung rechtlichen Gehörs, deren Sicherung Ziel eines jeden Rechtsmittels gegen ein Abwesenheitsurteil ist, erscheint diese Lösung äußert sinnvoll.
Wenn die Beschwerde dem OGH als zulässig und begründet erscheint, hat dies zur Folge, dass eine völlige Neuverhandlung und Neuentscheidung in der ursprünglichen Instanz stattfindet.
Gerade im Fall eines in erster Instanz abwesenden Angeklagten ist dies die sicherste Methode, sein rechtliches Gehör „nachzuholen".

3. Der Einspruch nach §§ 427 Abs. 3, 478 ö.StPO:

Lagen die formellen Voraussetzungen einer Abwesenheitsverurteilung (entweder nach § 427 oder nach § 459 ö.StPO) vor, so dass keines der ordentlichen Rechtsmittel greift, dann steht dem Verurteilten noch der außerordentliche Rechtsbehelf des Einspruchs offen.

---

[441] Bertel/Venier, Grundriss des Strafprozessrechts, Rn. 748

a) Rechtsnatur des Einspruchs:

Der österreichische Einspruch gegen ein Abwesenheitsurteil dient nicht der Anfechtung des Urteilsinhalts oder des Strafausspruchs, sondern dem Schutz des Rechts des Angeklagten auf Anwesenheit bei der Hauptverhandlung. Ziel ist die komplette Neudurchführung der Verhandlung in derselben Instanz.[442]
Er ist daher kein Rechtsmittel, sondern ein Rechtsbehelf und bewirkt materiell nur eine Wiedereinsetzung in den vorigen Stand.
Der Einspruch hat aufschiebende Wirkung und kann mit einem Rechtsmittel gegen den Urteilsinhalt verbunden werden.[443]

b) Voraussetzungen des Einspruchs:

Der Einspruch ist zu begründen. Dies kann durch nachträglichen Vortrag von unüberwindlichen Verhinderungsgründen wie Naturereignisse oder plötzliche Krankheit geschehen.[444]
Im Bezirksgerichtsverfahren kommt als weiterer Grund für die Erhebung eines Einspruchs die nicht gehörige Zustellung einer Ladung hinzu (§ 478 ö.StPO). In jedem Fall muss der Angeklagte die Hauptverhandlung unverschuldet, das heißt wegen eines Umstandes versäumt haben, der auch einen gewissenhaften Menschen in seiner Lage vom Erscheinen abgehalten hätte.
Dass in der Verhandlung, an der der Angeklagte nicht persönlich teilnahm, ein Verteidiger für ihn tätig war, schließt den Einspruch nicht aus.[445]
Einspruchsberechtigt ist nur der Angeklagte selbst, nicht etwa auch andere Personen die sonstige Rechtsmittel ergreifen könnten.[446]

c) Einspruchsfrist:

Der Einspruch gegen ein Abwesenheitsurteil ist binnen 14 Tagen ab Zustellung der Urteilsabschrift beim Erstgericht einzubringen.[447]

---

[442] Fabrizy, § 427 Rn. 13; Schwaighofer in: FS für Wilfried Platzgummer, S. 269
[443] Seiler, Strafprozessrecht, Rn. 848
[444] Seiler, Strafprozessrecht, Rn. 846
[445] Bertel/Venier, Grundriss des Strafprozessrechts, Rn. 1070
[446] SSt 40, 54; Fabrizy, § 427 Rn. 13; Seiler, Strafprozessrecht, Rn. 849
[447] Bertel/Venier, Grundriss des Strafprozessrechts, Rn. 1072

d) Zuständigkeit und Entscheidung:

Zuständig für die Entscheidung über einen Einspruch sind im landesgerichtlichen Gerichtshofverfahren die Oberlandesgerichte (§ 427 Abs. 3 ö.StPO). Bei Urteilen eines Schöffen- oder Geschworenengerichts entscheidet der Oberste Gerichtshof (§ 427 Abs. 3 ö.StPO).

Im bezirksgerichtlichen Verfahren entscheidet das Bezirksgericht selbst über den Einspruch. Gegen diese Entscheidung steht dem Verurteilten dann jedoch der weitergehende Rechtszug zum Landesgericht (Beschwerdeverfahren) zu.

Wird einem Einspruch des Verurteilten stattgegeben, muss eine neue Hauptverhandlung in derselben Instanz stattfinden.

Für das dann erneut zu fällende Urteil gilt das Verbot der reformatio in peius. Das Gericht darf in der neuen Hauptverhandlung auf keine höhere Strafe erkennen, als es dies im Abwesenheitsurteil bereits getan hat.[448]

Bei einem abermaligen Ausbleiben des Angeklagten nach erfolgreichem Einspruch ist vorzugehen wie bei seinem erstmaligen Ausbleiben.

Wenn der Einspruch verworfen wird, muss über die sonstigen Rechtsmittel die der Verurteilte gegen das Abwesenheitsurteil ergriffen hat, nach allgemeinen Regeln entschieden werden.

4. Erneuerung des Verfahrens nach Verurteilung Österreichs durch den EGMR:

Zuletzt bestimmt § 363 a Abs. 1 ö.StPO[449], dass nach erfolgter Verurteilung Österreichs wegen Verletzung einer Konventionsbestimmung durch eine gerichtliche Entscheidung oder Maßnahme ein zum Abschluss gelangtes Strafverfahren auf Antrag insoweit zu erneuern ist, als nicht auszuschließen ist, dass die Verletzung einen für den hiervon Betroffenen nachteiligen Einfluss auf den Inhalt der strafgerichtlichen Entscheidung ausüben konnte.

Der Antrag auf Erneuerung kann sowohl vom Verurteilten als auch von der Strafverfolgungsbehörde gestellt werden. Es muss anzunehmen sein, dass ohne den Konventionsverstoß eine andere, für den Beschwerten günstigere Entscheidung getroffen worden wäre.

---

[448] SSt, 17, 98; Fabrizy, § 427 Rn. 16; Seiler, Strafprozessrecht, Rn. 854; Bertel/Venier, Grundriss des Strafprozessrechts, Rn. 1075; Wessely, Strafprozessrecht, S. 79

[449] eingefügt durch ö.BGBl. 1996/762

B. Rechtstheoretische Grundlagen der Anwesenheitsregelung im österreichischen Recht

Fraglich bleibt, auf welchen Grundlagen das geltende österreichische Strafprozessrecht in theoretischer Hinsicht basiert.
Dabei beschränkt sich die Darstellung auf die für das Abwesenheitsverfahren relevanten Prozessgrundsätze.

I. Der Grundsatz der materiellen Wahrheitserforschung (§§ 3, 206 ö.StPO)

Ziel des gesamten Strafprozesses ist die Erforschung der materiellen Wahrheit auf vorbildlich materiell rechtsstaatliche Weise.
Der Strafprozess österreichischer Prägung wird daher vom Untersuchungs- oder Ermittlungsgrundsatz beherrscht.[450]
Die Verpflichtung des Gerichts zur Erforschung der materiellen Wahrheit bedeutet, dass der die Hauptverhandlung leitende Vorsitzende alle zur Belastung wie zur Verteidigung des Angeklagten dienenden Umstände mit gleicher Sorgfalt berücksichtigen muss, ohne dabei an Anträge oder Erklärungen der Parteien gebunden zu sein.[451]
Er hat mit allen ihm rechtlich zur Verfügung stehenden Mitteln die Wahrheit zu erforschen.[452]

Es sind mithin von Amts wegen alle Beweismittel aufzunehmen, von denen zu erwarten ist, dass sie zur Klärung der Sachlage beitragen können (sog. *Grundsatz der amtswegigen Wahrheitsforschung*).

Im Hinblick auf die Anwesenheit des Angeklagten steht die gerichtliche Verpflichtung zur Wahrheitsermittlung insofern im Widerstreit mit der Stellung des Angeklagten als Prozesssubjekt (insb. "nemo tenetur").
Der Angeklagte kann nicht gezwungen werden, bei der Wahrheitsforschung zu seinen Lasten mitzuwirken, und sei es nur, indem er als „Augenscheinsbeweis" gegen sich selbst schweigend der Verhandlung beiwohnt.
Ob der Grundsatz der amtswegigen Wahrheitsforschung daher zwingend eine *Anwesenheitspflicht* des Angeklagten begründen kann, scheint fraglich.
Jedoch ergibt sich daraus zumindest das *Recht* des Angeklagten, im Zuge der der Wahrheitsermittlung dienenden gerichtlichen Hauptverhandlung seine Aussagen zu Gehör des erkennenden Gerichts zu bringen.

---

[450] Löschnig-Gspandl in: Perron (Hrsg.), Beweisaufnahme im Strafverfahrensrecht des Auslands, S. 345
[451] Wessely, Strafprozessrecht, S. 10
[452] Seiler, Strafprozessrecht, Rn. 49

II. Der Grundsatz der Unmittelbarkeit (§§ 245, 252, 258 ö.StPO)

Der Grundsatz der Unmittelbarkeit der Beweisführung ist in der ö.StPO in § 258 ausdrücklich normiert. Er ergibt sich aber auch aus verschiedenen anderen Bestimmungen, insbesondere aus den §§ 245 Abs. 1 und 252 Abs. 1 ö.StPO, die eine Verlesung von Aussagen und Gutachten aus dem Vorverfahren oder einem anderen Verfahren nur ausnahmsweise gestatten.[453]

Unmittelbarkeit bedeutet auch in der österreichischen Strafrechtspflege, dass sämtliche Beweise vor dem erkennenden Gericht während der laufenden Verhandlung zu erheben sind, welches sich tunlichst nicht mit Beweissurrogaten (Verlesung protokollierter Aussagen etc.) zufrieden geben darf.[454]

Daher begründen sich sowohl *Anwesenheitsrecht* des Angeklagten also auch seine *Anwesenheitspflicht* unproblematisch aus dem Unmittelbarkeitsgrundsatz.[455]

III. Die Gewährung rechtlichen Gehörs

Die Gewährleistung rechtlichen Gehörs als Ausprägung der staatlichen Fürsorgepflicht kann ebenfalls zur Begründung sowohl eines Anwesenheitsrechts als auch einer Anwesenheitspflicht des Angeklagten herangezogen werden.
Der Grundsatz des rechtlichen Gehörs bedeutet, dass dem Angeklagten in der Hauptverhandlung eine umfassende Anhörung zuteil wird.[456] Dazu ist seine persönliche Anwesenheit Voraussetzung.

Was das *Anwesenheitsrecht* des Angeklagten angeht, so ist mithin sicher, dass ein solches aus dem Recht auf Gewährung rechtlichen Gehörs resultiert.

Im Hinblick auf eine *Anwesenheitspflicht* des Angeklagten ist jedoch kritisch anzumerken, dass es gerade Teil seiner im österreichischen Strafprozess deutlichen Stellung als Prozesssubjekt ist, eigenverantwortliche Entscheidung über seine Anwesenheit im Prozess treffen zu können. Selbst wenn er dabei leichtfertig das Risiko einer Fehlverurteilung unterschätzt.[457] Im Hinblick auf eine etwaige Anwesenheitspflicht verfängt das Gehörsargument daher kaum.

---

[453] Fabrizy, § 252 Rn. 1, § 258 Rn. 1

[454] Wessely, Strafprozessrecht, S. 11; Löschnig-Gspandl in: Perron (Hrsg.), Beweisaufnahme im Strafverfahrensrecht des Auslands, S. 361

[455] vlg. dazu auch die bereits im Rahmen des deutschen Strafprozessrechts getroffenen Feststellungen

[456] Bertel/Venier, Grundriss des öster. Strafprozessrechts, Rn. 65

[457] In diesem Sinn *Schwaighofer* in: FS für Wilfried Platzgummer, S. 276

IV. Der Grundsatz der Mündlichkeit (Art. 90 Abs. 1 Bundesverfassung, § 258 ö.StPO)

Der Grundsatz der Mündlichkeit der Hauptverhandlung bedeutet, dass das Gericht nicht aufgrund eines Aktenverfahrens, sondern nur aufgrund der Ergebnisse der mündlichen Verhandlung entscheiden darf. Das Urteil darf nur auf solche Tatsachen gestützt werden, die in der Hauptverhandlung mündlich vorgetragen worden sind.[458]

Dazu würde theoretisch auch die Verlesung von Vernehmungsprotokollen aus den Vorerhebungen genügen.

Der Mündlichkeitsgrundsatz ist jedoch im Zusammenhang mit dem Unmittelbarkeitsgedanken zu sehen. Nur wenn der Angeklagte als unmittelbare Quelle in der Hauptverhandlung selbst vernommen werden konnte, sind seine Aussagen verwertbar.

Daraus ergibt sich unproblematisch ein *Recht* des Angeklagten auf Teilnahme an seiner Verhandlung.

V. Die Gewährleistung eines fairen Verfahrens nach Art. 6 EMRK

Die EMRK und die aus ihr abgeleiteten Rechte auf ein faires Verfahren und die Anwesenheit des Angeklagten beanspruchen auch in Österreich Geltung.

Im Gegensatz zu vielen anderen Nationalstaaten hat die EMRK in Österreich Verfassungsrang.[459] Seit ihrer Unterzeichnung und Ratifikation ist die Konvention in Österreich Bestandteil des Verfassungsrechts.

Denn der völkerrechtliche Vertrag EMRK wird im Sinne des Art. 50 des Bundesverfassungsgesetzes als verfassungsändernder Staatsvertrag angesehen.

Wegen dieser Stellung der EMRK im Gefüge des Verfassungsrechts, kann eine Verletzung ihrer Garantien auch vor dem österreichischen Verfassungsgerichtshof (VfGH) geltend gemacht werden. Dabei kann sich der Einzelne insbesondere auf die bereits dargestellten von Art. 6 I iVm III EMRK erfassten Rechte berufen.[460]

Dazu gehören neben dem Recht auf persönliche Anwesenheit zugleich das allgemeine Recht auf Einräumung ausreichender Verteidigungmöglichkeiten und das Prinzip der Waffengleichheit im Hinblick auf die gleichen Möglichkeiten, Fragen an Belastungszeugen stellen zu können.

---

[458] Wessely, Strafprozessrecht, S. 10; Löschnig-Gspandl in: Perron (Hrsg.), Beweisaufnahme im Strafverfahrensrecht des Auslands, S. 360

[459] Pahr, EuGRZ 1975, 576 f.

[460] Berka, Grundrechte, Rn. 828 ff.

Das österreichische Strafprozessrecht wurde durch mehrere Novellen den menschenrechtlichen Standards des Art. 6 EMRK angepasst.[461]
Insgesamt lässt sich an dieser Stelle festhalten, dass auch aus Art. 6 EMRK ein *Anwesenheitsrecht* des Angeklagten im österreichischen Strafprozess hergeleitet werden kann.

[461] dazu gehörten unter anderem die umfangreichen Neurungen durch das StrafprozessreformG 2004 (Stärkung des adversatorischen Charakters des Strafverfahrens, Beschränkung der Dauer der U-Haft u.a.), vgl. *Bertel/Venier*, Einführung in die neue StPO

Zweites Kapitel

Gegenstand des zweiten Kapitels ist der Vergleich zwischen den oben dargestellten Vorschriften der einzelnen nationalen Strafverfahrensrechte.
Dieser Vergleich soll weitergehen als die bisher erfolgte bloße auslandsrechtskundliche Darstellung der Vorschriften in ihrem jeweils eigenen Zusammenhang.

Die Abwesenheit des Angeklagten, gleich aus welchen Gründen, zum Zeitpunkt einer gegen ihn gerichteten Strafverhandlung, stellt als konkretes Problem die verschiedenen Rechtssysteme vor die gleichen faktischen Herausforderungen.

Es unterscheiden sich lediglich die rechtstechnischen Mittel, derer sich die unterschiedlichen Verfahrensordnungen bedienen, um diese Aufgabe zu lösen.
Der hier vorzunehmende Vergleich soll daher problembezogen-funktional die Zweckdienlichkeit der unterschiedlichen Normen im Hinblick auf die Lösung des konkreten Problems "Abwesenheit" untersuchen.

Die rechtstheoretischen Begründungen sowohl der Anwesenheitspflicht als auch des Anwesenheitsrechts wurden bereits für die einzelnen Rechtsordnungen detailliert beleuchtet und seien in den wesentlichen Grundzügen noch einmal in aller Kürze zusammengefasst:

- Das *Recht* des Angeklagten auf Anwesenheit in der gegen ihn gerichteten Hauptverhandlung beruht im Wesentlichen auf seinem Anspruch auf Gewährung rechtlichen Gehörs, seinem Recht auf ein faires Verfahren, sowie auf der Garantie von Waffengleichheit und Verteidigungsrechten.

Somit dient das Anwesenheitsrecht den Interessen des einzelnen Angeklagten und seinem Schutz vor der Staatsgewalt.

- Die *Pflicht* des Angeklagten bei seinem Prozess persönlich anwesend zu sein hingegen beruht auf dem Interesse des Staates an der Durchsetzung des hoheitlichen Strafanspruchs. Der Eintritt der Verfolgungsverjährung soll verhindert werden, die bestmögliche Aufklärung des Sachverhalts soll gesichert und damit das Vertrauen der Allgemeinheit in die Funktionstüchtigkeit der Strafrechtspflege erhalten werden. Die Anwesenheitspflicht stellt somit vornehmlich ein Mittel zur staatlichen Interessendurchsetzung dar.

Dieser Interessenkonflikt bildet das sozio-kulturelle Problemfeld, auf dem sich das Rechtsinstitut „Abwesenheitsverfahren“ bewegt.

In weiteren Verlauf soll untersucht werden, welche Gewichtung der beiden gegeneinander abzuwägenden Interessen sich in den nationalen Gesetzgebungen widerspiegelt.
Damit soll im Sinne einer wertenden Beschreibung des „Ist-Zustandes“ der Boden bereitet werden für die anschließende Ausarbeitung des EMRK-konformen „Soll-Zustandes“ und deren abschließende Gegenüberstellung.

Erstes Unterkapitel: Vergleich anhand der prozessualen Vorschriften

Die einzelnen Verfahrensordnungen sind einem Vergleich am ehesten zugänglich, indem einzelne detaillierte Vorschriften rund um die Abwesenheitsregelungen jeweils miteinander verglichen werden. Dabei soll zuerst festgehalten werden, ob und in welchem Umfang ein *Anwesenheitsrecht* oder eine *Anwesenheitspflicht* des Angeklagten anerkannt werden. Erst danach erfolgt der Vergleich anhand von Einzelvorschriften.

A. Bestehen und Ausnahmen eines Anwesenheitsrechts

Ausnahmslos alle der oben beschriebenen Rechtsordnungen erkennen ein *Recht* des Angeklagten auf Anwesenheit in der gegen ihn gerichteten Strafverhandlung erster Instanz an.
Geringe Abweichungen existieren lediglich bei den Ausnahmen zu diesem generellen Anwesenheitsrecht:

In **Deutschland** kann gegen den abwesenden Angeklagten gar nicht und gegen den ausgebliebenen nur in den engen Voraussetzungen der §§ 231 ff. StPO verhandelt werden.
Namentlich seien hier noch einmal die Fälle des wegen ungebührlichen Verhaltens ausgeschlossenen Angeklagten genannt (§ 231 b StPO).
Das Anwesenheitsrecht steht jedoch nicht im Belieben des einzelnen Angeklagten, es ist – von Delikten geringer Schwere abgesehen – nicht disponibel.

In **England** wird vor den *magistrate's courts* ein Anwesenheitsrecht zwar anerkannt, letztlich aber zur Disposition des Angeklagten gestellt.
Er hat die Wahl, ob er zu seiner Verhandlung erscheinen will, oder nicht. Erscheint er nicht, wird in der Regel in seiner Abwesenheit verhandelt als wäre er anwesend.

Vor den *crown courts* besteht ebenfalls ein Anwesenheitsrecht des Angeklagten, sein Wahlrecht zwischen Anwesenheit und Fernbleiben ist jedoch im Interesse der Rechtsfindung erheblich eingeschränkt.
Um der Verhandlung fernbleiben zu dürfen, muss der Angeklagte schon berechtigende Gründe angeben können, die dann einer Prüfung des vorsitzenden Richters standhalten müssen.
Der vorsitzende Richter kann einen anwesenden Angeklagten jedoch wegen ungebührlichen Verhaltens ebenso ausschließen, bzw. die Verhandlung nach seiner Flucht fortsetzen lassen.

Insofern steht das Anwesenheitsrecht vor den *crown courts* in gewisser Weise unter dem Vorbehalt der Verwirkung.

In **Frankreich** gilt sowohl vor den *tribunal correctionel/juge de police* als auch vor den *cours d'assises* das uneingeschränkte Recht des Angeklagten, an seiner Verhandlung teilzunehmen.
Ausschlussgründe ergeben sich lediglich unter dem Aspekt der Rechtsverwirkung, z.B. durch Störung des ordnungsgemäßen Verhandlungsablaufs (Art. 321, 322 CPP bzw. Art. 404, 405 CPP).

In den **Niederlanden** besteht ebenfalls ein generelles Anwesenheitsrecht des Angeklagten, jedoch kann relativ unkompliziert auch in seiner Abwesenheit verhandelt werden, wenn er bei Aufruf der Sache nicht im Gerichtssaal anwesend ist.
Insofern kann der Angeklagte in den Niederlanden wählen, ob er sein Anwesenheitsrecht ausüben will, oder nicht.
Für den erschienen Angeklagte, also denjenigen, der sich entschlossen hat sein Anwesenheitsrecht auszuüben, existiert allerdings auch eine Ausschlussmöglichkeit wegen Störung des ordnungemäßen Ablaufs der Verhandlung (art. 273 Abs. 3 Sv.).

Auch das Strafverfahrensrecht **Österreichs** erkennt ein Anwesenheitsrecht der Angeklagten unproblematisch an.
Eine Ausnahme besteht hier ebenfall nur, wenn der Angeklagte den Verhandlungsablauf durch sein Verhalten erheblich stört. Dann kann er per Beschluss der Gerichts für einige Zeit oder dauerhaft aus dem Gerichtssaal entfernt werden, die Verhandlung wird in seiner Abwesenheit fortgeführt (§ 234 ö.StPO).

Vergleichend lässt sich damit festhalten, dass bezüglich Bestehen und Umfang des *Rechts* des Angeklagten auf Anwesenheit kaum Unterschiede zwischen den hier dargestellten Rechtsordnungen zu erkennen sind.
Sie alle erkennen ein grundsätzliches Anwesenheitsrecht an und erlauben einen zwangsweisen Ausschluss des Angeklagten nur in den Fällen, in denen das Recht des Einzelnen einem zwingenden Interesse der Rechtspflege weichen muss, so in der Regel wenn der ordnungsgemäße Verhandlungsablauf durch ein Verhalten des Angeklagten gestört wird.

B. Bestehen und Ausnahmen einer Anwesenheitspflicht

Neben einem Anwesenheitsrecht besteht in den meisten Rechtsordnungen auch eine *Pflicht* des Angeklagten, seiner Verhandlung beizuwohnen.
Sie umfasst in der Regel die gesamte Dauer der mündlichen Verhandlung, vom Aufruf der Sache bis hin zur Rechtsmittelbelehrung, auch wenn sich die Verhandlung über mehrere Verhandlungstage erstreckt.
Der Angeklagte hat während dieser Zeit persönlich und in verhandlungsfähigem Zustand im Gerichtssaal anwesend zu sein.

In **Deutschland** ist diese Pflicht besonders ausgeprägt und in § 231 Abs.1 S.1 StPO gesetzlich normiert.
Der Angeklagte kann von dieser Pflicht nur unter den Voraussetzungen des § 233 StPO durch das Gericht entbunden werden, sofern es sich bei der abzuurteilenden Tat um ein Vergehen handelt, für das maximal eine Freiheitsstrafe von sechs Monaten zu erwarten ist.

In **England** hat der Angeklagte vor den *magistrate's courts* keine Pflicht zur Anwesenheit, vielmehr steht es in seinem Belieben, ob er an seiner Verhandlung teilnehmen will oder nicht. Eine Ausnahme zu dieser freien Wahl besteht nur, wenn das Gericht persönliches Erscheinen ausdrücklich angeordnet hat oder der Angeklagte sich nur auf Kaution auf freiem Fuß befindet.
In beiden Fällen liegt der Grund für die Anwesenheitspflicht entweder in der Schwere des verwirklichten Delikts oder in der Gefährdung der Sachverhaltsaufklärung bei Abwesenheit des Angeklagten.
Vor den *crown courts* hingegen herrscht auch in England eine strenge Anwesenheitspflicht. Verhandlungen ohne den Angeklagten sind hier nur bei außergewöhnlichen Fällen (Flucht) denkbar und stehen im pflichtgemäßen Ermessen des vorsitzenden Richters.[462]

In **Frankreich** wird vor allen zur Entscheidung berufenen Gerichten von einer generellen Anwesenheitspflicht des Angeklagten ausgegangen.
Ausnahmen gelten hier im Bereich geringfügiger Straftaten (*contraventions*):
- Bei Übertretungen, die nur mit einer Geldbuße bedroht sind kann der Angeklagten auf seinen Wunsch hin der Verhandlung fernbleiben und lediglich einen Anwalt mit der Vertretung seiner Interessen beauftragen (Art. 544 CPP).
- Handelt es sich dagegen um eine Übertretung, die im Höchstmaß mit Geldstrafe oder Freiheitsstrafe bis zu zwei Jahren bedroht ist, so kann der Angeklagte zwar auch von seiner Anwesenheitspflicht befreit werden, er kann jedoch nicht

[462] vgl. zu den Ermessenskriterien die Entscheidung des Court of Appeals im Fall *R. v Hayward and others* (2001) 3 WLR 125

einfach der Verhandlung fernbleiben, sondern muss ein entsprechendes Gesuch an den vorsitzenden Richter richten (Art. 411 CPP).

Das Strafprozessrecht der **Niederlande** kennt im Gegensatz zu den anderen Verfahrensordnungen keine Anwesenheitspflicht des Angeklagten.
Es bildet insofern die absolute Ausnahme.
Solange sein persönliches Erscheinen nicht vom Gericht angeordnet wurde, kann der Angeklagte in Ausübung der ihm zustehenden Prozessautonomie frei entscheiden, ob er an seiner Verhandlung teilnehmen will oder nicht.
Dabei gilt dieser Grundsatz unterschiedslos für alle verwirklichten Straftaten und vor allen in erster Instanz zur Entscheidung berufenen Gerichten.

Demgegenüber ist in **Österreich** eine Anwesenheitspflicht des Angeklagten unbestritten.
Ausnahmen bestehen hier nur in der Möglichkeit einer Vertagung der Verhandlung wegen sicheren Ausbleibens des Angeklagten (§ 226 ö.StPO).

Abschließend lässt sich damit feststellen, dass – außer den Niederlanden – alle besprochenen Strafverfahrensordnungen auch eine *Pflicht* des Angeklagten kennen, sich zur Verhandlung einzufinden.
Auch im Hinblick auf die davon bestehenden Ausnahmen lassen sich deutliche Gemeinsamkeiten erkennen:
Dem Angeklagten wird das Privileg des Fernbleibens von der Verhandlung gewährt, wenn es sich lediglich um eine geringfügige Straftat handelt und sein Erscheinen weder im Hinblick auf die Sachverhaltsaufklärung noch auf die Wiederherstellung des Rechtsfriedens notwendig erscheint.
Teilweise wird dieses Privileg dem Angeklagten ohne Antrag gewährt (so vor den englischen *crown courts*, vor denen ohnehin nur geringfügigere Straftaten verhandelt werden) oder es wird in das Ermessen des jeweiligen Gerichts gestellt (so in Deutschland, Frankreich und Österreich).

Einzig das niederländische *Wetboek van Strafvordering* kennt keine Anwesenheitspflicht des Angeklagten. Wie dies rechtstheoretisch begründet erscheint, wurde bereits oben[463] dargelegt.
Was die Interessengewichtung zwischen den privaten Interessen des Angeklagten an Teilnahme an seiner Verhandlung und den staatlichen Interessen an möglichst unkomplizierter Verfahrensdurchführung angeht, ist somit festzustellen, dass die einzelnen Verfahrensordnungen hier - zumindest den Grundsätzen nach - einen harmonischen Ausgleich gefunden haben:

---

463 vgl. die Ausführungen zum Strafprozessrecht der Niederlande im Ersten Kapitel

Weder das Recht des Angeklagten auf Anwesenheit, noch seine Pflicht dazu werden ausnahmslos gewährt.
Vielmehr stehen beide jeweils unter dem Vorbehalt von Praktikabilitätserwägungen.
- Das ausnahmslos gewährleistete Recht des Angeklagten auf Verhandlung in seiner Anwesenheit muss nur unter engen Voraussetzung (oder aufgrund eigenen Verschuldens) den staatlichen Interessen an komplikationsloser Verfahrensdurchführung weichen.
- Aber auch die häufig kritisch betrachtete Pflicht des Angeklagten, die „Strapazen" einer mündlichen Verhandlung auf sich zu nehmen, wird nur dann verlangt, wenn es sich bei den abzuurteilende Taten nicht bloß um geringfügige Gesetzesverstöße handelt.
Bemerkenswert ist die weitgehende Übereinstimmung in diesen Grundsätzen.
Im Rahmen zumindest der grundsätzlichen Anschauung ist also bereits hier eine Art „europäischer Konsens" zu konstatieren.
Ob sich dieser Konsens auch in den einzelnen Verfahrensbestimmungen fortsetzt, soll im Folgenden untersucht werden.

C. Einzelaspekte

Nachdem das Bestehen eines Anwesenheitsrechts und einer Anwesenheitspflicht generell in den einzelnen Ländern vergleichend gegenüber gestellt wurden, ist vertiefend auf verschiedene Einzelaspekte rund um diese grundsätzlichen Regelungen einzugehen.

I. Das Erfordernis einer ordnungsgemäßen Ladungszustellung

Neben der Feststellung der „Abwesenheit" ist das Erfordernis einer ordnungsgemäßen Zustellung der gerichtlichen Vorladung an den Angeklagten eine der Voraussetzungen, die erfüllt sein müssen, um ein Abwesenheitsverfahren durchführen zu können.

Das **deutsche** Strafprozessrecht kennt das Erfordernis der ordnungsgemäßen Ladung eines „abwesenden" Angeklagten zur Ermöglichung der Durchführung einer Abwesenheitsverhandlung naturgemäß nicht.
Gegen den im deutschrechtlichen Sinne „Abwesenden" darf gar nicht verhandelt werden, mithin kommt es auf die regelgerechte Zustellung der gerichtlichen Ladung auch nicht entscheidend an.

In **England** ist die erwiesenermaßen ordnungsgemäße Zustellung der Ladung wesentliche Voraussetzung einer Verhandlung ohne den Angeklagten.

In den Verfahren vor den *magistrate's courts* ist dies geschriebenes Recht (MCA 1980, s. 11 bzw. s.12).

Vor den *crown courts* ergibt sich das Erfordernis einer ordentlichen Ladung aus der Sache selbst. Wenn der Angeklagte bei Prozessbeginn nicht anwesend ist, wird der vorsitzende Richter die Sache vertagen.
Eine Abwesenheitsverhandlung kommt nur dann in Betracht, wenn sich der Angeklagte aus der laufenden Verhandlung entfernt und diese dann fortgeführt wird. In derartigen Fällen kann jedoch sicher davon ausgegangen werden, dass ihn zuvor eine Ladung erreichte, schließlich war er schon einmal anwesend.
Im britischen Recht ist die ordentliche Ladung des Angeklagten also zwingende Voraussetzung eines Abwesenheitsverfahrens. Ist sie nicht erwiesen, kann nicht ohne den Angeklagten verhandelt werden.

Das **französische** Recht macht zwar nicht die Möglichkeit, wohl aber die Art einer Verhandlung gegen einen abwesenden Angeklagten von der ordnungsgemäßen Zustellung der gerichtlichen Ladung abhängig.

Steht in Verfahren vor dem *tribunal correctionel/juge de police* sicher fest, dass der Angeklagte ordentlich zur Verhandlung geladen wurde, wird gegen ihn nicht im „Défaut"- sondern im „quasi-kontradiktorischen" Verfahrensgang geurteilt.
Insofern stellt die Verurteilung nach gewöhnlichem Verfahrensgang mit allen daraus resultierenden Folgen eine Sanktion für das anzunehmende schuldhafte Ausbleiben des Angeklagten dar.
Steht die ordnungsgemäße Zustellung der Ladung hingegen nicht bewiesen fest, wird im „Défaut"Verfahren verurteilt. Darin ist ein „Privileg" für den Angeklagten zu sehen, da ihm ein Rechtsmittel (die *opposition*) mehr eröffnet ist. Schließlich besteht mangels Ladung in einem derartigen Fall die Möglichkeit, dass der Angeklagte gar keine Kenntnis vom Termin seiner Verhandlung hatte.

In Verfahren vor den *cour d'assises* hingegen kommt es auf die ordnungsgemäße oder nicht ordnungsgemäße Zustellung der Ladung nicht an.
Sind weder der Angeklagte noch ein Verteidiger im Gerichtssaal anwesend, wird nach den Regeln des *défaut criminel* geurteilt.
Lediglich die Anwesenheit eines Verteidigers kann hier eine Verurteilung nach kontradiktorischem Verfahrensgang bewirken. Auch dies wird letztlich mit der Kenntnis des Angeklagten vom Verhandlungstermin begründet.
Dazu jedoch später.[464]

---

[464] Da es sich hierbei letztlich um eine vertretungsrechtlich relevante Frage handelt, wird dies auch dort diskutiert werden.

Wenn die Voraussetzungen für eine Verhandlung in Abwesenheit des Angeklagten in den **Niederlanden** auch weniger streng sind als in den meisten anderen Rechtsordnungen, so ist die ordnungsgemäße Ladung doch auch hier Voraussetzung für eine *verstekbehandeling* (art. 278 Abs. 1 Sv.).
Steht die ordentliche Zustellung der Ladung nicht fest, so *muss* das Gericht die Sitzung schließen und eine neuen Verhandlungstermin anberaumen.
Steht sie hingegen fest, *kann* das Gericht nach Ermessen gegen den abwesenden Angeklagten verhandeln.

Die **österreichische** Strafprozessordnung verlangt ebenfalls die als gesichert anzusehende Zustellung der Ladung als Voraussetzung für ein Abwesenheitsverfahren sowohl im Gerichtshofs- als auch im Bezirksgerichtsverfahren (§§ 427 Abs. 1 bzw. 459 S. 1 ö.StPO).
Im Gerichtshofverfahren ist unter „ordnungsgemäßer Zustellung" sogar nur die persönliche Aushändigung der Ladung zu verstehen.[465]

Im Ergebnis zeigt der Vergleich wiederum außerordentliche Gemeinsamkeiten der meisten Rechtsordnungen.
Sie alle sehen die ordnungsgemäße Zustellung der Ladung als wesentliche Voraussetzung eines Abwesenheitsverfahrens an.
Wenn das Gericht davon nicht durch hinreichende Beweise überzeugt ist, kann es die Verhandlung nicht oder jedenfalls nicht im normalen Verfahrensgang beginnen.

Der Grund hierfür liegt auf der Hand: Wenn ein Angeklagter schon verurteilt werden kann, ohne persönlich vom Gericht gehört worden zu sein, dann soll jedenfalls sicher sein, dass er der Verhandlung mutwillig und nicht aufgrund Unkenntnis vom Termin fernblieb.
Insofern stellen die strengen Ladungsvoraussetzungen einen Schutz des unwissenden Angeklagten dar. Dieser Schutz – den der Angeklagte im deutschen Strafprozess nicht benötigt, gegen ihn wird ohnehin nicht verhandelt – ist in allen hier besprochenen Rechtsordnungen in gleichem Masse anerkannt.
Darüber, *dass* der Angeklagte geladen worden sein muss, herrscht mithin europäischer Konsens.

Variationen zeigen sich lediglich in den Vorschriften über die notwendige Art der Zustellung.
Unterschiedlich betrachtet wird also, *wie* der Angeklagte geladen worden sein muss, um in seiner Abwesenheit verhandeln zu können.

---

[465] SSt 19/157; Fabriziy, § 427 Rn. 5

Einige Rechtsordnungen sehen eine Zustellung der Ladung an den Angeklagten persönlich, also zu eigenen Händen als unbedingte Voraussetzung, um von einer gesicherten Kenntnis des Angeklagten vom Verhandlungstermin auszugehen (so Österreich). Eine Ersatzzustellung soll gerade nicht genügen.
Andere lassen eine ersatzweise Zustellung an Personen aus dem Haushalt des zu Ladenden genügen (so das englische Strafverfahrensrecht).
Teilweise wird auch die öffentliche Zustellung der Ladung durch Aushang im Gerichtsgebäude, Veröffentlichung in Druckmedien und Anschlag an der Wohnungstür als genügend angesehen um den Angeklagten zu verurteilen (so der französische CPP, in dem die Unmöglichkeit der Ladungszustellung gerade eine Voraussetzung eines „Défaut"Verfahrens ist).

Im Hinblick auf die unbedingt zu fordernde Kenntnis des Angeklagten von Zeitpunkt und Ort der Hauptverhandlung, erscheint die nachgewiesene persönliche Zustellung der Ladung als die rechtsstaatlich wünschenswerteste Lösung.
Nur durch tatsächliche Aushändigung der Ladungsurkunde an die Person des Angeklagten wird jeder Zweifel darüber beseitigt, ob seine Abwesenheit in der Hauptverhandlung nicht doch auf schlichte Unwissenheit zurückzuführen sein könnte.
Und erst wenn sicher davon ausgegangen werden kann, dass das Nichterscheinen des Angeklagten nicht in seiner Unkenntnis vom gegen ihn geführten Verfahren begründet lag, ist Raum für weitere Überlegungen hinsichtlich der Ahndung mutwilliger Abwesenheit oder Durchführung einer Hauptverhandlung zur Beweissicherung.

Daher sollte die persönliche Zustellung der Ladungsurkunde zur gesamteuropäischen Standardvoraussetzung einer Abwesenheitsverurteilung werden.

II. Die Gestellungsmittel

Gemeinsamkeiten der Rechtsordnungen zeigen sich auch, wenn es darum geht, mit welchen Mitteln ein nicht erschienener Angeklagter dazu gezwungen werden kann, seiner Verhandlung beizuwohnen:

Während für den „ausgebliebenen" Angeklagten in **Deutschland** die Gestellungsmittel des Vorführungs- oder Haftbefehls (§ 230 Abs. 2 StPO) zur Verfügung stehen, gibt es solche nicht für denjenigen der „abwesend" ist.
Denn die „Abwesenheit" iSd § 276 StPO beruht ja gerade darauf, dass eine Gestellung des Angeklagten nicht möglich ist.[466]

[466] an dieser Stelle sei noch einmal auf der Streit bezüglich der Frage verwiesen, ob die „un-

Desgleichen kennt das Strafprozessrecht **Englands** das Gestellungsmittel des Haftbefehls, um den nicht erschienen Angeklagten zur Anwesenheit zu zwingen (Bail Act 1976, s. 7 (1)). Der im Ausland befindliche Angeklagte kann mittels eines Auslieferungsersuchens an den beherbergenden Staat zur Teilnahme an seiner Verhandlung gezwungen werden.
Dies gilt jedoch nur vor den *crown courts*, da nur hier eine uneingeschränkte Anwesenheitspflicht herrscht.

Vor den *magistrate's courts* hingegen ist der Erlass eines Haftbefehls nur dann möglich, wenn das Gericht zuvor festgestellt hat, dass die Anwesenheit des Angeklagten für die Sachverhaltserforschung unerlässlich ist. Ansonsten muss in absentia oder gar nicht verhandelt werden.

Auch in **Frankreich** kann der Angeklagte zur Durchsetzung seiner Anwesenheitspflicht in Untersuchungshaft genommen werden.
Jedenfalls dann, wenn das Gericht seine Anwesenheit für unbedingt erforderlich hält und eine Haftstrafe über zwei Jahre zur Diskussion steht (vor den *tribunaux correctionels/juges de polices*). In Fällen geringerer Delinquenz stehen den französischen Gerichten jedoch keinerlei Zwangsmittel zur Verfügung. Sie können den Fall dann nur vertagen oder in Abwesenheit des Angeklagten verhandeln.

Vor den *cours d'assises* hingegen erhält der Angeklagte zusammen mit seiner Ladung direkt einen Haftbefehl zugestellt, der sofort in Vollzug gesetzt werden kann, sobald Anlass zu der Annahme besteht, der Angeklagte könne versuchen, sich seiner Verhandlung zu entziehen. Damit soll seine Anwesenheit zumindest bei Verhandlungsbeginn sichergestellt werden.

Selbst das Strafverfahrensrecht der **Niederlande**, das eigentlich keine generelle Anwesenheitspflicht kennt, hält für den Fall dass der Angeklagte nicht von selber zur Verhandlung erscheint und seine Teilnahme für notwendig erachtet wird, das Gestellungsmittel des Vorführungs- bzw. Haftbefehls bereit (art. 278 Abs. 2 Sv.).

Auch das Strafverfahrensrecht **Österreichs** kennt zur Durchsetzung der Anwesenheitspflicht vor allen zuständigen Gerichten das Zwangsmittel des Vorführungsbefehls, wenn der Angeklagte nicht zur Verhandlung erscheint. Im Falle des deutschrechtlich „Abwesenden“[467] ist dies jedoch erst zulässig, nachdem dem Angeklagten eine Ladung zugestellt werden konnte und er darauf nicht reagiert hat (§§ 221, 413, 459 ö.StPO).

---

ausführbare Gestellung“ im Sinne des § 276 StPO den erfolglos durchgeführten Versuch einer Einlieferung des Angeklagten nach Deutschland erfordert (so die Ansicht *Oppes*, NJW 1966, 2237)

[467] vgl. dazu die Ausführungen zu den Abwesenheitsregelungen in Österreich im Ersten Kapitel

Wo es eine staatliche Pflicht gibt, muss es auch Mittel geben, sie notfalls zwangsweise durchzusetzen.

Festzustellen ist also, dass zwar alle hier behandelten Rechtsordnungen Zwangsmittel zur Durchsetzung der Anwesenheitspflicht kennen. Der Schärfegrad des Mittels und die Voraussetzung seiner Anwendung differieren jedoch.

Während in Deutschland, Österreich und den Niederlanden der Haftbefehl als Eingriff in die persönlich Freiheit die ultima ratio darstellt und im Zuge der Wahrung der Verhältnismäßigkeit erst erlassen werden soll, nachdem eine polizeiliche Vorführung fehlgeschlagen ist[468], wird dieser in England als primäres weil einziges Mittel der Gestellung eingesetzt.

In Frankreich wird demgegenüber milder verfahren. Wenn es sich nicht um eine gewichtige Straftat handelt, ist vor dem *tribunal correctionel* gar kein Gestellungsmittel vorgesehen (allerdings muss der Angeklagte in derartigen Fällen gem. Art. 414 CPP auch auf seinen Antrag hin vom Erscheinen befreit werden, es gibt dann also gar keine absolute Anwesenheitspflicht, die durchsetzbar wäre[469]).

Handelt es sich jedoch um eine gewichtige Straftat, so erhält der Angeklagte per se einen Haftbefehl, dessen Vollzug jedoch erst dann angeordnet wird, wenn der Angeklagte sich der Justiz zu entziehen droht.

So ermöglichen alle hier in Rede stehenden Verfahrensordnungen den Gerichten einen Eingriff in die persönliche Freiheit des Angeklagten, um ihn zur Teilnahme an seiner Verhandlung zu zwingen.

III. Wirkungen eines Abwesenheitsurteils

Kaum verschieden sind auch die Auswirkungen, die ein Abwesenheitsurteil in den einzelnen Rechtsordnungen hat.

Hinsichtlich dieser Wirkungen kann man nicht an den deutschen Standards von „formeller" und „materieller" Rechtskraft haften bleiben. Diese Begriffe existieren in den unterschiedlichen europäischen Rechtsordnungen entweder gar nicht oder werden zu unterschiedlich verwendet, als dass sie ein aussagekräftiges Unterscheidungsmerkmal darstellen könnten.[470]

---

[468] für die deutsche Regelung Meyer-Goßner, § 230 Rn. 22; Ranft, Strafprozessrecht, Rn. 1490

[469] vgl. bereits oben zu den Ausnahmen von der Anwesenheitspflicht vor französischen Gerichten

[470] so kennt das niederländische Strafprozessrecht die Unterscheidung zwischen formeller und materieller Rechtskraft beispielsweise nicht, maßgeblich für die „Rechtskraft" ist allein der Ablauf der Rechtsmittelfristen, vgl. *Corstens,* strafprocesrecht, S. 695 ff.

Daher sollen hier - eher untechnisch gesprochen - die Punkte „Erledigung der Sache durch das Urteil“ und „Vollstreckbarkeit des Urteils“ sowie „maximale Höhe der auszuurteilenden Strafe“ näher verglichen werden.

In **Deutschland** kann es mangels Hauptverhandlung gar nicht zu einem Urteil gegen einen nicht persönlich Anwesenden kommen, gleichgültig ob er als „abwesend“ oder als „ausgeblieben“ einzustufen ist.
Die Frage nach der Rechtskraft oder Höhe eines solchen Urteils stellt sich daher erst gar nicht.

In **England** stellt das Urteil gegen einen abwesenden Angeklagten eine endgültige Erledigung der Anklage dar und erwächst unter denselben Voraussetzungen in Rechtskraft wie ein in Anwesenheit gefälltes Strafurteil. Maßgeblich ist das fruchtlose Verstreichen der Rechtsmittelfristen.
Dabei ist das Gericht jedoch in der Strafhöhe beschränkt.

Für Verfahren vor den *magistrate's courts* ergibt sich diese Beschränkung aus MCA 1980, s. 11 (4). Danach darf ein Angeklagter in seiner Abwesenheit nicht zu einer Haftstrafe verurteilt werden. Gelangen die Laienrichter im Verlauf der Verhandlung zu der Auffassung, dass die Strafe auf einen Freiheitsentzug hinauslaufen könnte, haben sie den Fall zu vertagen und den Angeklagten zu einem erneuten Termin neu vorzuladen.

Vergleichbares gilt für Verfahren vor den *crown courts*. Die zu erwartende Höhe der Strafe ist ein wesentliches Kriterium, das der vorsitzende Richter in sein Ermessen hinsichtlich der Frage nach einer Verhandlungsfortführung ohne den Angeklagten einzustellen hat. Wenn eine Freiheitsstrafe im Raum steht, wird der Richter eher geneigt sein, die Verhandlung zu vertagen als ein Urteil in Abwesenheit zu fällen.

Auch im **französischen** Strafprozess ist für die Wirkung eines Abwesenheitsurteils zwischen den verschiedenen Gerichten zu differenzieren:
Zwar sind die entscheidenden Spruchkörper in Frankreich nicht in der Strafhöhe beschränkt, hinsichtlich der Rechtskraft von Abwesenheitsurteilen ist jedoch einiges bemerkenswert.

Vor dem *tribunal correctionel/juge de police* erwächst ein nach „quasikontradiktorischer“ Verhandlung ergangenes Urteil unter denselben Voraussetzungen in Rechtskraft wie ein in Anwesenheit des Angeklagten ergangenes Urteil. Relevant ist das Verstreichen der Rechtsmittelfristen. Das Urteil stellt also eine endgültige Erledigung der Sache dar.
Besonderheiten ergeben sich jedoch bei einem nach „Défaut“Verfahren ergangenem Urteil. Dessen Rechtskraft hängt nämlich von der Zustellung an den Verurteilten ab. Solange das Urteil noch nicht zugestellt wurde (oder mangels bekannten Aufenthaltsorts zugestellt werden konnte), ist es eine bloße Verfol-

gungs- und Untersuchungshandlung. Es unterbricht die Verfolgungsverjährung ohne jedoch eine vollstreckungsfähige Rechtsgrundlage zu bilden.
Sobald das Urteil hingegen zugestellt ist, hat es die Wirkung eines normalen Strafurteils.

Vor den *cours d'assises* bildet ein Abwesenheitsurteil ebenfalls nur eine vorläufige Erledigung der Sache. Zwar unterbricht es die Verfolgungsverjährung. Es steht jedoch unter der „auflösenden Bedingung“ der Ergreifung des Verurteilten und wird in seiner ursprünglichen Form nie vollstreckt werden.
Denn sobald der Verurteilte gefasst wird oder sich der Staatsgewalt stellt, wird das Urteil hinfällig, es muss erneut verhandelt werden (Art. 379-4 CPP).
Wird man des Verurteilten vor Ablauf der Vollstreckungsverjährung nicht habhaft, so scheitert die Vollstreckung des Urteils wegen Zeitablaufs.

Echte Abwesenheitsurteile, also Urteile die im „Défaut“Verfahren ergangen sind, haben in Frankreich mithin nur verjährungstechnische, beweissichernde und vorrangig deklaratorische Bedeutung.
Dies gilt jedenfalls für an der Person des Verurteilten zu vollstreckende Urteile.
Einzig die Vollstreckung von Geldbußen oder Vermögensstrafen in das inländische Vermögen des Verurteilten sind auch in seiner Abwesenheit möglich.
Diese erwachsen nach Ablauf der Rechtsmittelfristen auch in Rechtskraft.

In den **Niederlanden** stellt auch ein in Abwesenheit des Angeklagten ergangenes Urteil (sog. *verstekvonnis*) ein herkömmliches Strafurteil dar und wird nach Ablauf der Rechtsmittelfristen automatisch rechtskräftig.
Diese Fristen beginnen jedoch bei einem in absentia gefällten Urteil erst dann, wenn davon auszugehen ist, dass der Verurteilte vom Urteilsinhalt Kenntnis erlangt hat (vgl. art. 408 Sv.).
Bis zu diesem Zeitpunkt stellt das Abwesenheitsurteil nur eine schwebende Entscheidung dar, die noch nicht vollstreckbar ist.

Auch in **Österreich** bildet das Abwesenheitsurteil ein Endurteil in der Sache an sich.
Sobald es in Rechtskraft erwächst, bildet es eine vollstreckungsfähige Rechtsgrundlage.
Dabei bedeutet Rechtskraft auch hier das Verstreichen der Rechtsmittelfristen.
Diese Fristen beginnen jedoch erst ab dem Zeitpunkt, an dem das Urteil dem Abwesenden persönlich zugestellt werden konnte.
Eine ersatzweise Zustellung an einen Verteidiger oder eine sonst bevollmächtigte Person kann die persönliche Zustellung nicht ersetzen.
Eine Urteilsvollstreckung gegen den unwissenden Verurteilten ist damit ausgeschlossen. Er ist insofern geschützt.

Damit lässt sich folgendes **Ergebnis** ziehen:
Nach dem oben Gesagten waren im Hinblick auf die Wirkung von Abwesenheitsurteilen drei Kernbereiche von Interessen:
Zum ersten die Frage nach der Erledigung der Anklage, ob das Urteil also ein instanzbeendendes Endurteil oder nur eine vorläufige Untersuchungs- bzw. Prozesshandlung darstellt.
Zum zweiten die Frage, ab welchem Zeitpunkt ein Abwesenheitsurteil zu einer vollstreckungsfähige Rechtsgrundlage wird.
Zum dritten die Frage, ob ein Gericht durch die Abwesenheit des Angeklagten in der Strafhöhe beschränkt ist, ob die Abwesenheit des Angeklagten also Berücksichtigung beim Strafmass finden muss.

- Es gibt in den verschiedenen Rechtsordnungen im Groben zwei unterschiedliche Effekte, die eine Abwesenheitsverurteilung auf die Frage nach der *Erledigung der Sache* haben kann.

Teilweise wird in einem nach Durchführung der Hauptverhandlung ohne den Angeklagten ergangenen Urteil eine zwar innerhalb bestimmter Fristen rügefähige, aber doch endgültige Entscheidung des Falles gesehen (so in Österreich, den Niederlanden und England sowie in Frankreich bei Verurteilung nach „quasi-kontradiktorischer" Verhandlung).
Das Abwesenheitsurteil ist hier also ein echtes instanzbeendendes Endurteil.

Teilweise wird einer nach Abwesenheitsverhandlung ergangenen Verurteilung aber auch von vorneherein nur ein „provisorischer" Effekt zugestanden (so in Frankreich bei „Défaut"urteilen).
Hier hat die Abwesenheitsverurteilung also eher den Charakter einer Prozesshandlung zur Beweissicherung. Wird der Angeklagte gestellt, so muss doch automatisch neu verhandelt werden, die Sache ist mit dem „Défaut"urteil noch nicht aus der Welt geschafft.

Einzig in Deutschland kommt es in Abwesenheit des Angeklagten zu gar keinem Urteil.

- Hinsichtlich der *Vollstreckbarkeit* eines Abwesenheitsurteils kommt es darüber hinaus in allen Rechtsordnungen auf den ergebnislosen Ablauf der Rechtsmittelfristen an. Hier herrscht quasi „europäischer Konsens".
Erst wenn der Verurteilte innerhalb der ihm eingeräumten Fristen keinen Rechtsbehelf gegen das Urteil eingelegt hat, erlangt das Abwesenheitsurteil Rechtskraft und kann vollstreckt werden.
Alle Rechtsordnungen stellen also sicher, dass eine Urteilsvollstreckung gegenüber einem völlig Unwissenden nicht stattfinden soll.

- Eine Beschränkung des Gerichts in der *Höhe der maximal zu verhängenden Strafe* findet sich nur in England. Alle anderen Rechtsordnungen erlauben ihren

Strafgerichten, auch bei Abwesenheit des Angeklagten ihre Urteilskompetenz voll auszuschöpfen.

Doch was erscheint im Hinblick auf einen möglichst harmonischen Ausgleich von Angeklagten- und Justizinteressen die gelungenste Regelung?
Dazu ist wesentlich auf die Funktion abzustellen, die ein Strafverfahren gegen einen abwesenden Angeklagten erfüllen soll:
Aus staatlicher Sicht besteht die Notwendigkeit einer Sicherung des Strafanspruchs, durch Unterbrechung der Verfolgungsverjährung sowie durch Konservieren von Beweisen.
Dem ist aus individualschützender Sicht die Wahrung von Angeklagtenrechten gegenüber zu stellen. Dazu gehört insbesondere, dass der Rechtsunterworfene nicht befürchten muss, es werde eine Strafe gegen vollstreckt, von deren Entstehung er nichts wusste und gegen die er zum Vollstreckungszeitpunkt kein Rechtsmittel mehr einlegen kann.

Bei vergleichender Betrachtung ist festzustellen, dass alle nationalen Regelungen dem Ziel eines harmonischen Ausgleiches dieser Interessen gerecht werden. Der Angeklagte muss in keiner der hier behandelten Rechtsordnungen fürchten, dass während seiner Abwesenheit ein Urteil gefällt wurde, welches unmittelbar vollstreckt werden wird, sobald die Justiz seiner habhaft wird.
Ein Unterschied besteht lediglich insofern, als das teilweise noch ein Tätigwerden – das Einlegen eines Rechtsmittels - des in Abwesenheit Verurteilten verlangt wird, während teilweise (Frankreich) das Urteil automatisch hinfällig wird. Dem Schutz des Angeklagten ist also in jedem Fall genüge getan.
Zugleich wird durch die Möglichkeit einer Durchführung eines Abwesenheitsverfahrens auch sichergestellt, dass die Verfolgung weder verjährt, noch dass Beweise verloren gehen.

Mit dem Ziel maximaler Fairness eines Strafverfahrens, erscheint die automatischen Nichtigkeit des Abwesenheitsurteils und die nachfolgende zwingende Neuverhandlung des Falles als die gerechteste Lösung.
Die ordnungsgemäße Durchführung von Strafverfahren, die Sicherung von Angeklagtenrechten und insbesondere auch der „gute Schein“, sind schließlich Maßstab für die Rechtstaatlichkeit eines jeden Justizsystems.
Daher sollte die Aufhebung von Abwesenheitsurteilen, die in Bezug auf die Wahrung von Grund- und Menschenrechten immer einen negativen Beigeschmack haben, nicht im Belieben des einzelnen Angeklagten stehen. Jedenfalls dann nicht, wenn es sich um ein „echtes“ Abwesenheitsverfahren handelt, also eines, an dem weder der Angeklagte noch eine von ihm bevollmächtigte Person teilgenommen haben.

IV. Spezielle Rechtsmittel gegen Abwesenheitsurteile

Einige Rechtsordnungen stellen spezielle Rechtsmittel zur Anfechtung von Abwesenheitsurteilen zur Verfügung.

Die **deutsche** StPO hält naturgemäß keine Rechtsmittel gegen Verurteilungen in absentia bereit. Auch die Beschwerde nach § 304 StPO gegen eine angeordnete Vermögensbeschlagnahme stellt kein Rechtsmittel gegen eine Abwesenheitsverurteilung dar.
Die Vermögensbeschlagnahme erfolgt zwar aufgrund der Abwesenheit, ist jedoch nur ein Gestellungsmittel und keine Entscheidung in der Sache.

Das **englische** Strafverfahren erlaubt zwar eine Verurteilung in Abwesenheit. Es steht in seinen rechtlichen Wirkungen jedoch einem normalen, an Anwesenheit gefällten Strafurteil gleich.
Aus diesem Grund kennt das englische Rechtsmittelsystem auch kein spezielles Vorgehen gegen Abwesenheitsurteile.
Englische Abwesenheitsurteile sind mit den gleichen Mitteln und nur aus den gleichen Gründen anfechtbar wie jedes gewöhnliche Strafurteil.

Anders das **französische** Strafverfahren.
Auch im Rechtsmittelverfahren ist nach der Art des in erster Instanz ergangenen Urteils zu unterscheiden. Maßgeblich ist also, ob eine Verurteilung nach „Défaut"Verfahren oder nach „quasi-kontradiktorischem" Verfahren erging.

Gegen Urteile, gleich von welchem Gericht erlassen, die nach kontradiktorischer Verhandlung gegen einen abwesenden Angeklagten ergingen, sind nur die herkömmlichen Rechtsmittel, also Berufung und Kassationsbeschwerde zulässig.

Bei Urteilen, die im „Défaut"Verfahren ergingen, ist eine weitere Unterscheidung nach dem in erster Instanz zuständigen Gericht vorzunehmen.

Ein *jugement par défaut*, dass von einem *tribunal correctionel/juge de police*
erlassen wurde, ist mit dem besonderen Rechtsmittel der *opposition* angreifbar.
Es beseitigt das ursprüngliche Abwesenheitsurteil als Ganzes und führt zu einer vollständigen Neuverhandlung der Anklage in derselben Instanz.
Vorausgesetzt der in erster Instanz Verurteilte kann beweisen, seiner Verhandlung ohne eigenes Verschulden ferngeblieben zu sein.
Es ist also an dem Abwesenden zu beweisen, dass seine Abwesenheit entweder auf einer nicht zugestellten Ladung oder auf einem sonstigen Entschuldigungsgrund basierte.

Gegen ein *jugement par défaut criminel*, also gegen ein Abwesenheitsurteil, dass von einem Schwurgericht erlassen wurde, ist die *opposition* nicht zulässig.

Auch die herkömmlichen Rechtsmittel sind dem Verurteilten hier entzogen (art. 397-5 CPP).
Mangels Vollstreckbarkeit des Urteils bedarf es hier jedoch auch keines Rechtsmittels.[471]

Auch das Strafverfahrensrecht der **Niederlande** kennt ein spezielles Rechtsmittel gegen in Abwesenheit des Angeklagten gefällte Strafurteile.
Der *verzet (art. 399 ff. Sv.)* ist jedoch eher eine Randerscheinung, da er gegenüber den bei Abwesenheitsurteilen ebenfalls zulässigen, gewöhnlichen Rechtsmittel der Berufung und Revision subsidiär ist (art. 399 Abs. 3 Sv.).
Somit greift der *verzet* nur bei Urteilen, die unterhalb der Berufungsgrenze liegen.
Die Einlegung eines *verzet* führt zu einer kompletten Neuverhandlung der Anklage in der ursprünglichen Instanz. Das zunächst ergangene Abwesenheitsurteil wird aus der Welt geschafft.

Das **österreichische** Strafprozessrecht kennt neben der Berufung und der Nichtigkeitsbeschwerde für Abwesenheitsverurteilungen zugleich das besondere Rechtsmittel des *Einspruchs (§§ 427 Abs. 3, 478 ö.StPO).*
Der außerordentliche Rechtsbehelf steht jedem in erster Instanz in seiner Abwesenheit Verurteilten zu.
Er dient nicht der Anfechtung des Urteilsinhalts, sondern zum Schutz des Anwesenheitsrechts und bewirkt materiell eine Wiedereinsetzung in den vorigen Stand.
Der fristgerecht eingelegte und begründete Einspruch hat Suspensiveffekt und führt zu einer völligen Neuverhandlung der Anklage in der Ursprungsinstanz.
Voraussetzung ist, dass der Verurteilte nachweisen kann, unverschuldet, also durch unüberwindliche Verhinderungsgründe, an der Teilnahme an seiner Verhandlung gehindert worden zu sein.
Ein Grund kann dabei die mangelhafte Zustellung der gerichtlichen Ladung sein.
Die Einspruchsfrist beträgt 14 Tage ab Zustellung der Urteilsabschrift an den Verurteilten.

Es lässt sich das folgende **Fazit** ziehen:
Im Gegensatz zum deutschen und britischen Strafverfahrensrecht erkennen die Rechtsordnungen Frankreichs, der Niederlande und Österreichs zumindest formell ein spezielles Rechtsmittel gegen Abwesenheitsverurteilungen an.

---

[471] wie bereits dargelegt scheitert die Vollstreckung eines schwurgerichtlichen Abwesenheitsverfahrens ohnehin entweder an der mangelnden Erreichbarkeit des Angeklagten oder an der Vollstreckungsverjährung (vgl. dazu bereits oben)

Für das deutsche Recht ergibt sich das Fehlen eines Rechtsmittels aus der Logik, es gibt schließlich auch kein Abwesenheitsurteil.

Bevor auf die einzelnen Rechtsmittel vertieft eingegangen wird, soll jedoch geklärt werden, was überhaupt Sinn und Zweck eines speziellen Rechtsmittel gerade gegen Abwesenheitsurteile sein muss:

Wie schon mehrfach erwähnt, birgt jedes Abwesenheitsurteil die Gefahr einer Fehlverurteilung.

Dies resultiert schlicht daraus, dass das Gericht in seinen Möglichkeiten zur Sachverhaltsermittlung durch die Abwesenheit der Hauptperson eingeschränkt war.

Der Angeklagte war in der Sitzung nicht anwesend, deshalb konnte das Gericht ihn weder zur Person noch zur Sache befragen noch sonst sachdienliche Hinweise von ihm erhalten.

Es konnte den Angeklagten noch nicht einmal als Person in Augenschein nehmen.

Die bloße Abwesenheit des Angeklagten stellt mithin die sachliche Richtigkeit des Urteils in Frage.

Zugleich birgt jedes Abwesenheitsurteil auch die Gefahr einer Verletzung von wesentlichen Angeklagtenrechten, allen voran des Rechts auf rechtliches Gehör.

Zugegebenermaßen kann von einer tatsächlichen Gehörsverletzung nur in den Fällen ausgegangen werden, in denen der Angeklagte seiner Verhandlung hätte beiwohnen wollen, daran jedoch durch Gründe gehindert wurde, die außerhalb seines Machtbereichs lagen.

Eine Gehörsverletzung erscheint eher fragwürdig in Fällen, in denen der Angeklagte seiner Verhandlung freiwillig fernblieb oder sich ihr gar durch Flucht entzogen hat.

Auch das Recht auf Verteidigung als das wesentliche Element eines rechtstaatlichen Strafverfahrens leidet bei Abwesenheit des Angeklagten. Ganz besonders dann, wenn der Angeklagte sich persönlich hätte verteidigen wollen und können, aber auch dann, wenn ein bevollmächtigter Vertreter für den abwesenden Angeklagten agiert.

Es fehlt einfach an der Möglichkeit der zu verurteilenden Person, aktiv und situationsgebunden in das Verhandlungsgeschehen einzugreifen.

Es haftet daher jedem Abwesenheitsurteil die Gefahr einer Verletzung wesentlicher Verfahrensgarantien an.

Dieser Problematik müssen Rechtsmittel gegen Abwesenheitsurteile Rechnung tragen.

Was bedeutet, dass es möglich sein muss, ein Rechtsmittel allein mit der Abwesenheit des Angeklagten zu begründen.

Dabei muss es sich nicht zwingend um ein spezielles Rechtsmittel handeln.

Es würde genügen, dass die gegen jedes Strafurteil zulässigen Rechtsmittel auch die bloße Tatsache der Abwesenheit des Angeklagten in der Hauptverhandlung als Rechtsmittelgrund zuließen.

Dieser Idee kommt die österreichische Regelung am nächsten.
Sie erkennt die bloße (unverschuldete) Abwesenheit des Angeklagten in der ersten Instanz als Rechtsmittelbegründung für den *Einspruch* an.
Wenn der Verurteilte nachweisen kann, ohne Schuld an der Teilnahme gehindert worden zu sein, kann er damit eine völlige Neuverhandlung in derselben Instanz erreichen.
Gleiches gilt für das französische Rechtsmittel der *opposition* gegen Urteile des *tribunal correctionel/juge de police.*
Auch das Fehlen eines Rechtsmittels gegen Abwesenheitsurteile des französischen Schwurgerichts erscheint vor dem Hintergrund fehlender Urteilsvollstreckbarkeit eher rechtstheoretisch, denn praktisch zweifelhaft.

Kritischer sind die Regelungen des niederländischen und des britischen Strafprozesses sowie die nach kontradiktorischer Verhandlung ergangenen französischen Abwesenheitsurteile zu würdigen:

Wenn ein niederländisches Abwesenheitsurteil eine Strafe zum Inhalt hat, die unterhalb der Berufungsgrenze liegt, kann es mit dem *verzet* angefochten werden. Hier genügt die schlichte Abwesenheit des Angeklagten also, um eine Neubeurteilung des Falles zu erreichen.

Gerade bei härteren Urteilen jedoch, also solchen, die gravierender in die Sphäre des Angeklagten eingreifen, stehen dem in Abwesenheit Verurteilten nicht der *verzet,* sondern nur die herkömmlichen Rechtsmittel zur Verfügung.
Für die herkömmlichen Rechtsmittel ist aber eine Anfechtung des Urteils selbst obligatorisch. Der Verurteilte muss also geltend machen können, das Urteil, der Strafausspruch an sich, sei fehlerhaft gewesen.[472]

Die bloße persönliche Nichtteilnahme des Angeklagten an der Verhandlung muss allerdings - trotz der oben ausgeführten Bedenken - nicht in jedem Fall zu einem inhaltlich offensichtlich rechtsfehlerhaften Urteil geführt haben. Das Urteil muss also nicht zwingend inhaltlich falsch sein oder formal einen Rechtsverstoß bedeuten, nur weil der Angeklagte an der Hauptverhandlung nicht teilgenommen hat.
Wenn sich also kein geltend zu machender tatsächlicher oder formeller Fehler des Urteils selbst finden lässt, muss der Angeklagte das Abwesenheitsurteil hinnehmen, obwohl er in der Verhandlung nicht anwesend war.

---

[472] vgl. dazu bereits ausführlich oben, Kapitel 1 Unterkapitel 4 die Darstellung zu Wesen und Wirkung des niederländischen „verzet“

Für den Angeklagten, der seiner Verhandlung aus freien Stücken fernblieb, ergeben sich insoweit keine Probleme.
Der Angeklagte jedoch, der unfreiwillig und unverschuldet davon abgehalten wurde, an seiner Verhandlung teilzunehmen, erfährt durch diese Regelungen eine eindeutige Verkürzung seines Rechtsweges.
Er kann noch nicht einmal eine formelle Verletzung seines Rechts auf Gehör oder seines Teilnahmerechts durch die Durchführung der Verhandlung geltend machen, da in den Niederlanden eine Abwesenheitsverhandlung unproblematisch möglich ist, sofern der Angeklagte ordnungsgemäß geladen war.

Die gleiche Problematik ergibt sich für das britische Strafverfahren und auch bei Urteilen, die nach kontradiktorischer Verhandlung von französischen Gerichten erlassen wurden.

Ob dies im Hinblick auf einen effektiven Rechtsschutz mit der EMRK vereinbar ist, scheint fragwürdig und wird unten im Dritten Kapitel im Rahmen der Besprechung der Urteile des EGMR noch einmal vertiefend aufzugreifen sein.

V. Zulassung und Auswirkungen der Anwesenheit eines Verteidigers

Von besonderem Interesse sind die Zulassung eines Verteidigers für einen abwesenden Angeklagten und die Auswirkungen, die dies auf den Gang des Strafverfahrens hat.
Gerade zu diesem Thema hat es in den vergangenen Jahren in mehreren, namentlich den französischen und niederländischen, Strafprozessordnungen wesentliche Änderungen gegeben.
Insgesamt hat damit zwar eine internationale Angleichung der Verfahrensrechte insbesondere im Wortlaut der Gesetze stattgefunden.
Es fragt sich jedoch, ob diese scheinbar verbesserte Situation des Angeklagten nicht nur oberflächlich positiv zu bewerten ist.
Oder ob der Angeklagte nach den unterschiedlichen Neuerungen im Zusammenhang gesehen nicht am Ende ungeschützter oder benachteiligter ist, als es nach den bisherigen Regeln der Fall war.

In **Deutschland** kann für den „abwesenden" Angeklagten zwar nicht in der Hauptverhandlung selbst ein Anwalt auftreten – es gibt ja gar keine – wohl aber in allen anderen Verfahrensstadien (§ 286 StPO).[473]

[473] Wie bereits erwähnt handelt es sich bei dem missverständlichen Ausdruck „Angeklagter" in § 286 StPO nach einhelliger Ansicht um ein Redaktionsversehen. Die Vertretung des abwesenden Angeklagten ist nicht auf das Hauptverfahren beschränkt (vgl. nur *Meyer-Goßner*, § 286 Rn. 1 m.w.N.)

Da die Abwesenheit des Angeklagten nicht die Eröffnung des Hauptverfahrens hindert, kann auch bei allen daran anschließenden Verfahrenshandlungen (Beweissicherungsverfahren, Vermögensbeschlagnahme) ein Verteidiger für den Angeklagten agieren.
Gleiches gilt für den „ausgebliebenen" Angeklagten, der sich selbstverständlich auch in der in seiner Abwesenheit geführten Verhandlung rechtlich vertreten lassen kann.

Im **britischen** Strafprozess ist ein für einen abwesenden Angeklagten erschienener Anwalt in jedem Fall zur Verhandlung zuzulassen.

Vor den *magistrate's courts* hat die Anwesenheit eines Verteidigers zur Folge, dass gegen den abwesenden Angeklagten verhandelt wird, als wäre er persönlich anwesend.
Wie bereits dargelegt hat dies seinen Grund in der britischen Anschauung des Strafverfahrens als Parteienprozess. Solange ein verhandlungsfähiger Vertreter einer Partei anwesend ist, kann im normalen Verhandlungsgang verhandelt werden. Die Anwesenheit eines Anwalts ersetzt insofern die Anwesenheit des Angeklagten selbst.

Auch vor den *crown courts* besteht zwar kein Anwaltszwang, jedoch ist die Vertretung des Angeklagten durch einen professionellen Strafverteidiger die Regel.
Die Anwesenheit des Verteidigers hat hier Auswirkungen im Hinblick auf die Ermessensentscheidung des vorsitzenden Richters bei der Frage, ob eine Verhandlung in Abwesenheit des Angeklagten fortgesetzt werden soll oder nicht.[474]
Ist ein Anwalt zugegen, wird die Entscheidung für eine Abwesenheitsverhandlung wahrscheinlicher, als wenn der Angeklagte nicht rechtlich vertreten wäre.

Besonders umstritten war die Zulassung eines Anwalts für einen Angeklagten, der nicht persönlich zur Verhandlung erschien, lange Zeit in **Frankreich**.
Der französische CPP hat hier in jüngster Zeit eine maßgebliche Änderung zugunsten der Verteidigung des abwesenden Angeklagten erfahren:

Sowohl vor dem *tribunal correctionel/juge de police* als auch vor den *cours d'assises* ist nunmehr ein vor Gericht erschienener Verteidiger unbedingt zur Verhandlung zuzulassen. Eine Ablehnung mit der Begründung, der Angeklagte sei seiner Verhandlung unentschuldigt ferngeblieben, wie sie vor dem Strafprozessreformgesetz vom 09. März 2004 vorgeschrieben war, ist nicht mehr zulässig.
Auch wenn gegen den Angeklagten im „Défaut"Verfahren verhandelt wird, kann er sich von einem bestellten Verteidiger rechtlich vertreten lassen.

---

[474] vgl. die Übersicht über die Ermessenskriterien bereits mehrfach, Gesamtdarstellung Erstes Kapitel zweites Unterkapitel

Nur vor den *cours d'assises* hat die Anwesenheit des Verteidigers Einfluss auf den Gang des Verfahrens in der Form, dass nicht mehr nach dem *défaut criminel*, sondern nach normalem kontradiktorischen Verhandlungsgang geurteilt wird.
Wenn ein Verteidiger anwesend ist, wird also kein vorläufiges sondern ein echtes Sachurteil gefällt.

In den **Niederlanden** steht die Zulassung eines für einen abwesenden Angeklagten erschienen Verteidigers im Ermessen des zuständigen Gerichts (art. 279 Abs. 1 Sv.).
Wenn der Verteidiger zugelassen wird, dann wird auch normal kontradiktorisch und nicht nach der *verstekprocedure* verhandelt.
Diese Regelung ist jedoch erst seit 01. Februar 1998 in Kraft[475], die bis dahin geltende Rechtslage sah eine Verteidigung des Abwesenden nur in Fällen von geringerem Gewicht vor, in allen anderen Fällen konnte nur nach der *verstekprocedure* vorgegangen oder alternativ die gesamte Verhandlung ausgesetzt werden.

Auch in **Österreich** besteht für den abwesenden Angeklagten die Möglichkeit, sich durch einen Verteidiger oder „Machthaber" vor Gericht vertreten zu lassen.
Da sich das Abwesenheitsverfahren von seinem Ablauf her nicht von einem normal kontradiktorisch geführten Verfahren unterscheidet, hat die Anwesenheit eines Verteidiger hier jedoch keine weiteren Auswirkungen.

Daraus lässt sich folgendes **Fazit** ziehen:
Die Zulassung eines Verteidigers stellt mittlerweile kein größeres Problem mehr dar.
Alle besprochenen Rechtsordnungen gestatten es einem bevollmächtigten Vertreter, auch in Abwesenheit des Angeklagten dessen Sache vor Gericht zu vertreten.
Das soll auch unabhängig davon gelten, vor welchem Gericht in erster Instanz verhandelt wird. Für die Strafverfahrensrechte Frankreichs und der Niederlande stellt dies eine wesentliche gesetzliche Neuerung dar.
Zumindest nach dem Wortlaut der Gesetze handelt es sich dabei nicht nur um eine deutliche Angleichung der Rechtsordnungen, sondern zugleich um eine Stärkung der Position des abwesenden Angeklagten.
Ob eine solche Einschätzung jedoch, gerade auch im Vergleich zu der Rechtssituation vor den jeweiligen Reformen Bestand haben kann, erscheint fragwürdig.

---

[475] eine Konsequenz aus den Verurteilungen der Niederlande in den Fällen *Lala* (EGMR, Serie A Nr. 297-B) und *Pelladoah* (EGMR, Serie A Nr. 297-B), vgl. dazu bereits oben Erstes Kapitel, viertes Unterkapitel

Hier ist im Zuge einer problembezogen-funktionalen Bewertung auf den gesamten Ablauf einer Abwesenheitsverhandlung Rücksicht zu nehmen.
Die Frage ist mithin, ob die im Wortlaut scheinbare Begünstigung des Abwesenden sich auch in Bezug auf seine Rechtstellung im Prozess insgesamt feststellen lässt. Geht mit der scheinbaren Vergünstigung unbedingter Zulassung eines Verteidigers nicht zugleich eine Schwächung der Gesamtposition des abwesenden Angeklagten einher?
In Frankreich ist die Zulassung des Anwalts bei Abwesenheit des Angeklagten eine recht neue Entwicklung, die ihren Grund - wie bereits erwähnt - in der Verurteilung durch den EGMR im Fall *Krombach*[476] findet.
Anlass genug, zunächst die neue französische Regelung einmal kritisch zu hinterfragen.

Zwar hat der französische Gesetzgeber sich in seiner Reaktion auf das Urteil des EGMR, welches unmissverständlich die Zulassung und gerichtliche Anhörung eines für einen abwesenden Angeklagten erschienen Verteidigers forderte, eindeutig von den Regelungen seiner britischen und niederländischen Nachbarn inspirieren lassen.
Es erscheint jedoch fraglich, ob dem abwesenden Angeklagten damit wirklich zu einem rechtsstaatlicheren Verfahren verholfen wurde.
Die Rechtslage in den Nachbarstaaten ist hinsichtlich der Folgen eines Abwesenheitsurteils nämlich grundsätzlich anders.

Ein Abwesenheitsurteil stellt sowohl in den Niederlanden als auch in England an sich schon eine vollstreckungsfähige Rechtsgrundlage, also ein strafprozessuales Endurteil dar.
Daher ist es in den Niederlanden wie in England nur mehr als wünschenswert, dass die Interessen des abwesenden Angeklagten bei der Urteilsfindung professionell vertreten wurden.

Im französischen Strafprozess war die Situation jedoch eine andere.
Besonders deutlich wird dies im Fall einer Schwurgerichtsverhandlung.
Nach der bisherigen Rechtslage, konnte ein Schwurgericht in Frankreich zwar in Abwesenheit auch ohne rechtliche Vertretung des Angeklagten verhandeln.
Das gefällte Urteil wurde jedoch de facto nicht vollstreckt.
Sei es mangels Zustellbarkeit und dadurch bedingter Strafvollstreckungsverjährung oder weil es automatisch nichtig wurde, sobald man des Angeklagten habhaft wurde.
Das Urteil stand sozusagen unter auflösender Bedingung und stellte eher ein prozessuales Mittel der Beweissicherung denn ein verfahrensbeendendes Urteil dar.

---

476 EGMR, Reports 2001-II

Nunmehr ist in Frankreich ein für einen Abwesenden erschienener Anwalt auch anzuhören.
Die Anwesenheit des Anwalts hat nach der neuen Rechtslage jedoch zur Folge, dass nicht mehr im „Défaut“Verfahren, sondern nach „normalem“ Verfahrensgang verhandelt wird.
Und ein Urteil, dass in kontradiktorischem Verfahrensgang gegen einen Abwesenden gefällt wurde, ist sehr wohl vollstreckbar. Unabhängig davon, ob es dem Verurteilten zugestellt werden konnte. Eine Zustellung an eine Ersatzperson (den Verteidiger) genügt in diesem Fall.

Die neue Rechtslage hat also zur Folge, dass der Angeklagte, der sich nach Erhalt der Ladung seiner Verhandlung entzieht ohne einen Vertreter mit der Wahrung seiner Interessen zu beauftragen, ein nicht vollstreckbares „Défaut“Urteil erhält.
Während der Angeklagte, der sich nach Erhalt der Ladung ebenfalls entschließt, seiner Verhandlung fernzubleiben, wohl aber einen Verteidiger beauftragt, ein normales unmittelbar nach Ablauf der Rechtsmittelfristen vollstreckbares Strafurteil erhält.

Die Begründung für diese unterschiedliche Behandlung könnte folgendermaßen lauten:
Die nur vorläufige Wirkung eines Défaut-Urteils dient dem Schutz des abwesenden, in Unkenntnis vom Verhandlungsablauf verurteilten Angeklagten. Es wird davon ausgegangen, dass seine Interessen in der Verhandlung unterrepräsentiert seien. Ein Urteil, welches ohne maßgebliche Berücksichtigung der Einlassungen des Angeklagten gefällt wird, erscheint zu unsicher und soll deshalb unter „auflösender Bedingung“ stehen.

Dieses Schutzes bedarf jedoch nicht der Angeklagte, der seiner Verhandlung zwar persönlich fernblieb, jedoch einen Verteidiger mit der Wahrung seiner Interessen beauftragte.
Und zwar erstens, weil er dann sicher von Zeit und Ort der Verhandlung Kenntnis hatte, als auch weil dann zweitens davon auszugehen ist, dass er dem Verteidiger seine Sicht der Dinge geschildert hat, damit dieser sie in der Verhandlung vortrage.
Der Angeklagte und seine Interessen werden in der Verhandlung also repräsentiert, vom Gericht zur Kenntnis genommen und bei der Urteilsfindung berücksichtigt, obwohl er nicht persönlich anwesend ist.

Für den Fall des Angeklagten, dessen gegenwärtiger Aufenthalt bekannt ist, mag diese Argumentation ja noch angehen. Er wird ja auch unmittelbar Kenntnis von seiner Verurteilung erlangen.
Der Angeklagte, dessen gegenwärtiger Aufenthaltsort auch dem Verteidiger unbekannt ist, steht jedoch nach neuer Rechtslage schlechter als derjenige, dessen Aufenthaltsort unbekannt ist und für den kein Vertreter agiert. Er erhält nämlich

keine Kenntnis von dem Urteil, trotzdem beginnen die Rechtsmittelfristen ab dem Zeitpunkt der Verkündung des Urteils. Auf die Zustellung an den Angeklagten kommt es im normalen, kontradiktorischen Verfahren nämlich gerade nicht an.

Zwar lässt sich einwenden, dass eine Urteilsvollstreckung an der Person des Angeklagten, dessen Aufenthalt unbekannt ist, ohnehin nicht möglich wäre. Sobald er sich jedoch wieder in den Machtbereich der französischen Justiz begibt, setzt er sich der Gefahr einer Strafvollstreckung aus, ohne dann noch etwas dagegen unternehmen zu können.
Zu denken ist in diesem Zusammenhang auch an Vermögensstrafen, deren Vollstreckung in das inländische Vermögen des Verurteilten nach Ablauf der Rechtsmittelfristen auch dann möglich ist, wenn unbekannt ist, wo der Verurteilte selbst sich gegenwärtig aufhält.

Insofern war der Schutz des abwesenden Angeklagten vor dem, was den Bürger an einem Strafverfahren mehr interessiert und härter trifft als dessen Rechtsstaatlichkeit, nämlich das entstehende Urteil und seine Vollstreckbarkeit, nach altem Recht stärker ausgeprägt als es jetzt nach der neuen Rechtslage der Fall ist.

War das tatsächlich das Ziel, das der EGMR im Fall *Krombach* im Auge hatte?
Sinn und Zweck des Urteils war, dem Angeklagten das in der EMRK garantierte Recht auf rechtliche Vertretung auch bei Verhandlung in seiner Abwesenheit zu sichern.
Es spricht viel dafür, dass damit bezweckt war, die Einführung einer Verteidigung im „Défaut"-Verfahren zu erreichen.
Das, was die neue französische Strafprozessordnung nunmehr regelt ist jedoch, dass gerade kein „Défaut"-Verfahren stattfindet, sobald der Angeklagte durch einen professionellen Verteidiger vertreten wird.
Den abwesenden Angeklagten treffen dann aber auch alle für ihn nachteiligen Folgen, die eine Abwesenheitsverurteilung im normalen Verfahrensgang mit sich bringt, einschließlich und insbesondere der Verkürzung des Rechtsweges.
Im Ergebnis dürfte die neue Rechtslage also dazu führen, dass Angeklagte, die planen ihrer Verhandlung (gleich aus welchen Gründen) fernzubleiben, sich gerade nicht des Beistandes durch einen Verteidiger bedienen.
Das Urteil des EGMR, oder genauer die Umsetzung die ihm der französische Gesetzgeber angedeihen ließ, wird also eher zu einer Zurückdrängung denn zu einer Stärkung des Verteidigeraufkommens in Abwesenheitsverhandlungen führen.
Im Hinblick auf die anzustrebende Wahrheitsermittlung, Effizienz und auch Rechtsstaatlichkeit in einem Gerichtsverfahren erscheint dies eher abträglich.

Ähnlich kritisch ist die neuere Rechtslage in den Niederlanden zu würdigen: Auch hier bestand bisher (vor dem 01. Februar 1998) nur in Fällen geringer Delinquenz für den Angeklagten die Möglichkeit, sich durch einen Verteidiger vertreten zu lassen. Mittlerweile ist diese Beschränkung zugunsten einer ständigen Verteidigungsmöglichkeit aufgehoben.

Die Anwesenheit eines Verteidigers hat jedoch genau wie im französischen Recht zur Folge, dass verhandelt wird, als wäre der Angeklagte anwesend.
Und das Ergebnis einer solchen Verhandlung ist dann kein Abwesenheitsurteil mehr. Das Ergebnis einer solchen Verhandlung ist ein gewöhnliches Strafurteil und gegen solche gibt es keine besonderen Rechtsmittel, insbesondere nicht den *verzet*[477].

Der verteidigte abwesende Angeklagte hat nach erfolgter Verurteilung also ein Rechtsmittel weniger zur Verfügung als der nicht verteidigte abwesende Angeklagte.
Diese Ungleichbehandlung lässt sich jedoch problemlos mit der unterschiedlichen Situation dieser beiden erklären.
Der vertretene Angeklagte hatte – zumindest mittelbar über seinen Verteidiger – bereits einmal die Möglichkeit seine Ansichten dem erkennenden Gericht zu unterbreiten. Seine Interessen waren bei der Urteilsfindung repräsentiert.
Insofern bedarf er keiner unbedingten materiellen Wiedereinsetzung in den vorigen Stand, wie sie der *verzet* bezweckt. Für ihn genügt es, im Gegensatz zu dem Angeklagten, der nicht verteidigt und damit nicht repräsentiert war, wenn etwaige Sach- oder Rechtsrügen in einer höheren Instanz noch einmal aufgegriffen werden können. Hinzu kommt, dass der *verzet* aufgrund seiner Subsidiarität ohnehin nur dort Wirkung entfaltet, wo die Berufung gegen das Abwesenheitsurteil wegen Unterschreiten der Berufungsgrenze unzulässig ist. Die praktische Bedeutung des *verzet* ist also relativ gering.

Die Umsetzung des Urteils des EGMR, die der niederländische Gesetzgeber gewählt hat, ist im Rahmen einer Gesamtbetrachtung der niederländischen Vorschriften also durchaus effektiv und sinnvoll.
Insbesondere ist hier im Vergleich zur Rechtslage vor der Einführung des art. 297 Sv. keine gravierende, nicht kompensierte Benachteiligung des abwesenden verteidigten Angeklagten zu erkennen.

---

[477] vgl. zu Rechtsnatur, den Voraussetzungen und Rechtsfolgen des niederländischen *verzet* oben Kapitel 1, Unterkapitel 4

Zweites Unterkapitel: Vergleich nach Einteilung der Rechtssysteme in Rechtskreise

Ausgehend von dem Grundgedanken, dass das Recht an sich genauso wie spezielle gesetzliche Regelungen niemals einen Selbstzweck darstellen, sondern immer eine gesellschaftliche Funktion erfüllen, eingebettet sind in ihre jeweilige soziale und kulturelle Umwelt, soll im Folgenden noch vertiefend untersucht werden, inwieweit sich Gemeinsamkeiten und Unterschiede an der unterschiedlichen „europäischen Geographie“ der Rechtsysteme festmachen lassen.

Die natürliche Umwelt ist der Lebensraum auch jeden Rechtssystems; nicht nur Menschen sind territorial geprägt, auch das Recht ist ein Produkt seiner jeweiligen gesellschaftlichen, staatstheoretischen und auch geographischen Umwelt.

So hat zum Beispiel der Inselcharakter des Vereinigten Königreichs mit Sicherheit maßgeblich zur Entwicklung und Erhaltung eines von Zentraleuropa völlig verschiedenen Rechtssystems beigetragen.
Sehr deutlich zeigen sich diese geografischen Beispiele auch an einzelnen Rechtsinstituten.
Ein besonders anschauliches, wenn auch historisch überkommenes Beispiel für den geografisch-kulturellen Einfluss von Umweltfaktoren auf das Recht nennt *Großfeld*[478]:
Das holländische „Wasserhaus“ des 19. Jahrhunderts. Dort mussten angekettete Verbrecher gegen das ansteigende Wasser um ihr Leben pumpen. Dies als Strafe in einem Land, das dem Meer abgerungen war, das aus dem Kampf gegen das Wasser entstand!

Dabei ist die Idee vom Umwelteinfluss als Grundlage für ein unterschiedliches Rechtsverständnis natürlich mit Vorsicht zu genießen. Mit Ausnahme von Extremfällen kann die Umwelt ein bestimmtes Verhalten bedingen, muss sie aber nicht erzwingen.
Gleiche Umstände können gleiche Antworten fördern, zwingen sie aber nicht. Unterschiede in den Umständen können dennoch zu gleichen Lösungen führen. Deshalb soll der geografische Ansatz auch nicht überstrapaziert werden.

Dennoch ist der Gedanke so interessant und gerade wegen der Verschiedenartigkeit der fünf hier besprochenen Rechtsordnungen in geografischer und verfassungstheoretischer Hinsicht (teils kontinentaleuropäischer, teils angelsächsischer

---

[478] Großfeld, Kernfragen der Rechtsvergleichung, S. 34

Raum) so reizvoll, dass darauf trotz aller Bedenken zumindest in groben Zügen eingegangen werden soll.
Denn schließlich fördern gewisse historisch-geografisch gewachsene Grundstrukturen in der Ausgestaltung des Rechts zugleich eine bestimmte Art von juristischem Denken, der juristischen Lösungsfindung bei den Rechtsanwendern.
Darauf dass derartig unterschiedliche juristische Denkansätze ein nicht zu unterschätzendes Kriterium auch bei einer angestrebten „Europäisierung des Rechts" durch die Umsetzung von Urteilen europäischer Gerichte bilden, hat *Kühne*[479] kürzlich noch einmal hingewiesen.

Die Einteilung der fünf hier untersuchten Verfahrenssysteme in unterschiedliche sog. „Rechtskreise" oder „Rechtsfamilien" folgt dabei *Rheinstein*[480] , der auf diese Art versucht, einen Vergleichsgegenstand oberhalb der verschiedenen Einzelvorschriften des zu vergleichenden Problems zu finden.

Zwar haben sich – soweit ersichtlich – der Lehre von den Rechtskreisen bisher primär Privatrechtsvergleicher angenommen, dennoch besteht kein Grund zu der Annahme, dass eine Einteilung von Rechtssystemen in „Rechtskreise" mit identischen Merkmalen zwingend auf das Zivilrecht zu beschränken sein muss.
Eine derartige Einteilung sollte ebenso für das Straf- und insbesondere für das Strafverfahrensrecht vorzunehmen sein.
Schließlich finden sich historisch-geografisch und rechtstheoretisch gewachsene Unterschiede in der Bewertung von Individualinteressen und der Art staatlicher Sanktionierung von Gesetzesverstößen speziell im Strafverfahrensrecht.
Gerade das Strafprozessrecht eines Staates bildet einen Spiegel der Umsetzung von hoheitlichen Machtansprüchen gegenüber dem rechtsunterworfenen Individuum.
Soweit geografisch, auf „Rechtsfamilien" bezogen, also verschiedene Betrachtungen von Interessen festzustellen sein werden, dann nicht zuletzt im Rahmen des Strafverfahrensrechts.

Für das hier in Rede stehende Abwesenheitsverfahren soll daher im Folgenden versucht werden, innerhalb eines Vergleiches der im ersten Kapitel für die einzelnen Nationalstaaten als relevant herausgearbeiteten verfassungsrechtlichen und strafprozessualen Grundgedanken darzustellen, inwieweit eine bestimmte Lösung des Interessenkonflikts abwesender Angeklagter contra staatlicher Strafanspruch für einen bestimmten „Rechtskreis" typisch ist.

---

[479] „Nationale Umsetzung von Entscheidungen Europäischer Gericht", GA 152 (2005), S. 195 ff. im Vorfeld der Strafrechtslehrertagung vom 05. – 08. Mai 2005 in Frankfurt/Oder
[480] Rheinstein, Einführung in die Rechtsvergleichung, 1987

Ziel ist, auf einer noch abstrakteren rechtstheoretischen Ebene zu versuchen, die oben anhand des positiven Rechts aufgezeigten Gemeinsamkeiten und Unterschiede in den verschiedenen Rechtsordnungen zu vertiefen.

Hinsichtlich der präzisen Zuordnung der verschiedenen Rechtssysteme zu „Rechtskreisen" herrscht Uneinigkeit zwischen den Rechtsvergleichern.
Es ist weder klar, wie viele solcher „Rechtskreise" es geben soll, noch wie sie voneinander abzugrenzen sein sollen.[481]
Die bisherigen Studien haben jedoch weitgehend Einigkeit jedenfalls darüber gezeigt, dass es einen *kontinental-europäischen* und einen *anglo-amerikanischen* Rechtskreis geben soll.[482]
Der Begriff *kontinental-europäischer Rechtskreis* bezieht sich dabei auf die Gruppe von Rechtssystemen, die in Westeuropa auf der Grundlage römischer, germanischer und kanonischer Tradition entstanden sind.
Diesem lässt sich der *anglo-amerikanische Rechtskreis* als die Gesamtheit der vom Common Law geprägten Rechtsordnungen gegenüberstellen.

Das *anglo-amerikanische* Recht wird in dem hier vorzunehmenden Vergleich durch das Strafverfahrensrecht Englands repräsentiert.

Innerhalb des *kontinental-europäischen* Rechtskreises unterscheidet man darüber hinaus noch die Gruppe der „romanischen" Rechte, hier vertreten durch Frankreich, und die stark vom „germanischen" Recht geprägten Verfahrenssysteme, hier vertreten durch Deutschland und Österreich.

Einzig das Strafverfahrensrecht der Niederlande zeigt sowohl Einflüsse der germanischen als auch des romanischen Rechts. Es soll im Folgenden als Mischsystem eine eigenständige Bewertung erfahren.

I. Der germanische Rechtskreis: Deutschland und Österreich

Die Staaten –hier Deutschland und Österreich - des „germanischen" Rechtskreises sind durch eine gemeinsame historische Entwicklung geprägt.
Dabei sei zunächst auf die sprachliche Verwandtschaft der beiden Nachbarstaaten sowie auf ihre allgemein historische Verbindung hingewiesen.
Aber auch in der Entwicklung des Rechts, insbesondere der Strafverfahrensrechte Deutschlands und Österreichs finden sich bemerkenswerte historische Parallelen:

---

[481] vgl. zur Entwicklung der Einteilung von Rechtssystemen in „Rechtskreise" ausführlich *Zweigert/Kötz*, Einführung in die Rechtsvergleichung, § 5

[482] Rheinstein, Einführung in die Rechtsvergleichung, S. 83 ff.; Zweigert/Kötz, Einführung in die Rechtsvergleichung, S. 73 ff.; Grossfeld, Kernfragen der Rechtsvergleichung, S. 5

In beiden Staaten fanden sich nach dem Zusammenbruch des römischen Reiches ausgeprägte Gewohnheitsrechte, die sich im Frühmittelalter entsprechend den Bedürfnissen des Feudalismus, der Städtebildung, der Ausweitung der Siedlungsgrenze sowie der allgemeinen kulturellen Entwicklung verfeinerten.
So fand sich in Österreich zeitgleich mit der Einführung der deutschen *Constitutio Criminalis Carolina (1532)* bereits die fast gleichlautende Ordnung *Maximilians I.* für Tirol von 1499 und Radolfzell von 1506.[483]
Auch im weiteren historischen Verlauf dominierten historische Entwicklungen entweder des einen oder des anderen Staat zugleich das Rechtssystem des Nachbarn.
Sei es im Zuge der *Restauration* nach den napoleonischen Kriegen, als der vom österreichischen Kaiser dominierte Wiener Kongress (1814 – 1815) eine wirkliche, auch rechtlich auf Volkssouveränität basierende Neugliederung Europas verhinderte.
Sei es im Zuge des deutschen Nationalsozialismus (1933 – 1945), als Österreich dem Deutschen Reich angeschlossen wurde und so zumindest zeitweilig auch dessen Recht übernahm.

Diese historischen Gegebenheiten rechtfertigen es, die Strafverfahrensrechte Deutschlands und Österreichs in einer „Rechtsfamilie" zusammenzufassen.
Die Ähnlichkeiten setzen sich auch in den Grundentscheidungen hinsichtlich des Problems des abwesenden Angeklagten fort:

Die Rechtsordnungen sowohl Österreichs als auch Deutschlands sind innerhalb des hier angestellten Vergleichs diejenigen, die den abwesenden Angeklagten mit dem größten Schutz bedenken.
So findet in Deutschland gar keine Hauptverhandlung und damit auch keine Verurteilung gegen einen „Abwesenden" statt. Gleiches gilt vom Grundsatz her für den „Ausgebliebenen", wenn auch mit Ausnahmen.
Auch in Österreich hat das Verfahren gegen „Unbekannte und Flüchtige" also gegen deutschrechtliche „Abwesende" zu ruhen, es wird nicht verhandelt. Das gegen sonst nicht erschienene Angeklagte geführte Hauptverfahren unterliegt strengsten Voraussetzungen, zu denen insbesondere die persönliche Ladungs- und Urteilszustellung gehört.

Dass also in beiden Rechtsordnungen nicht gegen einen Abwesenden verhandelt wird, beruht auch auf denselben Wertungsentscheidungen.
Insbesondere das Recht auf rechtliches Gehör als Ausdruck staatlicher Fürsorge ist beiden Rechtsordnungen immanent.
Daher sind in beiden Rechtsordnungen die Rechte des Angeklagten zuvorderst zu berücksichtigen. Hinzu kommt der - im Falle Österreichs sogar mit Verfas-

483 Rüping/Jerouschek, Grundriss der Strafrechtsgeschichte, Rn. 95

sungsrang ausgestattet - durch Art. 6 EMRK vermittelte Schutz des strafrechtlich Angeklagten.

Im Rahmen der anzustellenden Interessenabwägung zwischen staatlichen Verfolgungs- und privaten Verteidigungsrechten liegt im germanischen Rechtskreis also das wohl stärkste Gewicht auf den Individualrechten.

Zugleich werden auch nur die Strafprozessrechtsordnungen des germanischen Rechtskreises vom Unmittelbarkeitsgedanken geprägt. Nur was vor Gericht unmittelbar gesagt und dargelegt wurde, darf in Deutschland und Österreich in die Urteilsfindung mit einfließen.

Da – wie bereits dargestellt – gerade der Unmittelbarkeitsgrundsatz jedoch die Anwesenheit des Angeklagten in seiner Hauptverhandlung gebietet, ist auch aus prozessualen Gründen, mithin im staatlichen Interesse eine Verhandlung gegen Abwesende unerwünscht.

Im Rahmen einer Einteilung der verschiedenen vorliegend untersuchten Strafverfahrensrechte in Rechtskreises, sind die Verfahrensordnungen des germanischen Rechtskreises derjenigen, in denen die sich aufdrängende Interessenabwägung am deutlichsten zugunsten des einzelnen Rechtsunterworfenen und eher zum Nachteil des staatlichen Strafinteresses ausgeht.

Erklären lässt sich dieser Befund, ohne dabei zu stark in die Historie des Rechts einsteigen zu wollen, wohl nicht zuletzt aus den jüngsten geschichtlichen Erfahrungen der beiden Staaten. Gerade die Staaten des germanischen Rechtskreises haben noch vor rund siebzig Jahren darunter gelitten, dass ehemals garantierte Individualrechte zugunsten des Kollektivs aufgeweicht oder aufgegeben wurden.[484]

Wenn man der Theorie folgen mag, wonach Geschichte und die Reaktionen auf geschichtliche Entwicklungen eine Art Pendel sind, dass je nachdem welches Extrem zuletzt vorherrschte anschließend in die andere Richtung schwingt, dann erklärt sich so die gegenwärtig sehr angeklagtenfreundliche Einstellung Deutschlands und Österreichs.

II. Der angelsächsische Rechtskreis: England

Das dem angelsächsischen Rechtskreis angehörende Recht Englands zeichnet sich primär durch das weitgehende Fehlen einer systematischen Kodifikation aus.

---

[484] vgl. die Ausführungen zur Geschichte des Anwesenheitsgrundsatzes im Nationalsozialismus. Der Gedanke, dass gegen einen Abwesenden nicht verhandelt werden sollte, war im Nationalsozialismus gänzlich abhanden gekommen.

Die angelsächsische Rechtstechnik ist nicht an Gesetzestexten und ihrer Interpretation orientiert. Sie orientiert sich vorrangig an Präjudizien und Fallgruppen, in die Lebenssachverhalte eingegliedert werden.
Das angelsächsische Recht ist auf sorgfältige lebenszugewandte Problemdiskussionen bedacht und argumentiert eher konkret und historisch als abstrakt und systematisch.

Insofern gilt die bekannte Formel von *Holmes*: „The life of the law has not always been logic, it has been experience."[485]
Dabei hat wohl kein anderes europäisches Land so sehr an seiner Rechtstradition festgehalten wie gerade England. Das britische common law ist seiner tradierten juristischen Denkform und seinem spezifischen juristischen Stil noch heute treu. Es ist von größeren Reformerschütterungen weitgehend verschont geblieben.
Weder die in anderen europäischen Ländern praktizierte Rezeption des römischen Rechts noch die vom Vernunftgedanken der Aufklärung getragene Kodifikationsidee haben im common law ernsthaft Anklang gefunden.[486]
Wenngleich sich im neueren englischen Recht eine Tendenz zu verstärkter Beachtung von Gesetzesrecht gegenüber dem Richterrecht zeigt, ist eine Vertrautheit des Rechtsanwenders mit den Präjudizien noch immer unerlässlich.[487]

Diese erstaunliche Kontinuität in der Entwicklung des britischen common law zeigt sich auch im Hinblick auf die Behandlung des abwesenden Angeklagten:
Im Gegensatz zu den anderen Rechtsordnungen in denen eine Verurteilung Abwesender durchaus gebräuchlich ist (Frankreich und die Niederlande), hat es im englischen Recht in jüngerer Zeit keine maßgeblichen Änderungen betreffend die Abwesenheitsregelungen gegeben.
Zwar hat der *Court of Appeal* sich gehalten gesehen, einige Leitlinien aufzustellen, an denen die Richter sich zumindest in den gewichtigeren Fällen vor den *Crown Courts* bei der Entscheidung für oder wider Abwesenheitsverfahren zu orientieren haben.[488]
Auch dadurch hat es jedoch keine Änderungen der bis dahin praktizierten Rechtsanwendung gegeben.
Grundsätzlich ist eine Verhandlung gegen abwesende Angeklagte möglich, vor den *crown courts* wird sie jedoch als nicht wünschenswert erachtet und bildet dort eher die Ausnahme.
Dabei wird der Schutz des abwesenden Angeklagten während seiner Verhandlung auch nicht in irgendeiner Form intensiviert.

[485] Holmes, the common law 1881, S. 1
[486] Hattenhauer, Europäische Rechtsgeschichte, Rn. 343; 1408
[487] Rheinstein, Einführung in die Rechtsvergleichung, S. 91
[488] Entscheidung des Gerichts im Fall *R. v Hayworth and* others [2001] 3 WLR 125, ausführlich dargestellt oben Kapitel 1, Unterkapitel 2

Zwar *soll* eine mit der Entscheidungsfindung betraute Geschworenenbank keine Rückschlüsse auf Schuld oder Unschuld des Angeklagten aus seiner Abwesenheit ziehen, nicht zu belegen bleibt allerdings, ob sie es auch nicht *tut*.
Zugleich *soll* der vorsitzende Richter seine neutrale Position zugunsten eines Vorbringens von Verteidigungspunkten bei Abwesenheit des Angeklagten aufgeben, fraglich bleibt natürlich in welchem Maße er dies auch *tut*.
Echte prozessuale Sicherungsmaßnahmen zugunsten des Abwesenden in seiner Verhandlung kennt der englische Strafprozess nicht.
Auch das Abwesenheitsurteil ist ein vollstreckungsfähiges Endurteil und hat nichts von dem vorläufigen Charakter französischer oder niederländischer Abwesenheitsurteile.

Erklären lässt sich diese dem Schutz von Individualinteressen eher gleichmütig eingestellte Haltung zum einen mit der adversatorischen Ausgestaltung des englischen Strafverfahrens.
Das dem angelsächsischen Rechtskreis eigentümliche adversatorische System des Strafprozesses stellt sowohl die dem Gericht zu unterbreitenden Fakten, als auch die geltend gemachten Einwände in das Belieben und zugleich in die Verantwortung der „Parteien".
Jede ist dafür verantwortlich, dass ihre Interessen vor Gericht hinreichend Berücksichtigung erfahren.
Zugleich ist der angelsächsische Strafprozess jedoch auch die Heimat des „fair trial". Begrenzt wird diese Freiheit des Vorbringens also durch die Grundsätze der Verfahrensfairness. Eine allzu offensichtliche Ungleichverteilung der Waffen wird dadurch verhindert. Aber eben auch nur die gravierende Benachteiligung einer Partei.
Im Übrigen bleibt es dabei: vor Gericht findet ein Streit statt, in dem jeder für sich und sein eigenes Wohl verantwortlich ist und wer nicht erscheint, läuft Gefahr diesen Streit zu verlieren.

Über die Ablehnung des *hearsay evidence* gilt auch im angelsächsischen Strafverfahrensrecht, wenngleich weniger stark als in den Verfahrensrechten des germanischen Rechtskreises, der Unmittelbarkeitsgrundsatz. Er hat jedoch weder die Ausprägung noch die Reichweite des deutschen oder österreichischen Unmittelbarkeitsgedankens.[489]

Somit fällt im angelsächsischen Strafverfahrenssystem der Ausgleich der widerstreitenden Interessen von abwesendem Angeklagten und Staat eher zugunsten

---

[489] vgl. zum Verbot des hearsay evidence im englischen Strafprozess bereits oben in Kapitel 1, Unterkapitel 2

der staatlichen Strafverfolgung aus, als dies in den Verfahrensrechten der Staaten des germanischen Rechtskreises der Fall ist.

III. Der romanische Rechtskreis: Frankreich

Das französische Recht gehört innerhalb der Gruppe der kontinentaleuropäischen Rechte zum romanischen Rechtskreis.

Charakteristisch für das französische Recht, auch das Strafverfahrensrecht, ist seine Prägung durch die Gesetzgebung *Napoléons (1769 – 1821).*

Zwar ist das romanische - anders als das angelsächsische - Recht eindeutig dem Gesetzesrecht verpflichtet, es wird jedoch in napoleonischer Tradition noch immer von der Idee von der Akzeptanz des gesetzgeberischen Willens als höchste Autorität selbst im Rahmen logischer und systematischer Interpretation begleitet.[490]

Daher ist die Auslegung von Gesetzen, insbesondere die über den Wortlaut hinausgehende teleologische Auslegung, wie sie in Deutschland praktiziert wird, in Frankreich auch nicht bekannt.

Auch die romanische Gerichtsbarkeit mit den französischen Schwurgerichten weist von der Grundstruktur her erhebliche Unterschiede zu der des germanischen Rechtskreises auf.

Gerade in Bezug auf die Art und Abfassung der Urteilsbegründung unterscheidet sich das französische Recht stark vom deutschen.[491]

Im Hinblick auf das Verfahren gegen Abwesende ist als Besonderheit des Strafverfahrensrechts romanischer Prägung zu beobachten, dass es eine gesonderte Vorgehensweise bei Verhandlung in Abwesenheit des Angeklagten gibt.

So findet im Gegensatz zu dem üblichen kontradiktorischen Verfahrensgang bei Abwesenheit des Angeklagten ein anderes, vereinfachtes Verfahren statt.

Auch das daraus resultierende Abwesenheitsurteil hat nicht den Charakter eines herkömmlichen Strafurteils sondern ist nur eine Rechtsfindung „unter Vorbehalt" entweder der Zustellung oder der Ergreifung des Angeklagten.

An dieser grundsätzlichen Konzeption hat sich auch durch die Novellen der jüngeren Zeit betreffend die rechtliche Vertretung des abwesenden Angeklagten nichts geändert.

Der auftretende Interessenkonflikt Privatinteressen contra staatliche Interessen wird im romanischen Recht mithin nicht so deutlich zugunsten des Individuums entschieden, wie dies im Strafprozessrecht germanischer Prägung der Fall ist. Es

---

[490] Kühne, Nationale Umsetzung von Entscheidungen Europäischer Gerichte, GA 152 (2005), 204; Hattenhauer, Europäische Rechtsgeschichte, Rn. 1607

[491] vgl. dazu vertiefend ebenfalls *Kühne*, GA 152 (2005), 205 ff.

wird ihm aber auch nicht so gleichgültig begegnet wie im angelsächsische Recht.

Die Einzigartigkeit des romanischen Systems besteht gerade darin, dass dem Problem „Abwesenheit“ durch Schaffung einer eigenen Verfahrensart entgegen getreten wurde.
Das Problem braucht also weder durch Anpassung anderer auf den Anwesenden zugeschnittener Vorschriften gelöst zu werden, wie es das angelsächsische Recht tut.
Noch braucht die staatliche Rechtsdurchsetzung zugunsten des Individualschutzes ganz aufgegeben zu werden, wie es im germanischen Recht (partiell) der Fall ist.

IV. Ein Mischsystem: die Niederlande

Das niederländische Recht kann als ein System von eigentümlichen Anleihen und historischen Einflüssen aus anderen großen europäischen Rechtsordnungen verbunden mit sehr speziellen Eigenarten gesehen werden.

So wurde das Recht der Niederlande stark vom französischen Vorbild beeinflusst.
Unmittelbar nach der Eroberung Hollands durch die Franzosen im Dezember 1794 wurde unter Beteiligung holländischer Republikaner die sog. *Bataafse Republiek (1794 – 1806)* mit einer Verfassung nach französischem Vorbild gegründet.
Doch hielt die holländische Begeisterung für die Ideale der französischen Revolution nicht lange an. Schon im Jahre 1801 folgt eine weitere Verfassung, die bereits starke Eigenständigkeit gegenüber den französischen Einflüssen aufwies.
Schließlich wurde mit dem Frieden von Paris 1814 und 1815 die holländische konstitutionelle Monarchie unter *Prinz Wilhelm I. von Nassau-Oranien (1772 – 1843)* wieder eingeführt und damit der französische Einfluss völlig zurückgedrängt.[492]
Insgesamt ist es für das ergebnisorientierte, pragmatische niederländische Recht scheinbar typisch, einen Anfang bei einem bereits funktionierenden Vorbild zu nehmen und dieses dann eigenständig weiter zu entwickeln.

Ähnlich wie in der Staatsverfassung verhielt es sich nämlich auch in anderen Bereichen des Rechts:

---

[492] Hattenhauer, Europäische Rechtsgeschichte, Rn. 1612 ff.

Das Bürgerliche Gesetzbuch *(Het Burgerlijk Wetboek)* von 1838 wies noch starke Ähnlichkeiten mit dem französischen *code civil* auf, bereits mit dem Bürgerlichen Gesetzbuch von 1959 ist der niederländische Gesetzgeber jedoch eigene Wege gegangen.

Ähnlich verlief die Entwicklung des Strafverfahrensrechts der Niederlande.
Während der Zeit der französischen Besetzung wurde 1811 der französische *code d' instruction criminelle* in der Batavischen Republik eingeführt, womit zugleich erstmalig eine Einheitlichkeit im niederländischen Strafprozessrecht eintrat.
Bereits 1838 jedoch wurde das dem französischen Recht entnommene Strafverfahrensrecht durch ein eigenes niederländisches Strafprozessgesetz *(Wetboek van Strafvordering)* ersetzt.[493]
Wenn sich hier auch noch eindeutig Einflüsse des französischen Vorbilds erkennen ließen, so hatte dieses Prozessrecht doch auch schon Originalitätswert. Die Abschaffung der Rechtsprechung durch Geschworene, um nur ein Beispiel zu nennen.
Eine ganz eigene Prozessrechtssystematik entwickelten die Niederlande hingegen erst mit der Neuauflage des *Wetboek van Strafvordering* im Jahre 1926.

Entsprechendes gilt für die Regelungen betreffend den abwesenden Angeklagten.
Zwar kennt auch das niederländische, ebenso wie das romanische Recht Frankreichs, einen eigenen Verfahrensgang für Fälle von abwesenden Angeklagten. Hier ist also noch eine Anlehnung am Vorbild erkennbar.
Auch die nur schwebende Wirksamkeit eines Abwesenheitsurteils, dessen Vollstreckung unter dem Vorbehalt der Urteilszustellung steht, sowie die Existenz eines speziell auf das Abwesenheitsurteil zugeschnittenen Rechtsbehelfs, sind deutliche Entsprechungen zum romanischen Recht.
Die fehlende Verpflichtung eines strafrechtlich Angeklagten zu seiner Verhandlung zu erscheinen hingegen, findet in keinem anderen europäischen System eine Entsprechung.
Begründet wird dieser niederländische Sonderweg mit der Stellung des Angeklagten als Prozesspartei und seiner weitreichenden Prozessautonomie.[494]

Das niederländische Strafverfahren berücksichtigt die Interessen und die Freiheit des Individuums so stark, dass es selbst die Anwesenheit im Prozess zu seiner Disposition stellt. Durch die Möglichkeit einer Verurteilung wird aber auch auf

---

[493] Corstens, Strafprocesrecht, S. 37
[494] vgl. dazu ausführlich schon im ersten Kapitel

Einhaltung des staatlichen Strafanspruchs und damit auf das Funktionieren der Rechtspflege Wert gelegt.
Das niederländische Mischsystem stellt daher einen echten Sonderfall dar.

Insgesamt lassen sich somit selbst für einen so kleinen Teilbereich des Strafverfahrensrechts wie das Abwesenheitsverfahren, spezifische und einem jeden Rechtskreis typische Besonderheiten der Rechtsordnungen erkennen. Jede Rechtsordnung hat ihre Eigenheiten, die in allen Bereichen des Rechts, besonders gravierend für den Einzelnen jedoch im Strafverfahrensrecht hervortreten.
Auf welchen historisch-kulturellen Entwicklungen sie beruhen, sollte hier kurz aufgezeigt werden.

Gerade die Eigenheiten der verschieden Rechtssysteme (Rechtskreise) sind es, die das Zusammenwachsen Europas vor große Herausforderungen stellen.
Hier hilft nur eine möglichst detaillierte Kenntnis der fremden Rechtsordnungen, um Gemeinsamkeiten und Unterschiede zu erkennen und in ihrer Gesamtheit würdigen zu können.

Drittes Unterkapitel: Zusammenfassende Gesamtwürdigung

Im Rahmen einer zusammenfassenden Gesamtwürdigung ist zu konstatieren, dass sich die Regelungen in den einzelnen Nationalstaaten im Hinblick auf die Behandlung des Problems „Abwesenheit des Angeklagten“ schon stark aneinander angenähert haben.
Insbesondere wird verstärkt auf die Schutzinteressen des Angeklagten Rücksicht genommen.

Während *Denz*[495] im Jahre 1969 noch gravierende Unterschiede zwischen den von ihr verglichenen Rechtsordnungen auszumachen in der Lage war, haben sich diese 36 Jahre später in weiten Teilen nivelliert:
Das von ihr noch gerügte deutsche Strafverfahren gegen einen abwesenden Angeklagten aufgrund öffentlicher Ladung wurde durch die Strafprozessrechtsreform vom 01. Januar 1975[496] ersatzlos abgeschafft.
Auch das von ihr kritisch hinterfragte französische *jugement par contumace* existiert in der damals noch geltenden Form heute nicht mehr.
In allen Rechtsordnungen wird inzwischen sehr sensibel mit dem Konflikt zwischen den Interessen des einzelnen Angeklagten und denen der Allgemeinheit umgegangen.

Die wesentlichsten Entwicklungen zur Angleichung stellen dabei die jüngsten Gesetzesänderungen in Frankreich (*Loi n° 2004-204,* 09. März 2004) und den Niederlanden (*wet Herziening onderzoek ter terechtzitting,* 01. Feb. 1998) dar.
Durch sie wurden wesentliche, noch bestehende Unterschiede im Hinblick auf die rechtliche Vertretung eines abwesenden Angeklagten abgeschafft, und die Verfahrensrechte Frankreichs und der Niederlande so an einen europäischen Standard angeglichen.
Selbst wenn diese neuen Regelungen in Bezug auf ihre „angeklagtenschützende“ Wirkung kritisch zu hinterfragen sind und unklar ist, ob sie trotz ihres scheinbar individualrechtsfreundlichen Wortlauts nicht eher eine Verschlechterung der Position des abwesenden Angeklagten bedeuten[497], ist auch schon der gesetzgeberische Wille zur Angleichung erkennbar und positiv zu werten.
Hervorgehoben seien jedoch besonders die bereits bestehenden internationalen Gemeinsamkeiten.
Schließlich weist *Großfeld* zu Recht darauf hin, dass es im Rahmen einer Rechtsvergleichung wichtiger ist, Gemeinsamkeiten zu erkennen als allzu sehr

---

[495] Denz, Zulässigkeit und Umfang des Strafverfahrens gegen Abwesende, 1969
[496] BGBl. 1975 I, S. 469
[497] vgl. dazu bereits oben Kapitel 2, Unterkapitel 1

auf bestehende Unterschiede zu starren, oder sie gar „exotisch" zu übersteigern.[498]
Nur der Blick auf Gemeinsamkeiten bildet intellektuelle und „interkulturelle" Brücken und ermöglicht auf diese Art eine grenzüberschreitende Verständigung. Eine bloße Aufzählung von Unterschieden würde das europäische Gesamtbild verzerren.

Daher sei hier noch einmal das Hauptaugenmerk auf die bereits bestehenden europäischen Gemeinsamkeiten hinsichtlich der Regelungen betreffend das Strafverfahren gegen einen abwesenden Angeklagten gelenkt:

- Alle hier besprochenen Rechtsordnungen erkennen ein grundsätzliches und primäres *Recht des Angeklagten auf Anwesenheit* in seiner Verhandlung an. Nur unter engen Voraussetzungen kann der zu Verhandlungsbeginn erschienene Angeklagte während der laufenden Verhandlung noch ausgeschlossen werden.

- Soll hingegen bereits von Anfang an in Abwesenheit verhandelt werden, so verlangen alle Rechtsordnungen eine *vorschriftsmäßige Ladung als Verfahrensvoraussetzung*. Differenzen bestehen allerdings noch hinsichtlich der Frage der zu fordernden Art der Ladungszustellung.
Hier besteht eindeutig noch Angleichungsbedarf.

- Im Zuge der Hauptverhandlung in Abwesenheit ist es dem Angeklagten in allen Rechtsordnungen gestattet, sich durch einen *Verteidiger* seiner Wahl vertreten zu lassen. Nur in Frankreich und den Niederlanden ändert sich die Art der geführten Verhandlung, also der modus operandi, je nachdem ob der abwesende Angeklagte professionell vertreten wird oder nicht.

- Die *Vollstreckung eines Abwesenheitsurteils* steht unter dem Vorbehalt der Kenntniserlangung des Urteilsinhalts (Niederlande und Österreich), oder aber es wird faktisch gar nicht vollstreckt (Frankreich).
Somit ist in allen Fällen gesichert, dass nicht ein Urteil vollstreckt wird, von dem der Verurteilte noch nie gehört hat. Sei es durch Bestimmungen über den Lauf der Rechtsmittelfristen (Beginn mit persönlicher Urteilszustellung, so in England, Österreich und den Niederlanden) oder durch automatische Nichtigkeit des Urteils bei Ergreifung des Verurteilten (so in Frankreich).

In einem ersten Fazit ist daher festzustellen, dass zumindest bei der Behandlung des hier aufgegriffenen Einzelproblems „Abwesenheit des Angeklagten" gar

---

498 Großfeld, Kernfragen der Rechtsvergleichung, S. 17

keine so gravierenden Unterschiede in den einzelnen Strafverfahrensrechten mehr existieren.

Die sich aufdrängende Antwort auf die Frage, woraus diese Angleichung zurückzuführen sein kann, ist natürlich der EGMR und die Umsetzung seiner die EMRK konkretisierenden Rechtsprechung. Schließlich sind die wesentlichen Gesetzesnovellen in einer Verurteilung des jeweiligen Staates durch den Straßburger Gerichtshof begründet.[499]

Wie sich diese Rechtsprechung in Bezug auf des Abwesenheitsproblem im Verlauf der Tätigkeit des EMGR darstellt und inwieweit der hier festgestellte „Ist-Zustand" der europäischen Verfahrensrechte Übereinstimmung mit dem auf Grundlage der EMRK zu fordernden „Soll-Zustand" zeigt, soll im folgenden Kapitel näher beleuchtet werden.

[499] so - wie bereits mehrfach ausgeführt - in den Niederlanden (1998) und Frankreich (2004)

Drittes Kapitel

Nachdem die verschiedenen nationalen Regelungen der Anwesenheit des Angeklagten während der Hauptverhandlung in erster Instanz in ihrem jeweiligen rechtsstaatlichen und rechtstheoretischen Zusammenhang beschrieben und verglichen wurden, stellt sich zuletzt die Frage nach der Konformität der aufgefundenen Regeln mit den Bestimmungen der EMRK.

In den ersten Kapiteln wurde bereits die Frage aufgeworfen, worin die beobachtete relative Vereinheitlichung der verschiedenen nationalen Prozessrechte ihren Grund haben kann.
Wenn sich die These vom Einfluss der EMRK und der Rechtsprechungstätigkeit des EGMR verifizieren lassen soll, dann muss es eine stringente Rechtsprechung des Straßburger Gerichtshofs im Hinblick auf die Problematik des Abwesenheitsverfahrens geben.
Daraus muss sich eine Art wünschenswerter, konventionskonformer „Soll-Zustand“ (zumindest in Leitlinien) herausarbeiten lassen, an dem sich die Mitgliedstaaten der EMRK orientieren können.
Die Darlegung dieser Rechtsprechung, das Zusammenstellen der relevanten Urteile und das Herausarbeiten von Leitlinien soll daher Ziel der nachfolgenden Bearbeitung sein.

Es soll im Folgenden ausführlich dargestellt werden, wie nach Ansicht des EGMR ein Strafverfahren ausgestaltet sein muss, um ohne Verletzung der in der EMRK garantierten Rechte in Abwesenheit des Angeklagten bis zur Verurteilung zu gelangen.
Die Darstellung beginnt dabei mit einer Herleitung des Anwesenheitsrechts als solches aus der EMRK und folgt im Weiteren dem Gang des Verfahrens von der Ladung bis zur mündlichen Verhandlung und den Rechtsmitteln.
Dazu werden die zu den verschiedenen Einzelaspekten relevanten Urteile des EGMR ausführlich in Sachverhalt und Urteilsbegründung, auch mit eventuell abweichenden Sondervoten dargelegt, um am Ende jeweils ein Fazit ziehen zu können.
Der dabei gewählte, leicht "schulmäßig" wirkende Aufbau der Ausführungen soll dazu dienen, die chronologische Entwicklung in der Straßburger Rechtsprechung zu verfolgen und dabei zugleich immer wiederkehrende Argumentationsmuster zu verdeutlichen.

Erstes Unterkapitel: Die Rechtsprechung des Europäischen Gerichtshofs für Menschenrechte

Um zu klären, wann ein Urteil gegen einen abwesenden Angeklagten keinen Verstoß gegen die von allen hier behandelten Staaten anerkannte Europäische Menschrechtskonvention darstellt, müssen die Verfahrensgarantien der EMRK näher beleuchtet werden.
Dazu soll die Rechtsprechung des EGMR dienen.
Der EGMR hatte des Öfteren die Frage zu entscheiden, wann ein Verfahren gegen einen abwesenden Angeklagten den Voraussetzungen der EMRK genügt.
Wie bereits oben[500] kurz angedeutet sind dabei insbesondere Art. 6 Abs. 1 EMRK sowie Art. 6 Abs. 3 c und d EMRK von Interesse.

I. Herleitung und Bedeutung des Anwesenheitsrechts

Im Gegensatz zu Art. 14 Abs. 3 d IPBPR legt die Europäische Menschenrechtskonvention nicht ausdrücklich ein Recht des Angeklagten auf Anwesenheit während seiner Verhandlung fest. Dem Angeklagten wird neben dem Recht auf ein faires Verfahren (Art. 6 Abs. 1 EMRK) ausdrücklich nur das Recht eingeräumt, sich persönlich zu verteidigen (Art. 6 Abs. 3 c EMRK) sowie Fragen an Belastungszeugen zu stellen (Art. 6 Abs. 3 d EMRK).
Dennoch anerkennt der Europäische Gerichtshof für Menschenrechte ein Anwesenheitsrecht des in einem Strafverfahren Angeklagten als grundlegendes Verfahrensprinzip auch der EMRK.

1. Dogmatische Herleitung des Anwesenheitsrechts aus der Stellung des Art. 6 Abs. 3 im Verhältnis zu Art. 6 Abs. 1 EMRK:

Dabei leitet der Gerichtshof das Recht des Angeklagten auf Anwesenheit aus einer Gesamtschau der in Art. 6 Abs. 3 EMRK aufgezählten Einzelrechte mit dem allgemeinen Prinzip eines fairen Verfahrens her (st. Rechtsprechung):

Bereits im Fall ***GODDI gg. Italien***[501] hat der EGMR festgestellt, dass die Rechte des Angeklagten aus Art. 6 Abs. 3 EMRK nur spezifischere Ausprägungen ("*constituent elements*") des allgemeinen Rechts auf ein faires Gerichtsverfahren aus Art. 6 Abs. 1 EMRK seien.[502]

---

[500] vgl. oben Erstes Kapitel, A V. 2)
[501] EGMR, Serie A Nr. 76 (Urteil vom 09. April 1984)
[502] EGMR, Serie A Nr. 76 (Goddi gg. Italien), Ziff. 28

In dem zur Entscheidung stehenden Fall ging es zwar um eine Abwesenheitsverhandlung - der Angeklagte war zu einem Zeitpunkt verurteilt worden, indem er sich wegen einer anderen Straftat in Haft befand und durfte an seiner Verhandlung nicht teilnehmen - und damit auch um die Frage des Rechts auf Anwesenheit, der EGMR beschäftigte sich jedoch stärker mit der fehlenden Verteidigungsmöglichkeit des Angeklagten, als mit seinem Anwesenheitsrecht.
Insofern blieb es zu diesem Zeitpunkt noch bei der recht allgemein gehaltenen Feststellung des Verhältnisses von Art. 6 Abs. 1 zu Abs. 3 EMRK.

Im Fall ***COLOZZA (u. RUBINAT) gg. Italien***[503] hatte der EGMR erneut die Frage nach der Übereinstimmung einer erstinstanzlichen Abwesenheitsverurteilung mit der EMRK zu klären.
Der Gerichtshof befasste sich zu diesem Zeitpunkt dann auch grundlegend mit der Bedeutung persönlicher Anwesenheit des Angeklagten im Hinblick auf die Gewährleistung eines fairen Verfahrens.
In dieser Entscheidung kann ein "leading case"[504] für die Frage nach den positiven Voraussetzungen eines konventionsgemäßen Abwesenheitsverfahrens gesehen werden.

> Es handelte sich um die Beschwerde des italienischen Staatsangehörigen Herrn C., der nach italienischem Recht im Kontumazialverfahren verurteilt wurde. Er war vor Prozessbeginn mit unbekannter Adresse verzogen. Mehrere Versuche eine gerichtliche Ladung an seine ursprüngliche Adresse zuzustellen, schlugen fehl. Weil das erkennende Gericht es für nicht möglich erachtete, seinen Aufenthaltsort ausfindig zu machen, wurde er als "latitante" also als flüchtig eingestuft, und in seiner Abwesenheit zu einer sechsjährigen Haftstrafe verurteilt. Ihm wurde keine Möglichkeit eingeräumt, seinen Fall in tatsächlicher Hinsicht erneut zur Anhörung vor ein Gericht zu bringen.
> Der Beschwerdeführer sah sein Recht auf ein faires Verfahren verletzt, weil er nicht selbst im Prozess anwesend war und auch nie wieder würde sein können.

Der EGMR entschied, dass Art. 6 Abs. 1 EMRK tatsächlich verletzt sei, obwohl das bloße Anwesenheitsrecht nicht Teil des Wortlauts des Art. 6 EMRK zu finden.
Zu der vom Beschwerdeführer gerügten Verletzung der Art. 6 Abs. 1 und Abs. 3 EMRK wegen Verhandlung in seiner Abwesenheit führte der Gerichtshof aus: *"the object and purpose of Art. 6 as a whole show that a person charged with a criminal offence is entitled to take part in the hearing".*[505]

---

[503] EGMR, Serie A Nr. 89 (Urteil vom 26. September 1984)= EuGRZ 1985, 629 ff. mit Besprechung *Fahrenhorst*
[504] so die Einordnung bei *Stavros*, „The guarantees for accused persons under Article 6 of the European Convention on Human Rights", 1993, S. 262
[505] EGMR, Serie A Nr. 89 (Colozza gg. Italien), Ziff. 27

Der EGMR sieht das Anwesenheitsrecht also nicht als bloßen Bestandteil, sondern sogar als Kern eines fairen Verfahrens.
Nur durch Sicherstellung der Anwesenheit des Angeklagten könne dem Ziel und Zweck des Art. 6 EMRK entsprochen werden.

Zur Begründung führt der EGMR aus, die weitergehenden Rechte aus Art. 6 Abs. 3 Ziff. c, d, und e EMRK seien für den Angeklagten in Abwesenheit gar nicht ausführbar.
Ein abwesender Angeklagter könne sich weder selbst verteidigen, noch Fragen an Belastungszeugen stellen, noch sonst auf das gegen ihn geführte Verfahren Einfluss nehmen. Daher müsse es Bestandteil der allgemeinen Verfahrensfairness sein, dem Angeklagten das Recht einzuräumen, in seiner Verhandlung persönlich anwesend zu sein.
Anderenfalls würden die weitergehenden, in Art. 6 Abs. 3 EMRK niedergelegten Einzelrechte des Angeklagten in ihrer Bedeutung geschmälert.

Dabei betont der Gerichtshof zugleich die überragende Bedeutung der Fairness eines Gerichtsverfahrens in einem demokratischen Rechtsstaat.[506]
Somit ist eine Verletzung von Art. 6 EMRK bei Verhandlung in Abwesenheit des Betroffenen grundsätzlich möglich, obwohl die EMRK eigentlich kein ausdrückliches Anwesenheitsrecht garantiert.
Ob und wann dies im Einzelnen der Fall ist, ist nach EGMR jedoch von der Art und Weise der Durchführung des gerügten Verfahrens abhängig (zu den Voraussetzungen vgl. im Einzelnen unten).

Insgesamt ergibt sich damit eine Herleitung des Anwesenheitsrechts aus Art. 6 Abs. 1 iVm Abs. 3 EMRK als eigenständiges Verfahrensrecht des Angeklagten.

2. Zur Notwendigkeit und generellen Zulässigkeit von Abwesenheitsverfahren:

In der gleichen Urteilsbegründung (***Colozza (u. Rubinat) gg. Italien***) schließt sich der EGMR jedoch auch weitgehend der Argumentation der beklagten italienischen Regierung an, wonach ein Abwesenheitsverfahren zur Verhinderung von Beweisvernichtung, Zeitablauf und Rechtsmissbrauch durchaus notwendig und legitim sein könne.[507]

Der sich dabei aufdrängende Interessenwiderstreit zwischen den staatlichen Interessen an zügiger Verfahrensdurchführung einerseits und den privaten Interessen des einzelnen Angeklagten auf Anwesenheit in seiner Verhandlung andererseits, wird vom EGMR durch Aufstellung mehr oder minder präziser Vorausset-

[506] EGMR, Serie A Nr. 89 (Colozza gg. Italien), Ziff. 27
[507] EGMR, Serie A Nr. 89 (Colozza gg. Italien), Ziff. 29

zungen an die Art des durchgeführten Verfahrens gelöst (vgl. dazu im einzelnen unten).

Die unter Umständen gegebene Notwendigkeit in Abwesenheit des Angeklagten zu verhandeln, rechtfertige nach Ansicht des EGMR hingegen noch keinen vollständigen und nicht wiedergutzumachenden Verlust des Rechts an der Verhandlung teilzunehmen.[508]

Wenn das jeweilige innerstaatliche Recht es erlaube, in Abwesenheit eines Angeklagten zu verhandeln, müsse dem Betroffenen dennoch die Möglichkeit verbleiben, eine erneute gerichtliche Anhörung herbeizuführen, um so seinen Fall auch persönlich zu Gehör einer zur Entscheidung berufenen Instanz zu bringen.

Auf welche Art dies innerstaatlich gesetzlich verankert werden kann, bleibt nach Ansicht des EGMR dem weiten Ermessensspielraum des jeweiligen Nationalstaats überlassen.

Es sei nicht Aufgabe des Gerichtshofs den einzelnen Nationalstaaten die Wahl der gesetzlichen Mittel vorzugeben, sondern lediglich festzustellen, ob das jeweilige anzuwenden Recht den Anforderungen des Art. 6 EMRK auf diesem Gebiet entspricht.

Diesem Selbstverständnis entsprechende beschränkt der EGMR seine Prüfung stets auf die Feststellung, ob die ihm zur Begutachtung vorgelegten nationalen Regelungen hinreichend effektiv und im Einzelfall beachtet seien.[509]

Insgesamt lässt sich als Ergebnis festhalten, dass der EGMR ein Verfahren in Abwesenheit des Angeklagten nicht für generell konventionswidrig erachtet, sondern vielmehr die Notwendigkeit anerkennt, unter gewissen Umständen auch in Abwesenheit des Angeklagten zu verhandeln.

Solche Notwendigkeiten können sein zu verhindern, dass ein Verfahrenshindernis eintritt (Verjährung) oder dass Beweise unwiederbringlich verloren gehen.

Gerade wenn es Zeugen einer Straftat gibt, ist notwendig, sie das von ihnen Erlebte oder Beobachtete in größtmöglicher zeitlicher Nähe zum Geschehen vor Gericht darstellen zu lassen. Zwar werden Tatzeugen in aller Regel bereits ihre Aussagen zu Protokoll der Strafverfolgungsbehörden gegeben haben. Das erkennende Gericht ist jedoch darauf angewiesen, dass diese Aussagen auch in der mündlichen Anhörung noch einmal wiederholt werden können. Ein zu großer Zeitabstand zwischen Erstvernehmung durch Polizei oder Staatsanwaltschaft und endgültiger Aussage vor Gericht fördert abweichende Schilderungen und Gedächtnislücken. Auch um zu verhindern, dass Zeugenaussagen unbrauchbar

[508] EGMR, Serie A Nr. 89 (Colozza gg. Italien), Ziff. 29

[509] EGMR, Serie A Nr. 89 (Colozza gg. Italien), Ziff. 30; ähnlich argumentiert der EGMR auch in EGMR, Reports 2001-I (Vaudelle gg. Frankreich), Ziff. 55

werden, kann es also nötig sein, eine Verhandlung zur führen, obwohl der Angeklagte noch nicht ausfindig gemacht werden konnte.

Ob dazu tatsächlich bereits die Durchführung einer echten Verhandlung in erster Instanz mit dem Ziel einer Verurteilung nötig ist, oder ob im Interesse des Angeklagten nicht eine vorläufige Zeugenvernehmung (nach dem Beispiel eines deutschen Beweissicherungsverfahrens) ausreicht, kann hier dahinstehen.

Der EGMR jedenfalls sieht unter derartigen Umständen auch die Durchführung einer erstinstanzlichen Verhandlung als konventionskonform an.

Maßgeblicher Grundgedanke dieser Rechtsprechung ist, dass der Angeklagte sich durch seine Abwesenheit nicht zum Herrn des Verfahrens aufschwingen darf.

Denn sonst könnte der Angeklagte durch sein Fernbleiben den gesamten Prozessfortschritt vereiteln.

Der Angeklagte soll nur vor den negativen Folgen seiner Abwesenheit geschützt werden, keine prozessualen Vorteile aus ihr ziehen.

3. Die Möglichkeit eines Verzichts auf das Anwesenheitsrecht:

Fraglich ist, ob es dem einzelnen Angeklagten angesichts der vom Gerichtshof betonten ausgesprochenen Bedeutung der Anwesenheit des Betroffenen für das Strafverfahrens auch möglich sein soll, auf sein Anwesenheitsrecht zu verzichten.

Ein derartiger Verzicht des Betroffenen ist wiederholt im Rahmen eines als konventionswidrig gerügten Strafverfahrens zur Begründung einer Abwesenheitsverhandlung geltend gemacht worden.[510]

In verschiedenen anderen Zusammenhängen[511] hat der Gerichtshof bereits deutlich gemacht, dass ein Verzicht auf die Ausübung eines durch die EMRK garantierten Rechts zwar möglich sein soll, die Konventionsrechte seien disponibel. Ein Verzicht müsse vom Berechtigten jedoch unmissverständlich erklärt werden.

---

[510] so z.B. in Colozza gg. Italien (vgl. oben); Brozicek gg. Italien (EGMR, Serie A Nr. 167); T. gg. Italien (EGMR, Serie A Nr. 245-C); Poitrimol gg. Frankreich (EGMR, Serie A Nr. 277-A)

[511] EGMR, Serie A Nr. 17 (Neumeister gg. Österreich, Urteil vom 07. Mai 1974), Ziff. 36, bzgl. Recht auf Entschädigung aus Art. 50 EMRK; Serie A Nr. 43 (Le Compte, van Leuwen und De Meyere gg. Belgien, Urteil vom 23. Juni 1981), Ziff. 59, bzgl. Recht auf ein öffentliches Verfahren aus Art. 6 EMRK; Serie A Nr. 58 (Albert und Le Compte gg. Belgien, Urteil vom 10. Februar 1983), Ziff. 35, ebenfalls bzgl. Recht auf Verfahrensöffentlichkeit aus Art. 6 EMRK

Nur so könne ein hinreichender Schutz durch die Konventionsrechte bezweckt werden. Es spricht mithin viel dafür, dass der Gerichtshof auch einen Verzicht des Angeklagten auf sein Anwesenheitsrecht unter Wahrung bestimmter Voraussetzungen dem Grunde nach für zulässig erachten würde.

Fraglich bleibt angesichts der Bedeutung des Anwesenheitsrecht jedoch, welche Voraussetzungen vorliegen müssen und wann ein Verzicht "unmissverständlich" erklärt sein soll. Diese Frage hatte der EGMR noch im Fall ***Colozza*** ausdrücklich offen gelassen.[512]

Im Fall ***BROZICEK gg. Italien***[513] hingegen hat der EGMR einen Verzicht des Angeklagten auf sein Anwesenheitsrecht nicht einmal anerkannt, als ein Angeklagter trotz unterzeichneter Zustellurkunde (die Ladung zur Verhandlung hatte ihn also nachweislich erreicht) und damit Kenntnis vom Verhandlungstermin, nicht zum Prozess erschien.
Ein bloßes Nichtreagieren auf amtliche Mitteilungen begründe noch keine Aufgabe eines Konventionsrechts.[514]
Zu fordern ist danach also ein positives Handeln des Angeklagten, nicht nur ein einfaches Unterlassen.

Genauso hat der Gerichtshof in ***ZANA gg. Türkei***[515] festgestellt, dass die ausdrückliche Weigerung sich vor der Gericht einer bestimmten Sprache zu bedienen, noch keinen Ausschluss des Angeklagten rechtfertige.

> Im Fall hatte die kurdische Angeklagte sich geweigert, die türkische Amtssprache zu verwenden und bestand stattdessen darauf, kurdisch sprechen zu dürfen. Daraufhin stellte das Gericht sie vor die Wahl, türkisch zu sprechen oder von der Verteidigung ausgeschlossen zu werden.

Nach Auffassung des EGMR soll die bloße weitergehende Weigerung der Angeklagten noch keinen Verzicht auf ihr Anwesenheits- und Verteidigungsrecht begründen.
Der Gerichtshof fordert also einen ausdrücklichen, wörtlichen Verzicht auf die Ausübung des Anwesenheitsrechts. Ein vorsätzlich regelwidriges Verhalten allein soll nicht genügen, auch wenn dem Angeklagten bekannt ist, dass die Folge dieses Verhaltens den Verlust seines Anwesenheitsrechts bedeutet.

---

[512] EGMR, Serie A Nr. 89 (Colozza gg. Italien), Ziff. 28
[513] EGMR, Serie A Nr. 167 (Urteil vom 19. Dezember 1989)
[514] EGMR, Serie A Nr. 167 (Brozicek gg. Italien), Ziff. 45
[515] EGMR, Reports 1997-VII (Urteil vom 25. November 1997) = ÖJZ 1998, 715 f.

In ***POITRIMOL gg. Frankreich***[516] entschied der EGMR darüber hinaus, dass es selbst im Falle eines freiwillig zustande gekommenen und ausdrücklich erklärten Verzichts auf ein Verfahrensrecht noch Schutzmechanismen zugunsten des Angeklagten bedarf, die der Bedeutung dieses Rechtes entsprechen.
Im Hinblick auf das Anwesenheitsrecht aus Art. 6 Abs. 1 iVm Abs. 3 EMRK bedeutet dies vor allem, die Verteidigungsrechte des Angeklagten zu wahren.[517]

Daraus lassen sich als Fazit hinsichtlich der Frage des Verzichts auf das Recht zur Anwesenheit folgende Punkte ziehen:

-Erstens ist es grundsätzlich *möglich,* auf die Ausübung des Rechts zur Anwesenheit in seinem Strafverfahren zu verzichten. Eine daraufhin in Abwesenheit zur Verurteilung gelangende Verhandlung ist nicht ohne weiteres konventionswidrig.

-Zweitens muss das als Verzicht gedeutete Verhalten des Berechtigten *Erklärungswert* haben. Ein bloß konkludentes Verhalten, aus dem sich die Aufgabe des Anwesenheitsrechts schließen ließe, kann genügen. Allerdings ist dann zu verlangen, dass der Angeklagte gesichert Kenntnis von dem gegen ihn geführten Verfahren und den Folgen seines Verhaltens hatte. Nur wer das ihm zustehende Recht kennt, kann wirksam darauf verzichten.
Nicht genügend ist insofern die unterlassene Reaktion auf amtliche Benachrichtigungen. Damit wäre beispielsweise die früher vom niederländischen Hooge Raad praktizierte Einschätzung, wonach ein Angeklagter, der zu Verhandlungsbeginn ohne zwingende Hinderungsgründe nicht im Gerichtssaal anwesend war, konkludent auf sein Anwesenheitsrecht verzichtete[518], nur dann vereinbar, wenn erwiesenermaßen von einer ausreichenden Kenntnis des Angeklagten ausgegangen werden kann.
Auch ein regelwidriges prozessuales Verhalten des Angeklagten, das -wie er weiß- mit einem Verlust des Anwesenheitsrechts sanktioniert wird, stellt noch keinen Verzicht dar.
Was bedeutet, dass auch der Angeklagte, der sich mutwillig nicht prozessrechtskonform verhält, damit noch nicht zugleich den Verzicht auf sein Anwesenheitsrecht erklärt. Eine dahingehende Annahme des Gerichts verstieße gegen die Konventionsrechte des Angeklagten.

-Drittens muss der Wille zum Verzicht darüber hinaus auch *freiwillig* zustande gekommen sein.

---

[516] EGMR, Serie A Nr. 277-A (Urteil vom 23. November 1993) = ÖJZ 1994, 467 ff.
[517] EGMR, Serie A Nr. 277-A (Poitrimol gg. Frankreich), Ziff. 34
[518] Corstens, Het Nederlands strafprocesrecht, S. 543; HR (strafkamer) NJ 1998, 445 (sog. *klemmende redenen* Rechtsprechung)

Der notwendige Ausschluss von Zwang oder sonst vergleichbaren Druckmitteln erklärt sich von selbst.

-Viertens trifft das erkennende Gericht auch bei Vorliegen eines freiwillig zustande gekommenen und ausdrücklich erklärten Verzichtswunsches die Pflicht, *Schutzmechanismen* zugunsten des abwesenden Angeklagten zu entfalten, im speziellen, seinen Anwalt zur Verhandlung zuzulassen, um so eine adäquate Verteidigung sicherzustellen.

Zu diesen Schutzpflichten sollte richtigerweise auch die Pflicht zur qualifizierten Belehrung darüber gehören, dass der (in der Regel rechtsunkundige) Angeklagte sich mit dem Verzicht auf sein Anwesenheitsrecht in der Verhandlung zugleich der Möglichkeit begibt, durch persönlichen Kontakt zum Gericht auf sein Urteil unmittelbar Einfluss zu nehmen.

Zu einer solchen Belehrungspflicht hat der EGMR allerdings (noch) keine Aussagen getroffen.

4. Die Fürsorgepflichten des erkennenden Gerichts:

Der Gerichtshof hat bereits mehrfach festgestellt, dass es Teil der Sorgfaltspflicht der einzelnen Vertragsstaaten sei, dafür zu sorgen dass die von ihnen unterzeichneten Rechte der EMRK dem einzelnen Bürger auch tatsächlich zugute kommen.[519]

Die Tatgerichte der einzelnen Vertragsstaaten sind also im Zuge ihrer Fürsorgepflicht für den Angeklagten dafür verantwortlich, dass die Grundsätze eines fairen Verfahrens eingehalten werden. Alle dazu nötigen Maßnahmen sollen von Amts wegen zu treffen sein. Verletzt ein Gericht diese Sorgfaltspflichten, so stellt das durchgeführte Verfahren einen Verstoß gegen die EMRK dar.

Gleiches muss auch für das aus Art. 6 Abs. 1 iVm Abs. 3 EMRK abgeleitete Anwesenheitsrecht gelten:

So hat der Gerichtshof im Fall ***F.C.B. gg. Italien***[520] kritisiert, dass das italienische Gericht die anstehende Verhandlung weder vertagte, noch intensivere Nachforschungen nach dem Verbleib des geladenen aber nicht erschienen Angeklagten anstellte, oder sich auch nur vergewisserte, ob er tatsächlich auf sein Anwesenheitsrecht verzichten wolle, obwohl dem Gericht von mehreren Seiten übereinstimmend zugetragen worden war, das der Angeklagte sich zum Verhandlungszeitpunkt in niederländischer Haft befand.

---

519 vgl. EGMR, Serie A Nr. 245-C (T. gg. Italien), Ziff. 29

520 EGMR, Serie A Nr. 208-B (Urteil vom 28. August 1991)= EuGRZ 1992, 539 f. = ÖJZ 1992, 35 f.

Ein solches Vorgehen erklärte der EGMR für nicht mit den Sorgfaltspflichten eines Strafgerichts vereinbar und erkannte im Ergebnis auf eine Verletzung von Art. 6 Abs. 1 iVm Abs. 3c EMRK.[521]
Das betreffende Gericht hätte sich vergewissern müssen, ob es dem Angeklagten nicht unmöglich gewesen sein könnte, zum Verhandlungstermin zu erscheinen.

Im Fall ***VAUDELLE gg. Frankreich***[522] war ein wegen geistiger Schwächen unter Betreuung seines Sohnes stehender Angeklagter in seiner Abwesenheit nach Aktenlage zu einer Haftstrafe verurteilt wurde. Dabei waren der Geisteszustand des Angeklagten sowie das Bestehen eines Betreuungsverhältnisses dem Gericht bekannt.

Der EGMR stellt in diesem Zusammenhang fest, dass die formelle Möglichkeit (eine Ladung wurde dem Angeklagten ordnungsgemäß zugestellt, ein Erscheinen wäre dem Angeklagten möglich gewesen) zur Wahrung von Konventionsrechten noch nicht genügt.
Es wird argumentiert, dem erkennenden Gericht hätte aufgrund der nur sieben Monate zuvor ergangenen Betreuungsanordnung bewusst sein müssen, dass der Angeklagte nicht in der Lage war, für sich selbst aufgrund eigenen Verständnisses zu handeln.
Diese Unfähigkeit sei auch nicht auf privatrechtliche Vorgänge zu beschränken, sondern beträfe natürlich und gerade auch strafrechtlich relevante Vorgänge.[523]
Das Tatgericht hätte dies berücksichtigen müssen. Durch das durchgeführte Verfahren sei Art. 6 EMRK verletzt.[524]
Das erkennende Gericht muss unter Umständen also noch weitere positive Sicherungsvorkehrungen treffen, um das Recht des Angeklagten auf Verhandlung in seiner Anwesenheit und damit die Verfahrensfairness zu wahren:
"*..special procedural safeguards may prove called for in order to protect the interests of persons who, on account of their mental disabilities, are not fully capable of acting for themselves..*"[525]

Bedauerlicherweise lässt der Gerichtshof jedoch offen, welche Vorkehrungen damit im Einzelnen gemeint sein sollen,
Er beschränkt sich auf die Feststellung, dass die Regelungen des französischen Prozessrechts nicht hinreichend effektiv im konkreten Fall die Rechte des Angeklagten sicherten, ohne eine positive Aussage dahingehend zu treffen, wie geeignete Sicherungsvorkehrungen auszusehen hätten.

---

521 EGMR, Serie A Nr. 208-B (F.C.B. gg. Italien) Ziff. 33
522 EGMR, Reports 2001-I (Urteil vom 30. Januar 2001)
523 EGMR, Reports 2001-I (Vaudelle gg. Frankreich), Ziff. 62
524 EGMR, Reports 2001-I (Vaudelle gg. Frankreich, Ziff. 66
525 EGMR, Reports 2001-I (Vaudelle gg. Frankreich), Ziff. 60

Es erscheint jedoch sinnvoll, in einem Fall wie dem vorliegenden, in dem der mangelhafte Geisteszustand des Angeklagten dem Gericht bekannt ist, die Zustellung einer Ladung nicht nur an ihn, sondern auch an seinen Betreuer zu verlangen, um von gesicherter Kenntnis von der Verhandlung ausgehen zu können.

Im Ergebnis sieht der EGMR es als der Fürsorgepflicht des erkennenden Gerichts anheim gestellt an, dass der Angeklagte nicht unverschuldet - sei es durch Haft in einem anderen Staat, sei es durch Unfähigkeit, die Bedeutung einer gerichtlichen Ladung zu erfassen - an der tatsächlichen persönlichen Teilnahme an seiner Verhandlung gehindert wird.
Insbesondere trifft das Tatgericht eine Nachforschungspflicht hinsichtlich des Aufenthaltsorts des Angeklagten, um so sein Erscheinen zum Prozess nach Möglichkeit sicherzustellen (vgl. dazu im Einzelnen auch unten die Ausführungen zu den Voraussetzungen der Ladung).
Die bloße Annahme eines Verzichts auf die Ausübung des Anwesenheitsrechts - ohne dahingehende eindeutige Erklärungen des Angeklagten - entbindet das Gericht nicht von diesen Nachforschungspflichten.[526]

Die Forderung des Gerichtshofs nach gründlichen Untersuchungen, ob ein Angeklagter unverschuldet an der Teilnahme an seiner Verhandlung gehindert sein könnte, ist begrüßenswert.
Selbst wenn dies zur Folge hat, dass ein Prozess unter Umständen vertagt werden muss, um die Ergebnisse der Nachforschungen abzuwarten, so ist diese Verlangsamung der Justiz dennoch im Interesse des Individualrechtsschutzes hinzunehmen.

Weiterhin ist es auch die Pflicht des Gerichts, nicht nur formell (durch ordnungsgemäße Zustellung einer Ladung) sondern auch in tatsächlicher Hinsicht zu sichern, dass die Konventionsrechte des Angeklagten gewahrt werden. Dies betrifft insbesondere den Geisteszustand des Angeklagten, auf den vom Gericht Rücksicht zu nehmen sein soll.
Diese Pflicht kann bedeuten, dass das Gericht unter Umständen mehrere Ladungen zustellen oder einen Prozessvertreter von Amts wegen bestellen muss. Die dadurch bedingte "Erschwerung" des Verfahrens ist im Interesse der Effektivität von Konventionsrechten ebenfalls hinzunehmen.

[526] vgl. ***F.C.B. gg. Italien***

II. Bestehen eines Anwesenheitsrechts auch außerhalb der Ersten Instanz

Nach dem oben Gesagten besteht somit ein Recht des Angeklagten aus Art. 6 Abs. 1 iVm Abs. 3 EMRK auf Anwesenheit in seiner mündlichen Verhandlung in erster Instanz.
Es fragt sich jedoch, ob dieser Grundsatz auch für zweitinstanzlichen (Berufungs-)Hauptverhandlungen oder andere Verfahrensarten Geltung hat.

Die Frage nach dem Umfang, den das Anwesenheitsrecht des Angeklagten hat, ist deshalb besonders relevant, weil die meisten der vom EGMR entschiedenen Fälle in denen der Angeklagte nicht anwesend war, keine erstinstanzlichen Entscheidungen waren.
Aufgrund der in Art. 35 Abs. 1 EMRK vorgeschriebenen vorherigen Erschöpfung des innerstaatlichen Rechtswegs, sind Streitigkeiten, die bis zum EGMR gelangen ohnehin schon durch alle Instanzen des jeweils beklagten Landes gegangen.
Daher kommt es häufig vor, dass ein Angeklagter entweder nicht nur in der erstinstanzlichen Verhandlung abwesend war, sondern auch in den daran anschließenden weiteren Verfahren, oder aber nur in einer höheren Instanz nicht zu seiner Verhandlung erschien.
Im Folgenden soll daher geklärt werden, ob es für die Anwesenheitsgarantie und alle daraus resultierenden Rechte eine Rolle spielt, in welcher Instanz vor welchem Gericht das jeweils gerügte Verfahren stattgefunden hat.

1. Das Recht auf Anwesenheit in Verfahren höherer Instanz:

Zuerst sollen Fälle beleuchtet werden, in denen der EGMR über die Frage nach einem Rechte des Angeklagten auf Anwesenheit in seiner zweit- oder höherinstanzlichen Verhandlung zu entscheiden hatte.

Schon im Fall ***EKBATANI gg. Schweden***[527] hatte der EGMR erstmalig diese Frage zu klären.

> Dem Beschwerdeführer Herrn E. war nach erstinstanzlicher Verurteilung wegen Beleidigung eine von ihm beantragte erneute mündliche Anhörung seines Falles vor dem Berufungsgericht verweigert worden. Stattdessen entschied das Gericht in zweiter Instanz im Beschlusswege.

Auch wenn hier nicht ausdrücklich und allein das Recht des Angeklagten auf Anwesenheit zur Diskussion stand, sondern auch die Frage nach notwendiger

[527] EGMR, Serie A Nr. 134 (Urteil vom 26. Mai 1988)

Mündlichkeit und Öffentlichkeit einer Verhandlung, so hat der EGMR in seiner Entscheidung doch einige grundlegende Feststellungen getroffen:

Der EGMR führte aus, dass Strafprozesse eine Einheit formten und dass der durch Art. 6 EMRK gewährt Schutz des Angeklagten daher nicht mit Ablauf der ersten Instanz endeten.[528] Dasselbe solle - vom Grundsatz her - auch für das aus Art. 6 Abs. 1 iVm Abs. 3 EMRK abgeleitete Anwesenheitsrecht gelten.
Zugleich stellte der Gerichtshof jedoch klar, dass die Art und Weise der Anwendung des Art. 6 EMRK auf Berufungsverhandlungen mit den jeweiligen nationalen Prozessbestimmungen abgestimmt werden müsse.[529]

In diesem Zusammenhang spielen also die Natur des jeweiligen nationalen Instanzenzuges sowie die Urteilsänderungskompetenz des höherrangigen Gerichts eine wichtige Rolle.
Dabei unterscheidet der Gerichtshof zwischen höherinstanzlichen Verhandlungen, in denen nur noch Rechtsfragen zur Entscheidung stehen (entsprechend der deutschen Revision), und solchen, in denen der Sachverhalt auch in tatsächlicher Hinsicht noch einmal beleuchtet werden soll (entsprechend der deutschen Berufung).
Nur bei letzteren soll ein Anwesenheitsrecht des Angeklagten bestehen.[530]

Als Begründung führt der Gerichtshof an, dass in Verhandlungen, in denen es noch auf Zeugenaussagen oder die Glaubwürdigkeit des Angeklagten ankomme, oder es ganz allgemein um die Frage nach Schuld oder Unschuld gehe, die persönlich Teilnahme des Angeklagten wichtig sei.
Deshalb erkannte der Gerichthof im vorliegenden Fall auf eine Verletzung von Art. 6 Abs. 1 EMRK.

Allerdings wurde diese Einschätzung nicht von allen Mitgliedern der Kammer geteilt.
Richter *Thór Vilhjámsson* verfasste ein abweichendes Votum[531]. Seiner Ansicht nach lag im vorliegenden Fall deshalb keine Verletzung der ERMK, weil es sich um eine geringfügige Straftat handelte. Um der schnellen und zügigen Verfahrensabwicklung Rechnung zu tragen (schließlich sei auch der Kampf gegen Verfahren von überlanger Dauer ebenfalls ein Anliegen der EMRK), müsse es möglich sein, Berufungsverhandlung in solchen Fällen auch ohne den Angeklagten zu führen.
Diese Meinung wird zwar wesentlich stärker den Interessen einer ohnehin schon überlasteten Justiz gerecht. Es ist jedoch von einem objektiven Standpunkt aus nicht nachvollziehbar, warum es für die von der Kammer geltend gemachte Ein-

[528] EGMR, Serie A Nr. 134 (Ekbatani gg. Schweden), Ziff. 24
[529] EGMR, Serie A Nr. 134 (Ekbatani gg. Schweden), Ziff. 27
[530] EGMR, Serie A Nr. 134 (Ekbatani gg. Schweden), Ziff. 31
[531] EGMR, Serie A Nr. 134 (Ekbatani gg. Schweden), S. 17 ff.

heit des Strafprozesses einen Unterschied machen sollte, ob es sich bei dem fraglichen Vergehen um eine "große" oder eine "kleine" Straftat handelt. Der Schwerverbrecher sollte doch nicht besser gestellt werden als der Kleinkriminelle.

Im Fall ***KREMZOW gg. Österreich***[532] ging es ebenfalls um die Frage der Zulassung des Angeklagten zu seiner Berufungsverhandlung.

> Der Beschwerdeführer Herr K. war in erster Instanz wegen Mordes zu einer zwanzigjährigen Haftstrafe in einer psychiatrischen Anstalt verurteilt worden.
> In dem erstinstanzlichen Prozess hatte er sich nicht selbst verteidigen dürfen, sondern es war ihm ein Rechtsbeistand bestellt worden. Gegen das Urteil erhob der Angeklagte Nichtigkeitsbeschwerde zum österreichischen Obersten Gerichthof mit der Begründung, der Prozess gegen ihn sei wegen der fehlenden Möglichkeit sich selbst zu verteidigen unfair gewesen. Die Staatsanwaltschaft beantragte eine Erhöhung des Strafmasses.
> Zu der zweitinstanzlichen Verhandlung verweigerte der Oberste Gerichtshof dem inzwischen inhaftierten Angeklagten die Anwesenheit, obwohl neue Beweisstücke eingeführt wurden. Der Angeklagte konnte sich lediglich durch einen Anwalt vertreten lassen.

Dazu entschied der Straßburger Gerichtshof, dass diese Vorgehensweise nicht den Vorgaben der EMRK entspräche. Er wiederholte den Grundsatz, nach dem sich die Rechte des Angeklagten aus Art. 6 EMRK, insbesondere sein Anwesenheitsrecht, nicht auf die erstinstanzliche Gerichtsverhandlung beschränkten.[533]

Also ist der persönlichen Anwesenheit des Angeklagten in den nachfolgenden Verfahren nicht die gleiche Bedeutung beizumessen, wie in der ersten Instanz.
Bei der Entscheidung, ob eine Anwesenheit des Angeklagten nötig erscheint, sind die Art und Weise der Durchführung und der Ausgestaltung des zweitinstanzlichen Verfahrens als Ganzes zu berücksichtigen. Relevante Kriterien sollen dabei unter anderem sein, ob und wie die Interessen des Angeklagten vertreten wurden und welche Bedeutung die Entscheidung des Berufungsgerichts für den Angeklagten hat.[534]

Dabei soll zwischen der Anwesenheit in einer Berufungsverhandlung wegen einer Beschwerde die auf Nichtigerklärung des erstinstanzlichen Urteils gesamt

---

[532] EGMR, Serie A Nr. 268 (Urteil vom 21. September 1993) = EuGRZ 1995, 537 ff.
[533] EGMR, Serie A Nr. 268 (Kremzow gg. Österreich), Ziff. 58; vgl. auch schon oben im Fall **Ekbatani gg. Schweden**
[534] EGMR, Serie A Nr. 268 (Kremzow gg. Österreich), Ziff. 59

gerichtet ist, und einer in der das Strafmaß zur Diskussion steht zu unterscheiden sein:

-Im Hinblick auf die Nichtigkeitsbeschwerde, in der nach österreichischem Recht nur Rechtsfragen erörtert werden, sah der EGMR den Art. 6 EMRK nicht als verletzt an.
Nach österreichischem Recht ist das höherrangige Gericht hinsichtlich der Tatsachenfeststellung an die Beweisaufnahme des erstinstanzlichen Gerichts gebunden und hat lediglich Fragen nach der Gesetzmäßigkeit der Verfahrensführung in erster Instanz zu klären.
Wenn der Rechtmittelberechtigte in einem derartigen Verfahren durch einen Anwalt vertreten sei, habe er ausreichend Möglichkeiten gehabt, den Verhandlungsgang zu beeinflussen. Seiner persönlichen Anwesenheit bedürfe es dann nicht mehr.[535]
Hintergrund dieser Einschätzung scheint die Überzeugung zu sein, dass in einem Verfahren in dem es nur noch um Rechtsfragen geht, von dem Rechtsmittelberechtigten keine Aufklärung mehr erwartet werden kann. Insofern ist seine Anwesenheit unter rechtsstaatlichen Gesichtspunkten entbehrlich.

- Im Hinblick auf die Beschwerde gegen das Strafmaß hingegen erkannte der EGMR sehr wohl auf eine Verletzung von Art. 6 Abs. 3 c EMRK. Er begründet diese Entscheidung damit, dass die mögliche Erhöhung des Strafmasses (es stand immerhin eine lebenslange Freiheitsstrafe im Raum) von derartigem Gewicht für den Angeklagten gewesen sei, dass es Pflicht des Staates Österreich und seiner Gerichte gewesen wäre, ihm die höchstpersönliche Verteidigung zu sichern.[536] Dabei könne das Anwesenheitsrecht des Angeklagten auch nicht vom Vorliegen eines vorhergehenden Antrags abhängen. Der EGMR ließ die Argumentation der österreichischen Regierung, der Angeklagte habe durch Nichtstellen eines formellen Antrags auf persönliche Anwesenheit auf sein Anwesenheitsrecht verzichtet, nicht gelten.[537]

Die gleiche Entscheidung traf der Gerichtshof im Fall ***COOKE gg. Österreich***[538].

Auch hier ging es um die von einem in erster Instanz wegen Mordes verurteilten Herrn C. eingereichten Nichtigkeitsbeschwerde und Berufung gegen das Strafmaß. Den An-

[535] EGMR, Serie A Nr. 268 (Kremzow gg. Österreich), Ziff. 63
[536] EGMR, Serie A Nr. 268 (Kremzow gg. Österreich), Ziff. 68
[537] EGMR, Serie A Nr. 268 (Kremzow gg. Österreich), Ziff. 66; vgl. dazu auch die Ausführungen zu den Voraussetzungen eines wirksamen Verzichts auf ein Konventionsrecht
[538] EGMR, no. 25878/94 (Urteil vom 08. Februar 2000) unreported case, zu finden unter http://www.echr.coe.int = ÖJZ 2000, 775 f.

trag des Herrn C. auf Anwesenheit in dieser Verhandlung wies das österreichische Berufungsgericht zurück und verhandelte in seiner Abwesenheit, jedoch unter Beteiligung eines Verteidigers.

Dazu entschied der Gerichtshof ebenso wie schon oben im Fall ***Kremzow gg. Österreich***, dass die Konventionsrechte des Beschwerdeführers im Hinblick auf die Verhandlung über die Nichtigkeitsbeschwerde deshalb nicht verletzt seien, weil dort nur noch Rechtsfragen ("*procedural and legal matters*") in Rede standen, zu deren Klärung die Anwesenheit Beschwerdeführers nicht erforderlich gewesen sei.[539]
Daran ändere auch die Tatsache nichts, dass der Verurteilte in dieser Verhandlung nicht von seinem Wahlverteidiger, sondern von einem vom Gericht bestellten Pflichtverteidiger vertreten wurde, solange auch dieser Pflichtverteidiger hinreichend Zeit und Gelegenheit gehabt habe, die Verteidigung vorzubereiten. Insofern lägen keine besonderen Umstände vor, die eine Teilnahme des Rechtsmittelberechtigten erfordert hätten.
Im Hinblick auf die Berufung über das Strafmass sah der EMGR den zuvor einzuschlagenden innerstaatlichen Rechtsweg als nicht erschöpft an, sodass hierzu keine Entscheidung in der Sache erging.

Im jüngeren Fall ***POBORNIKOFF gg. Österreich***[540] hatte sich der EGMR erneut mit einer identischen Ausgangslage zu befassen:

Wieder ging es um einen in Österreich in erster Instanz zu lebenslanger Haft verurteilten Angeklagten, dem die persönlich Anwesenheit in seiner gegen dieses Urteil gerichteten Berufungsverhandlung verwehrt wurde.
Herr P. hatte das erstinstanzliche Urteil als ganzes mit einer Nichtigkeitsbeschwerde, und die zum Strafmass führenden Überlegungen des Gerichts mit einer Rüge über die Höhe der Strafe angegriffen.
Zur Berufungsverhandlung gingen sowohl Herrn P. als auch seinem Verteidiger Ladungen zu. Darin wurde Herrn P. jedoch mitgeteilt, dass Berufungsgericht hielte sein persönliche Erscheinen nicht für notwendig und werde ihn daher nicht aus der Haft vorführen lassen.
In seiner Beschwerde zum EGMR behauptet Herr P. eine Verletzung seines Rechts aus Art. 6 Abs. 1 iVm Abs. 3 c EMRK.

In seiner Argumentation folgte der EGMR im Wesentlichen den bereits in Fall ***Kremzow gg. Österreich*** dargelegten Grundzügen:

---

539 EGMR, (Cooke gg. Österreich), Ziff. 38 = ÖJZ 2000, 776
540 EGMR, no. 28501/95 (Urteil vom 03. Oktober 2000) unreported case, zu finden unter http://www.echr.coe.int = ÖJZ 2001, 232 ff.

- Was die Nichtigkeitsbeschwerde angehe, in der nach österreichischem Recht nur Rechts- und Verfahrensfragen zur Diskussion stünden, sei eine persönliche Anwesenheit des Berufungsführers jedenfalls dann nicht notwendig, wenn dieser von seinem Anwalt in der Verhandlung vertreten werde.[541]

- Im Hinblick auf die Verhandlung über die Berufung wegen des Strafmasses jedoch, sei eine Anwesenheit des Angeklagten deshalb nötig gewesen, weil das Gericht eine neue Bewertung von Tat, Motiv und Täterpersönlichkeit habe vornehmen müssen. Zwar sei in diesem Fall anders als im Fall ***Kremzow gg. Österreich*** bereits in erster Instanz eine lebenslange Freiheitsstrafe verhängt worden, so dass eine Erhöhung des Strafmasses nicht mehr möglich war, dennoch ging es auch in diesem Fall um einen horrenden Strafrahmen. Und die Neubewertung des Charakters des Angeklagten hätte nicht ordnungsgemäß ohne seine persönliche Gegenwart vorgenommen werden können.[542]

Eine leichte Nuancierung dieser Rechtsprechung nahm der EGMR demgegenüber im Fall ***PRINZ gg. Österreich***[543] vor.

> Im Fall des Herrn P. ging es um die Beschwerde eines Österreichers, der in erster Instanz in eine Anstalt für geistig abnorme Rechtsbrecher eingewiesen wurde. Gegen dieses Urteil wandte sich Herr P. mit einer Nichtigkeitsbeschwerde und einer gegen den Einweisungsausspruch gerichteten Berufung. Entgegen seinem Antrag wurde ihm nicht gestattet, am Gerichtstag in seiner Verhandlung anwesend zu sein.
> Die dagegen gerichtete Rüge einer Verletzung von Art. 6 Abs. 1 iVm Abs. 3 c EMRK erkannte der EGMR nicht an.

Nach Auffassung des Gerichtshofs war dieser Fall nicht vergleichbar mit den oben bereits besprochenen Fällen ***Kremzow*** oder ***Pobornikoff***.

Im vorliegenden Fall gehe es nämlich um eine präventive Sicherungsmaßnahme (gesicherte Unterbringung des Angeklagten), die zu ihrer Aufrechterhaltung der jährlichen Überprüfung durch ein Gericht unterliege. Um zu erkennen, ob eine derartige Unterbringung aufgrund der in der Tat hervorgetretenen psychischen Besonderheiten tatsächlich notwendig war, sei das Berufungsgericht gezwungen gewesen, sich auf die Gutachten und Aussagen von Sachverständigen und Psychologen zu verlassen.

Die eigene Einschätzung des Gerichts von der Persönlichkeit des Angeklagten sei nicht maßgeblich gewesen. Daher sei es auch nicht notwendig gewesen, dass

---

541 EGMR, (Pobornikoff gg. Österreich), Ziff. 27 = ÖJZ 2001, 232

542 EGMR, (Pobornikoff gg. Österreich), Ziff. 31 = ÖJZ 2001, 233

543 EGMR, no. 23867/94 (Urteil vom 08. Februar 2000) unreported case, zu finden unter http://www.echr.coe.int = ÖJZ 2000, 777 ff.

das Berufungsgericht den Angeklagten selber noch einmal vernahm bzw. sich einen Eindruck von seiner Persönlichkeit verschaffte.[544]

Insofern war es dem Beschwerdeführer nicht zwangsnotwendig zu gestatten, in der Berufungsverhandlung persönlich anwesend zu sein.

Mit der Frage nach einem Recht des Angeklagten auf persönliche Anwesenheit während seiner Berufungsverhandlung befasste sich der EGMR auch im Fall ***BELZIUK gg. Polen***[545].

> Herr B. war in erster Instanz wegen Diebstahls zu einer dreijährigen Haftstrafe verurteilt worden. Gegen dieses Urteil legte er Berufung ein. In der Berufungsverhandlung wurde ihm nicht gestattet, persönlich anwesend zu sein. Das Berufungsgericht verwarf die Berufung nach einer mündlichen Verhandlung in der zwar nicht Herr B., wohl aber ein Vertreter der Strafverfolgungsbehörde anwesend sein durfte. Einen weitergehenden Rechtszug gegen dieses zweitinstanzliche Urteil gibt es nach polnischem Recht nicht.
> Im Hinblick auf die von Herrn B. gerügte Verletzung von Art. 6 Abs. 1 iVm Abs. 3 c EMRK gab der EGMR dem Beschwerdeführer recht.

Die bereits zitierte Einheit des Strafverfahrens solle nicht den Effekt haben, die Bedeutung der Anwesenheit des Angeklagten in der erstinstanzlichen Verhandlung mit der im höherinstanzlichen Verfahren gleichzusetzen. Dennoch sei auch hier die Einhaltung von grundsätzlichen Verfahrensgarantien zu gewährleisten.[546]

Gerade wenn das höherinstanzliche Gericht nicht nur Rechts-, sondern auch Sachfragen entscheiden könne.[547]

Noch einmal betonte der Gerichtshof, dass auf die jeweiligen rechtlichen Gegebenheiten des beklagten Nationalstaates, insbesondere die Ausgestaltung seines Prozessrechts, Rücksicht genommen werden müsse. Auch die Bedeutung des Berufungsurteils für den Angeklagten im Hinblick auf den weiterführenden Instanzenzug müsse berücksichtigt werden.
Im vorliegenden Fall sah der EGMR Art. 6 Abs. 1 iVm Abs. 3 c EMRK jedoch gleich aus mehreren Gründen als verletzt an.

Zum einen sei das Berufungsverfahren nicht kontradiktorisch gewesen, da nur ein Vertreter der Anklage, nicht jedoch ein Vertreter des Angeklagten oder der Angeklagte selbst anwesend waren.
Beiden Parteien müsse zur Wahrung der Chancengleichheit im Strafverfahren die Gelegenheit eingeräumt werden, unmittelbare Kenntnis vom Ablauf zu erlangen, auch im Rechtsmittelverfahren. Dies sei hier nicht der Fall gewesen.[548]

---

[544] EGMR, (Prinz gg. Österreich), Ziff. 43 = ÖJZ 00, 777
[545] EGMR, Reports 1998-II (Urteil vom 25. März 1998) = ÖJZ 1999, 117 ff.
[546] EGMR, Reports 1998-II (Belziuk gg. Polen), Ziff. 37 (i)
[547] EGMR, Reports 1998-II (Belziuk gg. Polen), Ziff. 37 (ii)

Des Weiteren wäre dem Beschwerdeführer auch das Recht auf persönliche Teilnahme an der Berufungsverhandlung einzuräumen gewesen.[549] Ihm stand nach polnischem Recht keine weitere Instanz zur Verfügung um eine Aufhebung seines Urteils zu erreichen, daher war die fragliche Berufungsverhandlung von ungeheurer Wichtigkeit für ihn. Es ging schließlich um eine mehrjährige Haftstrafe.
Wäre er vor Gericht (mit-)anwesend gewesen, hätte er die Möglichkeit gehabt auf das Verfahren Einfluss zu nehmen und dem Gericht unmittelbar seine Ausführungen nahe zu bringen.
Darin dass dem Angeklagten diese Möglichkeit nicht gewährt wurde, läge ebenfalls eine Verletzung von Art. 6 Abs. 1 iVm Abs. 3 c EMRK.

In dem Urteil ***BOTTEN gg. Norwegen***[550] schließlich ging es bisher letztmalig um die Frage, ob einem Angeklagten persönlich Anwesenheit in seiner Berufungsverhandlung zu gewähren ist.

> Herr B. war wegen fahrlässiger Tötung angeklagt und in erster Instanz freigesprochen worden. Während der Vorbereitung der daraufhin von der Strafverfolgungsbehörde eingereichten Berufung wurde vom Berufungsgericht ein Verteidiger für Herrn B. bestellt. Dieser informierte Herrn B. vom festgesetzten Termin zur mündlichen Verhandlung (B. selber war nicht geladen) und sowie über die Möglichkeit, sich mit einem mündlichen Vortrag an das Gericht zu wenden. Dies sei in norwegischen Berufungsverhandlungen allerdings unüblich, der Angeklagte würde auch nicht als Zeuge oder Partei gehört. Daraufhin unterließ es Herr B., einen derartigen Antrag zu stellen. In der mündlichen Verhandlung waren dann auch nur ein Vertreter der Strafverfolgungsbehörde sowie der Verteidiger des Herrn B. anwesend, er selbst jedoch nicht. Das Berufungsgericht gab der Berufung statt und verurteilte Herrn B. zu einer Haftstrafe. Dabei war es in seiner Entscheidung an die Tatsachenfeststellungen der ersten Instanz gebunden, sah in dem erstinstanzlichen Urteil jedoch Rechtsanwendungsfehler.
> Der EGMR hatte im Folgenden darüber zu befinden, ob in der Verurteilung des Berufungsgerichts, das Herrn B. unter Aufhebung des erstinstanzlichen Freispruchs neu verurteilte, ohne ihn vorher gehört zu haben, eine Verletzung von Art. 6 Abs. 1 EMRK zu sehen war.

Der EGMR wiederholt in diesem Urteil die Grundzüge seiner inzwischen als gefestigt zu bezeichnende Rechtsprechung zum Anwesenheitsrecht von Angeklagten während ihrer Berufungsverhandlung.[551]

---

548 EGMR, Reports 1998-II (Belziuk gg. Polen), Ziff. 39
549 EGMR, Reports 1998-II (Belziuk gg. Polen), Ziff. 38
550 EGMR, Reports 1996-I (Urteil vom 19. Februar 1996) = ÖJZ 1996, 675 ff.
551 EGMR, Reports 1996-I (Botten gg. Norwegen), Ziff. 39; vgl. dazu schon die oben dargestellten Urteile ***Kremzow gg. Österreich*** (Serie A Nr. 268) sowie ***Ekbatani gg. Schweden*** (Serie A Nr. 134)

Im Hinblick auf die Anwendung dieser Grundsätze auf den vorliegenden Fall führte der EGMR aus, die Tatsache, dass ein Berufungsgericht das erstinstanzliche Urteil aufheben und ein neues an seine Stelle setzen könne ohne den Angeklagten vorher gesehen oder gehört zu haben, begründe für sich genommen noch keine Verletzung von Art. 6 Abs. 1 EMRK.
Auch habe ja nach geltendem Recht im vorliegenden Fall die Möglichkeit bestanden, dass ein verurteilter Angeklagter in der Berufungsinstanz hätte anwesend sein können.

Das Gericht habe ihn jedoch mittelbar daran gehindert, indem es seine Anwesenheit für unüblich und unwichtig erklärte. Und gerade darin liege die Verletzung des Fairnessgebots im fraglichen Fall. Nach Ansicht des EGMR sei nämlich zu prüfen, ob im konkreten Fall im Lichte der Rolle des Berufungsgerichts für das gesamte Verfahren und der Natur der von diesem Gericht zu entscheidenden Fragen eine Verletzung unter den besonderen Umständen dieses Falles anzunehmen sei.

Das Berufungsgericht subsumierte die Fakten anders unter das norwegische Recht, als es das Ausgangsgericht getan hatte. Dabei hatte das Berufungsgericht dazu auch tatsächlich die Kompetenz. Die andersgeartete Interpretation von ausfüllungsbedürftigen Rechtsbegriffen (es ging vorliegend um die Frage nach der einzuhaltenden "Sorgfalt") hätte jedoch nicht ohne eine erneute Anhörung des Angeklagten vorgenommen werden dürfen.

Bei der Subsumption unter ausfüllungsbedürftige Rechtsbegriffe gehe es um Wertungsentscheidungen, insbesondere bei den im vorliegenden Zusammenhang zu entscheidenden Fragen nach persönlicher Vorwerfbarkeit, persönlich möglicher "Sorgfalt" bzw. Schuld oder Unschuld des Angeklagten. Fragen, bei denen der Charakter und die Persönlichkeit des jeweiligen Angeklagten eine wesentliche Rolle spiele.

Daher seien ein Anhörung und damit die persönliche in Augenscheinnahme des Angeklagten durch das Gericht nötig gewesen.[552] Indem das Berufungsgericht dies nicht tat, verstieß es gegen Art. 6 Abs. 1 EMRK.

Dagegen wandten sich freilich die Richter *Ryssdal* und *Gölcüklü*, die eine abweichende Meinung zu diesem Urteil formulierten.[553]
Nach ihrer Ansicht hätte das Berufungsgericht, das ja basierend auf den in der ersten Instanz erhobenen Tatsachenbeweisen zu urteilen hatte, keine andere Wertung hinsichtlich der Frage nach persönlich möglicher Sorgfalt getroffen, selbst wenn der Angeklagte anwesend gewesen wäre. Insofern sahen sie Art. 6 EMRK nicht als verletzt an.

---

[552] EGMR, Reports 1996-I (Botten gg. Norwegen), Ziff. 50
[553] EGMR, Reports 1996-I (Botten gg. Norwegen), S. 147

Diese Auffassung verkennt jedoch, dass es bei Art. 6 I EMRK nicht nur um die konkret als Ergebnis getroffene Entscheidung des Gerichts, sondern auch um das abstrakte Recht des Angeklagten auf Anwesenheit geht.
Relevant ist also doch nicht so sehr das Ergebnis der Verhandlung, sondern vielmehr der Weg dahin. Und indem das Gericht dem Beschwerdeführer den Eindruck vermittelte, seine Anwesenheit sei grundsätzlich nicht von Nöten, verhinderte es praktisch seine Anwesenheit.
Allein die nicht zu leugnende Möglichkeit, eine andere Entscheidung hätte gefällt werden können, wäre der Rechtsmittelberechtigte anwesend gewesen, begründet daher zusammen mit dem Verhalten des Berufungsgerichts hier den Vorwurf der mangelnden Verfahrensfairness.

Aus einer Zusammenschau der oben besprochenen Urteile ergibt sich folgenden Fazit:

Der vom EGMR vertretene **Grundsatz** auf die Frage, ob ein Angeklagter auch während seiner Berufungsverhandlung anwesend sein darf, lautet eindeutig "Ja". Nach der EMRK sind *Strafverfahren als Einheit* zu sehen und zu bewerten. Dabei zieht sich diese Einheit von der Verfahrenseinleitung bis hin zum rechtskräftigen Endurteil.
Während dieses gesamten Zeitraumes sollen dem Angeklagten die Verfahrensgarantien der EMRK zur Seite stehen.
Ein Vertragsstaat der EMRK ist daher verpflichtet, auch vor seinen Rechtmittelgerichten zu gewährleisten, dass die Rechtsunterworfenen in den Genuss der in der EMRK enthaltenen Garantien kommen. Dieser Grundsatz gilt auch für das Anwesenheitsrecht.
Danach hätte der Angeklagte das uneingeschränkte Recht während seiner Berufungshauptverhandlung im Gerichtssaal anwesend zu sein.
Dieses Recht des Angeklagten in seiner Effektivität zu sichern, ist Verpflichtung der Vertragsstaaten der EMRK.

Dieser Grundsatz kann jedoch **Einschränkungen** erfahren:
So ist die Bedeutung der Anwesenheit des Angeklagten in weitergehenden Instanzen nicht genauso groß, wie in Verfahren erster Instanz.
Das Anwesenheitsgebot ist in zweiter oder höherer Instanz mithin sehr wohl einschränkbar. Dem Angeklagten muss also in einer höherinstanzlichen Verhandlung nicht unter allen Umständen Anwesenheit gestattet sein.
Zu diesen Umständen hat der EGMR auch im Speziellen noch einige *Einschränkungskriterien* aufgestellt:

- Eine persönliche Inaugenscheinnahme und Befragung des Angeklagten soll immer dann erforderlich sein, wenn in der weiterführenden Instanz noch

Tatsachenfragen zur Diskussion stehen. Insbesondere dann, wenn die Rechtsmittelverhandlung die letzte Möglichkeit des Angeklagten sein wird, seine Sicht des tatsächlichen Geschehens dem Gericht zu Gehör zu bringen.
Für das deutsche Recht ist beispielsweise strittig, ob § 329 Abs. 1 StPO, der es dem Berufungsgericht gestattet, die Berufung des Angeklagten ohne Sachverhandlung zu verwerfen wenn dieser unentschuldigt nicht zur Verhandlung erscheint, nicht gegen diesen Grundsatz verstößt.[554] Hier ist jedoch festzuhalten, dass es für das deutsche Recht zumindest systemkonform ist, die Verhandlung über die Berufung von einer Erfüllung der Anwesenheitsverpflichtung des Angeklagten abhängig zu machen.

- Nicht zwingend notwendige Verfahrensvoraussetzung ist die Anwesenheit des Beschwerdeführers hingegen, wenn es nur noch um *Rechtsfragen* geht.[555]

Daher ist auch der deutsche § 350 StPO, der das Anwesenheitsrecht eines inhaftierten Verurteilten in seiner Revisionsverhandlung einschränkt solange nur Rechtsfrage zur Diskussion stehen, nicht zu beanstanden.
Die Bundesregierung hat diesbezüglich zu Art. 14 Abs. 3 d IPBPR eine Vorbehalt[556] erklärt, wonach die Anwesenheit des nicht auf freiem Fuß befindlichen Angeklagten in das Ermessen des Revisionsgerichts gestellt ist.

-Des Weiteren erfordert die Entscheidung der Rechtsmittelinstanz darüber, ob das erstinstanzliche Urteil als ganzes als nichtig anzusehen ist, keine Anwesenheit des Angeklagten. Die Entscheidung über eine *Neubewertung des Strafmasses* hingegen schon.[557]
Dies ist damit zu begründen, dass eine Strafverschärfung oder -milderung in jedem Fall eine Neubewertung von Motiven und eine neue Würdigung von Tat und Täterpersönlichkeit erfordert. Dazu ist die Anwesenheit des Angeklagten jedoch ebenso notwendig, also würde dies zum ersten Mal geschehen.
So hat es der EGMR in mehreren Urteilen gegen den Staat Österreich ausdrücklich ausgeführt.

- Nicht erforderlich ist demgegenüber eine persönliche Anwesenheit des Angeklagten in Berufungsverhandlung in denen nicht das Strafmaß im eigentlichen Sinne, sondern die Frage nach einer *Unterbringung in einer psychiatrischen Anstalt* erneut geprüft wird.[558]
Hier kommt es weniger auf den Eindruck an, den das Berufungsgericht von dem Angeklagten selbst hat, als vielmehr darauf, wie Sachverständigengutachten und

---

[554] vgl. dazu Gollwitzer, Menschenrechte im Strafverfahren, Art. 6 EMRK Rn. 190 a
[555] vgl. dazu oben den Fall **Ekbatani gg. Schweden** (Serie A Nr. 134)
[556] Art. 1 Nr. 2 des Ratifikationsgesetzes zum IPBPR vom 15. Nov. 1973 (BGBl. II, S. 1533)
[557] so der EGMR im Fall **Kremzow gg. Österreich** (Serie A Nr. 268)
[558] so der EGMR im Fall **Prinz gg. Österreich** (no. 23867/94(unreported))

-aussagen zu bewerten sind. Dies kann durchaus sogar ohne mündliche Verhandlung allein nach Aktenlage entschieden werden.
Insofern ist hier nicht von einem Recht auf eine mündliche Verhandlung oder einem Anwesenheitsrecht des Angeklagten auszugehen.

- Auch ein *Neuinterpretation ausfüllungsbedürftiger Rechtsbegriffe* durch das Berufungsgericht bedarf der Anwesenheit des Angeklagten.[559]
Hier geht es schließlich ebenfalls um spezifische Persönlichkeitsmerkmale des Angeklagten.

Insgesamt ist bei der Frage, ob dem Angeklagten in einem Berufungsverfahren nun tatsächlich ein Anwesenheitsrecht einzuräumen ist, mithin eine *Einzelfallprüfung* vorzunehmen.
Dabei entscheidet "die Art und Weise der gesamten Durchführung" des Berufungsverfahrens, insbesondere die Art wie die Interessen des Angeklagten vertreten werden und welche Bedeutung die Entscheidung des Berufungsgerichts für den Angeklagten hat"[560].
Festzuhalten bleibt aber, dass ein Anwesenheitsrecht des Angeklagten in seiner Berufungsverhandlung dem Grunde nach anzuerkennen ist.[561]

Es fragt sich, welche praktischen Konsequenzen diese Einschätzung des EGMR für die nationalen Berufungsgerichte hat.
Im Ergebnis erfordert dies nämlich vom Berufungsgericht einen groß angelegten Abwägungsvorgang bereits im Vorfeld der mündlichen Verhandlung.
Nur wenn zuvor angestellte Abwägungen des Gerichts ergeben, dass die Bedeutung des Berufungsurteils (also der zu prognostizierende Ausgang des Verfahrens) nicht zu groß für den jeweiligen Angeklagten sein wird, kann ohne persönliche Anwesenheit entschieden werden. In diese Abwägung sind dann auch die Überlegung einzustellen, ob die Verteidigung des Angeklagten durch einen Anwalt im Prozess geführt werden wird, sowie die Frage, ob ihm gegen das Berufungsurteil noch ein weitergehender Instanzenzug offen steht.
Das Anstellen von derartigen Erwägungen ist nach EGMR nötig, um eine Berufungsverhandlung ohne Anhörung des Angeklagten konventionsgemäß zu einem Berufungsurteil führen zu können.
Rechtsmittelverfahren in Abwesenheit des Angeklagten werden damit aufwendiger, vor allem was die Begründung der verweigerten Anwesenheit angeht, wenn sie einer Überprüfung an den Maßstäben der EMRK standhalten sollen.

---

[559] so entschieden im Fall **Botten gg. Norwegen** (Reports 1996-I)
[560] vgl. oben im Urteil **Kremzow gg. Österreich**, EGMR Serie A Nr. 268, Ziff. 59
[561] Daher wird im Folgenden auch nicht weiter zwischen erst- und zweitinstanzlicher Verhandlung entschieden werden, sofern nicht aus der Natur des konkreten Falles eine Unterscheidung im Hinblick auf das Anwesenheitsrecht zu machen ist.

Eine sicher erfreuliche Aussicht im Hinblick auf die Stärkung der Verfahrensgarantien des Einzelnen, insbesondere wenn es zu einer Zurückdrängung der häufig praktizierten Rechtsmittelverhandlung ohne den Angeklagten führen wird.

Nachdem dies festgestellt wurde, wird aus Gründen der Vereinfachung im Rahmen der weiteren Untersuchungen keine Unterscheidung mehr getroffen werden zwischen erst- und höherinstanzlichen Verhandlungen.
Was die weiteren zu klärenden Fragen rund um das Abwesenheitsverfahren betrifft, werden nur noch Fälle zugrunde gelegt werden, in denen der EGMR ein Anwesenheitsrecht in der jeweiligen Instanz grundsätzlich anerkannt hat.

2. Das Recht auf Anwesenheit in anderen Verfahrensarten:

Darüber hinaus stellt sich die Frage, ob es dem Angeklagten auch zu gestatten ist, in Verfahrensarten, die nicht unmittelbar durch eine formelle hoheitliche Anklageerhebung eingeleitet werden oder sich an ein bereits abgeschlossenes Strafverfahren unmittelbar anschließen, persönlich anwesend zu sein.
Damit steht zugleich eine Ausdehnung des Schutzbereichs des Art. 6 EMRK zu Diskussion.

Um die Anwendbarkeit des Anwesenheitsgrundsatzes in einer anderen Verfahrensart ging es im Fall ***HELMERS gg. Schweden***[562] .

> In diesem Fall ging es um ein Privatklageverfahren wegen Beleidigung, dass Herr H. angestrengt hatte. Nachdem er sein Ziel in erster Instanz nicht erreichen konnte, legte Herr H. Berufung ein. Das Berufungsgericht entschied ohne mündliche Verhandlung nur aufgrund der Aktenlage und damit ohne Herrn H. erneut persönlich zu hören. Einen Antrag des Herrn H. auf persönliche Teilnahme hatte das Gericht zuvor abgelehnt.

Der EGMR hatte die Frage zu entscheiden, ob die geltend gemachte Verletzung von Art. 6 EMRK hier überhaupt in Frage kommen kann.
Seinem Wortlaut nach gilt Art. 6 EMRK nur für strafrechtliche *Anklagen* (" everyone *charged* wich a criminal offence").
Im vorliegenden Fall handelte es jedoch nicht um ein Verfahren nach offizieller Anklageerhebung durch eine hoheitliche Strafverfolgungsbehörde, sondern um ein privat initiiertes Klageverfahren, das aufgrund der dem Gegner drohenden Schadensersatzforderungen auch noch stark zivilrechtlich geprägt war.

---

[562] EGMR, Serie A Nr. 212-A (Urteil vom 23. November 1990) = ÖJZ 1992, 304 ff.

Doch die Begriffe der EMRK und damit ihr Anwendungsbereich sollen grundsätzlich *autonom* auszulegen sein[563], so auch der Begriff der „strafrechtlichen Anklage". Dies betonte der EGMR bereits in mehreren Entscheidungen.[564]

Dabei legt der Gerichtshof stets Wert auf die Feststellung, es komme gerade darauf an, dass die Garantien der EMRK möglichst *"practical and effective"* seien, und nicht bloß theoretisch und illusorisch blieben. Um dieses Ziel zu erreichen, müsse die EMRK als *"living instrument"* stets dem Zeitgeist entsprechenden dynamischen Interpretationen zugänglich sein.[565]

Eine zu starre und restriktive Auslegung ihrer Vorschriften liefe dem Zweck der Konvention zuwider.

Im Sinne dieser effektivitätssichernden Interpretation des Schutzbereiches der Verfahrensgarantien, entschied der EGMR auch im vorliegenden Fall. Er sah den Schutzbereich des Art. 6 Abs. 1 iVm Abs. 3 EMRK als eröffnet an.[566]

Die Entscheidung erging jedoch nicht einstimmig. Richterin *Palm* verfasste eine *"dissenting opinion"*, der sich noch weitere Mitglieder der Kammer anschlossen. Ihrer Ansicht nach handelte es sich bei dem vorliegenden Fall gar nicht um ein strafrechtliches, sondern um ein zivilrechtliches Verfahren. Und in einem solchen habe die Anwesenheit der klagenden Parteien nicht den gleichen Stellenwert wie im Strafverfahren.

Daher war ihrer Ansicht nach Art. 6 Abs. 1 iVm Abs. 3 EMRK auf den vorliegenden Fall unanwendbar.

Im Fall ***LEUTSCHER gg. Niederlande***[567] hatte der Gerichtshof über die Frage zu entscheiden, ob dem früheren Angeklagten in einem an ein Strafverfahren anschließendes Kostenersatzverfahren ein Recht auf persönliche Anwesenheit zustehen kann.

Nach niederländischem Recht kann nämlich ein freigesprochener Angeklagte im direkten Anschluss an sein Strafverfahren vor dem Strafgericht Ausgleichsansprüche für die zur Strafgerichtsverhandlung aufgewendete Zeit geltend machen (Art. 591 a Abs. 2 Sv.).

Insofern wäre daran zu denken, dass obwohl es sich bei einem Kostenersatzverfahren primär um ein privatrechtliches Verfahren handelt, auch hier die für das gesamte Strafverfahren geltenden Grundsätze zur Anwendung kommen

---

[563] Jacobs/White, European Convention on Human Rights, S. 134; Frowein/Peukert, EMRK Einf. Rn. 7 ff. ; Esser, Auf dem Weg zu einem europäischen Strafverfahrensrecht, S. 51 ff.

[564] EGMR, Serie A Nr. 18 (Golder gg. Großbritannien, 1975); EGMR, Serie A Nr. 26 (Tyrer gg. Vereinigtes Königreich, 1978); EGMR, Serie A Nr. 39 (Guzzardi gg. Italien, 1980)

[565] ein gutes Beispiel hierfür aus jüngerer Zeit ist EGMR, Reports 1999-V, Ziff. 101 (Selmouni gg. Frankreich)

[566] EGMR, Serie A Nr. 212-A (Helmers gg. Schweden), Ziff. 30

[567] EGMR, Reports 1996-II (Urteil vom 26. März 1996) = ÖJZ 1996, 677

müssten. Dafür spräche die ansonsten vom EGMR stets propagierte „Einheit des Strafverfahrens“ von Verfahrenseinleitung bis zum endgültigen (und damit rechtskräftigen) Abschluss des gesamten Verfahrens.
Dann müsste dem ehemaligen Angeklagten zugestanden werden, seine Ersatzansprüche vor dem zuständigen Gericht persönlich geltend zu machen. Das Gericht müsste mithin mündlich verhandeln und könnte nicht im Beschlusswege entscheiden.

Dieser Auffassung widerspricht der EGMR jedoch im vorliegenden Urteil. Ebenso wie schon zuvor die Kommission für Menschenrechte, hält der Gerichthof die Grundsätze des Art. 6 EMRK für unanwendbar auf das niederländische Kostenersatzverfahren im Anschluss an einen Freispruch.[568]

Er begründet diese Entscheidung damit, dass auch nach niederländischem Recht dem unschuldig Angeklagten nicht automatisch ein Recht auf Kompensation gegen den niederländischen Staat zustehe, sondern dass die Gewährung von Kostenersatz selbst bei Vorliegen der Voraussetzungen des Art. 591 a Sv im Ermessen des Tatgerichts stünde.
Da also auch das niederländische Recht kein zwingender Ersatzanspruch des ehemaligen Angeklagten anerkenne, bestünde auch kein Grund, warum ihm dann durch die EMRK ein Recht auf persönliche Anwesenheit zur Wahrung dieses Anspruchs eingeräumt werden müsse.
Dort wo einer Person kein Recht zusteht, dass sie persönlich wahren können müsste, besteht mithin auch kein Anlass, ihr ein Recht auf persönliche Verhandlungsteilnahme einzuräumen. Es gibt ja gerade kein Recht über dessen Einhaltung sie persönlich wachen oder wozu sie beitragen müsste.

Auch wenn es hier inhaltlich um die Frage geht, ob in den vorgetragenen Fällen noch von einer „strafrechtlichen Anklage“ die Rede sein kann, lässt sich doch auch im Hinblick auf das Anwesenheitsrecht ein kurzes Fazit ziehen:

- Im Hinblick auf die Frage, ob die Verfahrensgarantien –insbesondere die Anwesenheitsgarantie - der EMRK, die sich ihrem Wortlaut nach eigentlich auf einen *vom Staat* “Angeklagten” beziehen, auch für aufgrund *privater Initiierung* Verfolgte Wirkung entfalten, so ist dies eindeutig zu bejahen.

Dies ist nur konsequent. Denn schließlich ist es für denjenigen, der vor Gericht steht und dem eine strafrechtliche Verurteilung droht gleichgültig, ob er infolge hoheitlicher oder privater Verfolgung dorthin gelangt ist. Maßgeblich ist allein, dass es sich bei der abzuurteilenden Tat materiell um eine „Straftat“ handelt.[569]

---

[568] die gleiche Entscheidung hinsichtlich des Art. 591 a Sv traf der Gerichtshof bereits im ähnlich gelagerten Fall ***Masson und van Zon gg. Niederlande*** *(EGMR, Serie A Nr. 327-A)*
[569] vgl. zur Einordnung einer Verfehlung als „Straftat“, selbst wenn es sich dabei nach dem nationalen Recht um eine Ordnungswidrigkeit oder eine unerlaubte Handlung handelt, Fro-

In diesem Sinne hatte der EGMR bereits früh im Fall eines Wehrdisziplinarverfahrens entschieden.[570]
Die Bestimmungen der EMRK sollen ja gerade das Verhältnis zwischen Individuum und den Gerichten als Strafgewalt des Staates ausbalancieren.
Es besteht jedoch kein Unterschied zwischen einem Strafgerichtsverfahren, das durch den Staat selber eingeleitet wird, oder einem das durch eine Privatperson eingeleitet wird, oder auch einem dessen staatliche Einleitung von einer Privatperson erzwungen wurde (wie durch das deutsche Klageerzwingungsverfahren). In jedem Fall ist es dem dann Angeklagten zu gestatten, bei der gegen ihn gerichteten mündlichen Verhandlung anwesend zu sein.

- Im Hinblick auf die Frage, ob sich der Schutzbereich des Art. 6 EMRK und damit das Anwesenheitsrecht auch auf Verfahren erstreckt, die sich unmittelbar an das eigentliche Strafgerichtsverfahren *anschließen*, so ist dies hingegen wohl zu verneinen.
Der EGMR begründet seine Entscheidung im Fall **Leutscher gg. Niederlande**[571] zwar nur damit, dass dem ehemaligen Angeklagten kein definitives Recht auf Entschädigung zustehe und er dieses Recht daher auch nicht persönlich wahren solle.
Ausschlaggebend für die Nichtanerkennung eines Anwesenheitsrechts müsste nach der Systematik der Konventionsrechte jedoch etwas anderes sein:
Zwar gilt das allgemeine fair-trial-Prinzip des Art. 6 Abs. 1 EMRK sowohl für reine Strafverfahren als auch für zivilrechtliche Streitigkeiten.
Das speziellere, aus Art. 6 Abs. 1 *iVm* Abs. 3 EMRK[572] hergeleitete Recht auf Anwesenheit in der mündlichen Verhandlung, gilt jedoch nur für *angeklagte Personen.* Und die Anklage einer Person endet mit dem Zeitpunkt, in dem ein rechtskräftiges (Straf-)Urteil über die ihr zur Last gelegte Tat gefällt ist.[573]
Ab diesem Zeitpunkt ist eine Person nicht mehr angeklagt, und daher kann ihr ab diesem Zeitpunkt auch kein Recht eines Angeklagten mehr zustehen.
Die Tatsache, dass ein etwaiges Kostenersatz- oder sonstiges Zivilverfahren sich entweder unmittelbar an das Strafverfahren anschließt (wie das niederländische Kostenersatzverfahren) oder auch auf dessen Ausgang aufbaut (z.B. eine spätere rein privatrechtliche Schadensersatzklage) rechtfertigt keine andere Beurteilung. Genauso wenig könnte daran angeknüpft werden, dass ein weitergehendes Verfahren etwa vor demselben (Straf-)Gericht stattfindet (wie das niederländische Kostenersatzverfahren).

---

wein/Peukert, Art. 6 Rn. 35
[570] vgl. EGMR, Serie A Nr. 22 (Engel u.a. gg. Niederlande) = EuGRZ 1976, 221 ff., und im Anschluss daran Jung, die EMRK und das deutsche Strafrecht, EuGRZ 1996, 371
[571] vlg. oben
[572] vlg. oben zur Herleitung des Anwesenheitsrechts
[573] Frowein/Peukert, Art. 6 Rn. 49

Das Recht auf Anwesenheit endet also mit Abschluss des Verfahrens, in dem man sich dem Staat als "Angeklagter" gegenüber sieht.
In allen weitergehenden Verfahren(-arten) ist kein unbedingtes Recht auf persönliche Anwesenheit mehr anzuerkennen.

III. Anforderungen an die Ladung zur Einleitung des Verfahrens

Neben der oben dargestellten Herleitung des Anwesenheitsrechts aus Sinn und Zweck des Art. 6 EMRK, sowie seiner grundsätzlichen Ausgestaltung und Reichweite hatte der Gerichtshof auch mehrfach über die Frage zu entscheiden, welchen Voraussetzungen eine Ladung des Angeklagten zu seinem Strafverfahren zu genügen hat.
Es muss zwingend beweisbar sichergestellt sein, dass ein Angeklagter tatsächlich Kenntnis von dem gegen ihn eingeleiteten Verfahren hatte.[574]
Dies ist insofern relevant, als dass nur ein vorschriftsmäßig geladener Angeklagter, also ein Angeklagte, der sicher Kenntnis vom Termin der gegen ihn geführten Hauptverhandlung hat, auf sein Anwesenheitsrecht „verzichten" kann.
Nur der Angeklagte, der ordnungsgemäß von Ort und Zeitpunkt des gegen ihn gerichteten Verfahrens in Kenntnis gesetzt wurde, kann „unentschuldigt" oder „ungerechtfertigt" der Verhandlung fernbleiben.

Eine Durchsicht der Rechtsprechung des EGMR ergibt drei Problemfelder, die sich in diesem Rahmen eröffnen:

1. Die Ladungssprache:

Im Zusammenhang mit der Sprache, in der eine gerichtliche Ladung abgefasst sein muss, ist der Fall ***BROZICEK gg. Italien***[575] von Interesse.

> In diesem Fall wurde dem Angeklagten, einem geborenen Tschechen mit deutscher Staatsangehörigkeit eine Mitteilung über die Eröffnung eines italienischen Ermittlungsverfahrens gegen ihn an seine deutsche Adresse gesandt. Die Mitteilung war in italienischer Sprache verfasst und wurde von Herrn B. mit der Bitte um Übersetzung aus dem Italienischen zurückgesandt. Die italienischen Strafverfolgungsbehörden reagierten auf diese Bitte nicht und forderten Herrn B. in einem weiteren Brief in italienischer Sprache lediglich auf, eine Kontaktadresse in Italien zu benennen. Nachdem diese Aufforderung als unzustellbar nach Italien zurückgesandt wurde (trotz Unterschrift des B. auf der Zustellungsurkunde) richteten die italienischen Behörden eine fiktive Zustelladresse bei der Geschäftsstelle des erkennenden Gerichts ein, über die die wei-

[574] EGMR, Serie A Nr. 89 (Colozza gg. Italien), Ziff. 28
[575] EGMR, Serie A Nr. 167 (Urteil vom 19. Dezember 1989)

tere Korrespondenz erfolgte. Im Anschluss daran wurde Herr B. in seiner Abwesenheit verurteilt. Der gesamte Schriftverkehr zwischen den italienischen Strafverfolgungsbehörden und Herrn B. bis zur Verurteilung fand somit in einer für ihn unbekannten Sprache statt.
In der gegen dieses Verfahren gerichteten Beschwerde des Herrn B. sieht der EGMR Art. 6 Abs. 3 a EMRK als verletzt an.[576]

Der Gerichtshof ließ auch hier den Einwand der italienischen Regierung, der Angeklagte habe auf sein Anwesenheitsrecht verzichtet, indem er nicht auf die Ladungen reagierte, nicht gelten. Es sei nämlich nicht erwiesen, dass er aufgrund der für ihn unbekannten Sprache überhaupt in der Lage gewesen sei, tatsächlich von Ort und Termin der Verhandlung Kenntnis zu nehmen. Insofern könne nicht von einem ausdrücklichen Verzicht ausgegangen werden.

Im Zusammenhang mit der Frage nach der Sprache in der eine Ladung abgefasst sein muss, um ein Gericht im Fall des Nichterscheinens des Angeklagten zur Verhandlung in seiner Abwesenheit zu berechtigen, ergibt sich damit folgendes Ergebnis:

Es muss erwiesen sein, dass den Angeklagten eine Ladung unter Angabe von Ort und Termin der gegen ihn gerichteten Verhandlung in einer für ihn verständlichen Sprache erreicht hat. Wird dem Angeklagten hingegen eine Ladung in einer für ihn unbekannten Sprache übermittelt, so muss er das Recht haben, diese erneut von der zuständigen Stelle in Übersetzung zugesandt zu bekommen.

Ob den Angeklagten eine Pflicht trifft, sein mangelndes Verständnis der ladenden Stelle anzuzeigen oder ob er eine ihm unverständliche Mitteilung einfach ignorieren kann, wird vom EGMR nicht ausgeführt.
Ebenso wenig wird deutlich, inwieweit die Strafverfolgungsbehörden etwa eine Nachforschungspflicht nach der Nationalität des Angeklagten treffen könnte, um so sicherzustellen, dass eine Ladung für ihn sprachlich verständlich ist.

Auch wenn dies vom EGMR nicht so ausdrücklich ausgesprochen wurde, spricht im Interesse einer funktionstüchtigen Rechtspflege doch viel dafür, dass von einem Angeklagten durchaus verlangt werden kann, auf eine erkennbar amtliche Mitteilung eines fremden Staates zumindest in der Form zu reagieren, dass er sie mit der Bitte um Übersetzung zurücksendet.
Nicht von ihm verlangt werden kann hingegen wohl, dass er sich selbst um eine Übersetzung bemüht.

Nur wenn wirklich sicher ist, dass der Angeklagte in der Lage war, sprachlich zu erfassen, wann und wo ihm der Prozess gemacht werden soll und er dann nicht erscheint, soll es möglich sein, in seiner Abwesenheit zu verhandeln.

---

576 EGMR, Serie A Nr. 167 (Brozicek gg. Italien), Ziff. 45

2. Die Ladungsadresse:

Darüber hinaus stellt sich die Frage, wohin, an welche Adresse dem Angeklagten die Ladung zu seiner Verhandlung übermittelt werden muss.
Über diese Frage hatte der EGMR gleich in mehreren Fällen zu entscheiden:

In ***GODDI gg. Italien***[577] war der Beschwerdeführer in erster Instanz zu einer Haftstrafe verurteilt worden.

> Zur zweitinstanzlichen Verhandlung konnte dem Angeklagten weder persönlich noch an eine autorisierte Ersatzperson eine Vorladung zugestellt werden. Daraufhin ließ das erkennende Gericht in - Übereinstimmung mit den italienischen Prozessvorschriften - die Ladung zur Verhandlung öffentlich anschlagen, und zwar sowohl an der Tür zur Wohnung des Herrn G. als auch am Rathaus. Zeitlich danach wurde Herr G. wegen eines älteren Vergehens festgenommen und inhaftiert. Anschließend verhandelte das Berufungsgericht in seiner Abwesenheit.

Obwohl der EGMR im vorliegenden Fall aus anderen Gründen eine Verletzung des Rechts des Beschwerdeführers auf ein faires Verfahren angenommen hat, hat er im Hinblick auf die erfolglose Ladung keine zurechenbare Rechtsverletzung durch den Staat Italien feststellen können.[578]

Dabei stellte der Gerichtshof fest, die italienischen Behörden hätten lediglich sicherstellen müssen, dass den Angeklagten eine Ladung hätte erreichen *können.* Da seine Inhaftierung zeitlich nach der erfolglosen Ladung lag, sei dies gewährleistet gewesen.
Zum fraglichen Zeitpunkt befand sich der zu Ladende noch nicht in Haft, er war nicht verzogen, mithin hätte eine Ladung an seiner Tür ihn erreichen können.
Das ließ der EGMR im vorliegenden Fall genügen, obwohl das Ziel des Art. 6 Abs. 3 c EMRK, "a practical and effective defence"[579] bei Durchführung der Berufungsverhandlung eindeutig nicht erreicht wurde.

In ***COLOZZA (u. Rubinat) gg. Italien***[580] hingegen

> war der Angeklagte vor seiner Anklage ohne Angabe einer neuen Adresse innerhalb Italiens verzogen. Mehrere Ladungsversuche an die alte Adresse schlugen fehl, woraufhin Herrn C. ein Pflichtverteidiger bestellt wurde über den die weitere Korrespondenz verlief. Nachdem sich auch mehrere Haftbefehle als nicht persönlich zustellbar erwiesen, wurde Herr C. in seiner Abwesenheit verurteilt.

---

[577] EGMR, Serie A Nr. 76 (Urteil vom 9.April 1984)
[578] EGMR, Serie A Nr.76 (Goddi gg. Italien) Ziff. 29
[579] EGMR, Serie A Nr. 76, Ziff. 27
[580] EGMR, Serie A Nr. 89 (Urteil vom 26. September 1984)

Der EGMR hielt dieses Vorgehen für inadäquat und beurteilte das Verfahren gegen den Angeklagten als nicht fair. Er erkannte im Ergebnis auf eine Verletzung von Art. 6 Abs. 1 EMRK.[581]

Zur Begründung führte der Gerichtshof aus, mehrfache erfolglose Zustellungsversuch an dieselbe Adresse oder an eine Adresse an der der zu Ladende nachweislich nicht mehr wohne, würden der Bedeutung eines Strafverfahrens nicht gerecht.[582]
Auch der öffentliche Anschlag der Ladung genüge nicht.
Besonders relevant war in diesem Fall jedoch, dass es den italienischen Behörden im Zusammenhang mit einem anderen Verfahren inzwischen gelungen war, die korrekte Adresse des Beschuldigten herauszufinden (vgl. dazu vertiefend unten).

Der Einwand der italienischen Regierung, der Angeklagte sei nach italienischem Melderecht verpflichtet gewesen, das Meldeamt über seine neue Adresse zu informieren, verfing nach Ansicht des EGMR nicht.
Bei der Nichtbenachrichtigung der Meldebehörde handele es sich nach italienischem Recht um eine bloße Ordnungswidrigkeit, und als solche könne sie nicht die Bedeutung der Fairness des Gerichtsverfahrens in einem demokratischen Staat aushebeln. Das Gericht hätte nicht aus der gesetzlichen Fiktion, der Angeklagte sei *"latitante"* (flüchtig) weil ihm keine gerichtliche Vorladung zugestellt werden konnte, auf einen Verzicht des Angeklagten auf die Ausübung seines Anwesenheitsrechts schließen dürfen.[583]

Ob hingegen die Zustellung der gerichtlichen Vorladung an eine fiktive Zustelladresse bei der Geschäftsstelle des zuständigen Tatgerichts genügen soll, hat der EGMR im Fall
BROZICEK gg. Italien[584] offen gelassen.
Hier lag eine Verletzung der Verfahrensfairness bereits in der für den Beschuldigten unverständlichen Sprachabfassung der Ladung.
Insofern hat der Gerichtshof hier die Gelegenheit ausgelassen, zu der in Italien weit verbreiteten Praxis der Ladungszustellung an eine öffentlich bestimmte, fiktive Adresse Stellung zu nehmen.

581 EGMR, Serie A Nr. 89 (Colozza gg. Italien), Ziff. 33
582 EGMR, Serie A Nr. 89 (Colozza gg. Italien), Ziff. 28
583 EGMR, Serie A Nr. 89 (Colozza gg. Italien), Ziff. 28
584 vgl. oben

In ***F.C.B. gg. Italien***[585]

> hatte der in erster Instanz Verurteilte eine Adresse für die Ladung zur Revisionshauptverhandlung angegeben. Später verzog er jedoch in das europäische Ausland. Daraufhin konnte ihm die gerichtliche Vorladung nicht zugestellt werden. Ein Zugang der Ladung fand jedoch später bei der Mutter des Herrn F.C.B., sowie bei seinem Verteidiger statt.

In diesem Fall erkannte der EGMR zwar aus den bereits oben ausgeführten Gründen[586] auf eine Verletzung des Art. 6 Abs. 1 iVm Abs. 3 c EMRK, ließ jedoch im Zusammenhang mit der hier diskutierten Frage nach der korrekten Ladungsadresse offen, ob auch eine indirekte, durch Dritte vermittelte Kenntnis vom Verhandlungstermin genügt, um die Ausübung des Rechts auf persönliche Teilnahme zu sichern.[587]
Es war vorliegend nämlich nicht zu beweisbar, ob der Beschwerdeführer überhaupt -direkt oder indirekt- Kenntnis vom Prozesstermin hatte.

Dagegen entschied der Gerichtshof im Fall ***T. gg. Italien***[588] dass die bloß mittelbare Kenntnis von dem gegen einen Angeklagten geführten Verfahren und dem Hauptverhandlungstermin gerade nicht ausreichen solle.[589]

> In diesem Fall war der Angeklagte angewiesen worden, eine italienische Kontaktadresse anzugeben. Diese Nachricht schien dem Herrn T. nie zugegangen zu sein. Später behauptete der zwischenzeitlich in den Sudan verzogene Herr T., dem italienischen Konsulat seinen Umzug mitgeteilt zu haben. Sämtliche Gerichtspost des Herrn T. wurde lediglich bei Gericht verwahrt und in der Folge wurde er in Abwesenheit verurteilt.

Hierzu führt der EGMR aus, dass eine offizielle In-Kenntnis-Setzung des Beschwerdeführers von den gegen ihn erhobenen Vorwürfen und dem Verhandlungstermin notwendig gewesen sei.

Eine Beschränkung der gerichtlichen Nachforschung auf die letzte bekannte Adresse in Italien sei nicht ausreichend. Zumal dann nicht, wenn das nationale Gericht unter Anwendung der erforderlichen Sorgfalt die aktuelle Adresse des zu Ladenden hätte herausfinden können. Zwar wendet die italienische Regierung ein, der Beschwerdeführer habe ja eine Kontaktadresse in Italien angeben können.

---

[585] EGMR, Serie A Nr. 208-B (Urteil vom 28. August 1991) = EuGRZ 1992, 539 ff. = ÖJZ 1992, 35 f.
[586] vgl. oben I Nr. 4
[587] EGMR, Serie A Nr. 208-B (F.C.B. gg. Italien), Ziff. 33
[588] EGMR, Serie A Nr. 245-C (Urteil vom 12. Oktober 1992) = EuGRZ 1992, 541 ff. = ÖJZ 1993, 213 ff.
[589] EGMR, Serie A Nr. 245-C (T. gg. Italien), Ziff. 28

Der Gerichtshof war jedoch der Ansicht, dazu sei der Angeklagte deshalb nicht verpflichtet gewesen, weil er gar nichts von dem gegen ihn geführten Verfahren wusste oder hätte wissen können. Zudem handele es sich bei einer gerichtlichen Vorladung um einen rechtlichen Akt mit so weitreichenden Auswirkungen, dass er in Übereinstimmung mit prozessualen und materiellen Voraussetzungen zur Sicherung einer effektiven Ausübung der Rechte des Angeklagten stattzufinden habe.[590]

Anhand der hier beschriebenen Urteile des EGMR lassen sich als Ergebnis die folgenden Anforderungen an die Ladungsadresse herausarbeiten:

Zunächst genügt die abstrakte Möglichkeit, dass der Beschuldigte von seinem Prozesstermin Kenntnis nehmen *könnte*[591]. Auf die tatsächliche Kenntnisnahme des Angeklagten kommt es mithin dann nicht an, wenn sicher ist, dass dieser weder verzogen noch inhaftiert noch aus sonstigen außerhalb seines Machtbereichs liegenden Gründen an der Kenntnisnahme gehindert ist.
In derartigen Fällen kann das Gericht folglich berechtigter Weise davon ausgehen, dass der Angeklagte trotz Kenntnis nicht zu seiner Verhandlung erscheinen *wollte* und ohne ihn verhandeln.

Zwar kann auch in einem derartig gelagerten Fall noch nicht von einem endgültigen Verzicht des Angeklagten auf die Ausübung seines Anwesenheitsrechts ausgegangen werden (es fehlt an der Ausdrücklichkeit des Rechtsverzichts) [592], aber die Rechtsmäßigkeit einer Abwesenheitsverhandlung wird nicht schon an einer konventionswidrigen Ladungsform scheitern.

Zu dieser abstrakten Möglichkeit der Kenntnisnahme soll es nach EGMR auch gehören, dass der Angeklagte *direkt*, *offiziell* und *persönlich* von dem gegen ihn geführten Verfahren und seinem Hauptverhandlungstermin Kenntnis erhält.
Eine bloß wage, mittelbare oder informelle Kenntnis, dass überhaupt ein Verfahren in Gang gesetzt wurde, soll nach Ansicht des EGMR nicht genügen.[593]

Nach dieser Rechtsprechung ist eine Zustellung an die Adresse Familienangehöriger oder sonstiger Empfangsvertreter mithin nicht ausreichend.
Einen Unterschied dürfte es allerdings machen, wenn ein Rechtsanwalt mit der Vertretung des Angeklagten beauftragt und von ihm autorisiert ist, amtliche Mitteilungen in Vertretung entgegenzunehmen, da in diesem Fall berechtigt von gesicherter Kenntniserlangung des Angeklagten und der Wahrung seiner Rechte ausgegangen werden kann. Dem kann zwar entgegengehalten werden, hierbei handele es sich nur um eine Hypothese, es besteht ja die Möglichkeit, dass der

[590] EGMR, Serie A Nr. 245-C (T. gg. Italien), Ziff. 28
[591] EGMR, Serie A Nr. 76 (Goddi gg. Italien)
[592] vgl. die Ausführungen zu den Voraussetzungen eines Verzichts
[593] EGMR, Serie A Nr. 245-C (T. gg. Italien), Ziff. 28

Angeklagte gar keinen Kontakt zu seinem Verteidiger hat und somit auch nicht von der Ladung erfahren kann.
Schließlich hat der Angeklagte den Verteidiger aber doch ausdrücklich ausgewählt, wenn er nicht mit ihm in Verbindung steht, so liegt darin ein Fehler oder eine Fahrlässigkeit des Angeklagten, die nicht mehr im Einflussbereich der staatlichen Behörden liegt.

Ist dagegen erwiesen, dass der Angeklagte zum Ladungszeitpunkt an einer bestimmten Adresse gerade nicht mehr wohnt, so sollen auch mehrere erfolglose Ladungsversuche an diese Adresse ebenso wenig genügen, wie ein öffentlicher Aushang der Ladung.[594]
Was allerdings stattdessen geschehen soll, hat der Gerichtshof nicht ausgeführt. Fraglich bleibt ebenso, wie es sich mit der Zulässigkeit der von italienischen Behörden offensichtlich bevorzugten Praxis der Einrichtung einer fiktiven Zustelladresse in der Geschäftsstelle des zuständigen Gerichts verhält. Diese Frage ist vom EGMR noch nicht entschieden worden, da es in den fraglichen Verfahren darauf nicht mehr ankam.[595]

Es spricht jedoch wohl viel dafür, dass der EGMR auch die Lösung dieser beiden Probleme dem "weiten Gestaltungsspielraum" des nationalen Gesetzgebers anheim gestellt lassen wollte.
Insbesondere ist es nach EGMR nicht die Pflicht eines etwaig Angeklagten sicherzustellen (etwa durch Umzugsbenachrichtigung an das Meldeamt oder durch Benennung einer inländischen Kontaktadresse), dass ihn amtliche Mitteilungen auch erreichen können. Die fehlende melderechtliche oder sonstige Mitwirkung eines Angeklagten entbindet das Gericht im Hinblick auf die Bedeutung der Rechtsstaatlichkeit eines Strafverfahrens und die Möglichkeit der Ausübung von Konventionsrechten nicht von der Pflicht, dem Betroffenen durch Zusendung einer Ladung zumindest abstrakt zu ermöglichen, an seiner Verhandlung teilzunehmen.[596]

3. Zurechnung von Behördenkenntnis an das Gericht hinsichtlich des Aufenthaltsortes des Angeklagten:

Zuletzt hatte der EGMR noch darüber zu befinden, inwieweit die Kenntnis einer anderen als der Strafverfolgungsbehörde von dem gegenwärtigen Aufenthaltsort des Angeklagten dem Gericht oder allgemein den Strafverfolgungsorganen im Hinblick auf die Ladung zugerechnet werden kann.

---

[594] EGMR, Serie A Nr. 89 (Colozza gg. Italien)
[595] so z.B. in BROZICEK gg. Italien (Serie A Nr. 167)
[596] vgl. die diesbzgl. Ausführungen des EGMR in COLOZZA (Serie A Nr. 89, Ziff. 28) und T. (Serie A Nr. 245-C, Ziff. 28)

Im bereits zitierten Fall ***COLOZZA gg. Italien***[597] hatte

> der Angeklagte bei der zuständigen Behörde unter Angabe seiner neuen Adresse eine Fahrerlaubnis beantragt, bevor das Strafgericht ihm Vorladungen an seine alte Adresse sandte und ihn anschließend wegen Nichtausführbarkeit mehrerer Haftbefehle als "latitante" (flüchtig) einstufte und in Abwesenheit verurteilte.

Der EGMR hielt (auch) wegen dieser behördlichen Kenntnis vom tatsächlichen Wohnort des Angeklagten die Ladungsversuche der Strafverfolgungsorgane für inadäquat.[598]

In ***T. gg. Italien***[599] wurde

> der Beschwerdeführer in Abwesenheit wegen Vergewaltigung seiner Tochter verurteilt. Er wusste zwar von der Strafanzeige der Tochter gegen ihn, jedoch wurde ihm eine amtliche Mitteilung über die Durchführung eines Strafverfahrens nicht zugestellt. Ein Zustellversuch in Jedah (Saudi-Arabien) schlug fehl. Der Angeklagte behauptete, seinen zuvor erfolgten Umzug von Saudi-Arabien in den Sudan dem italienischen Konsulat mitgeteilt zu haben. Dokumente darüber (Antrag auf Verlängerung und Umschreibung des Reisepasses) lagen dem Gericht auch vor. Dennoch beschränkte das Gericht seine Nachforschungen nach dem Verbleib des Herrn T. auf das italienisch Inland und seinen letzten dort bekannten Wohnsitz. Nachdem diese Nachforschungen erfolglos blieben, wurde er für unauffindbar erklärt. Auch Herr T. wurde nach der Überzeugung des EGMR ohne Kenntnis vom Verhandlungstermin verurteilt.

Auch in diesem Fall hielt der EGMR die Nachforschungen der italienischen Strafverfolgungsbehörden für zu gering.[600]
Sie hätten sich nicht auf die letzte bekannte Adresse des Angeklagten in Italien beschränken dürfen, da bekannt gewesen sei, dass er sich im Ausland aufhalte. Selbst wenn - wie von der italienischen Regierung geltend gemacht - von einer indirekten Kenntnis des Angeklagten vom Termin der Hauptverhandlung via Familienangehörige ausgegangen werden könne, solle dies nicht genügen (vgl. schon oben).

Das Verfahren gegen Herrn T. war nach Ansicht des EGMR somit nicht mit Art. 6 Abs. 1 EMRK vereinbar.
Inwieweit die Kenntnis des italienischen Konsulats hier eine Rolle gespielt hat, wird leider nicht deutlich, zumal sie nicht erwiesen werden konnte.

---

597 EGMR, Serie A Nr. 89 (Urteil vom 26. September 1984)
598 EGMR, Serie A Nr. 89 Ziff. 28
599 EGMR, Serie A Nr. 245-C (Urteil vom 12. Oktober 1992) = EuGRZ 1992, 541 f.
600 EGMR, Serie A Nr. 245-C (T. gg. Italien), Ziff. 28

Zusammenfassend lässt sich dazu sagen:

Zu den bereits oben beschriebenen Nachforschungs- und Fürsorgepflichten, die ein Strafgericht im Hinblick auf den Angeklagten treffen[601], gehört auch die Pflicht, sich mit allen zur Verfügung stehenden Mitteln darum zu bemühen, dass der Angeklagte von dem gegen ihn geführten Verfahren Kenntnis erlangen kann. Dabei geht es um die Möglichkeit der persönlichen und unmittelbaren Kenntnisnahme.

Dazu soll es nicht genügen, die Nachforschungen hinsichtlich der korrekten Ladungsadresse auf den letzten bekannten inländischen Wohnort des Angeklagten zu beschränken.

Mit der Feststellung des EGMR, die Kenntnis einer anderen (hier der Führerschein-) Behörde vom gegenwärtigen Wohnsitz des Angeklagten solle genügen[602] , kann als gesichert angesehen werden, dass ein konventionsgerechtes Abwesenheitsverfahren nur dann in Gang gesetzt werden kann, wenn tatsächlich alle vorhandenen Mittel zur Auffindung des Angeklagten ausgeschöpft sind.

Das bedeutet für das zuständige Gericht, dass es -evtl. im Wege der Amtshilfe- auch Anfrage an andere Behörden als die Meldebehörde stellen muss, um auf diesem Wege die gegenwärtige Adresse des zu Ladenden herauszufinden.

Der EGMR scheint hier von einer Einheit des Staates auch im Hinblick auf die Zurechnung von Kenntniserlangung auszugehen.

Wenn darin eine deutliche Erschwerung der Voraussetzungen eines Abwesenheitsverfahrens und unter Umständen eine Verlangsamung des Ladungsvorgangs liegt, ist dies aber aus Sicht des EGMR im Hinblick auf die Wahrung der Konventionsrechte des Angeklagten hinzunehmen.

Um die Strafverfolgung jedoch nicht völlig zu vereiteln, erscheint es im Zuge der nationalen Rechtsgestaltung hingegen sinnvoll, eine bestimmte Anzahl von Behörden zu bestimmen, bei denen ein Tatgericht die ladungsfähige Adresse eines Angeklagten zuvor erfolglos erfragt haben muss, bevor es ihn als „abwesend" einstufen darf.

Dazu sollten dann neben der Meldebehörde auch die Führerscheinbehörde und die Finanzbehörde des Ortes gehören, an dem der Angeklagte seinen letzten bekannten Wohnsitz hatte.

Auf diese Art kann im Rahmen prozessualer Ladungsvorschriften ein Ausgleich zwischen sinnvoller Prozessökonomie einerseits und zu wahrenden Individualrechten andererseits gefunden werden.

---

[601] vgl. dazu schon oben

[602] vgl. die Ausführungen zu ***Colozza (u. Rubinat) gg. Italien***

IV. Ausgestaltung des Verfahrens bei Verhandlung in Abwesenheit des Betroffenen

Nachdem festgestellt wurde, welchen Voraussetzungen eine Ladung genügen muss, aufgrund derer ein Abwesenheitsverfahren in Gang gesetzt werden kann, ist nun zu fragen, wie der Ablauf einer mündlichen Hauptverhandlung ausgestaltet sein muss, um der EMRK zu genügen.

Grundsätzlich besteht im Ablauf der mündlichen Verhandlung kein gravierender Unterschied zwischen einer Verhandlung in Gegenwart oder Abwesenheit des Angeklagten.[603]
In fast allen hier zur Diskussion stehenden Rechtsordnungen finden auch in Abwesenheit des Angeklagten eine Beweisaufnahme, die Befragung von Zeugen, eine Beratung des Gerichts und ein abschließendes Urteil statt.
Da der wesentliche Unterschied zwischen einem "normalen" Verfahren und einer Verhandlung in Abwesenheit des Angeklagten jedoch gerade darin besteht, dass letzterer nicht persönlich zur Sache gehört werden und sich nicht persönlich verteidigen kann, sind einige Besonderheiten im Hinblick auf die Wahrung der Verteidigungsrechte des Angeklagten zu beachten:

1. Das Recht auf anwaltliche Vertretung bei Abwesenheit:

Dem EGMR ist wiederholt die Frage nach der Zulässigkeit anwaltlicher Vertretung eines Abwesenden vorgelegt worden:
Diese Urteile sind deshalb von besonderem Interesse, weil sie teilweise (zumindest in Frankreich und den Niederlanden) zu Novellierungen des geltenden Rechts geführt haben.
So waren die EGMR-Urteile **Lala/Pelladoah** für die Niederlande und **Krombach** für Frankreich Anlass zu Reformen ihrer geltenden Abwesenheitsregelungen.

Im Fall ***POITRIMOL gg. Frankreich***[604] ging es um die Beschwerde eines französischen Staatsangehörigen, in dessen Berufungshauptverhandlung keine anwaltliche Vertretung zugelassen wurde.

> Der Beschwerdeführer, gegen den ein Haftbefehl aufgrund der erstinstanzlichen Verurteilung erlassen worden war, war ordnungsgemäß geladen worden, teilte dem Berufungsgericht entsprechend den französischen Verfahrensvorschriften (Art. 411

[603] vlg. dazu schon oben die Darstellungen zum Prozessablauf in den einzelnen Rechtsordnungen

[604] EGMR, Serie A Nr. 277-A (Urteil vom 23. November 1993) = ÖJZ 1994, 467 ff.

> CPP a.F.) mit, er wünsche in seiner Berufungshauptverhandlung in entschuldigter Abwesenheit verhandelt zu werden. Das Berufungsgericht, das seine Anwesenheit dennoch für erforderlich hielt, ordnete sein persönliches Erscheinen an. Als Herr P. sich weigerte, erklärte das Gericht ihn für unentschuldigt abwesend und verhandelte in seiner Abwesenheit gegen ihn. Seine Vertretung durch einen Anwalt war dabei vom Gericht mit der Begründung ausgeschlossen worden, das im französischen Strafprozess grundsätzlich bestehende Recht eines Angeklagten sich anwaltliche vertreten zu lassen, greife im Fall des Herrn P. deshalb nicht, weil gegen ihn ein Haftbefehl erlassen sei, dem er nicht nachgekommen wäre. In einem derartigen Fall stünde dem abwesenden Angeklagten kein Recht auf anwaltliche Vertretung zu.

Mithin ging es im vorliegenden Fall im wesentlichen um die Frage, ob es einem Angeklagten, der nicht persönlich zu seiner Verhandlung erscheinen will um die Ausübung eines gegen ihn in Kraft getretenen Haftbefehls zu verhindern, gestattet sein muss, sich dennoch durch einen Anwalt vertreten zu lassen.

Dazu hat der Gerichtshof ganz allgemein festgestellt, dass ein Angeklagter sein konventionsgemäßes Recht auf effektive anwaltliche Vertretung nicht allein aufgrund seiner persönlichen Abwesenheit verlieren könne.
Dazu sei das Recht auf anwaltliche Vertretung als fundamentales Prinzip (*"fundamental feature"*)[605] eines fairen Verfahrens zu essentiell.

Zugleich stellt der EGMR jedoch auch klar, dass die Anwesenheit der einer strafbaren Handlung beschuldigten Person bei ihrer Verhandlung von überragender Wichtigkeit sei (*"capital importance"*)[606], und zwar einerseits im Interesse des Angeklagten selbst und andererseits im Interesse der Zeugen und Opfer einer Straftat.

Daher müsse es den einzelnen Staaten zugestanden sein, unentschuldigtes Fernbleiben des Angeklagten zu ahnden.
Grundsätzlich sollen auch prozessuale Strafvorschriften dazu dienen können.
Jedoch müsse deren Anwendung im Einzelfall verhältnismäßig sein.

Genau daran scheitere es jedoch im vorliegenden Fall. Ohne bestehende Wiederaufnahmemöglichkeit im Rechtsmittelverfahren (art. 411 CPP a.F.) war die Berufungsverhandlung die letzte Möglichkeit des Angeklagten seinen Fall in tatsächlicher und rechtlicher Hinsicht zu Gehör eines Gerichts zu bringen.
Um überhaupt davon ausgehen zu können, dass die Interessen des abwesenden Angeklagten in Berücksichtigung gefunden haben, wäre jedoch die anwaltliche Vertretung nötig gewesen.
Daher erkennt der EGMR den Ausschluss des Anwalts des P. als im gegebenen Fall unverhältnismäßig und somit konventionswidrig an.
Deshalb lag in dem geführten Verfahren eine Verletzung von Art. 6 Abs. 1 iVm Abs. 3 c EMRK.

---

605 EGMR, Serie A Nr. 277-A (Poitrimol gg. Frankreich), Ziff. 34
606 EGMR, Serie A Nr. 277-A (Poitrimol gg. Frankreich), Ziff. 35

Anderer Ansicht waren die Richter *Ryssdal*, Sir John *Freeland* und *Lopes Rocha*, die ein abweichendes Sondervotum zu dieser Mehrheitsentscheidung verfassten.[607]
Ihrer Ansicht nach, war weder der Ausschluss der Verteidigung des Herrn P. in der Berufungsverhandlung noch die Abweisung der Revision unverhältnismäßig im konkreten Fall.
Vielmehr habe es in der Hand des Beschwerdeführers gelegen, seine Verteidigung herbeizuführen, indem er vor dem Berufungsgericht erschien oder die Zulässigkeit einer Revision zu erreichen, indem er sich dem gegen ihn ausgesprochenen Haftbefehl stellte. Insofern sei das französische System nicht unausgewogen oder unverhältnismäßig im Einzelfall.

Daran ist jedoch unhaltbar, dass nach dieser Auffassung von Herrn P. zu verlangen gewesen wäre, sich zunächst in Haft zu begeben, um anschließend Zugang zu einer höheren Instanz zu erlangen oder die Zulassung seiner Verteidigung herbeizuführen. Das widerspricht jedoch dem, was der EGMR über die Bedeutung eines fairen Verfahrens für einen demokratischen Rechtstaat postuliert hat. Es kann nicht im Interesse des Gesetzgebers sein, dass ein Angeklagter sich zunächst in Haft begeben muss, um so ein faires Verfahren zu erhalten.
Genauer: die Aufgabe der persönlichen Freiheit kann nicht zur Bedingung für ein faires Gerichtsverfahren gemacht werden.
Dem wiederum ließe sich entgegnen, dass ein in einem "normalen" Verfahren erster Instanz Verurteilter sich schließlich auch erst in Haft begeben muss, um dann das Ergebnis und einen möglichen Freispruch durch die Rechtsmittelinstanz abzuwarten. Dieser hatte dann jedoch bereits einmal den Vorzug eines "normalen" Verfahrens, in dem er anwesend sein und seine Verteidigung selbst bzw. durch einen Verteidiger seiner Wahl führen konnte. Eben dies hatte Herr P. im fraglichen Verfahren jedoch noch nie. Insofern unterscheiden sich diese Fälle erheblich.

Ebenfalls anderer Ansicht als die Mehrheit der Kammer war Richter *Pettiti*, der ein äußerst umfangreiches abweichendes Votum verfasste.[608]
Auch seiner Ansicht nach lag keine Verletzung von Art. 6 Abs. 1 iVm Abs. 3 c EMRK in dem fraglichen Verfahren.
Er begründet diese Ansicht jedoch damit, dass einem Angeklagten, der nicht bereit ist, sich seinem Verfahren zu stellen, nicht die gleichen Rechte zugestanden werden sollten wie einem Angeklagten, der bereit ist die Unannehmlichkeiten einer mündlichen Verhandlung auf sich zu nehmen. Insbesondere sollte dem abwesenden Angeklagten auch nicht zugestanden werden, dass sein Verfahren

[607] EGMR, Serie A Nr. 277-A (Poitrimol gg. Frankreich), S. 18 f.
[608] EGMR, Serie A Nr. 277-A (Poitrimol gg. Frankreich), S. 20

mit den gleichen Vorzügen -wie anwaltlicher Verteidigung- geführt wird, als wenn er anwesend wäre.
Richter Pettiti betont die Rechte der Opfer einer Straftat, die ohne die persönliche Anwesenheit des Angeklagten keine Möglichkeit hätten, belastende Frage an ihn zu richten. Insofern würden sie ihre Verfahrensrechte verlieren.
Nach Ansicht von Richter Pettiti würdigt die Mehrheit der entscheidenden Richter den punitiven Charakter des Strafrechts zu wenig. Das Strafverfahren diene dazu die Rechte und Interessen der Opfer einer Straftat zu verwirklichen und sei nicht in erster Linie ein Verfahren zur Sicherung der Verteidigungsrechte des Angeklagten. Er kritisiert, dass es nach der Argumentation der Mehrheit der Richter am Ende der Angeklagte wäre, der den Ablauf der Verfahrens kontrollieren und nach seinem Belieben verhindern könne. Dabei sei doch das Opfer der Straftat diejenige Partei, auf die es maßgeblich ankommen müsse.

Diesem Hauptkritikpunkt von Richter Pettiti ist wenig entgegenzuhalten.

In ***LALA gg. Niederlande***[609]

> war der Beschwerdeführer Herr L. in erster Instanz zu einer Haftstrafe auf Bewährung verurteilt worden. Zu der gegen dieses Urteil gerichteten Berufungsverhandlung war er zwar ordnungsgemäß geladen, erschien jedoch mit der Begründung nicht, ihm drohe wegen einer noch ausstehenden Geldstrafe die Gefahr der Inhaftierung, wenn er vor Gericht auftrete. Daraufhin ließ das Berufungsgericht auch die anwaltliche Vertretung des Herrn L. nicht zu. Zwar war sein Verteidiger zum Verhandlungszeitpunkt im Gericht anwesend, jedoch habe er dem Gericht nicht explizit angekündigt, die Verteidigung des Herrn L. in dessen Abwesenheit führen zu wollen.

Der EGMR hielt das Vorgehen und die Argumentation des niederländischen Berufungsgerichts für konventionswidrig und erkannte auf eine Verletzung von Art. 6 Abs. 1, Abs. 3 c EMRK.
Der Gerichtshof begründete seine Entscheidung mit der Bedeutung angemessener Verteidigung eines Angeklagten. Selbst ein unentschuldigtes Ausbleiben des Angeklagten könne nicht dazu führen, ihm sein Recht auf Verteidigung durch einen Anwalt zu entziehen. Damit diese Verteidigung auch tatsächlich und effektiv ("*practical and effective*") und nicht nur theoretisch bliebe, dürfe sie nicht von zu komplizierten Formalia abhängen.[610]
Da es Sache des Gerichts sei, die Verfahrensfairness zu wahren, müsse die berobte Anwesenheit des Verteidigers bei Verhandlungseröffnung genügen, um seinen und den Willen des Angeklagten zur anwaltlichen Vertretung erkennen zu lassen. Einer gesonderten schriftlichen Ankündigung des Verteidigungsgesu-

[609] EGMR, Serie A Nr. 297-B (Urteil vom 22. September 1994) = ÖJZ 1995, 196 ff.
[610] EGMR, Serie A Nr. 297-A (Lala gg. Niederlande), Ziff. 34

chens, wie sie das niederländische Gericht gefordert hatte, bedarf es nach Ansicht des EGMR im Interesse eines fairen Verfahrens nicht.[611]
Nur so bliebe das Verteidigungsrecht des Angeklagten effektiv und wirksam und nicht lediglich formal.

Dieser Meinung der Mehrheit des Gerichtshofs widersprach Richter *Matscher* in seinem abweichenden Votum.[612]
Er hielt das Vorgehen von Herrn L. ebenso wie das seines Anwalts für rechtsmissbräuchlich und konnte daher keine Verletzung von Art. 6 Abs. 1 iVm Abs. 3 EMRK erkennen.
Seiner Meinung nach muss es den Staaten unbenommen sein, einen Angeklagten möglichst zur Anwesenheit in seiner Verhandlung zu ermutigen. Dazu sei der Ausschluss des Verteidigers ein probates Mittel.

Diese Meinung scheint jedoch stark auf den speziellen Einzelfall des Herrn L. zugeschnitten, in dem das Vorgehen der niederländischen Justiz einmal nicht als unverhältnismäßig betrachtet wird. In Bezug auf ähnlich gelagerte Fälle stimmt Richter *Matscher* der überwiegenden Meinung des Gerichtshofs nämlich ausdrücklich zu[613].

Denn genauso argumentiert der EGMR im ähnlich gelagerten Fall ***PELLADOAH gg. Niederlande***[614]:

> Auch hier war der Angeklagte nicht zu seiner Strafverhandlung erschienen. Er hätte von Mauritius anreisen müssen und scheute die Kosten und Mühen. Das niederländische Gericht erklärte ihn für unentschuldigt abwesend und ließ eine anwaltliche Vertretung nicht zu, obwohl der Verteidiger des Herrn P. ausdrücklich und unter Vorlage einer Vollmachtsurkunde beantragt hatte, die Verteidigung führen zu dürfen.

Die Beurteilung des EGMR entspricht in diesem Fall in allen Punkten der zu ***LALA***.
Der Gerichtshof betonte erneut die wesentliche Bedeutung der Wahrung der Verteidigungsrechte auch des abwesenden Angeklagten und erkennt auch im vorliegenden Fall auf eine Verletzung von Art. 6 Abs. 1 iVm Abs. 3 c EMRK.

Die Frage, ob sich auch ein abwesender Angeklagter in seiner Verhandlung durch einen Anwalt vertreten lassen kann, hatte der EGMR erneut in ***KROM-***

---

[611] EGMR, Serie A Nr. 297-A (Lala gg. Niederlande), Ziff. 34
[612] EGMR, Serie A Nr. 297-A (Lala gg. Niederlande), S. 17
[613] dazu sogleich
[614] EGMR, Serie A Nr. 297-B (Urteil vom 22. September 1994)

BACH gg. Frankreich[615] - damals noch zum alten französischen Recht - zu entscheiden.

> Auch hier war der Angeklagte Herr K. ordnungsgemäß zur Verhandlung vor ein französisches Gericht geladen, weigerte sich jedoch zu erscheinen. Obwohl der von Herrn K. mit seiner Verteidigung beauftrage Anwalt beantragte, seinen Mandanten in dessen Abwesenheit vertreten zu können und auch erklärte, worauf er voraussichtlich plädieren werde, lehnte das französische Gericht die anwaltliche Vertretung ab und verurteilte Herrn K. in dessen Abwesenheit ohne seinen Anwalt zu hören.

In diesem Urteil nahm der EGMR umfassend zu verschiedenen Fragestellung innerhalb des Abwesenheitsverfahrens Stellung und rekurrierte dabei zugleich auf seine bisherige Rechtsprechung.

Bezüglich des Problems der Zulassung anwaltlicher Vertretung eines Abwesenden führte der Gerichtshof aus, der vorliegende Fall sei vergleichbar mit ***POITRIMOL***, ***LALA*** und ***PELLADOAH***.

Er wiederholte, dass das Recht des Angeklagten auf (auch anwaltliche) Verteidigung derart bedeutend sei, dass die bloße unentschuldigte Abwesenheit des Betroffenen nicht genügen könne, dieses Recht zu verwirken.
Wenn das Recht eines strafrechtlich Angeklagten auf effektive Verteidigung durch einen Anwalt auch nicht absolut sei, so könne ein Angeklagter es jedoch nicht bloß aufgrund seiner Abwesenheit verlieren.[616]
Auch wenn es möglich sein müsste, Angeklagte durch prozessuale Strafvorschriften von unentschuldigtem Ausbleiben abzuschrecken, so dürfe dies doch nicht durch den Verlust des Rechts auf adäquate Verteidigung bewirkt werden.

Vielmehr liege es im Rahmen der Fürsorgepflicht des jeweiligen erkennenden Gerichts dafür Sorge zu tragen, dass auch ein abwesender Angeklagter nicht an der Ausübung seiner Konventionsrechte – insbesondere dem auf anwaltliche Verteidigung – gehindert werde.[617]

Zugleich legte der EGMR dar, von dieser Rechtsprechung könne nicht deshalb abgewichen werden, weil es sich bei dem fraglichen erstinstanzlichen französischen Gericht um ein Geschworenengericht und nicht um ein mit Berufsjuristen besetztes Strafgericht gehandelt habe.
Die Verteidigungsrechte eines Individuums bestünden unabhängig von der Art des erkennenden Gerichts.[618]
Insgesamt sah der EGMR Art. 6 Abs. 1 iVm Abs. 3 c EMRK als verletzt an.

---

615 EGMR, Reports 2001-II (Urteil vom 13. Februar 2001) = NJW 2001, 2387 ff.; besprochen von *Gundel* in: NJW 2001; 2380 ff.
616 EGMR, Reports 2001-II (Krombach gg. Frankreich), Ziff. 89
617 EGMR, Reports 2001-II (Krombach gg. Frankreich), Ziff. 84
618 EGMR, Reports 2001-II (Krombach gg. Frankreich), Ziff. 86

Zusammenfassend lässt sich somit folgendes Ergebnis festhalten:
Aus den beschriebenen Urteilen lässt sich deutlich das Streben des EGMR nach Kontinuität hinsichtlich der Frage von Anwendung der Konventionsrechte auf einen abwesenden Angeklagten herauslesen.
Der Gerichtshof bemüht in seinen Urteilsbegründungen immer wieder dieselben Formulierungen und verweist in jedem der Urteile aufs Neue auf die Verpflichtung der nationalen Gerichte, die Fairness der vor ihnen geführten Verfahren zu sichern.

Seit dem ***KROMBACH***-Urteil, dass aufgrund der in ihm vorgenommenen Verweisungen auf frühere Entscheidungen eine Art vorläufigen Schlusspunkt der Beurteilungen durch den EGMR darstellt, kann daher berechtigt von einer gefestigten Rechtsprechung gesprochen werden.

Was die spezielle Frage betrifft, ob es zulässig sein kann, gegen einen strafrechtliche Angeklagten in dessen Abwesenheit zu verhandeln und dabei zugleich seinen Verteidiger auszuschließen, so kann dies ausdrücklich verneint werden.
Weder als prozessuale "Strafvorschrift", um eine Anwesenheit des Angeklagten zu erzwingen[619] noch aufgrund komplizierter formaler Voraussetzungen[620] darf ein Anwalt von dem Verfahren gegen seinen Mandanten ausgeschlossen werden.
Mithin kann gesagt werden, dass nationale Strafprozessgesetze oder gerichtliche Entscheidungen, die die Anwesenheit eines bevollmächtigten Verteidigers bei Abwesenheit des Angeklagten generell ausschließen, einen Verstoß gegen die EMRK darstellen.

Dem Angeklagten ist vielmehr in jedem Zeitpunkt des Verfahrens zu gestatten, sich durch einen Anwalt vertreten zu lassen, selbst wenn er persönlich nicht anwesend sein will. Damit sollen die Verteidigungsrechte des Angeklagten und insbesondere sein Recht auf rechtliches Gehör gewährleistet werden.
Sobald daher ein Verteidiger zu einer Verhandlung gegen einen abwesenden Angeklagten erscheint, ist dieser vom Gericht auch zu hören, unabhängig davon, ob er dies dem Gericht im Vorfeld förmlich angezeigt hat.[621] Es ist weder nötig, dass ein Verteidiger zuvor einen schriftlichen Antrag auf Anhörung stellt, noch dass er eine Berechtigungsurkunde vorlegt.
Es ist vielmehr Aufgabe der erkennenden Gerichte sicherzustellen, dass eine Verteidigung einfach und effektiv erfolgen kann.

Ein Strafverfahren, in dem das Vorbringen eines Verteidigers allein deshalb von dem zuständigen Gericht nicht gehört wurde, weil der Angeklagte selbst in dem Prozess unentschuldigt fehlte, ist somit schon deshalb konventionswidrig,

---

[619] so von Frankreich im Fall ***KROMBACH*** geltend gemacht
[620] wie im Fall ***PELLADOAH***
[621] vgl. ***LALA gg. Niederlande***

ein so zustande gekommenes Urteil verstößt gegen Art. 6 Abs. 1 iVm Abs. 3 c EMRK.

2. Das Recht auf Zustellung der gerichtlichen Ladung an den Wahlverteidiger und auf ausreichend Zeit zur Vorbereitung der Verteidigung:

Neben dem grundsätzlichen und nach dem oben Gesagten auch nicht auszuschließenden Recht des Angeklagten auf anwaltliche Vertretung, stellt sich weiter die Frage, wie diese Vertretung inhaltlich ausgestaltet sein muss.
Damit soll nicht gemeint sein, in welcher Art der Verteidiger die Verteidigung zu führen hat, ob und wie ein Anwalt einen abwesenden Angeklagten verteidigt, bleibt der Ausübung seiner Profession überlassen. Es fragt sich, welche günstigen oder ungünstigen äußeren Umstände die Verteidigung beeinflussen können.
Dabei ist insbesondere von praktischem Interesse, wie viel Zeit einem Verteidiger zur Vorbereitung des Prozesses zu gewähren ist.

Der EGMR hatte im Fall ***GODDI gg. Italien***[622] über ein solches Problem zu entscheiden.

> Neben den bereits oben geschilderten Schwierigkeiten bei der Zustellung der Ladung[623] ergab sich im Verlauf der Berufungshauptverhandlung auch Probleme mit dem vom Angeklagten gewählten Verteidiger. Dieser wurde nicht zur Berufungsverhandlung geladen und erlangte erst zwei Tage nach Durchführung der mündlichen Verhandlung Kenntnis vom Termin. Die Verhandlung selbst wurde mit einem Pflichtverteidiger geführt, der sich mangels Kenntnis von Fall und Angeklagtem zur Verteidigung lediglich auf die Aktenlage berufen konnte. Dies führte im Ergebnis dazu, dass Herrn G. in zweiter Instanz eine wesentlich härtere Strafe auferlegt wurde.

In diesem Zusammenhang wird vom EGMR im Hinblick auf die Sorgfaltspflichten, die das italienische Gericht zur Sicherung der Verteidigungsrechte seines Mandanten auferlegt waren, zweierlei gerügt:
Zunächst wurde als ungenügend angesehen, dass dem gewählten Verteidiger, der auch beim letzten Verhandlungstermin mit anwesend war, keine Ladung zugestellt wurde.
Zwar hatte das italienische Gericht eine Ladung an den Angeklagten selbst und an dessen vorherigen Verteidiger gesandt, dies wurde vom EGMR jedoch nicht als ausreichend anerkannt. Es sei für das italienische Gericht aufgrund der Umstände erkennbar gewesen, dass der Angeklagte nunmehr von einem neuen An-

---

[622] EGMR, Serie A Nr. 76 (Urteil vom 09. April 1984) = EuGRZ 1985, 234 ff.
[623] vgl. dort

walt vertreten werde und daher wäre auch dieser zu laden gewesen.[624] Schon deshalb sei das Verfahren konventionswidrig.

Darüber hinaus kritisierte der EGMR, dass dem Pflichtverteidiger, der dann in der mündlichen Verhandlung die Verteidigung des Herrn G. übernahm, nicht ausreichend Zeit und Gelegenheit eingeräumt wurde, die Verteidigung vorzubereiten.

Er habe keine Möglichkeit gehabt, die Verfahrensakte zu studieren, sein Plädoyer vorzubereiten oder sich nötigenfalls mit seinem Klienten zu treffen.

Das italienische Gericht hätte zumindest sicherstellen müssen, dass auch der Pflichtverteidiger die Verteidigung so gut als möglich hätte führen können. Und zwar gerade deshalb, weil der Angeklagte persönlich nicht anwesend war.[625]

Eine Möglichkeit dazu habe in der Vertagung der Verhandlung bestanden. Dass der Pflichtverteidiger dies nicht vorschlug sei unerheblich, da es doch die Pflicht des zuständigen Gerichts sei, die Verfahrensfairness zu sichern.

Insgesamt habe das italienische Gericht eine Verteidigung des Herrn G. durch seinen gewählten Verteidiger verhindert, indem es diesen nicht form- und fristgerecht geladen habe. Die Verteidigung durch den bestellten Pflichtverteidiger sei in ihrer Ausübung nicht wirksam gewesen.[626]

Aus diesen Gründen erkannte der EGMR auf eine Verletzung von Art. 6 Abs. 3 c EMRK.

Zusammenfassend lässt sich zur Frage nach der Ausgestaltung einer effektiven Verteidigung auch des abwesenden Angeklagten also Folgendes sagen:

- Dass neben dem Angeklagten selbst auch der von ihm gewählte Verteidiger vom Verhandlungsort und -termin durch offizielle Mitteilung Kenntnis erlangt haben muss, ergibt sich aus der zu sichernden Effektivität der Verteidigungsrechte. Nur so ist eine Verteidigung überhaupt praktisch durchführbar. Nicht nur einem Pflicht- sondern auch dem Wahlverteidiger des Angeklagten muss also eine *form- und fristgerechte Ladung* zugehen.

-Sollte der Angeklagte selbst nicht auffindbar oder zur Verhandlung sonst nicht erschienen sein und sein Verteidiger ebenfalls nicht, so ist dem Angeklagten zum Prozess ein *Pflichtverteidiger* zu bestellen. Dies muss Aufgabe des Gerichts sein, um im Rahmen der gerichtlichen Fürsorgepflicht die Verteidigungsrechte des Angeklagten sicherzustellen.

-Wichtig ist, dass auch im Fall eines kurzfristig zu bestellenden Pflichtverteidigers diesem *genügend Zeit* eingeräumt werden muss, die Verteidigung so

[624] EGMR, Serie A Nr. 76 (Goddi gg. Italien), Ziff. 30
[625] EGMR, Serie A Nr. 76 (Goddi gg. Italien), Ziff. 31
[626] EGMR, Serie A Nr 76 (Goddi gg. Italien), Ziff. 26

gut als möglich zu führen. Wenn dies - wie im oben besprochenen Fall - eine Vertagung der Sitzung und damit eine Verfahrensverzögerung notwendig macht, so ist dies nach Ansicht des EGMR im Interesse der Verteidigungsrechte des Angeklagten hinzunehmen.

- Derselbe Grundsatz (ausreichend Zeit eine möglichst effektive Verteidigung vorbereiten zu können) muss dann jedoch erst recht für den vom Angeklagten gewählten Verteidiger gelten.
Damit stellt sich die Frage, ob dies nicht dazu führen kann, dass ein Gericht praktisch gezwungen ist, jedem mit Verteidigungsinteressen begründeten Vertagungsgesuchen eines Anwalts stattzugeben, will es sich nicht dem Vorwurf des konventionswidrigen Verhaltens aussetzen. Auf diese Art könnte ein findiger Verteidiger den Fortgang des Verfahrens de facto lahm legen.
Um die zwei weit auseinander liegenden Extreme (gar keine Zeit zur Vorbereitung/endlose Vertagungen) im Interesse einer funktionstüchtigen und zügigen Rechtsprechung und auch im Hinblick auf die Opfer einer Straftat miteinander in angemessenen Ausgleich zu bringen, sind nach EGMR wiederum die Nationalstaaten gefragt.
Eine absolute Grenze dürfte jedoch wohl dort zu ziehen sein, wo das Verteidigerverhalten eindeutig rechtsmissbräuchlich erscheint.

V. Rechtsbehelfe gegen Abwesenheitsurteile

Schwieriger zu beurteilen ist die Frage, ob und welche Rechtsbehelfe einem in Abwesenheit Verurteilten gegen seine Verurteilung zustehen müssen und wie diese ausgestaltet sein sollen. Damit sollen nicht der einem jeden Verurteilten zu garantierende (vgl. Art. 2 Abs. 1 Satz 1 des 7. ZP zur EMRK[627] bzw. Art. 14 Abs. 5 IPBPR) Instanzenzug gemeint sein, sondern spezielle Rechtsbehelfe gerade gegen Abwesenheitsverurteilungen, die auch gerade auf die Tatsache zugeschnitten sind, dass eine erstinstanzliche Verurteilung in Abwesenheit des Angeklagten stattgefunden hat.

1. Bestehen und Voraussetzungen eines speziellen Rechtsbehelfs:

Wenn es nach einer nationalen Rechtsordnung die Möglichkeit gibt, gegen eine angeklagte Person in ihrer Abwesenheit zu verhandeln, muss dieser Person dann

[627] von Deutschland wurde das 7. Zusatzprotokoll zur EMRK im Gegensatz zu vielen anderen Vertragsstaaten noch nicht ratifiziert; vgl. zu einer etwaigen Pflicht der Vertragsstaaten der EMRK ein mehrstufiges Gerichtsverfahren vorzusehen *Esser*, auf dem Weg zu einem europäischen Strafverfahrensrecht, S. 767

ein spezieller Rechtsbehelf gegen die so zustande gekommene Verurteilung zustehen? Und wenn ja, wie muss dieser Rechtsbehelf dann ausgestaltet sein?

So hat der EGMR im Fall ***POITRIMOL gg. Frankreich***[628] entschieden, es bedeute eine Verletzung der EMRK, dass das französische Rechtsmittelgericht die Revision des Herrn P. aus Gründen die in seiner Abwesenheit begründet lagen, zurückwies.
Der Gerichtshof legte in diesem Zusammenhang erneut seine Ansicht dar, nach der ein Abwesenheitsverfahren nicht aus sich heraus konventionswidrig sei. Jedenfalls dann nicht, wenn dem Betroffenen die Möglichkeit eingeräumt wurde, eine erneute Anhörung seines Falles in tatsächlicher wie rechtlicher Hinsicht (*"a fresh determination of the merits of the charge, in respect of both law and fact"*) vor Gericht zu erreichen.[629]

Gerade im französischen Recht hängt die Befugnis eines Angeklagten seinen Fall vor einem zweitinstanzlichen Gericht zu präsentieren, jedoch davon ab, ob er für seine Abwesenheit in erster Instanz eine zureichende Entschuldigung beibringen konnte.[630]
In einem solchen System müsste es nach Ansicht des EGMR ein spezielles Rechtsmittel geben, mit dem die Entscheidung über Annahme oder Ablehnung dieser Entschuldigung, also über die Zulassung oder Nichtzulassung des Rechtsmittels an sich noch einmal überprüft werden könnte.[631]

Diese Überprüfung wäre dann zwar kein Rechtsmittel gegen das Abwesenheitsurteil selbst, wohl aber gegen die Entscheidung, einem in Abwesenheit Verurteilten die Rechtsmittel zu verkürzen.

Daraus lässt sich folgendes Fazit ziehen:
Zwar ergibt sich das grundsätzliche Recht des Angeklagten auf eine erneute Verhandlung seines Falles nicht ausdrücklich aus dem oben besprochenen Urteil.

Jedoch ist einem Angeklagten, der in Abwesenheit verurteilt wurde zu ermöglichen, die Stichhaltigkeit seiner Verurteilung noch einmal prüfen zu lassen. Nur so kann seinem Recht auf Gehör Geltung verschafft werden.
Dieses grundlegende Recht erkennen auch alle hier besprochenen Verfahrensordnungen an.

---

628 EGMR, Serie A Nr. 277-A (Urteil vom 23. November 1993) = ÖJZ 1994, 467 ff.; die Fakten des Falles wurden bereits oben im Zusammenhang mit der Frage nach der Notwendigkeit anwaltlicher Vertretung dargestellt

629 EGMR, Serie A Nr. 277-A (Poitrimol gg. Frankreich), Ziff. 31

630 vgl. auch heute noch art. 489 ff. CPP n.F. zu den Voraussetzungen des Rechtsmittels der *opposition* und genauso art. 496 ff. CPP n.F. zum *l'appel*

631 EGMR, Serie A Nr. 277-A (Poitrimol gg. Frankreich), Ziff. 38

In den meisten Rechtsordnungen existiert sogar ein spezielles, auf Abwesenheitsurteile zugeschnittenes Rechtsmittel.[632]

Ob es sich dabei zwangsläufig um eine erneute Verhandlung in derselben Instanz (Wiederaufnahme des Verfahrens oder Wiedereinsetzung in den vorigen Stand) handeln muss, oder ob es genügt, dass dem Angeklagten ein weiterer Instanzenzug (Berufung oder Revision) gegen das Urteil zur Verfügung steht, wird in den Entscheidungen des EGMR nicht deutlich.

Darauf soll es jedoch auch gar nicht ankommen. Relevant ist lediglich, dass ein Gericht, welches auch zu einer neuen Entscheidung in der Sache befugt ist, den Angeklagten noch einmal zu den Tatsachenfragen hört.

Ob es sich dabei um dasselbe Gericht bzw. einen anderen Spruchkörper derselben Instanz oder um ein Rechtsmittelgericht handelt, kann insoweit gleichgültig sein.

Wichtig erscheint nur, dass eine völlig neue Aburteilung erfolgen kann, welche das erste (Abwesenheits-)Urteil aus der Welt schafft.

Dass es irgendeinen Rechtsbehelf gegen Abwesenheitsurteile geben muss, steht mithin außer Frage.

Der EGMR hat oben ausgeführt, dass das französische System, dass eben dieses eigentlich gewährte Recht auf erneute Verhandlung der Sache, davon abhängig macht, ob der Angeklagte eine Entschuldigung für seine Abwesenheit in der ersten Verhandlung präsentiert, zwar an sich nicht zu beanstanden sei.

Zu beanstanden sei jedoch die fehlende Überprüfbarkeit der das Rechtsmittel versagenden gerichtlichen Entscheidung.

Es wird gerügt, dass der Gerichtsbeschluss mit dem die vom Angeklagten zu präsentierende Entschuldigung angenommen wird oder nicht, also die Entscheidung darüber ob eine erneute Verhandlung stattfinden soll oder nicht, an sich nicht mehr anfechtbar ist.[633]

Wenn also schon die (offensichtlich auch vom EGMR als maßgeblich und wichtig anerkannte) Neuverhandlung der Sache von einer Wertungsentscheidung über die Entschuldbarkeit des Fehlens des Angeklagten abhängen soll, dann muss dieses Werturteil zumindest auch angreifbar sein. Wäre dies nicht der Fall, würde dem Angeklagten der grundsätzlich einzuräumende Rechtsbehelf auf eine Weise abgeschnitten, auf die er keinerlei Einfluss hat und gegen die er sich nicht zur Wehr setzen kann.

---

[632] das niederländische Recht kennt den *verzet* (art. 399 ff. Sv.), das französische Recht die *opposition* (art. 489ff. CPP), das österreichische Recht den *Einspruch* (§§ 427 Abs. 3, 478 ö.StPO)

[633] EGMR, Serie A Nr. 277-A (Poitrimol gg. Frankreich), Ziff. 38

In jedem anderen Fall käme das Recht des Angeklagten auf Neuverhandlung und damit sein aus Art. 6 Abs. 1 iVm Abs. 3 EMRK garantiertes Anwesenheitsrecht zu kurz.

2. Beweislastverteilung für Rechtsbehelfsgründe:

Des Weiteren ist interessant, wer für das Vorliegen der Rechtsbehelfsvoraussetzungen die Beweislast zu tragen hat. Wenn grundsätzlich der Rechtsmittelführer, die Voraussetzungen des Rechtsmittels darzulegen und dafür ggf. Beweis zu erbringen hat, (so z.B. auch im Rahmen einer deutschen Revision, vlg. § 344 I StPO), könnte dies auch hier zutreffen.
Dazu vertritt der EGMR jedoch eine andere Auffassung:

In dem bereits oben im Zusammenhang mit der grundsätzlichen Herleitung des Anwesenheitsrechts geschilderten Fall ***COLOZZA (u. RUBINAT) gg. Italien***[634]

> war der Beschwerdeführer Herr C. in seiner Abwesenheit in erster Instanz verurteilt worden. Eine dagegen gerichtete "späte Berufung" des Herrn C. (er hatte reklamiert, seine Einstufung als "latitante", also flüchtig habe nicht den Tatsachen entsprochen) wurde als verfristet zurückgewiesen.
> Hintergrund ist, das nach italienischem Recht eine Berufung gegen ein Urteil nicht nur als reguläre Berufung (20 Tage Einlegungsfrist) sondern auch als sog. "späte Berufung" (*"late appeal"*) eingelegt werden kann. Für diese späte Berufung beträgt die Ausschlussfrist zwar ebenfalls 20 Tage, sie beginnt jedoch erst, wenn der Verurteilte gesicherte Kenntnis von seiner Verurteilung erlangt hat. Im Fall einer Abwesenheitsverurteilung kann das Berufungsgericht nach italienischem Recht allerdings nur dann über die späte Berufung entscheiden, wenn der Verurteilte beweisen kann, dass er sich durch seine Abwesenheit in erster Instanz nicht dem Zugriff der Justiz entziehen wollte. Ansonsten stehen dem Verurteilten keine Rechtsschutzmöglichkeiten zur Verfügung.

Dagegen wendet sich der EGMR.
Der Gerichtshof stellt in seinem Urteil fest, es sei zwar nicht seine Aufgabe, den einzelnen Vertragsstaaten vorzuschreiben, wie sie ihre Prozesssysteme in Einklang mit der EMRK bringen könnte. Die im Einzelfall zu bewerteten Verfahrensvorschriften müssten sich jedoch als effektiv im Hinblick auf eine Gewährung der Verfahrensgarantien der EMRK erweisen müssten.[635]
Zwar gäbe es nach italienischem Recht die Möglichkeit, dass ein in Abwesenheit Verurteilter seinen Fall erneut zu Gehör eines Gerichts bringen könne.

---

[634] EGMR, Serie A Nr. 89 (Urteil vom 26. September 1984)
[635] EGMR, Serie A Nr. 89 (Colozza gg. Italien), Ziff. 30

Gerade die zu fordernde Effektivität dieses Rechtsmittels fehle jedoch im vorliegenden Fall. Der Verurteilte dürfe, um seinen Fall noch einmal darlegen zu können, nicht die Beweislast dafür zu tragen haben, dass er gerade nicht plante, sich der Gerechtigkeit durch Flucht zu entziehen.[636]
Insofern wurde im vorliegenden Fall auf eine Verletzung von Art. 6 Abs. 1 EMRK erkannt.

Genauso entschied der EGMR noch einmal im wesentlich jüngeren Fall ***OSU gg. Italien***[637].

Auch hier war einem in erster Instanz in absentia Verurteilten die Einlegung einer "späten Berufung" und damit verbundenen Neuverhandlung seines Falles verwehrt worden. Das zur Entscheidung über die Zulässigkeit berufene Gericht erklärte das Rechtsmittel für verfristet. Dabei bewertete es jedoch die Vorschrift Nr. 742 I ital. stopp, in der eine Hemmung des Fristablaufs vom 1. August bis zum 15. September jeden Jahres vorgeschrieben ist, zum Nachteil des Beschwerdeführers. Nach dieser Vorschrift werden Fristen, die eigentlich zwischen dem 1. August und dem 15. September beginnen würden, automatisch mit Fristbeginn auf den 16. September festgelegt. Dasselbe gilt für den Beginn der Ausschlussfrist für eine "späten Berufung", die sich nach dem Datum richtet, an der der Verurteilte gesichert Kenntnis von seinem Urteil erlangte. Dies erkannte das Berufungsgericht im Fall des Herrn O. jedoch nicht an. Damit war die Entscheidung des Berufungsgerichts, die ihm eine Wiederaufnahme seines Falles verwehrte für Herrn O. nicht vorhersehbar.

Auch wenn der EGMR in seiner Entscheidung keine grundsätzlichen Einwände gegen das ital. Rechtsmittel des *"late appeal"* erhebt, so erklärt er doch, dass dessen Anwendung im Einzelfall verhältnismäßig und somit für den Rechtsunterworfenen vorhersehbar sein müsse.
Im vorliegenden Fall erkannte der EGMR daher auf eine Verletzung von Art. 6 Abs. 1 EMRK.

Aus dem oben Gesagten ergibt sich Folgendes:
Wenn ein als ausreichend anerkannter Rechtsbehelf gegen ein Abwesenheitsurteil besteht, dann darf es dem Verurteilten nach Ansicht des EGMR auch nicht zu schwer gemacht werden, diesen einzulegen.

Insbesondere muss die Entscheidung über die Zulässigkeit seines Rechtsmittels für den Verurteilten vorhersehbar im Einzelfall gewesen sein.
Er darf durch die Entscheidung eines Rechtsmittelgerichts nicht überrascht werden, indem er eben doch keine Rechtsschutzmöglichkeit mehr hat bzw. das sein Rechtsmittel entgegen der sonst üblichen Praxis als verfristet angesehen wird.

---

636 EGMR, Serie A Nr. 89 (Colozza gg. Italien), Ziff. 31
637 EGMR, no. 36534/97 (Urteil vom 11. Juli 2002), unreported case, einsehbar unter http://www.echr.coe.int

Was letzten Endes nichts anderes bedeutet, als dass die Frist für eine Einlegung eines bestimmten Rechtsmittels erst ab dem Zeitpunkt beginnen kann, ab dem davon auszugehen ist, dass der Verurteilte überhaupt weiß, dass er verurteilt ist und dass ihm Rechtsmittel offen stehen.
Maßgeblicher Zeitpunkt ist somit die Urteilszustellung.

Des Weiteren darf dem in Abwesenheit Verurteilten nicht die Beweislast dafür aufgebürdet werden, dass er aufgrund höherer Gewalt oder jedenfalls nicht aufgrund des Versuchs sich der Justiz zu entziehen, der erstinstanzlichen Verhandlung fernblieb.
Es gilt doch zu bedenken, dass es in der Praxis wohl nur dann zu einer angestrebten Neuverhandlung kommen wird, nachdem der abwesende Verurteilte verhaftet wurde, und nicht etwa weil er sich freiwillig der Justiz stellte.
Warum soll ihm dann die Einlegung eines Rechtsbehelfs so leicht wie möglich gemacht werden?

Erklären lässt sich diese Entscheidung nur aus der Bedeutung, die die Anwesenheit des Angeklagten in seiner Verhandlung nach ständiger Rechtsprechung des EGMR zukommt.[638] Wenn der Anwesenheit des Angeklagten für ein rechtsstaatliches Strafverfahren solch immenses Gewicht zuerkannt wird, muss angestrebt werden, ein Abwesenheitsurteil nach Möglichkeit zu vermeiden.
Und wenn es schon aus prozessualen Gründen (Hemmung der Verjährung, Sicherung von Beweisen) unumgänglich ist ein Abwesenheitsurteil zu fällen, dann muss wenigstens versucht werden zu vermeiden, dass es Rechtskraft erlangt.
Daher wohl die sehr extensive Auslegung der Rechtsbehelfsmöglichkeiten durch den Gerichtshof.

Ein weiterer Grund für diese Rechsprechung dürften auch die Schwierigkeiten sein, die ein Angeklagter haben wird, Negativtatsachen (nämlich dass er gerade *nicht* vor der Justiz fliehen wollte) zu beweisen.
Auch in dieser Hinsicht soll es dem Verurteilten nicht über Gebühr erschwert werden, einen Rechtsbehelf einzulegen.

Ob diese Einstellung zu abwesenden und dann doch gefassten Straftätern im Interesse der Rechtspflege und vor allem im Interesse der Opfer einer Straftat ist (man denke nur an das Neuerleben der Straftat durch Opfer und Zeugen im Zuge einer Neuverhandlung), soll hier zunächst dahingestellt bleiben.

3. Zusammensetzung des entscheidenden Gerichts:

Wenn also ein Rechtsbehelf gegen das in Abwesenheit ergangene Urteil einzuräumen ist, welches Gericht hat dann darüber zu entscheiden und wie ist der Spruchkörper zu besetzen?

---

[638] vlg. dazu bereits mehrfach oben

Darum ging es im Fall ***THOMANN gg. Schweiz***[639] .

> Herr T. war vor einem schweizerischen Strafgericht in Abwesenheit zu einer Haftstrafe verurteilt worden. Er war während der gesamten Beweisaufnahme nicht anwesend, wurde jedoch vor der Urteilsverkündung gefasst, so dass das Urteil in seiner Anwesenheit verlesen werden konnte.
> Gegen dieses Urteil legte Herr T. Einspruch ein mit dem Ziel, eine erneute Verhandlung seiner Sache zu erreichen. Dem gab das Ausgangsgericht statt und setzte einen erneuten Verhandlungstermin an.
> Sobald er erkannte, dass das Gericht bei dieser erneuten Verhandlung mit denselben Richtern besetzt sein würde wie beim ersten Prozess, legte Herr T. Befangenheitsbeschwerde gegen den Spruchkörper ein. Diese wurde jedoch vom Ausgangs- wie vom nächsthöheren Gericht verworfen.
> Daraufhin fand ein erneutes Verfahren in Anwesenheit des Herrn T. vor demselben Gericht mit denselben Richtern statt, worin Herr T. erneut zu einer Haftstrafe verurteilt wurde.
> Vor dem EGMR rügte Herr T., das Verfahren gegen ihn sei wegen fehlender Unparteilichkeit des Gerichts nicht fair gewesen und stelle eine Verletzung von Art. 6 Abs. 1 EMRK dar. Die Verletzung sollte darauf beruhen, dass dieselben Richter, die ihn bereits in Abwesenheit verurteilten auch im Rahmen des erneuten Prozesses über seine Schuld zu befinden hatte.

Der EGMR hatte sich also mit der Behauptung auseinander zu setzen, ein Gericht, welches im Rahmen eines Rechtsbehelfs (oder wie hier im Rahmen einer Wiedereinsetzung in den vorigen Stand) gegen eine Abwesenheitsverurteilung erneut über den Fall zu entscheiden hat, mit anderen Richtern zu besetzen sei, als das Ausgangsgericht.
Anderenfalls würde dem Urteil die erforderliche Unparteilichkeit fehlen.

Dazu führte der Gerichtshof aus, dass die nach EMRK zu fordernde Unparteilichkeit eines Gerichts aus zwei Komponenten bestehe:
- Zum einen müssten die Richter, die über die Schuld oder Unschuld des Angeklagten zu befinden hätten, nach ihrem Auftreten und Verhalten subjektiv unvoreingenommen seien.
- Zum zweiten dürfe das Verfahren auch in objektiver Hinsicht keine Zweifel über die Unvoreingenommenheit der Justiz an sich wecken.[640]

An der subjektiven Unparteilichkeit der zur Entscheidung berufenen Richter könne im vorliegenden Fall kein Zweifel bestehen.
Fraglich sei allein die objektiv zu beurteilenden Unvoreingenommenheit des Gerichts, da hier derselbe Spruchkörper zweimal in derselben Funktion über denselben Sachverhalt zu entscheiden hatte.

---

[639] EGMR, Reports 1996-III (Urteil vom 10. Juni 1996) = ÖJZ 1996, 874
[640] EGMR, Reports 1996-III (Thomann gg. Schweiz), Ziff. 30

Nach Ansicht des Beschwerdeführers hätten die Richter durch ihre vorherige Entscheidung bereits eine Ansicht über seine Schuld gefasst und hätten deshalb seinen Fall nicht, wie erforderlich gewesen wäre, völlig "neu" hören können.
Dem konnte der EGMR jedoch nicht folgen. Was im vorliegenden Fall geschehen sei, sei genau was durch die Vorschriften des schweizerischen Rechts vorgeschrieben war:
Der gesamte Fall wurde erneut, diesmal in "normalem" Verfahren, zu Gehör des erstinstanzlichen Gerichts gebracht. Dabei habe eine komplette neue Beweisaufnahme stattgefunden, die sich durch die Anwesenheit des Angeklagten auch maßgelblich von der während des vorhergegangenen Kontumazialverfahrens unterschieden habe. Dann sei auf der Basis dieser neuen Beweisaufnahme ein neues unabhängiges Urteil ergangen.
Die Richter seien weder an Erkenntnisse aus der ersten Verhandlung gebunden gewesen, noch sei ersichtlich, dass sie die vorhergehende Abwesenheit des Angeklagten in gleich welcher Form in ihre Überlegungen eingestellt hätten.[641]
Der Gerichtshof konnte deshalb keine Verletzung von Art. 6 Abs. 1 EMRK erkennen.

Dieses Urteil - das einzige, in dem sich der EGMR mit dieser Frage zu befassen hatte - hat im Hinblick auf die erforderliche Besetzung des Gerichts folgendes Fazit:
Der EGMR hält es nicht für konventionswidrig, wenn ein Gericht, das bereits einmal ein Urteil über eine abwesenden Angeklagten gefällt hat, auch einem erneuten Verfahren gegen ihn vorsteht.
Es ist also nicht erforderlich, dass nach einer Wiederaufnahme oder Wiedereinsetzung oder sonst motivierter Neuentscheidung über den Fall des Abwesenden eine Neubesetzung des Gerichts stattfindet.
Dies soll zumindest im Rahmen derselben Instanz gelten. Es ist mithin zulässig, wenn sich Richter zweimal mit demselben Sachverhalt auseinandersetzen sollen.

Dem ist im Ergebnis zuzustimmen, und zwar aus mehreren Gründen:

- Zum ersten ist der Fall der Neuentscheidung nach Abwesenheitsverurteilung inhaltlich vergleichbar mit dem Fall einer Zurückverweisung an das Ausgangsgericht nach erfolgreich eingelegtem Rechtsmittel.

Auch dann kann es nämlich geschehen, dass ein Richter, der schon zuvor das gerügte Urteil (mit)fällte, anschließend über die zurückverwiesene Sache neu zu entscheiden hat.
Auch in derartigen Fällen ist eine Befangenheit der mitwirkenden Richter jedoch abzulehnen.[642] Schon deshalb erscheint eine Unterscheidung zwischen Wieder-

---

[641] EGMR, Reports 1996-III (Thomann gg. Schweiz), Ziff. 35

[642] so zumindest die dt. Rspr. auf Grundlage der engen §§ 23, 24 StPO, BGHSt 21, 142 (145); Beulke, Strafprozessrecht, Rn. 573 iVm 73

einsetzung nach Abwesenheitsverurteilung und Neuverhandlung nach herkömmlichem Rechtsmittel systemwidrig.

- Zum zweiten würde eine Neubesetzung des entscheidenden Gerichts dem zunächst abwesenden Angeklagten einen ungerechten Vorteil gegenüber dem Angeklagten einräumen, der von Anfang an an seiner Verhandlung teilgenommen hat.
Der zunächst einmal abwesende Angeklagte hätte nämlich die Chance, durch seine bis zur Verurteilung andauernde Abwesenheit eine Neubesetzung des Gerichts (dann im Wiederholungsverfahren) zu erzwingen.

- Zum dritten spricht auch das Argument der Prozessökonomie gegen eine Neubesetzung des Gerichts. Würde es doch bedeuten, dass die Sache nach der ersten Abwesenheitsverurteilung an eine andere Kammer oder einen anderen Richter desselben Gerichts übergeben werden müsste, der sich dann seinerseits erst wieder mit dem Fall vertraut machen müsste.
Der Zeitaufwand ist weder im Interesse des Täter noch der Opfer einer Straftat, und widerspricht auch der EMRK im Hinblick auf die Thematik der "überlangen Verfahrensdauer".

Aus diesen Gründen ist die Neuentscheidung durch die bereits mit der Abwesenheitsverhandlung betrauten Richter als konventionskonform zu erachten.

VI. Möglichkeiten die Anwesenheit des Angeklagten sicherzustellen, Gestellungsmittel

Wiederholt hat der EGMR die Bedeutung der Anwesenheit des Angeklagten für ein rechtsstaatliches Strafverfahrens betont.[643]
Es fragt sich jedoch ob es neben dem inzwischen so oft strapazierten *Recht* des Angeklagten auf Anwesenheit nicht auch eine dementsprechende *Pflicht* des Angeklagten zu erscheinen geben muss, und wenn ja, wie deren Einhaltung vom erkennenden Gericht sichergestellt werden kann.
Die Frage ist also, welche prozessualen "Strafmaßnahmen" ein Strafgericht ergreifen darf, um den Angeklagten zum Erscheinen in seiner Verhandlung zu bewegen.

[643] vlg. ähnlich lautende Feststellungen des Gerichtshofs wenn auch in anderem Zusammenhang bereits oben in den Fällen **Krombach gg. Frankreich** (EGMR, Reports 2001-II) sowie **Lala gg. Niederlande** (EGMR, Serie A Nr. 197-B)

In diesem Zusammenhang interessant ist der Fall ***ELIAZER gg. Niederlande***[644]:

> In diesem Fall war der Angeklagte Herr E., wohnhaft in Aruba, zur erstinstanzlichen Verhandlung wegen der Anklage auf Drogenbesitz vor das erstinstanzliche Gericht der Niederländischen Antillen geladen worden. Hier wurde er nach Verhandlung in seiner Anwesenheit freigesprochen. Die Strafverfolgungsbehörde legte Berufung ein.
> Zur ersten Verhandlung vor dem gemeinsamen Gerichtshof der Niederländischen Antillen und Arubas erschien der Angeklagte nicht. Das Gericht vertagte die Verhandlung. Auch zum zweiten Verhandlungstermin erschien der Angeklagte jedoch nicht. Das Berufungsgericht vertagte nun nicht mehr erneut, sondern eröffnete die Verhandlung.
> Der abwesende Angeklagte wurde dabei von seinem anwesenden Verteidiger vertreten.
> Nach mehreren Verhandlungstagen in Abwesenheit des Angeklagten verurteilte das Berufungsgericht Herrn E. unter Aufhebung des erstinstanzlichen Freispruchs zu einer Haftstrafe.
> Dagegen legte Herr E. Revision zum niederländischen Obersten Gerichtshof (Hooge Raad) ein. Diese wurde jedoch mit der Begründung zurückgewiesen, nach dem speziellen Berufungsrecht für die Niederländischen Antillen gäbe es gegen Abwesenheitsurteile lediglich den Rechtsbehelf des "verzet", der dem Angeklagten eine völlige Neuverhandlung seines Falles garantiere, sobald er sich der Gerichtsbarkeit stelle.
> Der Beschwerdeführer machte vor dem EGMR eine Verletzung von Art. 6 Abs. 1 iVm Abs. 3 c EMRK geltend.

Dem widersprach der EGMR jedoch, wenn auch nicht einstimmig.
Die Tatsache, dass es Herrn E. nicht möglich gewesen sei, gegen das in seiner Abwesenheit gefällte Berufungsurteil Revision einzulegen, sondern dass er nur die Möglichkeit einer Neuverhandlung in derselben Instanz habe, sei noch kein Anlass, dass Berufungsverfahren an sich als unfair zu bezeichnen.
Wohlgemerkt handelte es sich hier nicht um das allgemeine niederländische Strafprozessrecht, sondern um das spezielle, nur in den überseeischen Gebieten des Niederländischen Königreichs geltende Recht.
In seiner Urteilsbegründung legte der EGMR jedoch über die Beschränkung auf das spezielle Recht hinaus ganz allgemein Wert auf die Feststellung, wie erstrebenswert es sei, die Anwesenheit eines Angeklagten auch während seiner Berufungsverhandlung sicherzustellen.[645]
Insofern korrespondiere mit dem Recht des Angeklagten auf Anwesenheit durchaus auch eine Obliegenheit seiner Verhandlung beizuwohnen.
Da der Beschwerdeführer auch in dem Berufungsverfahren von einem Anwalt vertreten worden sei (anders als in **Pelladoah** und **Lala**)[646] könne man ein Verfahrensrecht, dass -wie das der niederländischen Antillen- versuche, eine Anwe-

[644] EGMR, Reports 2001-X (Urteil vom 16. Oktober 2001) = ÖJZ 2003, 197
[645] EGMR, Reports 2001-X (Eliazer gg. Niederlande), Ziff. 35
[646] Hierauf berief sich der Beschwerdeführer; beide Fälle wurden oben ausführlich besprochen

senheit des Angeklagten in möglichst allen Instanzen sicherzustellen und dabei zugleich auch die Verteidigungsrechte des Angeklagten berücksichtige, nicht als unfair bezeichnen.[647]

Der erforderliche Interessenausgleich zwischen staatlichem Strafverfolgungsinteressen und den privaten Verteidigungsinteressen des Angeklagten sei durch diese Vorschriften abstrakt gewahrt und auch in der konkreten Anwendung auf den Einzelfall sei keine Willkür des niederländischen Gerichts zu erkennen.[648]

Nach dem abweichenden Votum der Richter *Türmen* und *Maruste*[649] hingegen lag eine Verletzung von Art. 6 Abs. 1 EMRK vor.
Ihrer Meinung nach überwiegt das Recht des Angeklagten, eine mündliche Verhandlung vor dem nächsthöheren Gericht zu erreichen, das Interesse der Justiz an Sicherung der Anwesenheit eines Angeklagten auch während seiner Berufungsverhandlung.
Dabei wiegt ihrer Ansicht nach die Tatsache besonders schwer, dass nach niederländischem Strafprozessrecht, auch nach dem der niederländischen Antillen, der Verurteilte gar nicht gezwungen ist, persönlich in seiner (Berufungs-)Verhandlung anwesend zu sein.
Die Abwesenheit des Beschwerdeführers stellte mithin keinen Rechtsbruch dar.

Wenn es jedoch in der Wahl der Einzelnen steht, vor Gericht zu erscheinen oder nicht, dann dürfe er für seine Wahl nicht anwesend zu sein, auch nicht dadurch bestraft werden, dass ihm ein Rechtsmittel (Revision) abgeschnitten wird. Wo das Recht dem Individuum eine Wahlfreiheit gebe, könne eine Entscheidung des Individuums in die eine oder andere Richtung keine unterschiedliche Behandlung rechtfertigen.
Daher sei der Beschwerdeführer in seinen Rechten aus Art. 6 Abs. 1 iVm Abs. 3 c EMRK verletzt.

Diese abweichende Meinung erscheint vorzugswürdig.
- Zum ersten berücksichtigt sie im Sinne einer Einzelfallentscheidung stärker die speziellen Gegebenheiten des niederländischen Strafprozessrechts.
- Zum anderen ist die Argumentation (wo es eine Wahlfreiheit gibt, muss es auch möglich sein, diese ohne Repressionen frei auszuüben) bestechend.
Die grundsätzliche Relevanz der Anwesenheit des Angeklagten auch in seiner Berufungshauptverhandlung, wird dabei auch nicht von der abweichenden Meinung bestritten. Insofern erscheint es - auch wenn das Ziel der Mehrheitsentscheidung, die Sanktionsmöglichkeiten der Justiz zu verstärken sicher positiv zu

---

647 EGMR, Reports 2001-X (Eliazer gg. Niederlande), Ziff. 36
648 EGMR, Reports 2001-X (Eliazer gg. Niederlande), Ziff. 36
649 EGMR, Reports 2001-X (Eliazer gg. Niederlande), S. 191 ff.

bewerten ist - eher zutreffend, mit der abweichenden Meinung im vorliegenden Fall eine Konventionsverletzung anzunehmen.

Auch im Fall **VAN GEYSEGHEM gg. Belgien**[650] ging es unter anderem um die Frage, ob und wie ein Gericht die Abwesenheit einer Angeklagten ahnden bzw. ihre Anwesenheit erzwingen kann.

Frau G. war in erster Instanz zur Verhandlung über ihre Anklage wegen Drogenschmuggels form- und fristgerecht geladen, jedoch nicht erschienen und wurde daher in Abwesenheit zu einer mehrjährigen Haftstrafe sowie einer Geldstrafe verurteilt. Gegen dieses erstinstanzliche Urteil beantragte sie Wiederaufnahme des Verfahrens und Wiedereinsetzung in den vorigen Stand.
Im Wiederholungstermin war sie anwesend und wurde erneut, diesmal jedoch zu einer geringeren Haftstrafe verurteilt. In der dagegen gerichteten Berufungshauptverhandlung fehlte Frau G. jedoch wiederum, ebenso wie ihr Verteidiger.
Auch gegen dieses Urteil beantragte sie erfolgreich Wiedereinsetzung in den vorigen Stand, war bei der neuerlichen Verhandlung vor dem Berufungsgericht jedoch erneut nicht anwesend. Daraufhin ließ das Berufungsgericht den von ihr gewählten Verteidiger auch nicht auftreten.
Die gegen das zweite Berufungsurteil gerichtete Revision der Angeklagten wegen Nichtzulassung des Anwalts und Verletzung ihrer Verteidigungsrechte wurde vom belgischen Revisionsgericht zurückgewiesen.

Vor dem EGMR war eine Verletzung von Art. 6 Abs. 1 iVm Abs. 3 c EMRK gerügt.
Die entscheidungsrelevante Überlegung war dabei nicht, ob es der EMRK entsprach, die Berufungsverhandlung gegen Frau G. in ihrer Abwesenheit durchzuführen, sondern ob das Berufungsgericht wegen ihrer Abwesenheit auch ihren Verteidiger ausschließen durfte.
Dabei war vom EGMR auch zu berücksichtigen, dass dieser Ausschluss des Verteidigers in der zweiten Berufungsverhandlung nach bereits einmal bewilligter Wiederholung des Verfahrens erfolgte. Diese Verhandlung stellte nach dem belgischen Instanzenzug nämlich die letzte Möglichkeit der Angeklagten dar, ihren Fall in tatsächlicher Hinsicht zu Gehör des Gerichts zu bringen.
Insofern bestanden gewisse Ähnlichkeiten zu den bereits oben besprochenen Fällen **POITRIMOL, LALA** und **PELLADOAH**.

Zum vorliegenden Fall entschied der EGMR, dass der Ausschluss des Verteidigers zur Ahndung der Abwesenheit der Angeklagten eine Verletzung von Art. 6 Abs. 1 iVm Abs. 3 c EMRK bedeute.

Zwar erkennt der Gerichtshof die Notwendigkeit der Abschreckung von unentschuldigter Abwesenheit des Angeklagten grundsätzlich an[651], betont jedoch

---

650 EGMR, Reports 1999-I (Urteil vom 21. Januar 1999) = EuGRZ 1999, 9 ff. = ÖJZ 1999, 737 ff.

651 EGMR, Reports 1999-I (Van Geyseghem gg. Belgien), Ziff. 33

dass dies keinesfalls rechtfertige, ihm deswegen vollständig seine aus der Konvention gewährten Rechte abzuerkennen.
Das Recht eines Angeklagten, sich in seinem Prozess selbst zu verteidigen oder durch einen Beistand seiner Wahl verteidigen zu lassen, sei für einen rechtsstaatlichen Strafprozess so wesentlich, dass es ihm nicht im Wege prozessualer Strafvorschriften genommen werden könne, um unentschuldigte Abwesenheit zu ahnden.[652]
Um das -legitime- Ziel, dass ein Angeklagter seinem Prozess nicht unentschuldigt fernbleibt, zu erreichen, müssten andere Mittel und Wege gefunden werden, als ihn seiner Verteidigungsrechte zu berauben.

Aus diesen Gründen beurteilte der EGMR das fragliche Gerichtsverfahren mehrheitlich als unfair und erkannte auf eine Verletzung der Konventionsrechte der Angeklagten.

Dem schloss sich Richter *Bonello* im Ergebnis, nicht jedoch in der Argumentation an[653].

Er kritisiert vornehmlich, dass sich in der Rechtsprechung des EGMR aus dem Recht des Angeklagten in seinem Prozess anwesend zu sein, schleichend eine Pflicht entwickelt habe. Dies sei nicht im Sinne der Konvention. Vielmehr spricht er sich generell dagegen aus, fundamentale Rechte der Konvention einem Ausgleich widerstreitender Interessen anheim zu geben.
Daher bemängelt Richter Bonello ganz grundsätzlich den Versuch des EGMR, im Rahmen des Anwesenheitsrechts die Interessen der Strafverfolgung und die des Angeklagten miteinander in Verhältnis zu setzen.
Nicht ganz zu Unrecht verweist er auf Vorschriften der EMRK in denen ein derartiger Interessenausgleich zwischen Belangen der Allgemeinheit und Belangen des Individuums bereits im Text angelegt sind (z.B. Art. 5 Abs. 1 a bis f EMRK). Dies sei bei Art. 6 EMRK jedoch gerade nicht der Fall und somit nicht vorgesehen.
Dem ist insofern zuzustimmen, als ein Abwägungsvorgang immer zugleich sachfremden Erwägungen Raum geben kann.
Gerade durch eine verstärkte Einzelfallauslegung von Rechten besteht die Gefahr des *bad cases making bad law*.
Davor ist auch ein internationales Kammergericht nicht gefeit.

Dennoch erscheint die Kritik von Richter Bonello im Hinblick auf die Rechtsprechung des EGMR zum Anwesenheitsrecht unbegründet.

Wie bereits erwähnt hat sich der EGMR in seinen Entscheidungen zum Anwesenheitsrecht immer als durchaus beständig erwiesen. Es hat keine von den ein-

---

[652] EGMR, Reports 1999-I (Van Geyseghem gg. Belgien), Ziff. 34
[653] EGMR, Reports 1999-I (van Geyseghem gg. Belgien), S. 145 ff.

mal allgemein aufgestellten Regeln wesentlich abweichenden Beurteilungen im Einzelfall gegeben.
Auch die immer gleich bleibenden Argumentationsansätze und -strukturen belegen dieses Streben nach festen Prinzipien.

Eine auch im Ergebnis andere Sichtweise vertrat hingegen Richter *Pellonpää*, der ein abweichendes Votum[654] verfasste:
Seiner Ansicht nach ist Art. 6 Abs. 1 iVm Abs. 3 c EMRK durch das Verfahren gegen Frau G. nicht verletzt. Er stellt darauf ab, dass die Beschwerdeführerin auch nach belgischem Recht zwei Möglichkeiten gehabt habe, ihren Fall zu Gehör des entscheidenden Gerichts zu bringen. Diese Möglichkeiten habe sie ungenutzt verstreichen lassen, ohne den Nachweis zu führen dass sie durch höhere Gewalt an der Verhandlungsteilnahme gehindert worden sei.
Daher sei das Anliegen der Frau G. letztlich gar nicht festzustellen, dass ihr Recht auf Anwesenheit verletzt sei, sondern dass ihr Recht auf Abwesenheit bei gleichzeitiger anwaltlicher Vertretung nicht anerkannt worden wäre.
Ein solches Recht gäbe es aber nach der EMRK nicht und könne auch nicht in Art. 6 Abs. 1 iVm Abs. 3 EMRK hineingelesen werden.
Art. 6 Abs. 1 iVm Abs. 3 c EMRK sei somit nicht verletzt.

Diese Betrachtung des Richters Pellonpää verkennt jedoch das eindeutige Begehren der Beschwerdeführerin. Sie begehrte gerade nicht die Feststellung, dass die Verurteilung konventionswidrig war, weil sie selbst dabei nicht im Gericht anwesend war, oder dass ihr ein Recht auf Abwesenheit zugestanden hätte.
Sie begehrt die Feststellung, dass der Ausschluss ihrer Verteidigung konventionswidrig war. Auf diese Art wurde nämlich das letzte und mangels weiterer Instanzen auch bestandskräftige Urteil über sie gesprochen, ohne dass ihre Interessen in irgendeiner Form vertreten wurden.
Es kam mithin gar nicht so sehr auf ihre An- oder Abwesenheit an, als vielmehr auf die Nichtzulassung ihres Anwalts. Dass die Angeklagte während der Verhandlung abwesend war stellte nach belgischem Recht zwar die Ursache dar, die eigentliche Konventionsverletzung lag im vorliegenden Fall aber in der Wirkung, dem Ausschluss der Verteidigung.

Die gleiche rechtliche Würdigung traf der EGMR noch einmal in jüngerer Zeit im Fall ***GOEDHART gg. Belgien***[655].

> Hier ging es um einen niederländischen Staatsangehörigen, der vor einem belgischen Gericht wegen Drogenschmuggels angeklagt worden war. Herr G. wurde in erster In-

[654] EGMR, Reports 1999-I (van Geyseghem gg. Belgien), S. 148 ff.
[655] EGMR, no. 34989/97 (Urteil vom 20. März 2001) unreported case, zu finden unter http://www.echr.coe.int

stanz bereits in Abwesenheit verurteilt und legte gegen dieses Urteil Rechtmittel zum Berufungsgericht ein. Zur Berufungsverhandlung erschien Herr G. wiederum nicht, entsandte aber seinen Anwalt, der ihn vertreten sollte. Das Berufungsgericht ließ die anwaltliche Vertretung jedoch nicht zu und hielt im Ergebnis das erstinstanzliche Urteil aufrecht. Die dagegen gerichtete Revisionsverhandlung des Herrn G. fand wieder in seiner Abwesenheit statt. Auch das Revisionsgericht ließ die von Herrn G. entsandten Anwälte nicht auftreten.

Der EGMR erkannte hier wie schon im Fall ***van Geyseghem gg. Belgien*** auf eine Verletzung von Art. 6 Abs. 1 iVm Abs. 3 c EMRK.
Dabei schloss er sich seinen in dem oben genannten Fall getroffenen Ausführungen inhaltlich vollumfänglich an. Er betonte erneut die Wichtigkeit anwaltlicher Verteidigung und bekräftigte, dass der Angeklagte nicht seiner Verteidigungsrechte beraubt werden dürfe, um so seine Abwesenheit zu ahnden.
Daher lag auch in diesem Fall eine Verletzung des Rechts auf wirksame Verteidigung durch einen Verteidiger nach Wahl des Angeklagten.

In dem Fall ***MEDENICA gg. Schweiz***[656]

ging es um einen in die Vereinigten Staaten von Amerika emigrierten schweizerischen Staatsbürger, der in der Schweiz in seiner Abwesenheit verurteilt worden war. Dem war ein Ermittlungsverfahren vorausgegangen, in dessen Verlauf Herr M. bereits inhaftiert, dann jedoch gegen Kaution wieder aus der Untersuchungshaft entlassen wurde. Daraufhin begab er sich in die USA, erwarb die amerikanische Staatsbürgerschaft und arbeitete dort als Arzt für Krebspatienten. Als er die Ladung zu seiner in der Schweiz anstehenden Hauptverhandlung erhielt, erreichte einer seiner Patienten eine einstweilige Verfügung eines amerikanischen Gerichts, die es Herrn M. untersagte das Land zu verlassen, solange er keine Vertretung zur Betreuung seiner Patienten gefunden habe. Daraufhin verhandelte das schweizerische Gericht in seiner Abwesenheit gegen Herrn M. und verurteilte ihn zu einer Haftstrafe. In dieser Verhandlung wurde Herr M. durch seinen Anwalt vertreten. Sämtliche Rechtsmittel gegen dieses Urteil wurden in mehreren Instanzen als unzulässig abgelehnt.

Hinsichtlich der vor dem EGMR gerügten Verletzung von Art. 6 Abs. 1 iVm Abs. 3 EMRK entschied die Mehrheit der Richter des Gerichtshofs zuungunsten des Beschwerdeführers.
Dabei wurde die Entscheidung mit dem eigenen Verschulden begründet, dass den Angeklagten im Hinblick auf seine Unfähigkeit vor Gericht zu erscheinen traf.[657]
Er hatte die einstweilige Verfügung des amerikanischen Gerichts, die ihn an einer Ausreise hinderte, nämlich unter Behauptung evident und bewusst unwahrer

656 EGMR, Reports 2001-VI (Urteil vom 14. Juni 2001)
657 EGMR, Reports 2001-VI (Medenica gg. Schweiz), Ziff. 58

Angaben über das schweizerische Strafverfahren und die ihn zu erwartende Strafe erreicht.
Dieser Ansicht waren auch schon die schweizerischen Obergerichte und dem schloss sich der EGMR an.

Insofern sei der vorliegende Fall zu unterscheiden von Fällen wie ***Colozza*** oder ***T. gg. Italien***[658], in denen den Angeklagten keine Ladung zur Verhandlung erreicht habe.

Auch sei der Fall nicht vergleichbar mit ***Poitrimol***, ***Lala***, ***Pelladoah***, ***van Geyseghem*** oder ***Krombach***[659], da dem Angeklagten in dem in Rede stehenden Verfahren nicht untersagt war, sich durch einen Anwalt vertreten zu lassen.

Obwohl der Gerichtshof auch hier die überragende Bedeutung der Anwesenheit des Angeklagten während seiner Verhandlung noch einmal betonte, und feststellte, dass einem in Abwesenheit Verurteilten das Recht einzuräumen sei, seinen Fall in tatsächlicher wie rechtlicher Hinsicht erneut zu Gehör eines Gerichts zu bringen, hielt er die Vorgehensweise der schweizerischen Justiz für konventionskonform.

Grundsätzlich habe der Verurteilte nach schweizerischem Recht die Möglichkeit einer Neuverhandlung, sie sei ihm lediglich in diesem konkreten Fall verwehrt worden aus Gründen die ihm Einflussbereich des Verurteilten lagen.
Hätte er nicht durch unwahre Aussagen eine einstweilige Verfügung des amerikanischen Gerichts erwirkt, wäre es ihm auch möglich gewesen an seiner Verhandlung teilzunehmen.
Insofern erkannte der EGMR nicht auf eine Verletzung von Art. 6 Abs. 1 iVm Abs. 3 EMRK.

Gegen diesen Mehrheitsentscheid haben gleich zwei Richter abweichende Voten verfasst:

Im abweichenden Votum des Richters *Rozakis*[660] wird deutlich, dass er aus mehreren Gründen eine Verletzung der Rechte des Herrn M. für gegeben hält. Besonders betonte er, dass Herr M. in der erstinstanzlichen Verhandlung nicht anwesend war, obwohl gerade die erste Feststellung der Fakten des Falles von enormer Wichtigkeit für das gesamt nachfolgende Verfahren sei.
Nicht deutlich wird, warum Richter Rozakis anderer Meinung war als die Mehrheit der Kammer. Er beschränkte sich auf eine Wiederholung der gesammelten vom EGMR festgestellten Einzelentscheidungen hinsichtlich Bedeutung und Wahrung des Anwesenheitsrechts und kommt dann zu dem Schluss, dass "aus diesen Gründen"[661] und unter Berücksichtigung der bisherigen Rechtsprechung

[658] vlg. zum Inhalt beider oben
[659] diese Fälle wurden ebenfalls bereits oben vertieft erörtert
[660] EGMR, Reports 2001-VI (Medenica gg. Schweiz), S. 122 ff.
[661] EGMR, Reports 2001-VI (Medenica gg. Schweiz), S. 124 ff.

des ERMG im vorliegenden Fall auf eine Verletzung von Art. 6 Abs. 1 iVm Abs. 3 c EMRK zu erkennen sei.

Richter *Bonello* legt in seinem abweichenden Votum[662] Wert auf die Feststellung, dass die Anordnung des amerikanischen Gerichts an Herrn M., das Land nicht zu verlassen, auf Betreiben einer dritten Partei erging.
Insofern käme es auf das von der die Entscheidung tragenden Mehrheit der Richter ins Feld geführte eigene Verschulden des Herrn M. gar nicht an.
Des weiteren wirft er der entscheidenden Mehrheit der Richter vor, durch das vorliegende Urteil die Grundprinzipien des Anwesenheitsrechts, das vom EGMR doch als so wichtig (*"crucial importance"*) erkannt wurde, zu verwerfen.
Seiner Meinung nach wäre im vorliegenden Fall sehr wohl auf eine Verletzung von Art. 6 Abs. 1 iVm Abs. 3 c EMRK zu erkennen gewesen.

Aus der Besprechung dieser drei Urteile ergibt sich folgendes Gesamtbild als Ergebnis:
Zunächst erscheint schon bemerkenswert, dass der EGMR eine Ahndung unentschuldigter Abwesenheit des Angeklagten zu seiner Verhandlung grundsätzlich für konventionskonform erachtet.
Zu dem Recht des Angeklagten auf Anwesenheit in seiner Verhandlung kann es also nach Ansicht des EMGR ebenfalls eine korrespondierende Verpflichtung des Angeklagten geben.[663]
Wo es jedoch eine rechtliche Pflicht gibt, muss es auch Möglichkeiten geben, diese zwangsweise durchzusetzen. Auch dies erkennt der EGMR grundsätzlich an.
Schwieriger zu beurteilen ist jedoch, wie eine solche Pflicht durchzusetzen sein soll, welche Arten von "Zwangsmitteln" also überhaupt in Betracht kommen.

Der in verschiedenen Rechtsordnungen damals noch vorgeschriebene (z.B. der französische Art. 630 CPP a.F.) *Ausschluss der Verteidigung* als Ganzes bei unentschuldigtem Fehlen oder Unauffindbarkeit des Angeklagten, wird vom EGMR eindeutig als konventionswidrig abgelehnt.
Das Recht des Angeklagten auf Verteidigung (wenn schon nicht persönlich, dann doch wenigstens durch einen gewählten oder berufenen professionellen Rechtsbeistand) sei für ein ordentliches rechtsstaatliches Strafverfahren *das* we-

---

[662] EGMR, Reports 2001-VI (Medenica gg. Schweiz), S. 125 ff.

[663] Worauf diese Pflicht letztlich beruht, ob auf Gesetz (wie z.B in Deutschland), auf praktischen Notwendigkeiten (wie z.B. bei der *plea guilty* in England) oder auf richterlicher Verfügung (wie eine Aufforderung an der Verhandlung teilzunehmen in den Niederlanden), ist dabei unerheblich. Das Aufstellen einer Anwesenheitspflicht läuft der EMRK jedenfalls nicht zuwider.

sentliche Merkmal und könne nicht zur zwangsweisen Durchsetzung von Verfahrenspflichten instrumentalisiert werden.[664]

Diese Beurteilung leuchtet ein, denn ein Strafverfahren, in dem ein abwesender Angeklagter ohne Verteidigung verurteilt wird, hat schnell den Anruch von staatlicher oder justizieller Willkür und erinnert an die (Un-) Rechtsverfahren verschiedener rechtswidriger Regime und Diktaturen der jüngeren Zeitgeschichte.[665]

Auch der in verschiedenen Bestimmungen des französischen Strafprozessrechts damals noch hervortretende Gedanke, die Beteiligung des Angeklagten am Strafverfahren sei zwingend erforderlich und dürfe daher gemeinsam mit seiner Unterwerfung unter den staatlichen Strafanspruch durch die Drohung mit *völliger Versagung rechtlichen Gehörs* erzwungen werden, verfängt nach EGMR nicht.

Zwar erkennt auch der EGMR den Vorteil der Anwesenheit des Angeklagten an, ist aber nicht bereit, sie zur Bedingung für die Einräumung rechtlichen Gehörs zu erheben.

Nicht grundsätzlich zu beanstanden sein soll jedoch der *Ausschluss des Zugangs zu einer höheren Instanz* nach erfolgter Verurteilung in Abwesenheit.

Dies jedenfalls dann, wenn eine Pflicht des Angeklagten zur Anwesenheit in der fraglichen Instanz nach dem jeweiligen Prozessrecht überhaupt bestand.

Wenn also ein Angeklagter unter Verstoß gegen das geltende Prozessrecht zu seiner Verhandlung nicht erscheint und dennoch gegen ihn verhandelt wird, ist es zulässig, ihm der Weg zu einer höheren Instanz zu versagen.

Zumindest sofern im Rahmen einer abstrakten Gesamtabwägung die Rechte des Angeklagten dennoch gewahrt werden. Als Beispiel sei hier die Möglichkeit einer vollständigen Neuverhandlung vor derselben Instanz genannt.

So soll dies bei selbstverschuldet oder rechtsmissbräuchlich herbeigeführter Unfähigkeit zum Verhandlungstermin zu erscheinen der Fall sein.[666]

Wer die Justiz eines fremden Staates täuscht und so ein Ausreiseverbot gegen sich selbst erwirkt, der kann nicht erwarten, dass seine Abwesenheit als durch außerhalb seines Machtbereichs liegende Umstände entschuldigt angesehen wird.

In einem solchen Fall ist der Ausschluss einer (grundsätzlich bestehenden) Berufungs- oder Revisionsmöglichkeit als konventionskonform zu erachten.

---

664 so auch schon die Feststellungen des EGMR im Fall **Krombach**, EGMR Reports 2001-II

665 am Beispiel Deutschland drängt sich der Vergleich mit Strafverfahren gegen „Feinde des Volkes“ vor dem berüchtigten Volksgerichtshof in der NS-Zeit auf

666 vgl. oben den Fall ***Medenica gg. Schweiz*** (EGMR, Reports 2001-VI)

Auch *andere Möglichkeiten* prozessualer "Strafvorschriften" sind nach Ansicht des EGMR nicht auszuschließen.
Erforderlich soll nur sein, dass ein fairer Ausgleich zwischen den privaten Interessen des Angeklagten und den staatlichen Strafverfolgungsinteressen gefunden wird.

Solange diese *Verhältnismäßigkeit* durch die abstrakten Vorschriften und die konkrete Anwendung im Einzelfall gewahrt bleibt, kann der Angeklagte mithin auch nach Auffassung des ansonsten eher "beschuldigtenfreundlichen" EGMR zur Anwesenheit in seiner Verhandlung angehalten werden.[667] Die endgültige Ausgestaltung derartiger Vorschriften überlässt der EGMR wieder dem "weiten Gestaltungsspielraum" des nationalen Gesetzgebers.
Sinnvoll erscheinen die Möglichkeiten eines zwangsweise durchsetzbaren Vorführungsbefehls oder die Anordnung einer Untersuchungshaft. Durch derartige Maßnahmen wird das persönliche Erscheinen des Angeklagten jedenfalls bestmöglich sichergestellt.

---

[667] Dass der Verhältnismäßigkeitsgrundsatz nicht nur im deutschen Strafprozessrecht, sondern auch in der Rechtsprechung des EGMR durchaus eine Rolle spielen kann bei der Frage, wie weit die Konventionsgarantien reichen und welches Maß an Beschränkung einem Angeklagten aufgebürdet werden darf, hat *Kühne* in anderem Zusammenhang bereits aufgezeigt (vgl. Kühne, Schweigerecht im Strafverfahren, EuGRZ 1996, 570)

Zweites Unterkapitel: Zusammenfassende Gesamtbetrachtung

Aus einer Gesamtbetrachtung der vom EGMR zum Thema „trial in absentia" entschiedenen Fälle lässt sich - bei aller ausdrücklichen Berufung des Gerichtshofs auf die Freiheit des nationalen Gesetzgebers - ein gewisser Standard an zu erfüllenden Mindestvoraussetzungen herauslesen.
Mindestvoraussetzung soll dabei nicht negativ oder abwertend zu verstehen sein. Vielmehr erscheint positiv, dass der EGMR sich auf die Festschreibung von ausfüllungsbedürftigen und ausfüllungsfähigen Mindeststandards beschränkt.
Schließlich geht es darum festzustellen, was im Rahmen der Europäischen Menschenrechtskonvention zur Wahrung von Individualrechten im Abwesenheitsverfahren mindestens zu verlangen ist und inwieweit dem nationalen Gesetzgeber Spielräume zur Ausgestaltung verbleiben.

I. Die Leitlinien im Zusammenhang

Im Folgenden sollen daher zum ersten die vom EGMR aufgestellten Leitlinien so, wie sie ausführlich herausgearbeitet wurden, noch einmal kurz im Zusammenhang dargestellt werden, um anschließend eine kritisch bewertende Gesamtbetrachtung vornehmen zu können.
Dabei soll es insbesondere um die Frage gehen, ob und inwieweit die Rechtsprechung des Gerichtshofs in Bezug auf die Thematik „Abwesenheit" europäischen Modellcharakter haben könnte.

1. Bestehen und Umfang eines Anwesenheitsrechts:

Zunächst ist bemerkenswert, dass der EGMR ein *Recht* des Angeklagten *auf persönliche Anwesenheit* in seiner Strafverhandlung in Art. 6 EMRK hineinliest. Nach Auffassung des Gerichtshofs soll sich ein solches Recht, wenn auch nicht aus dem Wortlaut, so doch zumindest aus dem Sinn und Zweck des Art. 6 EMRK als Ganzes ergeben.[668]
Dabei seien die Art. 6 Abs. 1 und Abs. 3 in einem funktionalen Zusammenhang zu sehen.
Die Gewährung eines fairen Strafverfahrens sei Fundament eines jeden Rechtsstaats.
Zu einem fairen Verfahrensgang gehört nach Ansicht des EGMR vom Prinzip her zwingend die Anwesenheit des Angeklagten. Ohne sie seien die Einzelrechte

[668] *"The object and purpose of Art. 6 as a whole show that a person charged with a criminal offence is entitled to take part in the hearing"* EGMR, Serie A Nr. 89 (Colozza u. Rubinat gg. Italien), Ziff. 27

des Art. 6 Abs. 3 nämlich gar nicht ausführbar. Die spezielleren Rechte des Angeklagten aus Art. 6 Abs. 3 a-e EMRK seien ohne dieses erste Recht gegenstandslos.
Daher sei die Anwesenheit der angeklagten Person in der Hauptverhandlung mehr als nur ein Teil eines fairen Verfahrens, es sei das Kernstück eines fairen Prozesses.

Das Anwesenheitsrecht gilt jedoch nicht absolut, sondern kann im Hinblick auf die Interessen einer zügigen und funktionierenden Strafrechtspflege auch *Einschränkungen* unterliegen:

So soll ein *Verzicht* des Angeklagten auf die Ausübung seines Anwesenheitsrechts möglich sein.[669]
Allerdings soll es nur dann zulässig sein, von einem derartigen Rechtsverzicht auszugehen und in Abwesenheit zu verhandeln, wenn dieser vom Berechtigten ausdrücklich erklärt wurde.[670]
Es muss ein Verhalten mit Erklärungswert vorliegen, aus dem sich der eindeutige freiwillig zustande gekommene Wunsch des Angeklagten, seiner Verhandlung fernzubleiben, entnehmen lässt.
Selbst dann muss das mit der Entscheidung betraute Strafgericht jedoch noch Schutzmechanismen zugunsten des Abwesenden entfalten, um eine effektive Verteidigung nach Möglichkeit sicherzustellen.
Außerdem sollte der Angeklagte darüber zu belehren sein, dass und wie in seiner Abwesenheit verhandelt werden wird.

Liegt kein solch ausdrücklicher Verzichtswunsch vor, so kann das Gericht auch nicht ohne weiteres davon ausgehen, dass der Angeklagte nicht zu seinem Verhandlungstermin erscheinen wollte.
Vielmehr muss es dann *Nachforschungen* hinsichtlich Aufenthaltsort und Verbleib des Angeklagten anstellen.[671] Diese Nachforschungen dürfen sich auch nicht auf den letzten bekannten Wohnort des Angeklagten beschränken. Vielmehr müssen alle dem Gericht zur Verfügung stehenden Möglichkeiten der Aufenthaltserforschung ausgeschöpft worden sein, bevor eine Verhandlung in Abwesenheit des Angeklagten beginnen darf.
Dies alles soll Teil der den Strafgerichten obliegenden *Fürsorgepflicht* für den Angeklagten sein.

---

[669] EGMR, Serie A Nr. 167 (Brozicek gg. Italien); EGMR Serie A Nr. 277-A (Poitrimol gg. Frankreich)
[670] EGMR, Serie A Nr. 167, Ziff. 45
[671] EGMR, Serie A Nr. 208-B (F.C.B. gg. Italien), Ziff. 33

Das Anwesenheitsrecht der mit einer strafrechtlichen Anklage konfrontierten Person besteht auch über die erste Instanz hinaus, wenngleich sie in der *Rechtsmittelinstanz* weniger umfangreich und leichter einschränkbar sein soll.[672] Insgesamt ist dabei nach Ansicht des EGMR eine Einzelfallprüfung vorzunehmen, um abzuwägen, ob dem Angeklagten zu gestatten ist in seiner Rechtsmittelverhandlung anwesend zu sein.

Kriterien, die für ein Anwesenheitsrecht des Angeklagten sprechen und in die Ermessensentscheidung des Tatgerichts einfließen müssen, sind nach der Rechtsrechung des EGMR:

- in der Rechtsmittelinstanz neu oder erneut zu erhebende Tatsachenfragen
- die Neubewertung des Strafmasses
- die Neuinterpretation ausfüllungsbedürftiger unbestimmter Rechtsbegriffe.

Wichtig ist, dass vom Rechtsmittelgericht im Hinblick auf die Anwesenheit des Angeklagten in jedem Fall eine Einzelfallprüfung vorzunehmen sein soll. Es muss also eine Abwägung der beteiligten Interessen unter hinreichender Berücksichtigung der oben aufgezählten Kriterien zu dem Ergebnis führen, dass eine Verhandlung ohne den Angeklagten für ihn nicht nachteilig sein wird.

Dagegen herrscht kein Anwesenheitsrecht in *anderen Verfahrensarten*, die nicht strafrechtlicher Natur sind, unabhängig davon in welch engem Zusammenhang sie mit der strafrechtlichen Anklage selbst stehen.[673]

Unter anderen Verfahrensarten sind dabei nicht die Fälle einer strafrechtlichen Verfolgung aufgrund privater Initiierung zu verstehen. Wer im Privatklageweg vor ein Strafgericht geladen wird, dem steht natürlich das Recht auf persönliche Anwesenheit in seiner Strafverhandlung zu.[674]

Kein Recht auf persönliche Anwesenheit hat aber derjenige, der in einem Verfahren involviert ist, dass keine Strafverhandlung im Sinne der EMRK darstellt. Ob es sich bei dem erkennenden Gericht um ein Strafgericht handelt, ist nicht ausschlaggebend. Wesentlich ist die Verfahrensart, die eine strafrechtliche Prägung aufweisen muss.[675]

2. Erfordernisse an die Ladung zur Einleitung eines Verfahrens:

Grundsätzlich ist nach Ansicht des Gerichtshofes zu verlangen, dass einen Angeklagten gegen den in seiner Abwesenheit verhandelt werden soll, eine inhalt-

[672] EGMR, Serie A Nr. 134 (Ekbatani gg. Schweden); EGMR, Serie A Nr. 268 (Kremzow gg. Österreich); EGMR, Reports 1998-II (Belziuk gg. Polen)
[673] EGMR, Serie A Nr. 212-A (Helmers gg. Schweden); EGMR, Reports 1996-II (Leutscher gg. Niederlande)
[674] EGMR, Serie A Nr. 212-A (Helmers gg. Schweden), Ziff. 30
[675] EGMR, Reports 1996-II (Leutscher gg. Niederlande), Ziff. 24

lich und formell ordnungsgemäße gerichtliche Vorladung erreicht haben muss. Nur so könne sichergestellt werden, dass der Angeklagte überhaupt von dem gegen ihn geführten Verfahren in Kenntnis gesetzt wurde. Die Durchführung einer Abwesenheitsverhandlung völlig ohne gerichtliche Ladung würde unter dem Aspekt der zu gewährenden Verteidigungsmöglichkeit einen Verstoß gegen die EMRK bedeuten.
Dabei ist die Rechtsprechung des EGMR hinsichtlich der Ausgestaltung und Zustellung einer gerichtlichen Ladung sehr konkret geworden:

Hinsichtlich der *Ladungssprache* muss zunächst erwiesen sein, dass den zu ladenden Angeklagten eine amtliche Benachrichtigung über Zeit und Ort des gegen ihn geführten Verfahrens in einer Sprache erreicht hat, die er auch versteht.[676]

Wird dem Angeklagten hingegen eine Ladung zwar in der Gerichtssprache des jeweiligen Staates, für den Angeklagten jedoch in einer unverständlichen Sprache zugesandt, so hat er das Recht, sie erneut in einer ihm bekannten Sprache zu erhalten. Rechtswirkungen sind dann auch erst an die Ladung zu knüpfen, deren Inhalt der Angeklagte qua Sprachkenntnis erfassen konnte.
Dabei muss im Interesse einer funktionstüchtigen Rechtspflege davon ausgegangen werden, dass den Angeklagten zumindest die Obliegenheit trifft, sein Unverständnis der behördlichen Stelle anzuzeigen und um eine Übersetzung zu bitten. Nicht verlangt werden kann hingegen, dass der Angeklagte sich selbst um eine Übersetzung des amtlichen Dokuments bemüht.

Strenge Anforderungen sind auch an die *Ladungsadresse* zu stellen.

Wesentliches Ziel der gerichtlichen Vorladung ist, dass der Angeklagte direkt, offiziell und persönlich von dem gegen ihn geführten Verfahren Kenntnis erhält.[677]

Dabei genügt die abstrakte Möglichkeit der Kenntnisnahme. Ob der Angeklagte tatsächlich bereit war, die Ladung zu Kenntnis zu nehmen, ist nicht relevant.[678]
Ansonsten hätte der Angeklagte es durch Zugangsvereitelung in der Hand, das Verfahren gegen ihn zu blockieren.
Zu der abstrakten Möglichkeit der Kenntnisnahme gehört, dass der Angeklagte nicht unverschuldet, sei es durch Haft in einem fremden Staat, sei es durch Wechsel des Wohnorts, daran gehindert ist, die Ladung zu erhalten.
Die ladenden Stellen treffen hier Nachforschungspflichten hinsichtlich des Aufenthalts- und Wohnorts der zu ladenden Person.

---

676 EGMR, Serie A Nr. 167 (Brozicek gg. Italien)

677 EGMR, Serie A Nr. 208-B (F.C.B. gg. Italien), Ziff. 33; EGMR, Serie A Nr. 245-C (T. gg. Italien), Ziff. 28

678 EGMR, Serie A Nr. 76 (Goddi gg. Italien), Ziff. 29

Insbesondere kann die Behördenkenntnis innerhalb eines Mitgliedsstaates den Gerichten dieses Staates zugerechnet werden.[679]

Was die *sonstigen Zustellungsmodalitäten* angeht, so genügt nach EGMR scheinbar die einfache postalische Ladung – jedenfalls wurde dies nie bemängelt.[680]
Eine Aushändigung der Ladungsurkunde an den Angeklagten persönlich ist nicht unbedingt zu fordern.
Nicht ausreichen soll allerdings die (postalische oder persönliche) Zustellung an Familienangehörige oder sonst im Haushalt des Angeklagten lebende Personen, wohl hingegen die Zustellung an einen vom Angeklagten ausdrücklich autorisierten Verteidiger.

Erst wenn diesen Voraussetzungen genüge getan ist, dem Angeklagten die Möglichkeit der Kenntnisnahme seiner Ladung also eingeräumt wurde, dann kann berechtigter Weise davon ausgegangen werden, der Angeklagte wolle der Aufforderung bei Gericht zu erscheinen nicht Folge leisten.
In einem derartigen Fall kann dann auch nach Lesart des EGMR in Abwesenheit des Angeklagten verhandelt werden, ohne dass das Verfahren einen Verstoß gegen das in der Konvention verbürgte Anwesenheitsrecht bedeuten würde.

3. Das Recht auf anwaltliche Vertretung bei Abwesenheit:

Gerade die Frage nach dem Recht auf anwaltliche Vertretung eines abwesenden Angeklagten ist von besonderer Bedeutung, war sie doch Gegenstand von Gesetzesnovellen in Frankreich und den Niederlanden.

Dabei ist die Rechtsprechung des EGMR zu diesem Punkt eindeutig:
So hat der EGMR festgestellt, dass es im Rahmen der EMRK nicht zulässig ist, dem erschienenen Anwalt eines nicht erschienenen Angeklagten den Auftritt zu verwehren.
Weder als prozessuale Strafvorschrift um unentschuldigtes Fernbleiben zu ahnden[681] , noch aufgrund bei Abwesenheit verkomplizierter formaler Voraussetzungen[682] darf ein Verteidiger von der Verhandlung gegen seinen abwesenden Mandanten ausgeschlossen werden.
Dem Angeklagten ist vielmehr selbst bei persönlicher Abwesenheit trotz bestehender Anwesenheitspflicht zu gestatten, einen von ihm gewählten Verteidiger

[679] EGMR, Serie A Nr. 89 (Colozza gg. Italien) und EGMR, Serie A Nr. 245-C (T. gg. Italien)
[680] vgl. sämtliche oben zum Thema zitierten Entscheidungen
[681] EGMR, Reports 2001-II (Krombach gg. Frankreich), Ziff. 89
[682] EGMR, Serie A Nr. 297-A (Lala gg. Niederlande), Ziff. 34

an seiner Stelle auftreten zu lassen. Nur so können seine in der Konvention verbürgten Verteidigungsrechte hinreichend gewahrt werden.
Sobald daher ein Anwalt für den Angeklagten zum Verhandlungstermin erscheint, ist dieser vom Gericht anzuhören.
Dazu ist dem Wahlverteidiger eines Angeklagten auch eine Ladung zuzustellen, damit dieser vom Termin der Hauptverhandlung Kenntnis erhält.[683]
Weiterhin muss dem Verteidiger, auch einem kurzfristig für einen nicht erschienenen Angeklagten bestellten Pflichtverteidiger, ausreichend Zeit und Gelegenheit gegeben werden, die Verteidigung vorzubereiten, um so die Rechte des Angeklagten optimal zu sichern.[684]

4. Rechtsbehelfe gegen Abwesenheitsurteile:

Auch zu der Frage, ob einem in Abwesenheit Verurteilten spezielle Rechtsmittel gegen sein Urteil einzuräumen sein müssten, und wenn ja, wie diese ausgestaltet sein sollten, hat der EGMR entschieden.

Jedem Angeklagten, der in Abwesenheit verurteilt wurde, ist zu ermöglichen, die Stichhaltigkeit der Anklage und die Rechtsmäßigkeit des Urteils in seiner Anwesenheit noch einmal gerichtlich überprüfen zu lassen.
Ob es sich dabei zwingend um eine erneute Verhandlung in derselben Instanz handeln muss oder ob ausreicht, dass dem Verurteilten im Rahmen des üblichen Instanzenzugs noch Rechtsmittel gegen das Urteil zustehen, ist nicht erheblich.
Relevant ist lediglich, dass der Angeklagte noch einmal zur Sache gehört wird und damit eine erneute Beurteilung des Falles in tatsächlicher wie rechtlicher Hinsicht erfolgt („ *a fresh determination of the charge, in respect of both law and fact*").[685]
Wichtig ist dabei, dass das neu entscheidende Gericht eine eigene selbständige Betrachtung des Falles vornehmen kann, durch die dann das zuvor gefällte Abwesenheitsurteil aus der Welt geschafft wird.

Hinsichtlich der Einlegung eines Rechtsmittels sind an die Zulässigkeit keine allzu großen Ansprüche zu stellen. Jedoch muss die Zulässigkeitsentscheidung für den Verurteilten vorhersehbar gewesen sein.[686]
Er darf nicht dadurch überrascht werden, dass sein Rechtsmittel plötzlich entgegen der sonst üblichen Praxis als verfristet angesehen wird.
Was letztlich nichts anderes bedeutet, als das die Rechtsmittelfristen nicht eher beginnen dürfen, als der Verurteilte sicher Kenntnis von seinem Urteil erlangt hat.

---

[683] EGMR, Serie A Nr. 76 (Goddi gg. Italien), Ziff. 30
[684] EGMR, Serie A Nr. 76 (Goddi gg. Italien), Ziff. 31
[685] EGMR, Serie A Nr. 277-A (Poitrimol gg. Frankreich), Ziff. 31
[686] EGMR, no. 36534/97 (Osu gg. Italien), unreported case

Weiter darf die Zulässigkeit des Rechtsmittels auch nicht von der glaubwürdigen Begründung durch den Angeklagten abhängen, dass er durch unüberwindliche Hemmnisse am Erscheinen in seiner Verhandlung gehindert wurde.
Wo eine nationale Rechtsordnung eine derartige vorgeschaltete Zulässigkeitskontrolle vorsieht, verlangt die EMRK nach Ansicht des EMGR auch eine gerichtliche Überprüfbarkeit dieser Zulassungsentscheidung.[687]
Es soll im Interesse der Angeklagtenrechte und auch im Interesse der Rechtspflege nicht zu kompliziert sein, ein Abwesenheitsurteil zu vernichten.

Das nach Rechtsmitteleinlegung neu entscheidende Gericht kann nach Ansicht des EGMR dasselbe sein, dass bereits das Abwesenheitsurteil fällte. Es ist dann auch nicht von einer fehlenden Unparteilichkeit des Gerichts auszugehen, denn es handelt sich nicht um Richter, die in unterschiedlichen Funktionen zweimal dieselbe Sache entscheiden, sondern um Richter, die eine Sache zweimal in derselben Funktion entscheiden.[688]
Sofern sie an die vorhergegangene Beweisaufnahme in absentia nicht gebunden sind und keine Vermutung für persönliche Befangenheit besteht, gibt es also keinen Grund für eine Neubesetzung des Gerichts.

5. Gestellungsmittel:

Bevor es um Gestellungsmittel und deren Zulässigkeit gehen kann, ist zunächst die Frage aufzuwerfen, ob es nach EGMR neben dem Anwesenheits*recht* auch eine Anwesenheits*pflicht* des Angeklagten geben kann.

Eine Rechtsordnung, die neben dem Anwesenheitsrecht des Angeklagten zugleich eine korrespondierende Pflicht annimmt, bewegt sich nicht außerhalb der Garantien der EMRK.
Worauf diese Pflicht letztlich beruht, ob auf Gesetz (wie z.B in Deutschland), auf praktischen Notwendigkeiten (wie z.B. bei der einleitenden Erklärung des Angeklagten in England) oder auf richterlicher Verfügung (wie eine Aufforderung an der Verhandlung teilzunehmen in den Niederlanden), ist dabei unerheblich.
Das Aufstellen einer Anwesenheitspflicht läuft der EMRK jedenfalls nicht zuwider.[689]
Wo es jedoch eine solche Pflicht geben kann, muss es auch eine Möglichkeit geben, diese zwangsweise durchzusetzen, was vom EGMR ebenfalls anerkannt wird.

---

[687] EGMR, Serie A Nr. 277-A (Poitrimol gg. Frankreich), Ziff. 38
[688] EGMR, Reports 1996-III (Thomann gg. Schweiz), Ziff. 35
[689] EGMR, Reports 2001-X (Eliazer gg. Niederlande); EGMR, Reports 1999-I (van Geyseghem gg. Belgien); EGMR, no. 34989/97 (Goedhart gg. Belgien), unreported case; EGMR, Reports 2001-VI (Medenica gg. Schweiz)

Das Problem besteht also in der Zulässigkeit der Zwangsmittel, mit denen die Anwesenheitspflicht eines Angeklagten durchgesetzt werden soll.
Die Mittel der zwangsweisen Gestellung stehen dabei nach Auffassung des Straßburger Gerichtshofs im Ermessen der einzelnen Konventionsstaaten. Der EGMR hat sich in seiner bisherigen Rechtsprechung darauf beschränkt, einige Gestellungsmittel in ihrer Ausgestaltung im Einzelfall zu bewerten.

Nicht den Garantien der EMRK entspricht demnach der *Ausschluss des Verteidigers* eines abwesenden Angeklagten, um so dessen Erscheinen zu erzwingen bzw. seine unentschuldigte Abwesenheit zu ahnden.[690] Das Recht auf Verteidigung sei für einen rechtstaatlichen Strafprozess von so großer Bedeutung, dass es nicht zum Mittel der zwangsweisen Gestellung, zum Repressionsmittel instrumentalisiert werden dürfe.
Hier steht die Bedeutung des Konventionsrechts „ausreichende Verteidigung" seinem Einsatz als Gestellungsmittel im Wege.

Nicht grundsätzlich zu beanstanden ist hingegen die *Verkürzung des Rechtswegs* eines mutwillig nicht zur Verhandlung erschienenen Angeklagten.[691]
Der Gerichtshof stellt das Recht auf Zugang zu einer höheren Instanz zur Abwägung mit der Pflicht des Angeklagten an seiner erstinstanzlichen Verhandlung teilzunehmen.[692]
Welche Kriterien in eine derartige Abwägung im Einzelnen mit einzustellen sein sollen, hat der EGMR hingegen nicht konkretisiert.
Eigenes Verschulden des Angeklagten, ein treuwidriges Verhalten, das an Rechtsmissbrauch grenzt und damit zu seiner Abwesenheit führt, spricht allerdings für den Ausschluss einer höheren Instanz bei erstinstanzlicher Abwesenheit.[693]

Mit Aufstellen des Erfordernisses der Interessenabwägung zwischen privaten Interessen des Angeklagten (in diesem Fall am Fernbleiben) und den staatlichen Interessen an angemessener Verfahrensführung hat der EGMR zugleich die Möglichkeit zur Kreation der verschiedensten Gestellungsmittel geschaffen.
Solange ein fairer Ausgleich der beteiligten Interessen eingehalten ist, kann nach Auffassung des Gerichtshofs jede Vorschrift zur zwangsweisen Gestellung aufgestellt werden. Auch „prozessuale Strafvorschriften" oder eine Verkürzung von Angeklagtenrechten sollen möglich sein, solange die abstrakte Bedeutung

[690] EGMR, Reports 1999-I (van Geyseghem gg. Belgien), Ziff. 34
[691] EGMR, Reports 2001-VI (Medenica gg. Schweiz); EGMR, Reports 2001-X (Eliazer gg. Niederlande)
[692] EGMR, Reports 2001-X (Eliazer gg. Niederlande), Ziff. 36
[693] EGMR, Reports 2001-VI (Medenica gg. Schweiz), Ziff. 58

des Angeklagtenrechts und die konkrete Ausgestaltung im Einzelfall dem nicht entgegenstehen.

II. Vergleich des „europäischen Ideals" mit der europäischen Rechtsrealität

Wenn der EGMR durch seine Rechtsprechungstätigkeit also Leitlinien für ein konventionsgerechtes Strafverfahren in Abwesenheit des Angeklagten geschaffen hat, dann gilt es im Zuge des oben angestellten internationalen Rechtsvergleichs nun auch noch gegenüberzustellen, inwieweit die heute geltenden nationalen Vorschriften diesem europäischen Modell entsprechen.

Bestehen unter Zugrundelegung der obigen Standards aus Perspektive der EMRK noch gravierende Mängel in den vorgeschriebenen Verfahren der Mitgliedsstaaten?

Oder haben die jüngsten Gesetzesänderungen in mehreren Ländern dazu geführt, dass sich nicht nur die Abwesenheitsverfahren der einzelnen Rechtsordnungen untereinander angeglichen haben, sondern dass sich zugleich auch eine Anpassung an die Standards der EMRK vollzogen hat?

Und wenn dem so ist, was bedeutet dies für die länderübergreifende justizielle Zusammenarbeit der verschiedenen Staaten?

Dabei beschränkt sich der hier angestrebte Vergleich auf die oben bereits untersuchten Strafverfahrensrechte. Alle anderen europäischen Rechtssysteme müssen außen vor bleiben.

Zu denken ist als Beispiel an das italienische Strafprozessrecht, das in vielen Entscheidungen des EGMR zu Abwesenheitsurteilen Gegenstand gewesen ist, hier jedoch nicht behandelt werden wird.

Obwohl es sich bei den oben untersuchten Systemen also um die Strafverfahrensordnungen „Kerneuropas" handelt, können die hier gefundenen Ergebnisse daher nicht ohne weiteres auf Gesamteuropa, indem noch weitaus mehr und wesentlich verschiedene Verfahrenssysteme Geltung haben, übertragen werden. Sie sind vielmehr im Hinblick auf die begrenzte Zahl untersuchter nationaler Systeme zu relativieren.

1. Bestehen eines Anwesenheitsrechts:

Nach der eindeutigen Rechtsprechung des EMGR ist es dem strafrechtlich Angeklagten zu gestatten, an der gegen ihn gerichteten Strafverhandlung persönlich teilzunehmen.

Der EMGR geht von einem aus Art. 6 Abs. 1 iVm Abs. 3 EMRK abgeleiteten Anwesenheits*recht* aus.

Dieses Recht, nach EMGR der Kern eines fairen rechtstaatlichen Verfahrens, wird in demselben Umfang von allen hier besprochenen Rechtsordnungen gewährt.

Im Rahmen des internationalen Rechtsvergleichs wurde dargelegt, dass die deutsche ebenso wie die englische, französische, niederländische und österreichische Strafprozessordnung ein Recht des Angeklagten auf Anwesenheit in seiner Verhandlung anerkennt.[694]

Von diesem Grundsatz bestehen auch nur eng zu begrenzende Ausnahmen.

Zumindest im Grundsatz zeigt sich also eine Übereinstimmung zwischen europäischem Modell und europäischer Rechtsrealität.

Dass dem Angeklagten in allen Rechtsordnungen dieses Recht eingeräumt wird, ist gerade für die praktische Relevanz von ausländischen Abwesenheitsurteilen eine wesentliche Feststellung.

Denn praktisch relevant sind Abwesenheitsurteile gerade dann, wenn sich die Frage nach einer Auslieferung des *in absentia* Verurteilten zur Strafvollstreckung stellt.

Hier kann eine Missachtung von in Deutschland geltenden Angeklagtenrechten dazu führen, dass die Auslieferung an den ersuchenden Staat unter Verweis auf § 73 IRG verweigert werden muss.

§ 73 IRG postuliert die Auslieferungsschranke der „unabdingbaren verfassungsrechtlichen Grundsätze der Bundesrepublik Deutschland". Beispiele hierfür sind Art. 1 GG, aber auch Art. 101 und Art. 103 GG.[695]

Da die grundsätzliche Versagung des Anwesenheitsrechts in einer ausländischen Strafverhandlung der Versagung rechtlichen Gehörs nahe kommt, würde das Nichtbestehen eines Anwesenheitsrechts im ersuchenden Staat eine Auslieferung nach erfolgter Verurteilung unmöglich machen. Dann wären im ersuchenden Staat nämlich deutsche verfassungsrechtliche Grundsätze missachtet worden, und das mit der Entscheidung über die Auslieferung betraute deutsche Oberlandesgericht müsste die Vollstreckungsauslieferung für unzulässig erklären.[696]

Dass dies wegen Anerkennung des Anwesenheitsrechts zumindest in den hier untersuchten Rechtsordnungen nicht der Fall ist, erleichtert die auslieferungsrechtlichen Fragestellungen erheblich.

---

[694] Vgl. oben Kapitel 2, Unterkapitel 1

[695] Schomburg/Lagodny, § 73 Rn. 67; Loos, Das Auslieferungsrecht der BRD, S. 167; Graßhoff/Backhaus, Auslieferungsverfahren, EuGRZ 1996, 449

[696] Zu den Zulässigkeitsvoraussetzungen einer Auslieferung zur Strafvollstreckung aufgrund eines ausländischen Abwesenheitsurteils vgl. den Beschluss des OLG Karlsruhe, JR 1984, 214 ff. m. Anmerkungen *Vogler*

2. Bestehen einer Anwesenheitspflicht:

Daneben postulieren die meisten Rechtsordnungen auch eine Anwesenheits-*pflicht* des Angeklagten.

So gilt in der deutschen und der österreichischen Strafprozessordnung eine absolute Anwesenheitspflicht des Angeklagten in allen Stadien der Hauptverhandlung.

Die englische und die französische Strafprozessordnung kennen nur eine relative Verpflichtung des Angeklagten, zu seiner Verhandlung zu erscheinen, nämlich nur dann, wenn es sich um Verhandlungen vor den *crown courts* bzw. den *cours d'assises* , also um Verhandlungen über schwerere Vergehen handelt. In allen anderen Fällen, steht es dem Angeklagten frei, seiner Hauptverhandlung fern zu bleiben.

Einzig das niederländische *Wetboek van Strafvordering* kennt gar keine Anwesenheitspflicht.

Aus europäischer Sicht ist an dieser unterschiedlichen Ausgestaltung nichts einzuwenden.
Der EGMR hat festgestellt, dass die EMRK das Aufstellen einer Anwesenheitsverpflichtung durchaus zulässt, aber nicht erzwingt.
Die unterschiedlichen Regelungen in den verschiedenen Staaten stellen mithin keinen Widerspruch zu dem europäischen Modell dar.

Fraglich ist aber, ob diese Verschiedenartigkeit der europäischen Rechtssysteme nicht in Bezug auf die Anerkennung ausländischer Entscheidungen in Strafsachen zwecks Vollstreckungsauslieferung ein Problem darstellt.
Zwar kann nicht davon ausgegangen werden, dass der Verzicht auf eine *Pflicht* zur Anwesenheit den Angeklagten in seinem *Recht* auf Anwesenheit verletzt, sodass das gegen ihn gerichtete Verfahren nicht den unabdingbaren verfassungsrechtlichen Grundsätzen Bundesrepublik Deutschland widerspricht (§ 73 IRG) und deswegen eine Nichtauslieferung rechtfertigt.
Dennoch erscheint eine Vereinheitlichung im Bestreben eines möglichst unkomplizierten europäischen Rechtshilfeverkehrs hier wünschenswert.

3. Erfordernis ordnungsgemäßer Ladung:

Weiterhin ist nach der Rechtsprechung des EGMR erforderlich, dass der Angeklagte durch offizielle behördliche Mitteilung in einer ihm verständlichen Sprache die zumindest abstrakte Möglichkeit hatte, von Zeit und Ort der gegen ihn gerichteten Hauptverhandlung Kenntnis zu erlangen. Auf die tatsächliche Kenntnisnahme kommt es dabei nicht an, es genügt dass ihm staatlicherseits die Möglichkeit dazu eingeräumt wurde.

Beginnt mithin eine Hauptverhandlung gegen einen nicht persönlich erschienenen Angeklagten, ohne dass als gesichert angesehen werden kann, dass er ordnungsgemäß geladen wurde, so verletzt diese Verhandlung das Anwesenheitsrecht des Angeklagten und damit Art. 6 Abs. 1 iVm Abs. 3 EMRK.
Gegen den Angeklagten, der nicht geladen werden konnte, etwa wegen unbekanntem Aufenthalt, darf also auch keine Verhandlung geführt werden. Vielmehr hat das Gericht mit allen zur Verfügung stehenden Mitteln seinen Aufenthalt ausfindig zu machen.[697]

Diejenigen europäischen Rechtsordnungen, die eine Hauptverhandlung gegen einen nicht erschienenen Angeklagten zulassen, setzen alle auch voraus, *dass* ihn zuvor eine amtliche Mitteilung über Ort und Termin des anberaumten Verfahrens erreicht haben muss.
Ist dieses Erfordernis nicht erfüllt, kann auch keine Verhandlung stattfinden.
Das grundsätzliche Erfordernis ordnungsgemäßer Ladung ist also in allen Rechtsordnungen gewahrt.

Verschiedene *Zustellungsmodalitäten* – einige Strafprozessordnungen lassen die postalische Ladung genügen, andere verlangen die persönliche Zustellung – existieren zwar.
Diese Tatsache ist vom EGMR allerdings nie gerügt worden.
Gleich wie die Ladung zugestellt wird, maßgeblich soll nach EGMR allein sein, dass der Angeklagte die Möglichkeit hatte, sie zu erhalten.
Vor dem Hintergrund von zu wahrenden Individualrechten erscheint diese Haltung des Gerichtshofs zwar undifferenziert.[698]
Festzuhalten bleibt jedoch, dass zumindest nach Auffassung des EGMR diese europäische Rechtsrealität mit der EMRK zu vereinen ist.

4. Recht auf Vertretung durch einen Verteidiger:

Besonderen Wert hat der EGMR in seiner Rechtsprechung darauf gelegt, wenn schon eine Verhandlung gegen den abwesenden Angeklagten möglich sein soll, dass dann zumindest sein Recht auf Verteidigung hinreichend berücksichtigt werden müsse.
Wenn der Angeklagte sich wegen Abwesenheit schon nicht persönlich verteidigen könne, dann müsse es ihm zumindest gestattet sein, sich durch einen professionellen Rechtsbeistand seiner Wahl vertreten zu lassen.

---

[697] etwa durch Behördenanfragen, vgl. bereits oben Kapitel 3, Unterkapitel 1
[698] vgl. oben, Kapitel 2

Das war lange in den Strafverfahrensrechten der Konventionsstaaten nicht so selbstverständlich.
So schrieben – wie bereits mehrfach erwähnt – sowohl die französische als auch die niederländische Strafprozessordnung vor, dass für einen abwesenden Angeklagten auch kein Verteidiger auftreten durfte. Der Ausschluss des Verteidigers war als Sanktion für die Rechtsverweigerung des Angeklagten gedacht.
Mittlerweile haben sich beide Staaten jedoch von diesen Vorschriften verabschiedet und gestatten die rechtliche Vertretung auch des abwesenden Angeklagten.
Anders in England und Österreich, hier war eine rechtliche Vertretung des nicht persönlich Erschienenen schon immer möglich.

Damit hat auch auf diesem äußerst bedeutsamen Teilgebiet des Abwesenheitsverfahrens nicht nur eine internationale Angleichung der Staaten untereinander[699], sondern zugleich auch eine Angleichung an die EMRK stattgefunden.
Frankreich und die Niederlande haben Konsequenzen aus ihren Verurteilungen durch den EGMR gezogen und sich seiner Auffassung über die einzuhaltenden Verfahrensgrundsätze gebeugt.
Ein Beispiel, an dem sich der Einfluss des Straßburger Gerichtshofs auf die Rechtsfortbildung in den Konventionsstaaten besonders anschaulich belegen lässt.

Auch hier kann wieder nur kurz auf die ebenfalls besondere praktische Relevanz dieser Entwicklung hingewiesen werden.
Der deutsche Rechtsanwender, der mit der Entscheidung über ein Ersuchen zur Vollstreckungsauslieferung aufgrund französischer Abwesenheitsverurteilung betraut ist, kann inzwischen ohne eingehende Prüfung davon ausgehen, dass die Verteidigungsrechte des Angeklagten bei der Urteilsfindung hinreichend berücksichtigt worden sein müssen.
Es steht nach der neuen Rechtslage nicht mehr zu befürchten, dass ein Ausschluss der professionellen Verteidigung oder eine Abwesenheitsverurteilung völlig ohne rechtlichen Beistand erfolgt sind.[700]
Wenn der Angeklagte sich im Prozess vertreten lassen wollte, muss dies auch geschehen sein.
Ein Verstoß Frankreichs gegen den „nach Art. 25 GG völkerrechtlich verbindlichen Mindeststandard" und damit eine Unzulässigkeit der Auslieferung kann sich jedenfalls nicht mehr generell aus der fehlenden Verteidigungsmöglichkeit eines in absentia Verurteilten ergeben.

---

[699] vgl. Kapitel 2
[700] die Vollstreckungsauslieferung aufgrund Abwesenheitsverurteilung ist mehrfach deshalb als unzulässig beurteilt worden, weil dem Angeklagten im Verfahren keine rechtliche Vertretung gestattet wurde; vgl. OLG Düsseldorf, NStZ 1987, 466 (Niederlande)

5. Rechtsmittel gegen Abwesenheitsurteile:

Der EGMR schreibt vor, dass einem in Abwesenheit Verurteilten Gelegenheit gegeben werden muss, seinen Fall in tatsächlicher und rechtlicher Hinsicht erneut zu Gehör einer zu erneuter Sachentscheidung berufenen Instanz zu bringen. Wenn es sich dabei auch nicht um ein spezielles, nur auf das Abwesenheitsverfahren zugeschnittenes Rechtsmittel handeln müsse, so sei dem Verurteilten doch die Chance einer kompletten Neuverhandlung seiner Anklage einzuräumen.
Dem tragen die nationalstaatlichen Verfahrensrechte auch jetzt schon Rechnung.
Die Prozessordnungen Frankreichs, der Niederlande und Österreichs sehen spezielle Rechtsmittel gegen Abwesenheitsverurteilungen vor, die der Sache nach einer Wiedereinsetzung in den vorigen Stand entsprechen. Der in absentia Verurteilte kann seinen Fall erneut zu Gehör derselben Instanz bringen und wird neu, unter Aufhebung des ursprünglichen Urteils abgeurteilt.
Das englische Recht kennt zwar kein spezielles Rechtsmittel gegen Abwesenheitsurteile, gestattet jedoch jedem Verurteilten eine zweite Tatsacheninstanz, so dass die Forderung nach einer erneuten Sachentscheidung auch hier gewährleistet ist.
Wichtig ist dabei, dass in allen Rechtsordnungen die Fristen für diese Rechtsmittel erst dann beginnen, wenn dem Verurteilten das Urteil samt Begründung und Rechtsmittelbelehrung in Abschrift zugestellt werden konnte.
Der Abwesende kann also nicht dadurch überrascht werden, dass ein ihm zustehendes Rechtsmittel verfristet, bevor er von ihm erfährt.
Eine Anforderung, die der EGMR zwar nicht so explizit aufgestellt hat, die sich jedoch aus seinen Entscheidungen sinngemäß herauslesen lässt.[701]

In europäischer Hinsicht erfährt der abwesende Angeklagte also keine Verkürzung seines Rechtswegs und es wird ihm auf jeden Fall – wenn auch nachträglich – rechtliches Gehör gewährt.

6. Mittel zur zwangsweisen Gestellung:

Die meisten Rechtsordnungen – mit Ausnahme Frankreichs – sehen Mittel zur zwangsweisen Gestellung des geladenen aber nicht erschienenen Angeklagten vor.
In der Regel sind die der Vorführungs- oder Haftbefehl.

---

[701] vgl. in diesem Zusammenhang die Entscheidungen EGMR, Serie A Nr. 277 (Poitrimol gg. Frankreich)

Bis zu den jüngsten Gesetzesänderungen sahen die Verfahrensordnungen Frankreichs und der Niederlande auch den Ausschluss der Verteidigung als Mittel der Gestellung des verhandlungsunwilligen Angeklagten vor.

Dies ist jedoch vom EGMR als nicht konventionskonform abgelehnt und in der Folge von den nationalen Gesetzgebern geändert worden.

Im Übrigen besteht nach Auffassung des EGMR unter Geltung der EMRK ohnehin prinzipiell die Möglichkeit der Staaten, Angeklagte zum Erscheinen zu zwingen („*to discourage unjustified absences*")[702]. Der EGMR hält dies im Interesse der Rechtspflege für legitim.

7. Fazit:

Als erstes kurzes Ergebnis lässt sich nach dem oben gesagten damit festhalten, was bereits nach der ausführlichen Bearbeitung zu vermuten stand.

Im Laufe der letzten Jahrzehnte, verstärkt im Laufe des vergangenen Jahrzehnts, hat eine Nivellierung nicht nur der Abwesenheitsverfahren der einzelnen europäischen Staaten untereinander, sondern auch eine Anpassung an die EMRK stattgefunden.

Das was der EGMR als Leitfaden für ein Abwesenheitsverfahren langsam entwickelte, ist zugleich das, was sich anschließend in den einzelnen Konventionsstaaten vollzogen hat.

---

[702] so die Ausführungen im Fall Poitrimol gg. Frankreich (EGMR, Series A Nr. 277-A, Ziff. 35)

III. Kritische Würdigung der Rechtsprechungstätigkeit des EGMR in Bezug auf das Abwesenheitsverfahren

Die Rechtsprechungstätigkeit des EGMR zum Thema „trial in absentia“ hat eine umfangreiche Urteilssammlung ergeben, aus der sich präzise Mindeststandards für einen konventionsgerechten Verfahrensgang entnehmen lassen.

Was in der Einleitung noch als „Leitlinien“ betitelt wurde, ist im Endeffekt mehr als nur eine lose Sammlung von Mindeststandards, es ist eher der europäische Modellvorschlag für ein Abwesenheitsverfahren nach den Voraussetzungen der EMRK.
Der EGMR hat durch Aufstellen konkreter Anforderungen an den rechtstaatlichen Standard eines „Verfahrens ohne den Angeklagten“ eher unbemerkt einen Vorschlag für eine gesamteuropäische Regelung dieses einzelnen strafprozessualen Problemfeldes unterbreitet.

Interessant ist dabei, dass dieser Vorschlag nicht durch Aufstellen konkreter positiver Forderungen entstand – dazu hätte der EGMR mangels Rechtssetzungskompetenz auch gar nicht die Befugnis – sondern durch Negation und Affirmation bereits bestehender nationalstaatlicher Vorschriften.
In den unterschiedlichen ihm unterbreiteten Sachverhalten aus den verschiedenen Konventionsstaaten hat der EGMR in seiner Auslegung der EMRK Konsequenz bewiesen, was nach etwa zwanzig Jahren zu einer sehr ausdifferenzierten Rechtsprechung geführt hat.
Dass diese Entwicklung einen (zumindest vorläufigen) Abschluss gefunden zu haben scheint, zeigt sich auch daran, dass es seit der Entscheidung *Krombach*[703] aus dem Jahre 2001 keine Urteile zum Thema mehr gegeben hat.

Gegen die These von einem europäischen Modell lassen sich drei Kritikpunkte ins Feld führen:

1) Erstens ist fraglich, ob die **Formulierungen**, die der EGMR in der Begründung seiner Urteile bemüht nicht zu vage und allgemein, die Argumentationen nicht zu undifferenziert und einzelfallbezogen sind, um ein Abwesenheitsverfahren mit Modellcharakter entstehen zu lassen.

Dafür könnten zwei Argumente sprechen:
Zum einen handelt es sich bei den vom EGMR entschiedenen Sachverhalten stets um Individualbeschwerden einzelner Rechtsunterworfener. Gerügt wird

[703] EGMR, Reports 2001-II

also nur ein konkretes staatliches Handeln, welches eine Konventionsverletzung darstellen könnte.
Im Falle des Abwesenheitsverfahrens handelt es sich dabei immer um Gerichtsentscheidungen.
Daher erfolgt aus Sicht des Europäischen Gerichtshofs auch immer nur eine Einzelfallprüfung. Die der angegriffenen Entscheidung zugrunde liegenden Normen des nationalen Rechts werden nur inzidenter auf ihre abstrakte Wirkung, und dafür konkret auf ihre Anwendung im Einzelfall hin überprüft.
Die abstrakte Konventionskonformität von Gesetzen kann vor dem Straßburger Gerichtshof nur mit der Staatenbeschwerde (Art. 24 EMRK) überprüft werden.
Schon allein deshalb sind die Aussagen des EGMR im Zusammenhang mit Abwesenheitsverhandlungen einzelfallbezogen und lassen unter Umständen dogmatische Stringenz vermissen.

Zum anderen haben vage oder unpräzise Formulierungen ihren Grund in dem unterschiedlichen juristischen und vor allem sprachlichen Hintergrund der einzelnen Richter einer Kammer.[704] Die gefundene Ausdrucksweise ist meist ein mehrheitsfähiger Kompromiss, wobei jeder Kompromiss zulasten der dogmatischen Argumentation gehen kann.

Andererseits hat sich in der Bearbeitung und Zusammenschau der Urteile zum Thema „trial in absentia" doch eine recht deutliche Entwicklung der Rechtsprechung hin zu einer ausgefeilten Regelung dieses speziellen Problemfeldes gezeigt.

Der Gerichtshof verwendet immer wiederkehrende Formulierungen, die gerade durch ihren wiederholten Gebrauch in unterschiedlichem Kontext an Präzision gewinnen.
Ein Beispiel ist die oft verwendete Formel von der Verteidigung, die „*practical and effective*"[705] sein muss. Der von Natur aus eigentlich inhaltsschwache, unpräzise Begriff „effektiv", erfährt durch die Zusammenschau der Urteile, in denen er verwendet wird eine Ausfüllung hin zu einer Verfahrensanforderung, die zugleich die Zulassung des professionellen Verteidigers, die Anhörung von Verteidigungsvorbringen des Angeklagten und die allgemeine Wahrung seiner Interessen im Prozess zum Gegenstand hat.

Besonders wichtig ist jedoch, dass der EGMR in allen hier besprochenen Entscheidungen bei seinen Formulierungen wertungsmäßig immer einer Linie treu geblieben ist.
In allen Entscheidungen hat der Gerichtshof Wert gelegt auf die Feststellung, der abwesende Angeklagte sei primär und auch noch stärker in seinen Belangen zu schützen, als der anwesende.

---

[704] darauf weist *Kühne*, GA 2005, 201 hin
[705] zuerst bei EGMR, Serie A Nr. 76 (Goddi gg. Italien), Ziff. 29; zuletzt bei EGMR, Reports 2001-II (Krombach gg. Frankreich), Ziff. 89

Noch vor zwanzig Jahren war dies für die meisten Rechtsordnungen nicht selbstverständlich, hatte der Straftäter sich doch (womöglich mutwillig) der Justiz verweigert und damit härtere Konsequenzen gerechtfertigt, als der gefügige Angeklagte.[706]

Die Rüge undifferenzierter einzelfallbezogener Beurteilung und schwammiger Argumentation verfängt in den Urteilen des EGMR zumindest im Hinblick auf die Behandlung der Abwesenheitsproblematik also nicht.

2) Fraglich ist jedoch zweitens, ob die Rechtsprechung im Hinblick auf den im Rahmen des Abwesenheitsverfahrens zu lösenden Interessenkonflikt auch **inhaltlich ausgewogen** genug erscheint, um einen Vorbildcharakter zu rechtfertigen.

Prüfungsmaßstab der vom EGMR zu entscheidenden Individualbeschwerden ist immer die EMRK. Damit ist zugleich die Prüfungsrichtung vorgegeben.
Der EGMR prüft allein, ob eine Verletzung von Individualrechten der EMRK im konkreten Einzelfall durch die abstrakten Vorschriften und Gerichtsentscheidungen des gerügten Konventionsstaates gegeben ist.
Daraus folgen naturgemäß eine verstärkte Betrachtung von Angeklagtenrechten und ein relatives Zurückstellen von staatlichen Interessen und allgemeinen justiziell-organisatorischen Belangen.

Eine übertriebene „Angeklagtenfreundlichkeit" des Straßburger Gerichtshofs wurde schon von Richter *Pettiti* gerügt.[707]
Zu dieser Betrachtungsweise passt die Tatsache, dass der EGMR in kaum einem ihm vorgetragenen Fall zu dem Ergebnis gelangt, dass eine Abwesenheitsverhandlung keine Konventionsverletzung bedeutet hat.

Ist der EGMR in seinen Entscheidungen zum Abwesenheitsverfahren also zu sehr auf den Individualschutz fixiert und berücksichtigt er zu wenig die gerechtfertigten Interessen von Justiz und Bürgern an Aburteilung auch desjenigen Angeklagten, der sich seiner Bestrafung zu entziehen versucht?

---

[706] vgl. noch die alten Regelungen des französischen CPP über den abwesenden Angeklagten, der zunächst „rébelle á la loi" erklärt und anschließend mit dem Verlust seiner Bürgerrechte belegt wurde

[707] Er weist daraufhin, dass ein Strafverfahren seiner Natur nach ein punitives System sei, dessen primäre Aufgabe in der Aburteilung eines Gesetzesbrechers im Interesse der Allgemeinheit sei und nicht vorrangig den Schutz der angeklagten Person vor der Staatsgewalt bezwecke. Dies verkenne der EGMR häufig in seinem Bemühen um die Sicherung von justiziellen Menschenrechten. Vgl. die abweichenden Anmerkungen von *Pettiti* zu EGMR, Serie A Nr. 277-A (Poitrimol gg. Frankreich), S. 20 ff.

Zunächst ist grundsätzlich überaus positiv zu bewerten, dass der EGMR als höchste europäische Instanz in Menschenrechtsfragen durchaus bereit ist, sich zugunsten des Schutzes von Individualrechten vor staatlichem Zugriff auch gegen den herrschenden Zeitgeist zu stellen.
Das hatte er im Fall *Kopp gg. Schweiz*[708] bereits in anderem Zusammenhang unter Beweis gestellt.

Gerade auch im Hinblick auf das Abwesenheitsverfahren ist richtig, dass der EGMR verstärkt Wert auf die Einhaltung von grundlegenden Verfahrensprinzipien zugunsten des Angeklagten legt, selbst wenn dies für die Justizorganisation einen erhöhten Aufwand an Zeit und Kosten bedeuten sollte. Der abwesende Angeklagte bedarf besonderen Schutzes, was vom Gerichtshof auch immer wieder zum Ausdruck gebracht wurde.
Gute Beispiele sind das unbedingt zu gewährende Recht auf Zulassung eines Verteidigers, selbst wenn der Angeklagte nicht persönlich erscheint.
Genauso wie die unbedingt einzuräumende Möglichkeit auf Nachholung des rechtlichen Gehörs in einer erneuten Verhandlung nach einmal erfolgter Abwesenheitsverurteilung, auf die der EGMR so nachdrücklich pocht.
Dadurch bedingte Prozessverzögerungen, etwa weil einem Verteidiger Gelegenheit gegeben werden muss, sich ausreichend auf den Prozesstermin vorzubereiten, sind im Interesse des Angeklagtenschutzes hinzunehmen.
Auch die Kosten, die eine erneute Verhandlung derselben Sache in derselben Instanz wegen erstmaliger Abwesenheit des Angeklagten verursacht, sind vom Staat vor dem Hintergrund der Nachholung des rechtlichen Gehörs zu tragen.

Kritischer zu würdigen ist dagegen die Rechtsprechung des Gerichtshofs zu den erforderlichen Nachforschungen nach dem Aufenthalt des Angeklagten im Vorfeld einer Verhandlung.
So soll die Kenntnis einer beliebigen Behörde (im fraglichen Fall war es die Führerscheinbehörde[709]) vom aktuellen Wohnort des Angeklagten genügen, um eine gerichtliche Ladungszustellung an ihn persönlich zu ermöglichen. Ersatzzustellungen werden damit zweitrangig, Nachforschungen der nationalen Strafgerichte bei allen in Frage kommenden Behörden zur Pflicht.
Anderenfalls setzt sich das Gericht dem Vorwurf aus, seinen Sorgfaltspflichten nicht genügt und mangels ordnungsgemäßer Ladung durch eine in Abwesenheit geführte Verhandlung einen Konventionsverstoß begangen zu haben.
Hier ist die Aussage des EGMR zu allgemein. Es bedarf einer Präzisierung, auf welche Behörden sich die Nachforschungen des Strafgerichts zu erstrecken haben. Es kann nicht sein, dass jede irgendwie geartete offiziell staatliche Kenntnis

---

[708] EGMR, Reports 1998-II (Kopp gg. Schweiz) = StV 98, 683 ff. mit Anmerkungen *Kühne*
[709] EGMR, Serie A Nr. 89 (Colozza gg. Italien)

vom Aufenthalt eines Angeklagten ein Gerichtsverfahren in seiner Abwesenheit konventionswidrig macht.
Die Stellen, bei denen ein Gericht den Aufenthalt des Angeklagten zu erforschen hat, sind daher im nationalen Strafverfahrensrecht detailliert festzulegen, um einer uferlosen Ausweitung der Fürsorgepflicht zuvorzukommen.

Trotzdem kann man insgesamt doch nicht feststellen, dass der EGMR allein die Rechte der Angeklagten im Auge hat.
Vielmehr bemüht er sich in allen seinen Entscheidungen zum Abwesenheitsverfahren, einen angemessenen Ausgleich zwischen den Konventionsrechten des Einzelnen und den Bedürfnissen der Rechtspflege allgemein herzustellen.[710] Zu „angeklagtenfreundlich" ist der EGMR also nicht.
Eine Tatsache, die sich nicht zuletzt darin zeigt, dass der Gerichtshof eine Verhandlung ohne den Angeklagten als durchaus möglich und im Zuge der Strafrechtspflege für nötig erachtet.
Der Angeklagte muss nur wissen, dass und wo gegen ihn verhandelt wird, er muss sich verteidigen (lassen) können und ihm muss nach erfolgter Abwesenheitsverhandlung die Möglichkeit eines persönlichen *„rehearing"* eingeräumt sein.

3) Einzig den Richtern des Straßburger Gerichtshofs tatsächlich vorzuwerfen ist, dass sie mitunter rechtstaatliche Probleme eines ihnen vorgetragenen Falles völlig unbeachtet lassen mit der Begründung, in Bezug auf eine weitere Rüge sei ein Konventionsverstoß unproblematisch anzunehmen.[711]
Auf diese Art vermeidet der EGMR eine noch differenziertere Ausgestaltung und Betonung seiner Rechtssprechung und verliert damit zugleich die Chance, einzelne strafprozessuale Problemfelder bis hin zu einem Gesamtabschluss an die EMRK anzupassen.
Gerade in Bezug auf ein so schmales Gebiet wie das Abwesenheitsverfahren ist dies bedauerlich.

---

[710] auch wenn dieser Interessenausgleich im Rahmen des Art. 6 EMRK von einigen Richtern als nicht in der Konvention angelegt gesehen wird, vgl. die abweichende Meinung des Richters *Bonello* im Fall EGMR, Reports 1999-I (van Geyseghem gg. Belgien), S. 145 f.

[711] so z.B. im Fall EGMR, Serie A Nr. 167 (Brozicek gg. Italien), als der Gerichtshof die Gelegenheit verpasste zu der umstrittenen Thematik „öffentliche Ladung" im Vorfeld eines Abwesenheitsverfahrens Stellung zu nehmen. Eine grundlegende Problematik auf die *Esser*, Auf dem Weg zu einem europäischen Strafverfahren, S. 863 bereits hingewiesen hat.

4) Nichts desto weniger weist die Rechtsprechung des EGMR ausreichend Nuancierungen und Argumentationstreue auf, um von einer gefestigten Rechtsprechung und damit einer hinreichenden europäischen Rechtssicherheit betreffend den wünschenswerten Umgang mit einem abwesenden Angeklagten sprechen zu können.

Und obgleich verschiedene Regelungsbereiche noch den Ausfüllungen nationaler Gesetzgeber anheim gestellt sind, hat der EGMR durch seine Vorgaben bereits mehr als einen europäischen Mindeststandard, eher ein europäisches Modell zum Thema „Abwesenheitsverfahren“ geschaffen.

Abschlussbewertungen und Ausblick

Was lässt sich nach den obigen Ausführungen also über den sich entwickelnden gegenwärtigen Stand des Abwesenheitsverfahrens als rechtstaatliches Problem im Europa der Europäischen Menschenrechtskonvention sagen?

1) Die Untersuchungen haben zum einen eine deutliche Entwicklung in den einzelnen Staaten selbst gezeigt.
Unterschiede haben sich angeglichen, europäische Gemeinsamkeiten in der grundsätzlichen Rechtsanschauung treten stärker hervor.
Alle besprochenen Rechtsordnungen zeigen einen gelungenen Ausgleich der widerstreitenden Interessen – wenn auch durch verschiedene Mittel und auf verschiedenen Ebenen des Verfahrens – hin zu einem fairen Verfahrensgang.

Nicht allein, dass alle Rechtsordnungen dem strafrechtlich Angeklagten das grundsätzliche subjektive Recht auf persönliche Anwesenheit in der gegen ihn gerichteten Strafverhandlung als Verfahrensmaxime garantieren.
Man kann sogar konstatieren, dass kein Angeklagter ohne die Gewährung rechtlichen Gehörs, ohne Wahrung seiner Verteidigungsrechte und ohne die Möglichkeit der Urteilsanfechtung in seiner Abwesenheit verurteilt werden wird.
Jedenfalls nicht unter Geltung der hier besprochenen Strafprozessordnungen.
Sei es dass dieses Ziel erreicht wird, in dem erst gar keine Hauptverhandlung gegen einen abwesenden oder ausgebliebenen Angeklagten stattfindet (wie in Deutschland).
Sei es dass wohl mündlich ohne ihn verhandelt werden kann, jedoch nur unter der Voraussetzung ordentlicher Ladung zum Termin, wobei ihm nach einmal erfolgter Verurteilung in absentia eine Neuverhandlung seines Falles garantiert ist (wie in England, Frankreich, den Niederlanden und Österreich).

Hingewiesen sei noch einmal auf die Neuerungen in den Strafverfahrensgesetzen Frankreichs und der Niederlande, die in jüngerer Zeit dazu geführt haben, dass sich auch der abwesende Angeklagte in allen hier besprochenen Verfahrensordnungen der professionellen Verteidigung durch einen von ihm bestellten Anwalt bedienen darf.[712]

Wie einleitend dargestellt ist eine derartige Feststellung gleicher Standards gerade für die Praxis des Auslieferungsrechts von großem Interesse:

[712] vgl. dazu bereits ausführlich oben, Kapitel 1, Unterkapitel 3 und 4

Es ist nach dem oben Gesagten nicht mehr davon auszugehen, dass eine Vollstreckungsauslieferung in eines der hier besprochenen Länder daran scheitern wird, dass die „völkerrechtlich verbindlichen Mindeststandards“[713] an zu gewährenden Verfahrensrechten nicht eingehalten wurden.
Insofern ein überaus praktischer Aspekt internationaler Rechtskenntnis.

Dennoch verbleiben auch nach den jüngsten Gesetzesnovellen einzelne Regelungskomplexe, in denen eine noch weitergehende Angleichung wünschenswert erscheint:
In diesem Zusammenhang sei erneut auf die verschiedenen Modelle der Ladungszustellung aufmerksam gemacht.
In einigen Rechtsordnungen wird die bloß postalische Zustellung der gerichtlichen Vorladung an eine Ersatzperson als ausreichender Beweis für eine Kenntnis des zu Ladenden von Zeit und Ort der gegen ihn geführten Hauptverhandlung erachtet.[714]
Die erscheint jedoch vor dem Hintergrund eines zu wahrenden Maximums an Individualrechten bedenklich.
Hier ist die Forderung nach einer persönlichen Zustellung der gerichtlichen Vorladung an den zu Ladenden selbst als Voraussetzung der Durchführung eines Abwesenheitsverfahrens zu erheben.
Nur wenn der Angeklagte in eigener Person zu eigenen Händen eine Ladung erhielt, soll davon ausgegangen werden dürfen, dass er jedenfalls die Möglichkeit hatte, zum Verhandlungstermin zu erscheinen und damit eine Verurteilung in Abwesenheit rechtfertigen.
Hier besteht noch europäischer Angleichungsbedarf.

Auch die zwar dem Wortlaut nach angeglichenen, inhaltlich jedoch noch immer unterschiedlichen und für den Angeklagten eher nachteiligen Neuregelungen des Rechts auf professionellen Verteidigerbeistand sind hier kritisch zu würdigen.[715]
Anstatt den Verfahrensmodus und damit die Auswirkungen und Rechtsmittel/-fristen einer ergangenen Abwesenheitsverurteilung von der Anwesenheit eines Verteidigers abhängig zu machen, sollte es hier ausschließlich auf die An- oder Abwesenheit des Angeklagten selbst ankommen. Ob eine Verteidigung durch einen Anwalt stattgefunden hat, kann für die Wirkung des Urteils nur von untergeordneter Bedeutung sein. Einzig wesentliches Kriterium muss die persönlich Präsenz des zu Verurteilenden sein.
Auch insoweit zeigen noch nicht alle europäischen Rechtsordnungen die gleiche Ausprägung an Individualrechtsschutz.

---

[713] BVerfG 56, 280 ff.
[714] vlg. ausführlich oben, Kapitel 1
[715] vgl. dazu bereits ausführlich die vergleichende Darstellung in Kapitel 2, Unterkapitel 1

Von diesen beiden Regelungsfeldern abgesehen, bleibt als Ergebnis der rechtsvergleichenden auslandsrechtlichen Untersuchung insgesamt festzustellen, dass sich (jedenfalls in einem schmalen strafprozessualen Problemfeld) die europäischen Rechtsordnungen in den letzten Jahren wesentlich aneinander angeglichen haben.

2) Die hier vorgenommenen Untersuchungen haben zugleich gezeigt, von welch großem Einfluss die Rechtsprechung des Europäischen Gerichtshofs für Menschenrechte auf die europäische Rechtsrealität ist.
Das Potential der Straßburger Urteile ist enorm, deshalb ist es umso bedauerlicher, dass ihr noch immer recht geringer Respekt gezollt wird.

Die wesentlichen nationalstaatlichen Gesetzesnovellen, die das französische und das niederländische Abwesenheitsverfahren dem oben beschriebenen europäischen Konsens angenähert haben, gehen auf Verurteilungen dieser Staaten durch den EGMR zurück.
Die Rechtsprechung des EGMR war Initialzündung für diese Neuerungen.
Auch wenn die Umsetzung von Entscheidungen des Straßburger Gerichtshofs in Deutschland noch immer umstritten ist, im Bereich des Abwesenheitsverfahrens haben andere Rechtsordnungen gezeigt, wie positiv eine hinreichende Berücksichtigung sich auf die gesamteuropäische Entwicklung auswirken kann.

Zu einer Anpassung der nationalstaatlichen Modelle des Abwesenheitsverfahrens wäre es ohne die Rechtsprechungstätigkeit des EGMR gar nicht gekommen.

Insofern hat sich jedenfalls im Bereich des Abwesenheitsverfahrens bewahrheitet, was vor über zehn Jahren bereits für das gesamte Strafprozessrecht prognostiziert[716] wurde:
In der Ausgestaltung der nationalen Strafverfahrensordnungen hat der EGMR lange einen Beurteilungsspielraum der Konventionsstaaten in der detaillierten Ausgestaltung von Regelungen anerkannt.
Allerdings behielt er sich immer die abschließende Kontrolle darüber vor, ob diese abstrakten Regelungen sich innerhalb des durch die EMRK gesteckten Rahmens bewegen und ob sie ausgewogen im Einzelfall sind.
Auf diese Art hat der Straßburger Gerichtshof seine Rechtsprechung im Laufe der Jahrzehnte sukzessive weiter verfeinern können. Damit wurde zugleich die Auslegung der EMRK immer präziser und so der Beurteilungsspielraum der

---

[716] Kühne/Nash, JZ 2000, 996 ff.; Matscher, Probleme der österreichischen Strafrechtspflege im Lichte der neueren Rechtsprechung der Straßburger Konventionsorgane, ÖRZ 1993, 156

Konventionsstaaten bezüglich dessen, was noch konventionskonform ist, immer enger.

Im Bereich des Abwesenheitsverfahrens ist mittlerweile ein Stand erreicht, in dem das Ermessen der Konventionsstaaten weitestgehend auf Null reduziert ist.
Durch die konkret formulierten Leitlinien zur Frage „trial in absentia" hat der EGMR so präzise Anforderungen gestellt, dass davon abweichende Regeln unbedingt einen Konventionsverstoß bedeuten würden.
Auf diese Art wurde über lange Zeit und fast unmerklich ein wesentlicher Beitrag zur Schaffung eines europäischen Rechtsraums geleistet.
Der EGMR bildet also durchaus einen Integrationsfaktor zur Bildung eines gemeinsamen europäischen Wertestandards.

So haben die Untersuchungen in Bezug auf ein einzelnes schmales strafprozessuales Problem ein ebenso einfaches wie umfassendes Mittel zur europäischen Rechtsangleichung[717] gezeigt:
Der EGMR ist als international arbeitendes Gericht bereit und in der Lage, Standards zur Regelung noch national unterschiedlicher strafprozessualer Probleme anzubieten.
Daraus könnte ein gesamteuropäisches Verfahrensrecht werden, wenn man bereit ist, angebotene Lösungsvorschläge anzunehmen und nicht auf nationalen Eigenheiten besteht.

---

717 Esser, Auf dem Weg zu einem europäischen Strafverfahrensrecht

Analysierte Entscheidungen des Europäischen Gerichtshofs für Menschenrechte in Straßburg

angegeben sind jeweils nur die Fundstellen in den offiziellen Sammlungen,
etwaige Parallelfundstellen finden sich im Text;
chronologisch geordnet

Name	Fundstelle	Entscheidungsdatum
Goddi gg. Italien	EGMR, Serie A Nr. 76	09. April 1984
Colozza u. Rubinat gg. Italien	EGMR, Serie A Nr. 89	26. September 1984
Brozicek gg. Italien	EGMR, Serie A Nr. 167	19. Dezember 1989
F.C.B. gg. Italien	EGMR, Serie A Nr. 208-B	28. August 1991
Helmers gg. Schweden	EGMR, Serie A Nr. 212-A	29. Oktober 1991
T. gg. Italien	EGMR, Serie A Nr. 245-C	12. Oktober 1992
Poitrimol gg. Frankreich	EGMR, Serie A Nr. 277-A	23. November 1993
Kremzow gg. Österreich	EGMR, Serie A Nr. 268	21. September 1993
Pelladoah gg. Niederlande	EGMR, Serie A Nr. 297-A	22. September 1994
Lala gg. Niederlande	EGMR, Serie A Nr. 297-B	22. September 1994
Botten gg. Norwegen	EGMR, Reports 1996-I	19. Februar 1996
Bulut gg. Österreich	EGMR, Reports 1996-II	22. Februar 1996
Leutscher gg. Niederlande	EGMR, Reports 1996-II	26. März 1996
Thomann gg. Schweiz	EGMR, Reports 1996-III	10. Juni 1996
Zana gg. Türkei	EGMR, Reports 1997-VII	25. November 1997
Belziuk gg. Polen	EGMR, Reports 1998-II	25. März 1998
Van Geyseghem gg. Belgien	EGMR, Reports 1999-I	21. Januar 1999
Cooke gg. Österreich	EGMR, no. 25878/94(unreported)	08. Februar 2000
Prinz gg. Österreich	EGMR, no. 23867/94(unreported)	08. Februar 2000
Pobornikoff gg. Österreich	EGMR, no. 28501/95(unreported)	03. Oktober 2000
Vaudelle gg. Frankreich	EGMR, Reports 2001-I	30. Januar 2001
Krombach gg. Frankreich	EGMR, Reports 2001-II	13. Februar 2001
Goedhart gg. Belgien	EGMR, no. 34989/97(unreported)	20. März 2001
Medenica gg. Schweiz	EGMR, Reports 2001-VI	14. Juni 2001
Eliazer gg. Niederlande	EGMR, Reports 2001-X	16. Oktober 2001
Osu gg. Italien	EGMR, no. 36534/97(unreported)	11. Juli 2002

Literaturverzeichnis

Andrews, John A. (Hrsg.): "Human Rights in Criminal Procedure. A comparative study"; Den Haag 1982

Atkinson, Duncan/ Moloney, Tim: „Blackstone's Guide to the Criminal Procedure Rules 2005"; Oxford 2005

Badura, Peter: "Staatsrecht"; 3. Auflage, München 2003

Baum, Michael: "Rights brought home. Zur Inkorporierung der Europäischen Konvention zum Schutze der Menschenrechte und Grundfreiheiten in das nationale Recht des Vereinigten Königreiches von Großbritannien und Nordirland"
in: Europäische Grundrechtezeitschrift 2000, S. 281 - 303

Benda, Ernst/Maihofer, Werner/Vogel, Hans-Jochen:
"Handbuch des Verfassungsrechts der Bundesrepublik Deutschland";
2. Auflage, Berlin, New York 1994

Bennecke, Hans: "Lehrbuch des Reichsstrafprozessrechts"; Breslau 1895

Berka, Walter: „Die Grundrechte. Grundfreiheiten und Menschenrechte in Österreich", Wien/New York 1999

Bertel, Christian/ Venier, Andreas: "Grundriss des österreichischen Strafprozessrechts"; 7. Auflage, Wien 2002

Beulke, Werner: "Strafprozessrecht"; 6. Auflage, Heidelberg 2002

Bleckmann, Albert: "Staatsrecht II - die Grundrechte"; 4. Auflage, Köln, Berlin, Bonn, München 1997

Bohnert, Joachim: "Die Behandlung des Verzichts im Strafprozessrecht";
in: Neue Zeitschrift für Strafrecht 1983, S. 345 - 350

Bonner Kommentar: "Bonner Kommentar zum Grundgesetz"
- Loseblattsammlung- Bd. 10, Art. 89 - 104 GG;
Stand: 118. Lieferung, August 2005, [zitiert als: *BK-Bearbeiter*]

Breitenmoser, Stephan: "Die Bedeutung der EMRK im Ausländerrecht" in: Renzikowski, Joachim (Hrsg.) "Die EMRK im Privat-, Straf- und Öffentlichen Recht", S. 197 – 233; Zürich, Basel, Genf 2004

Callewaert, Johan: „Die Europäische Menschenrechtskonvention und die Verfahrensgarantien – Probleme der Anwendung des Art. 6 EMRK" In: Europäische Grundrechtezeitschrift 1996, S. 366 – 369

Carr, A.P.: "Criminal Procedure in Magistrate's Courts"; London 1983

Cheney, Deborah/Dickson, Lisa/Skilbeck, Rupert/Uglow, Steve/Fitzpatrick, John "Criminal Justice and the Human Rights Act 1998"; 2. Auflage, Bristol 2001

Cleiren, C. P. M./Nijboer, J. F. (Hrsg.): "Strafvordering" - Tekst en Kommentaar - ; 5. Auflage, Deventer 2003

Compes, Gerd: "Entstehung und Entwicklung des geltenden Abwesenheitsverfahrens im Strafprozess"; (Diss.) Düsseldorf 1937

Corstens, G.J.M.: "Het Nederlands Strafprocesrecht"; 4. Auflage, Arnheim 2002

Cryssogonos, Kostas: "Zur Inkorporierung der Europäischen Menschenrechtskonvention in den nationalen Rechtsordnungen der Mitgliedstaaten"; in: Europarecht, Bd. 36 (2001), S. 49 – 61

Dahs, Hans jun.: "Das rechtliche Gehör im Strafprozess"; München 1965

De Hullu, J. / Plaisier, M.J.A.: „Een contradictoir geding bij verstek ?" in: Delikt en Delinkwent, Band 26 (1996), S. 614 – 633

de Meij, Prof. mr. J.M.: "Inleiding tot het staatsrecht"; Groningen 1990

Debove, Frédéric/ Falletti, Francois: "Précis de droit pénal et de procédure pénale"; Paris 2001

Delmas-Marty, Mireille (Hrsg.): " European Criminal Procedures"
- The English System, S. 142 – 217, bearbeitet von Spencer, J. R.
- The French System, S. 218 – 291, bearbeitet von Dervieux, Valérie

Denz, Renate: "Zulässigkeit und Umfang des Strafverfahrens gegen Abwesende. Dargestellt für das französische, italienische, schweizerische und österreichische Recht"; Freiburg 1969

Dünnebier, Hanns: "Das Kontumazialverfahren ist abgeschafft" in: Lüttger, Hans (Hrsg.) „Festschrift für Ernst Heinitz", Berlin 1972, S. 669 - 681

Echterhölter, Rudolf: "Die Europäische Menschenrechtskonvention im Rahmen der verfassungsmäßigen Ordnung"; in: Juristen Zeitung 1955, S. 689-693

Eisele, Jörg: „Internationale Bezüge des Strafrechts", in: Juristische Arbeitsblätter 2000, S. 424-429

Emmerson, Ben/ Ashworth, Andrew: "Human Rights an Criminal Justice"; London 2001

Ermacora, Felix: "Menschenrechte in der sich wandelenden Welt" Bd. 1 : Historische Entwicklung der Menschenrechte und Grundfreiheiten; Wien 1974

Esser, Robert: "Auf dem Weg zu einem europäischen Strafverfahrensrecht"; Berlin 2002

Fabriziy, Ernst Eugen: "Strafprozessordnung und wichtige Nebengesetze" - Kurzkommentar - 9. Auflage, Wien 2004 [zitiert als: *Fabrizy*]

Fahrenhorst, Irene: "Art. 6 EMRK und die Verhandlung gegen Abwesende. Zugleich eine Besprechung der Entscheidung Colozza u. Rubinat des EGMR vom 12.02.1985"; in: EuGRZ 1985, S. 629 - 637

Fitzgerald, Mike: "System of Justice"; London 1983

Fokkema, D. C./ Chorus, J. M. J./ Hondius, E. H./ Lisser, E. Ch.(Hrsg.): „Introduction to Dutch Law for foreign lawyers"; Deventer 1978

Frangou, Irini: "Auslieferungsgrundsätze im internationalen und deutschen Recht - Eine vergleichende Untersuchung der Auslieferungsresolution des Institut de Droit International und des deutschen Rechts"; (Diss.) Heidelberg, 1989

Frowein, Jochen Abr.: „Der Straßburger Grundrechtsschutz in seinen Auswirkungen auf die nationalen Rechtsordnungen und das Gemeinschaftsrecht“; in: Kreuzer, Karl F. u.a. (Hrsg.), „Europäischer Grundrechtsschutz“, S. 25 – 37; Baden-Baden 1998

Frowein, Jochen Abr.: „Der europäische Menschenrechtsschutz als Beginn einer europäischen Verfassungsrechtssprechung“ in: Juristische Schulungen 1986, Heft 11 S. 845-851

Frowein, Jochen Abr./ Peukert, Wolfgang: “Europäische Menschenrechtskonvention” Kommentar zur EGMR; 2. Auflage, Straßburg 1996

Frowein, Jochen Abr.: „Die Europäisierung des Verfassungsrechts“ in: Badura, Peter/Dreier, Horst (Hrsg.) „Festschrift 50 Jahre Bundesverfassungsgericht“, Tübingen 2001 Band 1: Verfassungsgerichtsbarkeit und Verfassungsprozess, S. 209 – 221

Garré, Thierry/ Ginestat, Catherine: “Droit Pénal et Procédure Pénale” 3. Auflage, Paris 2004

Geppert, Klaus: “Zum ‘fair-trial-Prinzip’ nach Art. 6 Abs. 1 Satz 1 der Europäischen Menschenrechtskonvention”; in: Juristische Arbeitsblätter 1992, S. 597-604

Gleß, Sabine (Hrsg.): “Das Auslieferungsrecht der Schengen-Vertragsstaaten” - Bearbeiter für das deutsche Auslieferungsrecht: Böse, Martin -; Freiburg, 2002

Gollwitzer, Walter: “Die Verfahrensstellung des in der Hauptverhandlung nicht anwesenden Angeklagten”; in: Jeschek, Hans-Heinrich/Vogler, Theo (Hrsg.) „Festschrift für Herbert Tröndle“; S. 455 - 472

Gollwitzer, Walter: “Menschenrecht im Strafverfahren - MRK und IPBPR” - Kommentar -; Berlin 2005

Golsong, Heribert u.a. (Hrsg.): Internationaler Kommentar zur Europäischen Menschenrechtskonvention, - Loseblattsammlung - Ordner 1, Stand: 7. Lieferung, Juni 2004; Köln, Berlin, Bonn, München

Goose, Peter Ernst: “Der internationale Pakt über bürgerliche und politische Rechte”, in: Neue Juristische Wochenschrift 1974, S. 1305-1310

Gössel, Karl Heinz: "Strafverfahrensrecht" Band I; Stuttgart, Berlin, Köln, Mainz 1977

Grabenwarter, Christoph: "Europäische Menschenrechtskonvention"; München, Wien 2003

Graf von Bernstorff, Christoph: „Einführung in das englische Recht"; 3. Auflage, München 2006

Graßhof, Karin/ Brackhaus, Ralph: "Verfassungsrechtliche Gewährleistungen im Auslieferungsverfahren";
in: Europäische Grundrechtezeitschrift, 1996, Heft 18, S. 445 - 449

Großfeld, Bernhard: „Kernfragen der Rechtsvergleichung"; Tübingen 1996

Grote, Rainer: "Die Inkorporierung der Europäischen Menschenrechtskonvention in das britische Recht durch den Human Rights Act 1998";
in: Zeitschrift für ausländisches öffentliches Recht und Völkerrecht (ZaöRV) Band 58 (1998), S. 309 - 352

Gundel, Jörg: "Die Krombach-Entscheidung des EGMR: Europäischer Menschenrechtsschutz mit (Durchsetzungs-)Schwächen"
in: Neue Juristische Wochenschrift, 2001, S. 2380 - 2382

Hackner, Thomas/ Schomburg, Wolfgang/ Lagodny, Otto/ Wolf, Norbert: "Internationale Rechtshilfe in Strafsachen - ein Leitfaden für die Praxis"; München, 2003

Hampton, Celia: "Criminal Procedure"; 3. Auflage, London 1982

Hattenhauer, Hans: "Europäische Rechtsgeschichte"; 3. Auflage, Heidelberg 1999

Hendriks, L.E.M./ Klifman, J.H./ Mols, G.P.M.F./ de Roos, Th. A./Wöretshofer, J.: „Hoofdstukken Strafprocessrecht"; 5. Auflage, Gouda,Quint,Deventer 1999

Herdegen, Matthias: "Völkerrecht"; 2. Auflage, München 2002

Herrmann, Joachim: "Die Strafprozessreform vom 1.1.1975. Ein kritischer Rückblick";
in: Juristische Schulung 1976, S. 413-420

Hess, Christian: "Die Zulässigkeit aufgedrängter Fürsorge gegenüber dem Beschuldigten im Strafprozess"; Frankfurt, Bern, New York, Paris 1989

Hilger, Hans: "§ 290 StPO - ein weiterer Weg der 'Zurückgewinnungshilfe' neben § 111 b III StPO?";
in: Neue Zeitschrift für Strafrecht 1982, S. 374ff.

Hobe, Stephan: „Stärkung des Menschenrechtsschutzes in Europa";
in: Juristische Arbeitsblätter 1998, S. 909-911

Ipsen, Knut: "Völkerrecht"; 5. Auflage, München 2004

Itin, Marco: "Grundrechte in Frankreich"; Zürich, 1992

Jacobs, Francis G./ White, Robin C. A.: "The European Convention on Human Rights"; 2. Auflage, Oxford 1996

Jaeckel, Liv: "Schutzpflichten im deutschen und europäischen Recht"
- Eine Untersuchung der deutschen Grundrechte, der Menschenrechte und Grundfreiheiten der EMRK sowie der Grundrechte und Grundfreiheiten der Europäischen Gemeinschaft-; Baden-Baden, 2001

Janicki, Kathrin: "Beweisverwertungsverbote im deutschen und englischen Strafprozess"; Baden-Baden 2002

Jeschek, Hans-Heinrich: "Die Europäische Konvention zum Schutz der Menschenrechte und Grundfreiheiten";
in: Neue Juristische Wochenschrift 1954, S. 783-786

Julius, Karl-Peter: "Zur Disponibilität des strafprozessualen Anwesenheitsgebots";
in: Goltdammer's Archiv für Strafrecht 1992, S. 295-306

Jung, Heike: "Der Strafprozeß im Spiegel ausländischerVerfahrensordnungen" Berlin/ New York 1990

Jung, Heike: „Die Europäische Menschenrechtskonvention und das deutsche Strafrecht – Eine Fallstudie am Beispiel des Begriffs der ‚strafrechtlichen Anklage' iSd Art. 6 EMRK";
in: Europäische Grundrechtezeitschrift 1996, S. 370 – 373

Kälin, Walter: „Die Europäische Menschenrechtskonvention als Faktor europäischer Integration“; in: Haller, Walter u.a., „Im Dienst an der Gemeinschaft“ Festschrift für Dietrich Schindler, S. 529 – 538, Basel/Frankfurt a.M. 1989

Karlsruher Kommentar “Karlsruher Kommentar zur Strafprozessordnung und zum Gerichtsverfassungsgesetz”; 4. Auflage, München 1999 [zitiert als: *KK-Bearbeiter*]

Kaufmann, Arthur (Hrsg.): „Gustav Radbruch – Gesamtausgabe“ - Band 11: Strafrechtsgeschichte - bearbeitet von Ulfried Neumann; Heidelberg 2001

Kielwein, Andreas: “Die prozessuale Fürsorgepflicht im Strafverfahren - Beitrag zur inhaltlichen und systematischen Erfassung eines umstrittenen Rechtsbegriffs”; Konstanz, 1985

Kieschke, Olaf: “Die Praxis des EGMR und ihre Auswirkungen auf das deutsche Strafverfahrensrecht” ; Berlin 2003

Kimminich, Otto/Hobe, Stephan: “Einführung in das Völkerrecht” 7. Auflage, Tübingen und Basel 2000

Kirchhoff, Paul: “Verfassungsrechtlicher Schutz und internationaler Schutz der Menschenrechte: Konkurrenz oder Ergänzung?”; in: Europäische Grundrechtezeitschrift 1994, S. 16 - 44

KMR Loseblattkommentar zur Strafprozessordnung Kleinknecht/Müller/Reitberger (Begr.); jeweils mit Ergänzungslieferungen Band 3, Stand: 22. Lieferung, März 2000 [zitiert als: *KMR-Bearbeiter*]

Knemeyer, Franz-Ludwig: “Rechtliches Gehör im Gerichtsverfahren” in: Isensee, Josef/Kirchhoff, Paul (Hrsg.) Handbuch des Staatsrechts der Bundesrepublik Deutschland - Band IV: Freiheitsrechte – ; S. 1271 – 1304; Heidelberg 1989

Koch, Wolf-Peter: „Die Reform des Strafverfahrensrechts im Dritten Reich unter besonderer Berücksichtigung des StVO-Entwurfs 1939. Ein Beitrag zur Strafrechtsgeschichte“; (Diss.) Erlangen-Nürnberg 1972

Krey, Volker: “Strafverfahrensrecht” Bd. II; Stuttgart, Berlin, Köln 1990

Krey, Volker: “Grundzüge des Strafverfahrensrechts” in: Juristische Arbeitsblätter, 1983; Teil 1: S. 233 – 239; Teil 2: S. 356 – 363; Teil 3: S. 506 – 512; Teil 4: S. 638 - 643

Krüger, Jochen: “Gibt es ein prozessuales Recht auf Abwesenheit von der Hauptverhandlung ?” in: Jung/Müller-Dietz (Hrsg.) „Dogmatik und Praxis des Strafverfahrens“; Köln, Berlin, Bonn, München 1989

Kühl, Christian: „ Der Einfluss der Europäischen Menschenrechtskonvention auf das Strafrecht und Strafverfahrensrecht in der Bundesrepublik Deutschland“; in: Zeitschrift für die gesamte Strafrechtswissenschaft Band 100, 1988 ; S. 406 – 443 (Teil I); S. 601 – 644 (Teil II)

Kühne, Hans-Heiner: “Strafprozessrecht”; 6. Auflage, Heidelberg 2003

Kühne, Hans-Heiner: “Strafverfahrensrecht als Kommunikationsproblem”; Heidelberg 1978

Kühne, Hans-Heiner: “Europäische Methodenvielfalt und nationale Umsetzung von Entscheidungen europäischer Gerichte”; in: Goltdammer's Archiv für Strafrecht, Bd. 152, 2005 , S. 195 - 214

Kühne, Hans-Heiner: „Die Rechtsprechung des EGMR als Motor für eine Verbesserung des Schutzes von Beschuldigtenrechten in den nationalen Strafverfahrensrechten der Mitgliedstaaten“ - Beilage Europäisches Strafrecht 2000; in: Strafverteidiger 2001, Heft 1, S. 73 - 78

Kühne, Hans-Heiner: „Die Bekämpfung von internationaler Kriminalität und von Drogenabhängigkeit als gemeinsames Interesse der Unionsstaaten“ in: Müller-Graff, Peter-Christian (Hrsg.), „ Europäische Zusammenarbeit in den Bereichen Justiz und Inneres“, S. 85-99; Baden-Baden 1996

Kühne, Hans-Heiner: „Grundrechtsschutz in einem grenzenlosen europäischen Strafrecht“; in: Kreuzer, Karl F. u.a. (Hrsg.) „Europäischer Grundrechtsschutz“, S. 55-71; Baden-Baden 1998

Kühne, Hans-Heiner: „Anwaltlicher Beistand und das Schweigerecht des Beschuldigten im Strafverfahren – Anmerkungen zum Urteil des EGMR im Fall John Murray gegen Vereinigtes Königreich“; in: Europäische Grundrechtezeitschrift 1996, S. 571 – 573

Küstermann, Werner: "Die Hauptverhandlung gegen Flüchtige in Geschichte, Rechtsvergleichung und Gegenwart"; (Diss.) Göttingen 1939

Lagodny, Otto: "Grundrechte als Auslieferungsgegenrechte"; in: Neue Juristische Wochenschrift 1988, S. 2146 - 2150

Lauff, Werner: "Der Schutz bürgerlicher und politischer Rechte durch die Vereinten Nationen"; in: Neue Juristische Wochenschrift 1981, S. 2611 - 2614

Limbach, Jutta: „Die Kooperation der Gerichte in der zukünftigen europäischen Grundrechtsarchitektur. Ein Beitrag zur Neubestimmung des Verhältnisses von Bundesverfassungsgericht, Gerichtshof der Europäischen Gemeinschaften und Europäischem Gerichtshof für Menschenrechte" in: Europäische Grundrechtezeitschrift 2000, S. 417 – 420

Löwe-Rosenberg: "Die Strafprozeßordnung und das Gerichtsverfassungsgesetz" - Großkommentar - Vierter Band: §§ 213 - 295 StPO; 25. Auflage; Berlin, New York, 2001 [zitiert als: *LR-Bearbeiter*]

Lyall, Francis: "An introduction to British Law"; Baden-Baden 1994

Maiwald, Manfred: "Zur gerichtlichen Fürsorgepflicht im Strafprozess und ihren Grenzen"; in: Warda, Günther u.a. (Hrsg.) "Festschrift für Richard Lange zum 70. Geburtstag"; Berlin, New York 1976, S. 745 – 764

Manssen, Gerrit: "Grundrechte"; München 2000

Martin, Ludwig: "Der Schutz der Menschenrechte im Strafverfahren" in: Zeitschrift für die gesamte Strafrechtswissenschaft; Band 91 (1979), S. 364 - 378

Matscher, Franz: „Probleme der österreichischen Strafrechtspflege im Lichte der neueren Rechtsprechung der Straßburger Konventionsorgane" in: Österreichische Richterzeitung, Heft 7-8 1993, S. 154 – 166

Maunz, Theodor/Dürig, Günther: Kommentar zum Grundgesetz - Band VI: Art. 100 – 146; München, Stand: 45. Lieferung, August 2005 [zitiert als: *Bearbeiter in: Maunz/Dürig*]

Mc Conville, Mike/ Wilson, Geoffrey (Hrsg.): "The Handbook of Criminal Justice"; Oxford 2002 [zitiert als: *Bearbeiter in: Mc Conville/Wilson*]

Meyer, Hugo: "Das Strafverfahren gegen Abwesende. Geschichtlich dargestellt und vom Standpunkt des heutigen Rechts geprüft"; (Diss.) Berlin 1869

Meyer-Goßner, Lutz (Hrsg.): "Strafprozessordnung" - Kommentar zur StPO - 47. Auflage, München 2004 [zitiert als: *Meyer-Goßner*]

Meyer-Ladewig, Jens: "EMRK – Handkommentar" 1. Auflage, Baden-Baden 2001

Mincke, Wolfgang: „Einführung in das niederländische Recht"; München 2002

Mosler, H.: „Problems of Interpretation in the Case Law of the European Court of Human Rights"; in: Kalshoven, Frits u.a. (Hrsg.), „Essays on the Developement of the International Legal Order"
Gedächtnisschrift für van Panhuys, S. 149-168; Alphen aan de Rijn 1980

Murphy, Peter/Stockdale, Eric (Hrsg.): "Blackstone's Criminal Practice 2006"; Oxford 2006

Neuhaus, Christa: "Der Grundsatz der ständigen Anwesenheit des Angeklagten in der strafprozessualen Hauptverhandlung 1. Instanz unter besonderer Berücksichtigung des § 231 a StPO"; (Diss.) Köln 2001

Niethammer, Emil: „Die Hauptverhandlung ohne den Angeklagten"
in: Rosenfeld, Ernst Heinrich (Hrsg.) „Festschrift für Ernst Heinrich Rosenfeld zu seinem 80. Geburtstag", S. 119 – 138; Berlin, 1949

Nowak, Manfred: "U.N. Covenant on Civil and Politcal Rights – CCPR Commentary"; 2. Auflage, Kehl, Straßbourg, Arlington 1999
[zitiert als: *Nowak, CCPR Commentary*]

Oppe, Wilfried: " Das Abwesenheitsverfahren in der Strafprozessrechtsreform"; in: Zeitschrift für Rechtspolitik 1972, S. 56 - 59

Oppe, Wilfried: "Die Strafverfolgung ausländischer Verkehrssünder"
in: Neue Juristische Wochenschrift 1966, S. 2237 - 2241

Pahr, Willibald P.: „Der Verfassungsrang der Europäischen Menschenrechtskonvention in Österreich";
in: Europäische Grundrechtezeitschrift 1975, S. 576 – 577

Pappa, Christoph: "Das Individualbeschwerdeverfahren des Fakultativprotokolls zum internationalen Pakt über bürgerliche und politische Rechte";
(Diss.) Bern, 1996

Partsch, Karl-Josef: „Vor- und Nachteile einer Regionalisierung des internationalen Menschenrechtsschutzes";
in: Europäische Grundrechtezeitschrift 1989, S.1 - 9

Perron, Walter: „Strafrechtsvereinheitlichung in Europa"; in: Dörr, Dieter/Dreher, Meinrad (Hrsg.) „Europa als Rechtsgemeinschaft", S. 135-154; Baden-Baden 1997

Perron, Walter (Hrsg.): „Die Beweisaufnahme im Strafverfahrensrecht des Auslands"; Freiburg 1995

Peters, Anne: "Einführung in die Europäische Menschenrechtskonvention"; München 2003

Pettiti, Louis-Edmond/Decaux, Emmanuel/Imbert, Pierre-Henri:
"La Convention Européene des droits de l'homme – Commentaire article par article.; 2. Auflage, Paris 1999

Peukert, Wolfgang: "Die Garantie des 'fair trial' in der Straßburger Rechtsprechung. Die Auslegung des Art. 6 EMRK durch die Organe der Europäischen Menschenrechtskonvention";
in: Europäische Grundrechtezeitschrift 1980, S. 247 - 269

Pfeiffer, Gerd: "Strafprozessordnung" - Kommentar - ;
4. Auflage, München 2002

Pieroth, Bodo/Schlink, Bernhard: "Staatsrecht II - Grundrechte";
20. Auflage, Heidelberg 2004

Plaisier, M.J.A.: „Het verstek in strafzaken"; (Diss.) Deventer 1999

Platzgummer, Winfried: "Grundzüge des österreichischen Strafverfahrens";
4. Auflage, Wien 1992

Polakiewicz, Jörg: „Die Verpflichtung der Staaten aus den Urteilen des Europäischen Gerichtshofs für Menschenrechte“; Berlin, Heidelberg u.a. 1993

Ranft, Ottfried: “Strafprozessrecht”; 2. Auflage, Stuttgart, München, Hannover, Berlin 1995

Redmond, P.W.D. (Hrsg.): “General Principles of English Law”; 6. Auflage, London 1990

Ress, Georg: „Verfassungsrechtliche Auswirkungen der Fortentwicklung völkerrechtlicher Verträge“; in: Fürst, Walther (Hrsg.) „Festschrift für Wolfgang Zeidler“ ; Berlin/New York 1987, Bd. 2, S. 350 ff.

Ress, Georg: „Wirkung und Beachtung der Urteile und Entscheidungen der Straßburger Konventionsorgane“;
in: Europäische Grundrechtezeitschrift 1996, S. 350 – 353

Rheinstein, Max: „Einführung in die Rechtsvergleichung“; 2. Auflage, München 1987

Richardson, P.J. u.a. (Hrsg.): “Archbold. Criminal Pleading, Evidence and Practice”; London 2006

Riedel, Eibe: “Universeller Menschenrechtsschutz - Vom Anspruch zur Durchsetzung”; in: Baum, Gerhart/ Riedel, Eibe/ Schaefer, Michael (Hrsg.) “Menschenrechtsschutz in der Praxis der Vereinten Nationen”, S. 25 – 57 ; Baden-Baden, 1988

Riess, Peter: “Die Durchführung der Hauptverhandlung ohne Angeklagten. Zugleich ein Beitrag zum neuen § 231 a StPO”; in: Juristen Zeitung 1975, S. 265 - 272

Rivero, Jean: “Les libertés publiques”, Band 2: le régime des principales libertés; 2. Auflage, Paris 1980

Robert, Jacques: “Libertés Publiques”; 2. Auflage, Paris 1977

Röhl, Helmut: “Das rechtliche Gehör”; in: Neue Juristische Wochenschrift 1953, S. 1531-1534

Roxin, Claus: “Strafverfahrensrecht”; 25. Auflage, München 1998

Rüping, Hinrich: "Der Schutz der Menschenrechte im Strafverfahren - Wesentliche Erfordernisse eines gerechten Strafverfahrens" in: Zeitschrift für die gesamte Strafrechtswissenschaft, Band 91 (1979), S. 351 - 363

Rüping, Hinrich/ Jerouschek, Günter: „Grundriss der Strafrechtsgeschichte"; 4. Auflage, München 2002

Sanders, Andrew/ Young, Richard: "Criminal Justice"; 2. Auflage, London 2000

Schilling, Theodor: "Internationaler Menschenrechtsschutz"; Tübingen 2004

Schmidt-Bleibtreu, Bruno/Klein, Franz: Kommentar zum Grundgesetz 9. Auflage, Neuwied, Kriftel 1999 [zitiert als: *Bearbeiter in: Schmidt-Bleibtreu/Klein*]

Scholten, Hans-Joseph (Übers.): "Strafprozessordnung der Niederlande. Wetboek van Strafvordering"; Freiburg 2003

Schomburg, Wolfgang: "Die Rolle des Individuums in der Internationalen Kooperation in Strafsachen - Eine Kurzbetrachtung aus einer deutschen Sicht"; in: Strafverteidiger 1998, Heft 3, S. 153 - 158

Schomburg, Wolfgang/Ladodny, Otto: "Internationale Rechtshilfe in Strafsachen"; Kommentar zum IRG sowie zu Erläuterungen zu den wichtigsten europäischen Rechtshilfeübereinkommen; 3. Auflage, München 1998

Schroeder, Friedrich-Christian: "Strafprozessrecht"; 3. Auflage, München 2001

Schulte-Nover, Sandra: "Strafrichter in Deutschland und England"; (Diss.) Trier, 2003

Schwaighofer, Klaus: "Recht und Pflicht des Angeklagten zur Anwesenheit in der Hauptverhandlung"; in: Fuchs, Helmut/ Brandstetter, Wolfgang "Festschrift für Wilfried Platzgummer", Wien-New York 1995 , S. 265 - 282

Schweitzer, Michael: „Staatsrecht III – Staatsrecht, Völkerrecht, Europarecht"; 7. Auflage, Heidelberg 2000

Seabrooke, Stephen/ Sprack, John: „Criminal Evidence and Procedure. The essential framework“; 2. Auflage, London 1999

Seiler, Stefan: “Strafprozessrecht”; 5. Auflage, Wien 2002

Sims, Vanessa: „English Law and Terminology. A Guide for Practitioners and Students“; Baden-Baden 2001

Soyer, Jean-Claude: “Droit pénal et Procédure pénale”; 16. Auflage, Paris 2002

Sprack, John: “A practical approach to criminal procedure”; 10. Auflage, Oxford 2004

Staebe, Erik: “Die Europäische Menschenrechtskonvention und ihre Bedeutung für die Rechtsordnung der Bundesrepublik Deutschland”; in: Juristisch Arbeitsblätter 1996, S. 75-81

Starmer, Keith u.a.: “Blackstone's Human Rights Series : Criminal Justice, Police Powers and Human Rights”; London 2001

Stavros, Stephanos: “The guarantees for accused persons under Article 6 of the European Convention on Human Rights”; Dordrecht/Boston/London 1993

Stefani, Gaston/Levasseur, Georges/Bouloc, Bernard: “Pocédure pénale”; 18. Auflage, Paris 2001

Stein, Ekkehart/Frank, Götz “Staatsrecht”; 18. Auflage, Tübingen 2002

Stein, Ulrich: “Die Anwesenheitspflicht des Angeklagten in der Hauptverhandlung”; in: Zeitschrift für die gesamte Strafrechtswissenschaft 1985, Band 97, S. 303 - 330

Steiner, Dirk: “Das Fairnessprinzip im Strafprozeß”; (Diss.) München 1995

Stern, Klaus: „Das Staatsrecht der Bundesrepublik Deutschland“
- Band III/1: Allgemeine Lehren der Grundrechte; München 1988

Streinz, Rudolf: „Europarecht“; 5. Auflage, Heidelberg 2001

Systematischer Kommentar “Systematischer Kommentar zur Strafprozessordnung und zum Gerichtsverfassungsgesetz”
- Loseblattkommentar, jeweils mit Ergänzungslieferungen -
Band 4, München, Stand: 43. Lieferung, Mai 2005 [zitiert als: *SK-Bearbeiter*]

Tiedemann, Klaus: „Die Europäisierung des Strafrechts“
in: Kreuzer, Karl F. u.a. (Hrsg.), „Die Europäisierung der mitgliedstaatlichen Rechtsordnungen in der Europäischen Union“, S. 133-160 , Baden-Baden 1997

Tomuschat, Christian (Hrsg.): “Menschenrechte - Eine Sammlung internationaler Dokumente zum Menschenrechtsschutz”; 2. Auflage,
Bonn 2002

Trechsel, Stefan: “Grundrechtsschutz bei der internationalen Zusammenarbeit in Strafsachen”; in: Europäische Grundrechtezeitschrift 1987, S. 69 - 78

Uerpmann, Robert: „Die Europäische Menschenrechtkonvention und die deutsche Rechtsprechung“; Berlin, 1993

Uglow, Steve: “Criminal Justice”; 2. Auflage, London 2002

v. Mangoldt, Hermann/Klein, Friedrich: “Das Bonner Grundgesetz”
-Kommentar- Band 3: Art. 79 - 146 GG
4. Auflage, München 2001 [zitiert als: *Bearbeiter in: v. Mangoldt/Klein*]

Van den Wyngaert, Christine/Gane, Christopher/Kühne, Hans-Heiner/ McAuley, Finbarr: “Criminal Procedure Systems in the European Community”; London/Brüssel/Dublin/Edinburgh 1993

Verdross, Alfred/ Simma, Bruno: “Universelles Völkerrecht - Theorie und Praxis”; 3. Auflage, Berlin 1984

Villiger, Mark E.: “Handbuch der Europäischen Menschenrechtskonvention”;
2. Auflage Zürich ,1999

von Beling, Ernst: “Deutsches Reichsstrafprozessrecht”; Berlin, Leipzig 1928

von Münch, Ingo: “Staatsrecht II” ; 5. Auflage, Suttgart 2002

von Münch, Ingo/Kunig, Philipp: Grundgesetz -Kommentar -
Band 3: Art. 70 - 146 und Gesamtregister; 3. Auflage, München 1996
[zitiert als: *Bearbeiter in: v.Münch/Kunig*]

von Winterfeld, Achim: "Das Verfassungsprinzip des rechtlichen Gehörs - Versuch einer Analyse"; in: Neue Juristische Wochenschrift 1961, S. 849 - 853

Wadham, John/ Mountfield, Helen/ Edmundson, Anna: "Blackstone's Guide to the Human Rights Act 1998"; 3. Auflage, Oxford 2003

Waldner, Wolfram: "Der Anspruch auf rechtliches Gehör" in: Prütting/Weth (Hrsg.) Schriften für die Prozesspraxis, Band 3; Köln, Berlin, Bonn, München 1989

Walker, Ronald/ Ward, Richard: „English Legal System"; 7. Auflage, London/Dublin/Edinburgh 1994

Wessely, Wolfgang: "Strafprozessrecht"; 3. Auflage, Wien 2005

Wöretshofer, J.: „Verdediging bij afwezige verdachte" in: Delikt en Delinkwent, Band 28 (1998),S. 1034 – 1059

Zweigert, Konrad/ Kötz, Hein: „Einführung in die Rechtsvergleichung"; 3. Auflage, Tübingen 1996

Internationales und Europäisches Strafverfahrensrecht

Herausgegeben von Hans-Heiner Kühne und Robert Esser

Band 1 Sibyl Stein: Zum europäischen *ne bis in idem* nach Artikel 54 des Schengener Durchführungsübereinkommens. Zugleich ein Beitrag zur rechtsvergleichenden Auslegung zwischenstaatlich geltender Vorschriften. 2004.

Band 2 Friederike Charlotte Grube: Richter ohne Robe. Laienrichter in Strafsachen im deutschen und anglo-amerikanischen Rechtskreis. Eine rechtsgeschichtliche und rechtsvergleichende Untersuchung unter besonderer Berücksichtigung verfassungsrechtlicher Aspekte. 2005.

Band 3 Christiane Paul: Das Abwesenheitsverfahren als rechtsstaatliches Problem. Rechtsvergleichende Untersuchung deutscher, englischer, französischer, niederländischer und österreichischer Regelungen angesichts der Rechtsprechung des Europäischen Gerichtshofs für Menschenrechte. 2007.

www.peterlang.de